U0524719

实证法学

法治指数与国情调研
（2016）

田 禾　吕艳滨　王小梅 等著

中国社会科学出版社

图书在版编目（CIP）数据

实证法学：法治指数与国情调研.2016 / 田禾等著.—北京：中国社会科学出版社，2018.7

ISBN 978-7-5203-2411-3

Ⅰ.①实… Ⅱ.①田… Ⅲ.①法学—研究—中国—2016 Ⅳ.①D6

中国版本图书馆 CIP 数据核字（2018）第085146号

出 版 人	赵剑英
责任编辑	王 茵　马 明
责任校对	刘 琳
责任印制	王 超

出　　版	中国社会科学出版社
社　　址	北京鼓楼西大街甲158号
邮　　编	100720
网　　址	http://www.csspw.cn
发 行 部	010-84083685
门 市 部	010-84029450
经　　销	新华书店及其他书店
印　　刷	北京君升印刷有限公司
装　　订	廊坊市广阳区广增装订厂
版　　次	2018年7月第1版
印　　次	2018年7月第1次印刷
开　　本	710×1000　1/16
印　　张	26
字　　数	413千字
定　　价	99.00元

凡购买中国社会科学出版社图书，如有质量问题请与本社营销中心联系调换

电话：010-84083683

版权所有　侵权必究

摘 要

　　法治国情调研与法治指数是实证法学研究的重要方法。本书精选了2016年度中国社会科学院国家法治指数研究中心完成的重要智库报告，分两大板块展现了相关领域的法治发展状况。政府法治板块将法治指数引入政府信息公开、政府采购信息公开、政府信息公开工作年度报告发布、高等院校信息公开等多个领域，以第三方的视角进行评估，集中展现相关领域的政府信息公开成效。司法建设板块围绕法院信息化发展状况、基本解决执行难，对法院信息化发展成效进行第三方评估，并深度剖析深圳市中级人民法院化解执行难工作的实践与经验，为全国基本解决执行难工作提炼值得推广的法治路径。

Abstract

Investigationand studies of national conditions of the rule of law is an important method of empirical legal research. This book contains a series of carefully selected think-tank reports prepared by the Center for National Index of Rule of Law of Chinese Academy of Social Sciencesthat review the development of the rule of law in China in various fields. It is divided into two parts: the first part, "the building of a law-based government", introduces the rule of law index into such fields as the disclosure of government information, the disclosure of information about government procurement andthe issuance of annual reports on the work of disclosure of government information, and the disclosure of information by institutions of higher learning to carry out assessment from the point of view of a third party, thereby demonstrating in a concentrated way the results of disclosure of government information in these fields; the second part, "the construction of the rule of law in the judicial field", carries out third-party assessment of the results of the informatization of courts and conducts an in-depth analysis of the practice and experience of the Intermediate People's Court of Shenzhen City in overcoming the difficulties in the execution of court judgments, thereby providing a rule-of-law approach to the solution of this problem that can be popularized in the whole country.

目录

序　言　法学研究应当以推动社会发展进步为己任 …………………（1）

第一篇　中国政府信息公开第三方评估报告（2015）………………（15）
 一　评估概况 ……………………………………………………（17）
 二　总体评估结果 ………………………………………………（33）
 三　各板块的评估结果 …………………………………………（36）
 四　进一步深化公开工作的建议 ………………………………（113）
 附录 ………………………………………………………………（116）

第二篇　政府采购透明度评估报告（2016）…………………………（119）
 一　评估的对象、内容和方法 …………………………………（123）
 二　评估的总体情况 ……………………………………………（131）
 三　各板块评估结果 ……………………………………………（141）
 四　对策建议 ……………………………………………………（149）
 五　余论：评估中发现的其他问题 ……………………………（151）
 附录 ………………………………………………………………（156）

第三篇　政府信息公开工作年度报告发布情况评估报告（2016）…（169）
 一　评估对象及指标设计 ………………………………………（172）
 二　评估的总体结果 ……………………………………………（173）

  三 评估中发现的亮点 ………………………………………… (180)
  四 评估中发现的问题 ………………………………………… (188)
  五 完善建议 …………………………………………………… (204)

第四篇 中国高等教育透明度指数报告（2015） ……………… (207)
  一 测评意义 …………………………………………………… (209)
  二 测评对象、指标及方法 …………………………………… (211)
  三 总体测评结果 ……………………………………………… (215)
  四 分板块测评情况 …………………………………………… (229)
  五 问题的深层诱因 …………………………………………… (260)
  六 措施建议 …………………………………………………… (262)

第五篇 中国法院信息化第三方评估报告 ……………………… (266)
  一 人民法院信息化的理论基础和现实意义 ……………… (271)
  二 人民法院信息化的发展成效 …………………………… (275)
  三 人民法院信息化的努力方向 …………………………… (311)
  结语 ……………………………………………………………… (329)

第六篇 基本解决执行难评估报告
    ——以深圳市中级人民法院为样本 ………………… (331)
  一 评估背景 …………………………………………………… (333)
  二 评估主体、对象与方法 …………………………………… (345)
  三 《实施标准》的外部优势 ………………………………… (349)
  四 《实施标准》的科学性 …………………………………… (352)
  五 《实施标准》的施行效果 ………………………………… (369)
  六 深圳执行面临的问题及建议 …………………………… (391)
  七 从深圳经验看解决执行难的顶层设计 ………………… (396)
  结语 ……………………………………………………………… (402)

Content

Preface: Legal Research Should Take Promoting Social Development
and Progress as its Mission ································ (1)

Chapter One: Third-Party AssessmentReport on the Disclosure
of Government information in China (2015) ········ (15)
    I. An Overview of the Assessment ································ (17)
    II. Overall Assessment Results ································ (33)
    III. Results of Assessment in Various Fields ···················· (36)
    IV. Suggestions on Further Deepening the work of Disclosure of
        Government Information ································ (113)
    Appendix ································ (116)

Chapter Two: Assessment Reporton the Transparency of Government
Procurement (2016) ································ (119)
    I. Targets, Content and method of Assessment ···················· (123)
    II. Overall Results of the Assessment ································ (131)
    III. Results of Assessment in Various Fields ···················· (141)
    IV. Suggestions on Countermeasures ································ (149)
    V. Other Problems Discovered in the Assessment ···················· (151)
    Appendix ································ (156)

Chapter Three: Assessment Report on the Issuance of Annual Reports on the Disclosure of Government Information (2016) ...... (169)
 I. Targets and the Design of Indices ...... (172)
 II. Overall Assessment Results ...... (173)
 III. Bright Spots Found in the Assessment ...... (180)
 IV. ProblemsDiscovered in the Assessment ...... (188)
 V. Suggestions on Future Improvement ...... (204)

Chapter Four: Report on Indices of Transparency of Institutions of Higher Learning in China (2015) ...... (207)
 I. The Significance of the Assessment ...... (209)
 II. Targets, Indices and method of Assessment ...... (211)
 III. Overall Assessment Results ...... (215)
 IV. AssessmentResults in Various Fields ...... (229)
 V. Underlying Causes of the Problems ...... (260)
 VI. Suggestions on Countermeasures ...... (262)

Chapter Five: Third-Party Assessment Report on the Informatization of Courts in China ...... (266)
 I. Theoretical Basis and Realistic Significance of Informatization of People's Courts ...... (271)
 II. Achievements of Informatization of People's Courts in China ...... (275)
 III. Direction of Future Efforts ...... (311)
 Conclusions ...... (329)

Chapter Six: Assessment Report on the Basic Solution of Difficult Problems in the Execution of Court Judgments: Taking the Practice of the Intermediate People's Court of Shenzhen as an Example ...... (331)
 I. Background ...... (333)

II. Subjects, Targets, and Methods ······························· (345)

III. External Advantages of the Implementation Standards ············ (349)

IV. Scientificity of the Implementation Standards ···················· (352)

V. Effectof Enforcementof the Implementation Standards ············ (369)

VI. Problems in the Execution ofCourt Judgments in Shenzhen City and Suggestions on their Solution ······························· (391)

VII. Top-level Design of the Solution of Difficult Problems in the Execution of Court Judgments: From the Perspective of the Experience of Shenzhen City ································· (396)

Conclusions ·· (402)

序 言

法学研究应当以推动社会发展进步为己任

田 禾　徐 斌[*]

党的十八届五中全会通过的《中共中央关于制定国民经济和社会发展第十三个五年规划的建议》指出，法治是发展的可靠保障，应加快建设法治经济和法治社会，把经济社会发展纳入法治轨道。法学研究是推动经济社会发展走向法治轨道的动力。"市场经济就是法治经济"，依法治国写入宪法等法治发展的关键环节背后都有法学研究的坚实脚印。国家治理现代化与体系化也离不开法学研究提供的智力支持。法学研究自然也应当以推动社会发展进步为己任，以服务国家发展战略为宗旨。

法学研究得以推动社会发展进步的关键是运用正确的研究方法。法学研究方法大体有以下几种：阶级分析法是用阶级和阶级斗争的观点去观察和分析社会中的法律现象；价值分析法是通过认知和评价社会现象的价值属性，从而揭示或批判法律制度背后的价值；实证分析法是在价值中立的

---

[*] 田禾，中国社会科学院法学研究所研究员、国家法治指数研究中心主任；徐斌，中国社会科学院法学研究所助理研究员。

条件下，以对经验事实的观察为基础来建立和检验法学的各种命题与现象。概言之，价值分析法是从应然的角度来研究法律现象，而实证分析法是从实然的角度来研究法律现象。在中国社会急剧变迁、法律体系处于变动不居的时代，实证分析是当代法学研究更好地服务于社会发展的重要路径。其中，法治国情调研是实证法学研究的重要方式，法治指数是跨学科、前沿性的实证法学的研究方法。

一　关注法治国情是做好法学研究的基础

国情是研究中国问题必须考虑的主要因素。制度的建设离不开文化、民情与民族性格。[①] 中国拥有悠久璀璨的文化和历史传统，拥有世界上最多的人口，并在改革开放30多年后成为世界第二大经济体。研究中国问题应当以中国的文化与国情为基础。中国的法治发展离不开产生它与推动它的具体环境。中国的法治必须在中国的历史、文化、政治、经济、军事、教育与社会环境中运作。因此，研究中国的法治发展也必须关注中国的法治国情。

但是，改革开放30多年来，中国知识界存在有效供给不足的困境。中国改革开放获得了巨大的成就，有着丰富的实践经验，但是，学术界和政策研究界未能提供有效的解读，并将中国经验理论化。长期以来，中国知识界对于西方的理论和实践产生了路径依赖，进一步拉大了经验与理论、实践与表达之间的差距。西方的新自由主义经济学无法解释中国改革开放的成功，中国的政府与市场的互动关系也远比西方古典经济学中的模型复杂。在政治领域，以福山为代表的"历史终结论"更是无法套用到中国复杂的改革措施上。

在法律领域，以"法律移植"为代表的法治理论也与实践中的政法传统格格不入，使得中国的法学研究同法治的实际运行情况及人民群众的生活日益脱节，甚至也出现了基于这样的研究成果而设定的制度同中国当下的国情实际不相符的情况。在国际上，知识领域的言必称欧美和在理论

---

① 田禾：《公职人员禁止行为研究》，社会科学文献出版社2013年版，第3—10页。

领域的自我矮化使得中国在国际领域缺乏话语权。

造成法学研究困境的根源在于法学研究方法长期与国情实际脱节，只专注于"纸面上"的法律，而不注重"实践中"的法律；只关注"形式上"的法学理论的研究与探索，而不注重"实质上"的法律问题的研究。法律理论对法律制度的建设与实践有着重要的指导作用。上述法学研究方法与实践的脱节状况甚至导致出现了学界常常批评的"表达与实践"相互背离的现象。概言之，法律理论与具体实践的脱节导致法律制度无法自上而下地得到较理想的贯彻。实际的情况是，法律条文表达的是一回事，基层的实践所呈现的又是另外一种情形。

传统法学研究中存在的法条主义倾向也阻碍了法学智库的知识供给。法条主义的研究进路很容易与现实脱节，只顾追求法律体系的完美逻辑，而不知逻辑与经验之间的关系。在现实中，法条主义总是以各种法律的暴虐表现出来。在城乡差距如此巨大的中国社会，这种法条主义的暴虐表现为以城市的法治来压制农村的法治。20世纪90年代的电影《秋菊打官司》表达的正是农村与城市之间的冲突。当法学研究以城市为研究对象来提供法律制度的供给时，广大农村地区就被排除出中国法治的建设过程。如果缺乏扎实的国情调研，法学研究工作很容易堕入向西方寻求药方的病态心理中，也会忽视中国创造性的法治实践。由此来看，国情调研正是治愈这种法学研究的暴虐的重要方法与治学态度。

扎实的国情调研是为了更好地指导中国的法治发展。中国的法学研究常常被其他社会科学称为"幼稚"。究其原因，是因为中国的其他社会科学大多已经完成了自身研究方法的科学化与规范化，能够实现与他国理论的平等对话。中国法学在经历了30来年的发展后，基本的学术规范已经完成，但在研究方法的科学性上仍然不足。社会科学发展过程中的科学化建设与社会的现代化密切相关。从传统到现代的社会转型引发了社会规范与秩序的重建。社会科学研究的主要任务之一就是以科学的理论来分析和帮助社会更好地完成现代化转型。改革开放后的中国同样在经历社会的转型，伦理道德与社会秩序存在失范的危险，以社会学的研究方法为基础，以定量研究与法治指数为中心的法学的研究希望通过科学的研究方法，对中国社会的发展进行跟踪分析，将各种社会秩序的要素量化，从而依托统计学的方法找出社会秩序中各个要素之间的变量关系。在相关性的分析基础上，法学研究将通过各类制度设计来推动社会的发展。良好的社会发展来自良好的秩序规范，良好的秩序规范来自良好的法律制度设计，良好的法律制度设计来自良好的顶层设计，而良好的顶层设计来自良好的法学研究。扎实的国情调研与科学的研究方法是实现良好的法学研究的基础之一。

由此，解决当前法学智库研究的脱节现象的关键是注重法治国情的调研，将国情调研提升到法学研究方法的主流地位，成为做好法学研究的重要基础，让广大的法学研究者"上山下乡"，不仅送法学理论下乡，更是要通过基层国情调研来了解法律实践的真问题与真情况。

法治国情调研方法强调的是"没有调查就没有发言权"。第一，提升法治国情调研要转变当前社会科学研究，特别是法学研究的主导观念。长期以来，法学研究分为"基础理论研究"与"应用实践研究"，前者多集中在法学理论与法律史的研究，而后者更多的是部门法学的研究主旨。[①]了解实践、认识国情，不仅是法学基础理论需要贯彻的主旨原则，更应当是部门法学急需理解的重要理念。法学智库研究方法的转变与社会变迁密切相关。世界智库的发展分为三个阶段。西方启蒙运动与工业革命推动了智库的发展，各类研究机构与高等院校成为科学精神和理性观念传播的主要阵地。此阶段，智库的研究主题也主要集中于摆脱神学研究的束缚。第二次世界大战结束与美国的崛起开启了智库发展的第二阶段。新的国际政治秩序要求有新的知识及知识生产体系与之匹配。由此，一种服务于美国称霸全球以及美苏意识形态斗争的智库研究方法兴起。此阶段，智库的研究主题主要集中于意识形态的形而上学理论分析。"意识形态终结""历史终结论"等自由主义理论正是此阶段的主要成果。正是由于第二阶段的发展，智库研究越来越脱离国情实际。"冷战"的结束正式拉开了智库发展的第三阶段的序幕。[②]随着社会现代化的推进，人类社会的分工日益精细化，同时，福利国家的兴起要求智库能够为公共政策的制定提供复杂的

---

① 高其才：《法学研究要立足中国国情》，《政治与法律》1997年第3期。
② 许共城：《欧美智库比较及对中国智库发展的启示》，《经济社会体制比较》2010年第2期。

知识储备。对于中国而言，改革开放后，法治发展与法律实践的推进都要求法学智库能够深入国情实践，了解社会变迁与现代化过程中出现的治理难题，为公共政策的制定提供认证与支撑。由此，在第三阶段中的法学智库应当着重强调国情调研方法，以适应时代的变迁，与时俱进。

第二，法学学科的特点决定了法学智库应当重视国情调研方法。首先，法学是一门"世俗"的学科。法学的各个部门法学涉及人民群众生活的方方面面。法学不是"高高在上"的神学，而是深入基层、直面社会问题的"接地气"的学科。拥有法律知识的法官每天要处理的大多都是社会治理一线发生的事情，大到国际贸易纠纷，小到家长里短。部门法学的发展与研究都离不开法律实践给予的推动力。试想，婚姻家庭法的制定如果完全不顾人民群众的风俗、习惯与具体情况，完全不顾文化传统与历史对于婚姻行为的塑造，那么婚姻家庭法的制定必然遭到大多数人的反对。实际上，最高人民法院出台的《婚姻法》司法解释三就因为脱离了实际情况，没有提前做好国情调研，而引起了强烈的舆论争议。[①] 其次，法学学科与法学研究的应用性很强。在基础研究与应用研究方面，法学不同于其他社会科学，比如社会学、人类学等，它更加偏重应用研究。应用研究就不能脱离实际。比如，有关司法体制的理论研究不应忽视广大基层法官的经验与感受，如果司法理论的研究与法治国情脱离，就会导致司法改革方案产生闭门造车的效果。特别是对中国这样一个国土辽阔、民族多元、地域多样的国家，法治国情在中国的各地都呈现出不同的样态，如果司法改革、法治建设采用"一刀切"的抽象的理论指导，那么改革在实践中就会遭遇非常大的阻力，进而影响改革的推进和成效。因此，法治国情研究方法强调的是从社会学的理论出发，对不同时期、不同地域、不同社区的民情与基本情况进行深入的调研与仔细的分析，从而指导公共政策作出多元化的决策与方案。最后，法学是一门综合性的学科。人类社会的问题是复杂的，因而法学是一门综合性的学科，通过容纳其他学科的研究方法来帮助认识复杂的社会。政治学、社会学、人类学等社会学科的研究

---

① 参见《〈婚姻法司法解释（三）〉的推出及其争论》，载《中国法治发展报告 NO. 10（法治蓝皮书 2012）》，社会科学文献出版社 2012 年版。

方法都有助于法学研究。这种研究方法的综合性与法学研究对象的综合性密切相关。法学直面真实的社会,而社会并不会按照学科的分类来构建自身的架构。因此社会的综合性决定了法学研究的对象与方法的综合性。法治国情调研正是这种综合性的集中体现,通过综合的视角来深入了解基层社会的问题,并将法学问题放入复杂的社会背景中加以分析和研究。

第三,法治国情调研是提炼法治的"中国道路",形成道路自信、理论自信、制度自信的基础。知识的供给与需求的不匹配使得当前的法学智库无法有效地总结与提炼法治建设的经验,无法形成法治的中国道路。自身法学知识的供给不足也使得中国的法治发展与法学理论总是受到西方法学理论的牵制,无法在国际层面获得法治话语权。深入彻底的法治国情调研有助于解决上述困境。一方面,理论的辨识能力来自对现实世界的经验掌握。[①] 由于缺乏法治国情的调研工作,法学理论工作者常常陷入西方学界创造出来的,"看上去很美"的理论预设与模型,从而丧失了理论思考能力与判断能力,进而导致法治建设的"全盘西化"道路。系统的法治国情调研可以给予法学工作者丰富的感知与经验,获得法律实践的常识,通过亲身体验法治的实践来有针对性地借鉴西方法治理论。另一方面,法治中国道路的理论自信与理论自觉来自法学工作者丰富的国情调研和对中国法治发展一手材料、数据的占有与掌握。从时间维度来看,在社会转型期,中国正经历从传统社会走向现代社会、从熟人社会走向陌生人社会的转变,社会规范也在市场的冲击下面临重新调整。从法与社会的关系来看,法律的实践运行离不开社会规范的支持。社会规范的失衡也是当前中国社会矛盾频发、法院案多人少的时代背景。开展法治国情调研有助于法学研究把握住中国社会经历的现代化转型及其对基层社会秩序的冲击,从而为人类社会的现代化与城市化所面临的秩序重建提供中国方案。从空间维度来看,中国地域的多元化、人口的多样化是大国治理的典型样本。在城市化的进程中,中国人口中的大部分仍然生活在农村地区,由此,法治中国的实践是在城市与农村的两个不同的空间层面展开的。针对不同的空间,法治国情调研所收集的一手数据是提炼与总结法治发展的中国道路的

---

① 房宁:《国情调研要看"三法"》,《青年记者》2012年第19期。

基础，有助于发现大国法治的特殊性，与西方单一的民族国家法治理论形成鲜明的对比。随着全球化的发展与国际公共事务的兴起，中国提供的这种多元化的大国法治道路有助于为全球治理提供优良的制度产品，继而形成全新的 21 世纪全球法权秩序。

总而言之，中国的法学智库建设一方面要扎根中国的实践与经验，通过国情调研来及时采集中国改革正在发生的理论酵母；另一方面智库建设应当强调实证分析，摆脱以西方为中心的形而上学理论的束缚，形成中国道路与中国方案，为更多的国家提供改革与发展经验。

二 法治指数是法治国情调研的重要方法与内容

法治国情调研是实证主义在法学研究领域的具体体现。国情调研侧重于法学研究方法的观念转型，深入基层来获取研究所需要的第一手资料。将基层国情信息的分析分为定性与定量两种方式，二者共同构成了法治国情调研的主要分析方式。当前中国的法学研究在定性研究上做了比较多的积累，但对定量研究还没有给予应有的重视。法学的定量研究是一种跨学科的研究方式，运用社会学成熟的定量研究方法来观察法律现象。

定量研究是社会科学领域的基本研究范式，法学的定量研究指的是用数量的形式来展示法治实践中的问题与法律现象，在收集足够样本的一手数据的基础上进行分析、考验、解释，从而获得精确认识有关问题或现象的研究方法和过程。法学定量研究的开展最终可以追溯到意大利法医学家龙布罗梭。龙布罗梭因为常常给囚犯看病而接触了大量的犯罪人样本。他先后对近万名士兵、囚犯与死刑犯的样本进行了多项生物学特征测量与数据收集。在这些数据基础上，龙布罗梭提出了"天生犯罪人"理论。可以说，龙布罗梭的方法将定性与定量结合起来，将科学方法引入法学研究领域，开创了犯罪人类学的研究领域。[①]

科学方法是定量研究对于法学研究的重要启示。传统法学研究，特别

---

① 白建军：《刑事学体系的一个侧面：定量分析》，《中外法学》1999 年第 5 期。

是受第二次世界大战后意识形态斗争的影响，常常将法学的视野局限在概念、法条、逻辑等形而上的层面，忽略了真实世界及其科学的分析。定量分析以及以数字化的形式表达法律现象与法律问题为法学研究提供了精确把握现实世界的尺度。相比于形而上的传统法条主义研究方法，定量研究为我们观察法律的运行提供了新的视角，一些数据的分析甚至可以引起我们对法学常识的反思。比如，在传统的刑事理论中，刑罚的基础是社会正义理论；但是，如果从公共政策的角度来理解刑罚，特别是一些轻刑，比如醉驾，通过定量分析来观察刑罚程度与社会犯罪之间的变量关系，反而能够找到兼顾公平与效率的中间点。晚近法律经济学的兴起正是奠定在定量分析的研究方法基础上。①

与传统法学研究关注因果关系不同，定量研究关注社会现象中的两个变量之间的相关关系，而不必定是因果关系。由此，定量研究是一种动态观察事物的方式，它能够实时反映两个变量之间的变化关系。随着大数据技术的发展，定量研究所反映的相关关系也将更为准确。②

法治指数体系就是用定量研究方法来跟踪中国的法治发展。法治指数的研究方法不同于传统法学中的形而上学方法，力图以客观、公正、独立的第三方视角来观察中国的法治进程。其具体表现为三个特征。其一，法治指数结合了定量分析与定性分析。只有对法治理论与中国的法治发展进行定性把握，才能对法治指数的各项指标进行设计。指标体系设计的科学性与合理性决定了最终法治指数成果反映法治发展的有效性。其二，法治指数是一种动态的跟踪体系，实时反映中国的法治发展进程。法治的定量分析是根据指标体系的各项指数进行数据收集，并就各数据的变动进行更新。法学研究工作如果以指标体系为核心对中国的法治实践进行长期的跟踪，那么，法治指数的成果就能很好地体现出中国法治的变动状态。从时间的维度上看，数据的变动以及相关的回归分析能够为我们评估法治的发展状况、分析法治发展中面临的问题提供有力的证据材料。其三，法治指数拥有对现实法治实践的指导性与可操作性。科学合理的法治指标体系也

---

① 戴昕：《威慑补充与"赔偿减刑"》，《中国社会科学》2010年第3期。
② 袁建刚、王珏：《法学理论和定量分析的关系》，《燕山大学学报（哲学社会科学版）》2010年第4期。

随着法治的发展而不断进行增减完善。科学合理的法治指标体系为法治实践提供了方向，而每项具体的指数将复杂的法治工程拆解为一项项细小、可操作的行动条目，不仅可以让法治的实践部门知晓当前法治工作的状态，还能为将来改进法治工作提供具体的抓手。由此，法治指数的法学研究方法将对现实拥有指导意义，而以定量分析为表达形式的法治指数报告也可为公共政策提供客观的信息。

以国家法治指数研究中心长期跟踪评估的政府信息公开透明度指数为例，项目组主要通过观察评估对象门户网站、实际发送政府信息公开申请进行验证等方式，对各级政府依法、准确、全面、及时公开政府信息的情况进行评估，总结政府信息公开工作中取得的成就与实践中出现的问题。通过评估，项目组总结了各地方各部门政府信息公开工作取得的成效，分析了存在的问题，尤其是针对每个评估对象指出了其存在的问题清单，直观展示其问题，也为其改善工作提供了对策建议。

指标是指数评估研究中的重要支撑。国家法治指数研究中心的评估指标设计一直遵循以下原则。第一，依法评估为主。法律法规为公权力机关履职提供了依据，评估法治发展也应坚持依法原则。即所有指标均有法律法规、政策文件等依据或者原则性规定，不随意设置标准、拍脑袋进行评估，以做到让评估对象与公众心服口服。第二，定量评估为主。评估指标的设计在定性分析基础上，以定量分析为主，选取关键数据来重点反映法治建设情况。定量化评估能够让地方的法治成效表现得更加客观、直观，方便把握地方法治发展的总体进程。同时，法治的量化指标也有助于地方政府之间的横向比较，促进相互学习与借鉴法治建设成功经验。第三，第三方评估为主。法治建设是一项系统工程，战线长、任务重、涉及面广、专业性强。由第三方评估机构参与评估可以发挥其专业性强的特点，凭借专业优势，深入各部门各领域进行常态化的日常法治评估，增强评估的科学性和准确性。引入第三方机构开展评估还可以避免相关部门评估时因身在其中而无法客观发现问题的弊端，更可以防止相关部门自说自话，公信力不足的问题。第四，客观评估为主。法治评估应倚重客观数据，以直观发现各地区法治发展的成效与问题。问卷调查方式可以作为辅助方式来获取相关的数据。第五，常态化评估。法治评估应当立足于评估相关部门的日常工作，应避免运动式的评估，以防止评估对象为了取得好的评估结果应付评估，提前做好各种准备，使评估结果看上去很美但并不一定能反映实际情况，这也背离第三方评估的初衷，影响评估结果的公信力。因此，第三方评估应坚持"四不"原则，即不提前通知、不提前布置、不做动员、不告知详细评估内容。

来源数据的真实可靠是指数评估研究的重要基础。为确保评估结果的客观、真实、科学，国家法治指数研究中心的评估主要依靠自行采集的数据，并辅助一些官方统计数据和自报数据。第一，自行采集数据。评估对象的门户网站是自行采集数据的主要来源。在高度信息化的现代社会，门户网站是国家机关展示自身工作的重要窗口，也是公众获得政务、司法等官方信息，与国家机关沟通的重要渠道，以其可以提供"7+24"的不间断服务，且效率高、成本低而受到青睐。因此，评估以网站作为获取数据的主要渠道，并考察网站的友好性，网站运行的稳定性、安全性，网站登录的便捷性，等等。此外，评估还可以通过调取评估对象内部档案等的方式进行数据采集。如通过随机指定案号的方式，调取法院案卷，对案卷中客观反映的司法权运行过程进行分析。第二，官方统计数据。评估也会从官方统计数据中筛选具有法治意义的数据，作为评价法治发展状况的依据。此类数据将主要来源于相关部门公开的数据和其提供的数据。但官方统计数据还须进行必要的验证。第三，评估对象自报数据。部分数据还通过评估对象自报数据的方式来获取，但为了确保数据的真实可靠，项目组会对其真实性和可靠性进行验证。①

三 "智库报告"是展示法治国情调研与法治指数成果的重要形式

智库是"思想库""脑库""外脑"、咨询公司、智囊团或其他智囊组织的通称，是指由多方面的专家、研究人员组成的跨学科公共研究机构，

---

① 中国社会科学院法学研究所：《中国政府信息公开第三方评估报告》，中国社会科学出版社2016年版，第2—32页。

其主旨是为决策者提供政策建议和决策咨询,其服务对象是政府决策者和社会大众,通过各种研究成果影响公共政策的制定和社会舆论。

"智库报告"作为一种成果形式,是展示法治国情调研与法治指数成果的重要形式,是将法学理论与现实问题相结合,运用前沿理论来解决紧迫的现实问题。智库报告兼具学术论文与政策咨询的特点,不仅拥有深厚的理论支撑,又能针对现实问题,运用理论来给出一系列具体的政策建议。事实上,"智库报告"也是一种成果展示平台,是中国社会科学出版社按照中国社会科学院落实党中央、国务院建设新型智库要求的工作部署,于2015年开始启动的成果发布平台。该平台首次发布的成果就是国家法治指数研究中心就高等学校信息公开情况所做的评估报告。

中国社会科学院国家法治指数研究中心、法学研究所法治国情调研室正是以智库报告为表现形式和成果发布平台,紧抓国情调研与法治指数,把脉中国法治的发展进程。法治国情智库立足中国法治实践,从定性和定量两个维度,从宏观与微观两个层面对中国的法治建设进行全景扫描。国情调研报告采用实地调查、人物访谈等方式全面地剖析中国国情,深入地解读中国道路,有力地发出中国声音,从而形成调研报告和评估报告,积极地为中国改革发展建言献策。指数评估报告通过广泛调研与试点,总结出一套能够代表中国实际的评估指标,分立法、司法、行政与社会等板块定量地反映中国的基层法治状况。

为了集中展示法治指数与国情调研的成果,国家法治指数研究中心决定按年度对主要的报告进行结集出版。本书收录了2016年发布的部分成果。

《中国政府信息公开第三方评估报告(2015)》是受国务院办公厅委托,采取观察评估对象门户网站、分析自报材料和公开工作年度报告、开展依申请公开验证等方式对国务院部门、省级政府、地市级政府的政府信息公开工作开展评估。评估发现,各地区各部门加大信息发布、政策解读和热点回应力度,注重公开效果,信息公开工作取得明显进步。但也存在一些问题,如一些重点领域信息公开的要求仍然落实不到位,部分领域公开标准不明不细影响公开效果,政策解读效果有待提升,答复申请的随意性较大。本报告项目组负责人为田禾。项目组成员为吕艳滨、王小梅、栗燕杰、徐斌、刘雁鹏、王芳、赵千羚、刘迪、杨芹、曹雅楠、马小芳、赵凡、周震、刘永利、徐蕾、宋君杰、宁妍、庞悦、阮雨晴、陈钰艺、李越、王梓淏、彭悦、王笛、郭海姣、周俊、蔡瑞高、段啸安、王素敏、许默。执笔人为吕艳滨等。

《政府采购透明度评估报告（2016）》是项目组根据《政府信息公开条例》和政府采购信息公开相关规定，选取3家中央级政府集中采购机构及31家省级政府、93家地市级政府的财政部门与集中采购机构开展政府采购透明度评估。评估结果显示，尽管评估对象普遍公开了招投标公告、中标公告、投诉处理与违规处罚结果信息，积极创新信息发布方式，但政府采购信息公开情况仍不理想。主要表现为地市级政府公开情况不佳，协议供货模式信息公开情况不好，信息发布渠道混乱、信息更新不及时、信息内容不详细等问题普遍存在。本报告项目组负责人为田禾。项目组成员为吕艳滨、王小梅、栗燕杰、徐斌、刘雁鹏、赵千羚、刘迪、刘永利、庞悦、周震、宁妍、徐蕾、宋君杰等。主要执笔人为吕艳滨等。

《政府信息公开工作年度报告发布情况评估报告（2016）》通过对2016年国务院部门和地方政府发布年度报告的情况进行对比和分析，发现行政机关普遍可以做到按时发布年度报告，有的行政机关年度报告发布做到了集中展示，内容充实，但是还有不少行政机关年度报告发布存在一定的问题，主要表现为年度报告展示的事项数据说明不到位、数据统计不准确、报告内容与往年或其他行政机关年度报告有雷同等。本报告项目组负责人为田禾。项目组成员为吕艳滨、王小梅、栗燕杰、徐斌、刘雁鹏、赵千羚、刘迪、曹雅楠、马小芳、周震、庞悦、阮雨晴。执笔人为田禾、吕艳滨、曹雅楠、马小芳。

《中国高等教育透明度指数报告（2015）》是项目组在完善2014年高等教育透明度指数指标体系的基础上，根据《高等学校信息公开办法》《教育部关于公布〈高等学校信息公开事项清单〉的通知》等规定，选取115所高等学校，通过观察其门户网站、实际验证等方法，对其公开基本信息、招考信息、财务信息、学生管理与教学信息、人事师资信息及信息公开专栏建设情况等内容，进行调研与评估。评估发现，2015年高等学校信息公开工作在本科特殊类型招考和硕士研究生复试招考等方面较2014年有显著进步，但是部分高等学校在信息公开平台建设、信息发布及时性方面问题突出。本报告由中国社会科学院法学研究所、法治指数创新工程项目组及法治国情调研室联合推出。本报告项目组负责人为田禾。项目组成员为吕艳滨、张起、王小梅、栗燕杰、徐斌、刘雁鹏、赵千羚、刘迪、杨芹、曹雅楠、马小芳、赵凡、许倩、周震、宁妍、徐蕾、宋君杰、张轶男、李蔚等。执笔人为张起、田禾、吕艳滨。

《中国法院信息化第三方评估报告》是项目组从落实司法为民、推动司法公开、规范司法权运行、提升司法能力、服务国家治理等方面对中国法院信息化发展状况进行评估。总体来看，中国法院基本建成了以互联互通为主要特征的人民法院信息化2.0版，实现了对审判执行、司法人事和司法政务三类数据的集中管理。但当前，人民法院还存在理念思维、均衡发展、规划实施、应用水平、管理机制、人才队伍等问题。本报告项目组负责人为田禾。项目组成员为吕艳滨、王小梅、王芳、栗燕杰、徐斌、刘雁鹏、赵千羚、刘迪、杨芹、曹雅楠、马小芳、周震、宁妍、徐蕾、刘永利、宋君杰、庞悦。执笔人为田禾、吕艳滨、栗燕杰、徐斌、王小梅、曹雅楠、杨芹、马小芳、赵千羚等。

此外，国家法治指数研究中心长期从事法治国情调研工作，地方经验板块在这些调研互动中选取了深圳这一典型性的法治发展高地作为重点，来展现当前中国法治发展的丰富与多元。

《基本解决执行难评估报告——以深圳市中级人民法院为样本》是中国社会科学院法学所与深圳市律师协会共同对《深圳市中级人民法院关于基本解决执行难问题的实施标准》的科学性、可行性以及深圳市中级人民法院的执行工作成效所进行的分析报告。报告指出，深圳经验对全国执行工作有一定的借鉴意义。深圳市中级人民法院实施标准取得了良好的施行效果，执行效益效果实现双重提升。但是，深圳市中级人民法院仍须进一步加强执行惩戒措施和精细化管理，强化被执行人知情权保障以及完善终本结案机制。课题组负责人为田禾、高树（深圳市律师协会会长）。项目组成员为吕艳滨、张斌、冯江、王小梅、章成、兰才明、张晓东、栗燕杰、徐斌、刘雁鹏、王颖、赵千羚、赵凡、张誉、慕寿成、刘迪、杨芹、马小芳、曹雅楠、周震、宁妍、徐蕾、刘永利、宋君杰。执笔人为田禾、王小梅、吕艳滨、张斌。在调研过程中得到了上海市律师协会、重庆市律师协会、湖南省律师协会、浙江省律师协会、广州市律师协会、杭州市律师协会，以及深圳市广大律师、律师事务所、第三方评估团成员的大力支持，在此一并致谢。

第一篇

中国政府信息公开第三方评估报告（2015）

摘要： 受国务院办公厅政府信息与政务公开办公室委托，中国社会科学院法学研究所对2015年政府信息公开工作开展了第三方评估。此次评估针对55家国务院部门、31家省级政府、93家地市级政府，采取观察各评估对象门户网站、分析各评估对象自报材料和公开工作年度报告、开展依申请公开验证等方式，就权力清单、财政预决算、食品药品安全、棚户区改造、建议提案办理结果等重点领域信息公开、政策解读、热点问题回应、公开保障机制建设等进行了评估。评估发现，2015年，国务院办公厅印发文件，部署推进政府信息公开工作，各地区各部门认真贯彻落实，围绕党中央、国务院重大决策部署和群众关切事项，加大信息发布、政策解读和热点回应力度，注重公开效果，信息公开工作取得明显进步。但评估也发现一些有代表性的共性问题，如个别部门和地方对公开工作的重视程度有待提升；一些重点领域信息公开的要求仍然落实不到位；部分领域公开标准不明不细影响公开效果；应公开尽公开、应上网尽上网工作落实不到位；政策解读效果有待提升；热点回应避重就轻、持续跟踪性差的现象突出；答复申请的随意性仍较大，被复议诉讼隐患多。

关键词： 政府信息公开　第三方评估　透明度

Abstract： Entrusted by the Office of Disclosure of Government Information and Openness of Government Affairs of the General Office of the State Council, the Law Institute of Chinese Academy of Social Sciences has carried out a third-party evaluation of the work of disclosure of government information in China in 2015. Using such methods as observing the web portals of targets of evaluation, analyzing the materials submitted and the annual reports published by targets of evaluation, and verification through application for disclosure of information, it has conducted the evaluation of the work of disclosure of information, explanation of government policies, response to public concerns over hot issues, and construction of mechanisms for safeguarding transparency of 55 government organs under the State Council, 31 provincial-governments and 93 local governments at various levels in such key areas as power list, fiscal budget and final report, food and drug safety, transformation of shanty towns, and the outcome of handling of suggestions and proposals. The evaluation shows that, in 2015, the General Office of the State Council issued a number of documents to make arrangements for promoting the work of disclosure of government information. Government organs in all regions and sectors had consciventiously implemented these documents and, in accordance with the major policy decisions made by the State Council and in light of the common concerns of the public, intensified their efforts in the disclosure of information, explanation of policies, and response to hot issues, and paid special attention to the effect of disclosure, thereby making marked progress in this field of work. Meanwhile, the evaluation also revealed some typical and common problems, such as the inadequate importance attached by some government departments and local governments to the disclosure of government information, the failure to meet the requirements of disclosure of information in some key areas, the lack of clarity and specificity of the standards of disclosure in some fields, the inadequate implementation of the policy of "disclosing all information that should be disclosed and uploading onto the website all materials that should be made public on the website", the poor effect of explanation of government policies, the tendency of avoiding the important and dwelling on the trivial and the lack of follow-up in responding to hot issues, and the randomness in responding to application for disclosure, leading to high risk of administrative reconsideration.

Key Words：Disclosure of Government Information；Third-party Evaluation；Transparency

为评估各级行政机关落实《政府信息公开条例》及国务院办公厅《2015年政府信息公开工作要点》等文件要求的情况，推动政府信息公开工作，提升公开效果，受国务院办公厅政府信息与政务公开办公室委托，中国社会科学院法学研究所2015年继续开展政府信息公开第三方评估。

一 评估概况

（一）评估原则

1. 依法评估原则

政务活动的一个基本原则是法有明文授权方可为，这是行政机关履行职责的依据，也是做好政府信息公开工作的基础。因此，评估的指标体系设计坚持有法可依的原则，即所有指标均有法律法规、政府文件等依据或者原则性规定，不随意设置标准、拍脑袋进行评估，以做到让评估对象与公众心服口服。因此，评估指标均依据《政府信息公开条例》等法律法规、《2015年政府信息公开工作要点》（国办发〔2015〕22号）等国务院办公厅近年来发布的涉及政府信息公开的文件以及国务院部门发布的各自领域推进公开工作的文件设定。

2. 客观评估原则

开展第三方评估的目的是评价各行政机关落实政府信息公开工作的成

效，故应避免主观性评价。因此，评估将"好"与"坏"这样主观性、随意性极强的判断标准转化为客观且具备操作性的评估指标，着眼于行政机关是否依法、准确、按时公开相关信息，并方便公众查询。相关部门按照规定公开了信息，并且公众能够便捷获取即为"好"。评估人员对评估事项仅可做"有"和"无"的判断，而不能凭主观判断"好"与"坏"，最大限度地减少评估人员的自由裁量空间。此外，由于满意度调查难以客观地指出行政机关政府信息公开工作中存在的问题，所以，本次评估不采取此方式。

3. 评估常态原则

第三方评估立足于评估相关部门的日常工作，应避免运动式评估，以防止评估对象为了取得好的评估结果，为应付评估，提前做好各种准备，使评估结果看上去很美，但并不一定能反映实际情况，这也背离第三方评估的初衷，影响评估结果的公信力。因此，第三方评估坚持"四不"原则，即不提前通知、不提前布置、不做动员、不告知详细评估内容。

4. 重点突出原则

各行政机关应公开的政府信息种类繁多，国务院办公厅《2015年政府信息公开工作要点》也对众多重点领域的信息公开工作提出了要求，且各类机构的职责要求不完全一样。因此，评估指标主要选择当前对于推进法治政府建设、透明政府建设、满足公众信息需求、提升政府公信力、监督政府依法行政等较为重要的领域作为评估的重点。

5. 结果导向原则

公开政府信息的目的是让公众能够及时、准确、全面、便利地获得信息，并有效帮助其办事、明确自身权利义务边界。行政机关公开信息只是做好公开工作的第一步，更为重要的是要让公众能够有效获取信息。因此，对政府信息公开工作的评估，坚持基于公众视角，以结果为导向，以公众需求为重点，分析各被评估对象实际的公开效果，以及从外部观察政府信息是否依法公开、是否方便公众获取。

6. 分类评估原则

行政机关的类型不同，承担的职能不同，其公开权限、公开责任也各不相同。例如，各级政府部门一般只承担本部门"三定"方案规定的某一领域的管理职责，而一级政府则要承担综合性的管理职责，其对应的公开权责也不相同。特别是，一级政府不仅仅自身要承担公开职责，还要对本行政区划内的政府信息公开工作进行推进、指导和监督。此外，是否拥有行政审批权、行政处罚权，也决定了不同部门之间的公开权责各不相同。为了更准确地评估各级政府及其部门实施政府信息公开制度的情况，有必要对其进行分类评估。因此，评估按照国务院部门、省级政府进行了划分，同时，按照是否拥有行政审批权、行政处罚权对国务院部门进行了区分对待，以体现公平原则和依法履职的要求。

（二）评估对象

此次评估的对象为国务院部门、省级政府。其中，国务院部门的评估对象为具有独立的行政法人资格，对外有行政管理权限，与企业、人民群众办事密切相关或社会关注度高的部门，共计55家（见附表1-1）。由于国家新闻出版广电总局同时运行两个门户网站，分别涉及广播影视与新闻出版，因此，评估门户网站发布信息时，共有56个评估对象。省级政府的评估对象既包括省、自治区、直辖市本级政府，也包括各相关领域信息公开所涉及的省政府部门，以及省、自治区下属的部分设区的市（含自治州及不设区的市），直辖市下属的区县（以下统称为地市级政府）。此次评估选择的省与自治区的地市级政府包含三类对象：第一类为各省会城市及自治区首府所在城市的政府；第二类为《立法法》修改前规定的较大的市的政府，除省会城市及自治区首府所在城市外，一个省内有多家较大的市或者无较大的市的，评估中则依据公开渠道可以获得的各省、自治区2013年统计数据，选择其国内生产总值（GDP）居前的城市；第三类为各省、自治区2013年统计数据显示的GDP居末位的城市的政府。各直辖市的区县则选择2013年统计数据显示的GDP居前两位的区县与居末位的区县。据此，地市级政府共计93家（见附表1-2）。在对地市级政府进行评估时，涉及各相关领域信息公开的，还对其政府部门进行了评估。

（三）评估指标

2015年度的评估包含主动公开、依申请公开、保障监督机制三方面内容。为了保证评估工作的科学性，在评估指标设计阶段征集了省级政府及部分国务院部门的意见，共计121条，经过对意见建议逐条研究分析，采纳了其中的合理建议。

1. 主动公开

主动公开指标评估的是政府主动公开信息的情况，包括政府信息公开平台与目录建设、规范性文件、重点领域信息公开、政策解读、热点回应、政府信息公开指南六项二级指标。

（1）政府信息公开平台与目录建设

政府信息公开平台与目录建设板块包括政府信息公开平台和政府信息公开目录两部分内容。有建议指出，应将平台建设板块调整至保障机制板块评估，该建议确有一定合理性，但考虑到设置公开平台和目录主要是为提升主动公开的效果，因此，本年度仍在主动公开板块进行评估。

政府信息公开平台包括门户网站、微平台、新闻发布会、政府信息公开咨询电话四项评估内容。门户网站板块包括政府信息公开专栏和门户网站检索功能。其中，政府信息公开专栏板块主要考察栏目下是否有公开依据、政府信息公开目录、政府信息公开指南、依申请公开栏目、年度报告栏目等基本要素。

本年度继续对各评估对象使用微博、微信发布政府信息的情况进行评估。评估不要求行政机关同时开通微博和微信，但如果行政机关已经开通了这两个平台，那么，这两个平台的更新情况及发布本部门业务信息的情况均在评估之列。有反馈意见提出，不应将开通微博、微信作为硬性要求，但从互联网的发展趋势看，微博、微信等新媒体的运用不仅可以进一步提升信息发布的时效性，还可以有针对性地向公众推送信息，应是信息公开平台的重要组成部分。因此，评估未采纳其意见，但将所有评估对象都要同时开通微博和微信的指标修改为开通其中任何一项即符合评估要求。

新闻发布会是政府信息公开的重要方式，主要评估其是否有效运行以及其在门户网站上的公开情况。有意见建议删除新闻发布会的评估指标。但新闻发布会是《政府信息公开条例》第十五条明确要求的公开形式，《国务院办公厅关于进一步加强政府信息公开回应社会关切提升政府公信力的意见》（国办发〔2013〕100号）等文件对之也有更为具体的要求，因此，仍将其作为此次评估的内容。

政府信息公开咨询电话也是政府信息公开的重要渠道，其是否有效也影响到政府信息的公开效果，因此，本次评估增加了政府信息公开咨询电话畅通性指标。

政府信息公开目录的评估内容是门户网站所配置目录的查询便利性、目录信息的全面性。其中，对目录信息全面性的评估主要是观察门户网站建设与目录建设是否存在脱节现象，分析目录是否与网站其他栏目实现了信息的互联互通。根据目录制度的设计初衷，目录应当囊括所有的政府信息，避免出现门户网站与目录"两张皮"的现象。评估对门户网站中公开的政府公文是否纳入目录管理进行了抽查。有意见提出，网站搜索功能已可以实现全站精准搜索，公众查找所需信息可以通过门户网站搜索功能检索获取，这比查询目录更为便捷、高效，建议降低政府信息公开目录评估分值比重。该建议符合当前政府门户网站建设的发展方向。从长远来看，门户网站应与政府信息公开专网、专栏等有机融合，门户网站的栏目设置也可以承担目录的大部分作用，但现阶段政府信息公开目录建设在政府信息公开工作中仍具有重要作用。为此，评估仍将政府信息公开目录配置情况作为评估内容。也有意见提出，不应评估目录全面性，理由是政府网站包含了海量信息，很难将网站全部信息纳入政府信息公开目录，但既然设置了目录，其信息就应与门户网站发布信息保持一致，否则，反倒会误导公众，影响其获取信息。

（2）规范性文件

规范性文件俗称"红头文件"，在本次评估中特指各级政府机关在执行法律法规、进行管理过程中下发的，对人民群众权益产生一定影响，但效力等级低于规章的文件。规范性文件的公开是法治政府建设的基本要求，《政府信息公开条例》对此作了明确规定，《2015年政府信息公开工作要点》也有明确要求。

本次评估的主要内容包括：评估对象门户网站是否设置链接有效的规范性文件的栏目，是否存在多个栏目发布规范性文件的情况，是否对所发布的规范性文件进行了分类，规范性文件的信息链接是否有效，规范性文件的上网时间是否在其印发之日起20个工作日内，起草阶段是否公开规范性文件的草案，是否对规范性文件草案制定背景或制度设计进行说明，是否公开意见征集渠道，是否公开本部门规范性文件的清理信息，是否标注规范性文件的有效性，地方政府是否公开2015年规范性文件的备案审查信息。

有建议提出，应取消对已公开文件是否标注有效性的评估，因为行政机关所发布的规范性文件一般都是有效文件。从保障公众合法权益、解决一些历史问题、方便了解政府管理变迁等角度看，已经失效的文件仍有公开的必要，只公开有效文件并不妥当。为此，应当采取标注有效性的方式全方位公开规范性文件。还有意见提出，规范性文件备案是文件监督的方式，系内部监督，不属于《政府信息公开条例》第十条的调整范畴，且从规范性文件公开责任主体来看，属于制作机关的法定职责；从公民权益保障来看，制定机关公开文件后，公众如对文件有异议可以向备案机关申请，不会对公民合法权益造成影响。但备案信息是行政机关在管理过程中所制作的信息，当然属于《政府信息公开条例》调整范围，公开此信息有助于公众了解规范性文件的效力情况，目前很多地方也已经在推行备案信息公开，这种做法值得推广。

（3）重点领域信息公开

推动公开重点领域的相关政府信息，是近年来行政机关推进主动公开工作的重要举措，也是每年政府信息公开工作要点的重要内容。2015年度评估根据《2015年政府信息公开工作要点》等的要求，对重点领域信息公开的评估内容进行了细化。其中，国务院部门的评估内容包括行政审批（许可）信息、行政处罚信息、财政资金信息和建议提案办理结果信息；省级政府的评估内容包括：权力清单、财政资金信息、棚户区改造信息、食品药品安全信息、环境保护信息、国有企业信息、重大建设项目信息、社保信息、建议提案办理情况。

①权力清单

"权力清单"制度要求各行政机关将本机关所掌握的各项行政权力进行统计和梳理，划清权力边界，并将权力清单公开，主动接受社会监督。梳理权力清单并向社会公开，是依法行使政府权力的前提。《关于推行地方各级政府工作部门权力清单制度的指导意见》等文件要求省级政府于2015年年底前发布权力清单，国务院办公厅印发的《国务院部门权力和责任清单编制试点方案》要求国务院部门2016年完成清单编制。《2015年政府信息公开工作要点》明确提出推进行政权力清单的公开。

对部分国务院部门无行政审批（许可）权限、无行政处罚权限的，评估只针对其履行自身职责的信息公开情况进行考察。

国务院2015年5月10日印发的《关于取消非行政许可审批事项的决定》（国发〔2015〕27号）要求，今后不再保留"非行政许可审批"这一审批类别。在推进行政审批制度改革过程中，非许可类行政审批事项逐步取消，各部门、各地方在表述这一概念时称谓不同，为此，本年度评估报告暂采取"行政审批（许可）"的表述方式。

因此，评估对国务院部门和地方政府做了区别处理，对国务院部门仅从行政审批（许可）信息、行政处罚信息角度进行评估，且行政处罚方面仅考察行政处罚结果的公开情况；地方政府则从行政审批（许可）、行政处罚和行政强制三方面进行评估。

其中，国务院部门的评估内容为：部门网站是否公开本部门行政审批（许可）事项目录，公开的行政审批（许可）事项目录与中央机构编制委员会办公室门户网站公开的目录是否一致，行政服务指南是否具备行政审批（许可）依据、申报条件、申报材料、办理流程、办理期限和收费标准等各项信息，部门网站的行政审批（许可）事项目录与公开的服务指南是否一致，部门网站是否设置了行政审批（许可）办理结果的栏目以及是否公开了行政审批（许可）办理结果。地方政府的评估内容为：地方政府网站是否公开本级的行政审批（许可）事项目录，行政服务指南是否具备许可依据、申报条件、申报材料、办理流程、办理期限和收费标准等各项信息，省市公开的行政审批（许可）事项清单中的某一项内容与在线办事栏目或网上办事大厅公开的内容是否一致，省市公开的清单中某一项内容与政务服务中心公开内容是否一致以及省市网站是否设置了集中发布行政审批（许可）办理结果的栏目。

按照中办、国办印发的《关于推行地方各级政府工作部门权力清单制度的指导意见》的要求，2015年年底前省级政府应当公开其权力清单，其中包括强制事项目录，故此次评估对象仅限于31个省级政府。

②财政资金信息

《2015年政府信息公开工作要点》对推进财政资金信息公开提出了进一步要求，本年度评估在原有预决算公开、"三公"经费决算公开基础上，增加了对政府采购信息公开情况的评估。

预决算公开的评估内容是国务院部门公开部门预决算、省级政府部门公开本部门预决算、地市级政府公开本级政府预决算的情况，具体包括：网站是否公开2015年预算说明，一般公共预算支出表、预算支出总表是否公开到功能分类的项级科目，一般公共预算基本支出表是否公开到经济分类的款级科目；网站是否公开2014年决算说明，一般公共决算支出表、决算支出总表是否公开到功能分类的项级科目。

"三公"经费决算公开重点考察国务院部门和各地方政府部门是否公开了因公出国（境）团组数及人数、公务用车购置数及保有量、国内公务接待的批次与人数、"三公"经费增减变化原因及说明。

政府采购是指国家各级政府为从事日常的政务活动或为了满足公共服务的需求，利用国家财政性资金和政府借款购买货物、工程和服务的行为。因此，公开透明是做好政府采购工作的根本。《政府采购法》第三条明确了政府采购应当遵循的原则。其中，公开透明原则是公平竞争原则、公正原则和诚实信用原则的基础。财政部《关于做好政府采购信息公开工作的通知》提出，公开透明是政府采购管理制度的重要原则，并对政府采购信息公开提出了十分详细、具体的要求。政府采购信息的核心内容为招标文件、中标或成交结果、投诉处理结果。因此，对31家省级政府、93家地市级政府在集中采购过程中公开招标文件、采购结果信息的情况进行评估。详细评估内容包括：招标文件是否提供了需求标准，招标文件是否提供了评分标准细则，中标文件或者采购合同是否提供了采购商品的规格、单价、数量、评审委员会名单，是否公开了投诉处理结果和违规处罚结果。由于政府采购的公共性特征，上述信息不仅要向供应商公开，更应向社会公开，接受社会监督。

《关于做好政府采购信息公开工作的通知》要求，地方预算单位的政府采购信息应当在省级（含计划单列市，下同）财政部门指定的媒体上公开，其指定的发布媒体包括中国政府采购网（www.ccgp.gov.cn）、《中国财经报》《中国政府采购报》《中国政府采购杂志》《中国财政杂志》等，省级财政部门应当将中国政府采购网地方分网作为本地区指定的政府采购信息发布媒体之一。据此，评估通过31家省级政府和93家地市级政府的政府采购信息发布平台，分析了相关的政府采购信息发布情况。

③棚户区改造信息

棚户区改造是民生工程，关系人民群众切身利益，为此，《国务院关于加快棚户区改造工作的意见》（国发〔2013〕25号）、《国务院办公厅关于进一步加强棚户区改造工作的通知》（国办发〔2014〕36号）等对棚户区改造信息公开提出了明确要求。棚户区改造信息板块的评估主要包括各地方是否公开了棚户区改造用地计划、建设项目基本信息以及项目落实情况。本指标仅适用于地方政府。

④食品药品安全信息

公开食品药品安全信息有助于公众及时了解食品药品质量及监管动态，并有利于对监管者和相关生产者、经营者进行监督。食品药品安全信息公开板块评估了31家省级政府及其相关部门公开本级制定的食品、药品重大监管政策文件信息、食品安全监督抽检信息和药品质量公告的情况。本指标仅适用于省级政府。

⑤环境保护信息

环境保护关系到公众的生存环境，公开有关信息有助于监督各级政府加强生态保护的履职情况，也有助于规范企业等的排放活动。对环境保护信息公开的评估考察了建设项目环境影响评价信息、建设项目竣工环境保护验收信息、辐射安全信息、重点污染企业信息的公开情况。本指标仅适用于地方政府。由于北京、上海、天津、重庆4个直辖市的辐射安全审批及许可证颁发权限统一在市级环境保护部门，因此，4个直辖市下的12个区县的辐射安全审批及许可证颁发情况不在评估之列。

⑥国有企业信息

国有企业的资本全部或主要由国家投入，其全部资本或主要股份归国家所有，其特点决定了国有企业必须主动公开相关信息、回应社会关切、接受社会监督。信息公开是国有企业深化改革的重要内容和突破口，是打造阳光国企、促进国有企业改革发展的有效措施。

《中共中央关于全面深化改革若干重大问题的决定》中提出："建立长效激励约束机制，强化国有企业经营投资责任追究，探索推进国有企业财务预算等重大信息公开。"《关于〈中共中央关于全面深化改革若干重大问题的决定〉的说明》中提出一系列针对国有企业改革的改革举措，其中包括"探索推进国有企业财务预算等重大信息公开"。

《中共中央、国务院关于深化国有企业改革的指导意见》强调围绕实现国企改革目标，"实施信息公开加强社会监督"。《国务院关于改革和完善国有资产管理体制的若干意见》要求，完善国有资产和国有企业信息公开制度，设立统一的信息公开网络平台，在不涉及国家秘密和企业商业秘密的前提下，依法依规及时准确地披露国有资本整体运营情况、企业国有资产保值增值及经营业绩考核总体情况、国有资产监管制度和监督检查情况，以及国有企业公司治理和管理架构、财务状况、关联交易、企业负责人薪酬等信息，建设阳光国企。《国务院办公厅关于加强和改进企业国有资产监督防止国有资产流失的意见》（国办发〔2015〕79号）也要求，推动国有资产和国有企业重大信息公开。国务院办公厅《2015年政府信息公开工作要点》也首次提出推进国有企业信息公开，要求做好国有企业主要财务指标、整体运营情况、业绩考核结果等信息公开工作，加大国有资产保值增值、改革重组、负责人职务变动及招聘等信息公开力度。

对国有企业信息公开的评估主要考察国有企业主要财务指标、国有企业整体运营情况、国有企业业绩考核结果、国有企业国有资产保值增值信息、国有企业改革重组信息、国有企业负责人职务变动及招聘信息的公开情况。由于国有企业管理职能更多地集中于省级政府，因此本指标仅适用于省级政府。

⑦重大建设项目信息

重大建设项目是地方发展规划的重要组成部分，其投资金额大，涉及公共利益和民生领域，对国民经济和社会发展有着重要的影响。该类信息是《政府信息公开条例》规定的县级以上各级人民政府及其部门应当主动公开的政府信息之一，也是《2015年政府信息公开工作要点》要求重点公开的信息之一。本指标仅适用于省级政府，评估内容是各地公开

2015年重大建设项目年度计划、计划执行情况以及重大建设项目审批、核准、备案信息的公开情况。

⑧社保信息

社会保险是社会稳定的重要保证，也是事关群众切身利益的重大民生问题，公开社会保障相关信息关系到政府公信力与公众切身利益。为此，《社会保险法》对公开社会保险相关信息提出了要求。2014年年底，人力资源和社会保障部专门下发《人力资源社会保障部关于进一步健全社会保险信息披露制度的通知》（人社部发〔2014〕82号），规范和充实社保披露内容，确定了社会保险参保情况、缴费情况、享受待遇情况、基金情况等10项社会保险信息披露事项，要求2015年年底前地市级以上地区都要建立社会保险信息披露制度。国务院办公厅《2015年政府信息公开工作要点》要求，定期向社会公开各项社会保险参保情况、待遇支付情况和水平，社会保险基金收支、结余和收益情况等信息；及时发布基本医疗保险、工伤保险和生育保险药品目录，以及基本医疗保险、工伤保险诊疗项目范围、辅助器具目录等信息。为此，社保信息公开主要考察社保信息披露情况以及社会保险缴费基数，基本医疗保险、工伤保险和生育保险药品目录，基本医疗保险、工伤保险诊疗项目范围的公开情况。

社会救助是指国家对于遭受灾害、失去劳动能力的公民以及低收入的公民给予特殊救助，以维持其最低生活水平的一项社会保障制度。社会救助主要是指向社会成员提供最低生活保障，其目标是扶危济贫，救助社会弱势群体，对象是社会的低收入人群和困难人群。社会救助体现了浓厚的人道主义思想，是社会保障的最后一道防护线和安全网。因此，公开社会救助信息对于维护当事人合法权益、加强对社会救助的监督，有着重要的意义。《社会救助暂行办法》及《2015年政府信息公开工作要点》均提出公开相关信息的要求。对地市级政府公开社会救助信息公开的评估，集中于低保救助、特困人员救助、医疗救助的救助标准及救助申请指南信息的公开情况，其中，救助申请指南的信息公开包括申报材料、办理依据、办理流程三项内容。

⑨建议提案办理情况

根据《全国人民代表大会和地方各级人民代表大会代表法》，代表有权向本级人大提出对各方面工作的建议、批评和意见，有关机关、组织应当认真研究办理代表建议、批评和意见，并自交办之日起三个月内答复，涉及面广、处理难度大的建议、批评和意见，应当自交办之日起六个月内答复。根据《中国人民政治协商会议全国委员会提案工作条例》，提案是政协委员和参加政协的各党派、人民团体以及政协专门委员会，向政协全体会议或者常务委员会会议提出的、经提案审查委员会或者提案委员会审查立案后，交承办单位办理的书面意见和建议，是履行人民政协职能的一个重要方式，是坚持和完善中国共产党领导的多党合作和政治协商制度的一种重要载体，是协助中国共产党和国家机关实现决策民主化、科学化的一条重要渠道。

2016年2月17日召开的国务院常务会议指出，人大代表建议和政协委员提案集中了各界智慧，是政府了解吸纳民意、接受人民监督的重要途径，办理好建议提案，可以有力推动科学民主施政，增强政府公信力，要把全国两会建议提案办理作为年度重点抓紧抓实，提高政府工作实效，并依法稳步推进办理结果公开，接受社会监督。依据《国务院办公厅关于做好全国人大代表建议和全国政协委员提案办理结果公开工作的通知》（国办发〔2014〕46号），从2015年开始，各地区、各部门对于涉及公共利益、公众权益、社会关切及需要社会广泛知晓的建议和提案办理复文，应当采用摘要公开的形式，公开办理复文的主要内容，适当公开本单位办理建议和提案总体情况、全国人大代表和全国政协委员意见建议吸收采纳情况、有关工作动态等内容。

建议提案办理情况板块评估国务院部门、省级政府2015年办理全国人大代表建议、全国政协委员提案的情况，考察各部门、各地方公开人大代表建议、政协委员提案办理结果的公开情况。

（4）政策解读

政策文件是相关部门落实法律法规规定、具体管理经济社会活动的直接依据，在经济社会活动中占有重要地位。政策文件一般具有一定的抽象性、专业性，要让人民群众正确地理解政策文件的制定背景、目的、具体措施，就需要对发布的政策文件作出解读，用更加通俗易懂的语言进行必要的阐释和说明，提升群众对重大政策措施的知晓度、认可度。加强政策解读，有助于推进依法行政，提升政府公信力。

为此，《国务院办公厅关于进一步加强政府信息公开回应社会关切提升政府公信力的意见》（国办发〔2013〕100号）明确要求行政机关对作出的决策进行答疑解惑。依据《2015年政府信息公开工作要点》的要求，对涉及面广、社会关注度高或专业性较强的重要政策法规，要同步制定解读方案，加强议题设置，通过发布权威解读稿件、组织专家撰写解读文章等多种方式，及时做好科学解读，有效开展舆论引导；适应网络传播特点，更多运用图片、图表、图解、视频等可视化方式，增强政策解读效果。政策解读的评估内容包括解读栏目的设置情况、解读情况。解读情况考察解读形式、解读方式、解读内容。有地方建议，重点考核解读栏目设置和解读内容，解读形式和方式可不考核，即使考核，图解、问答式解读、专家解读等形式不宜占较高比例。此建议有一定道理，为此，评估调整了内容。有地方质疑，并非所有解读都需配有图解，应视情况而定，因此评估中只要发布的解读信息中配有图解的，就视作符合要求。

（5）热点回应

回应社会关切是为公众答疑释惑、澄清事实、提高政府公信力的重要措施，是构建良好的政民关系的基础，也是实现治理能力和治理体系现代化的重要路径。"现代政府"一个很重要的标志，就是要及时回应人民群众的期盼和关切。为此，《国务院办公厅关于进一步加强政府信息公开回应社会关切提升政府公信力的意见》（国办发〔2013〕100号）、《国务院办公厅关于加强政府网站信息内容建设的意见》（国办发〔2014〕57号）等文件要求，涉及本地区、本部门的重大突发事件、应急事件，要依法按程序在第一时间通过政府网站发布信息，公布客观事实，并根据事件发展和工作进展及时发布动态信息，表明政府态度；围绕社会关注的热点问题，相关部门和单位要通过政府网站作出积极回应，阐明政策，解疑释惑，化解矛盾，理顺情绪。人民群众的期盼与关切往往会以多种形式表现出来，有的可能会因为广泛关注、讨论而成为舆论的热点，有的可能会在政府与公众的互动中表现为公众具体的诉求，为此，评估抓取了部分热点新闻事件，观察评估对象作出回应的情况。此外，公众是政府网站直接服务的对象，网站互动是政民沟通、为民服务、解决大量与群众日常密切相关的热点问题和难点问题的重要渠道,也是了解公众诉求、回应社会关切的重要渠道,为此,此次对 55 家国务院部门、31 家省级政府和 93 家地市级政府的门户网站的政民互动栏目进行了评估。评估内容是政府门户网站互动栏目的设置情况、在线咨询平台的设置情况以及反馈答复情况。

(6) 政府信息公开指南

政府信息公开指南是公众了解政府信息公开制度、获取特定行政机关政府信息的"说明书",也是公民查阅特定机关政府信息的"导航器"。根据《政府信息公开条例》,行政机关的政府信息公开指南应当包括政府信息的分类、编排体系、获取方式,政府信息公开工作机构的名称、办公地址、办公时间、联系电话、传真号码、电子邮箱等内容。内容完整、准确的指南有助于公众方便、快捷、有效地查询、获取政府信息。本板块评估的主要内容包括:指南的可获取性;政府信息主动公开范围和公开方式;依申请公开的申请条件、不予公开范围、申请方式、受理部门信息、申请办理流程;工作机构信息、监督与救济渠道等。

2. 依申请公开

依申请公开是人民群众获取政府信息的重要渠道,评估内容包括申请渠道的畅通性和依法答复情况两项内容。申请渠道的畅通性评估是对电子申请渠道与信函申请渠道的畅通情况进行验证。依法答复情况则评估了答复时限、答复格式、答复内容的规范化程度。评估对各评估对象政府信息公开申请的渠道畅通性和规范化程度进行了验证。有部门提出,《政府信息公开条例》并未对网上申请作出规定,如果建立网上申请平台,不仅信息公开申请量会大大增加,而且行政机关是否收到网上申请也不好取证,可能造成许多不必要的争议。但建设网上申请平台、方便申请人远程提交申请是互联网时代做好政府信息公开的必然要求,《政府信息公开条例》出台时的互联网技术还难以推广网上办事平台,不代表后期不能推行网上申请,且不少地方政府和部门已经采用这一方式,成效显著,非但没有因此导致申请量激增,反倒提升了办理效率。还有部门提出,不应对"告知不公开救济渠道""告知不公开依据"进行评估。但提供正式的答复告知书、列明救济渠道、告知不公开依据等是政府机关对外答复必须具备的要素,且做到这一点并非很困难,应作为评估内容。

3. 保障监督机制

政府信息公开工作是否能够达到预期效果，与能否做好保障监督工作关系密切。保障监督机制板块包括政府信息公开工作组织领导、政府信息公开管理机制、政府信息公开年度报告、政府信息公开培训与考核、举报处理五个部分。

政府信息公开工作组织领导板块的指标为工作指导、工作机制、机构与队伍建设情况。其中，工作指导板块主要考察评估对象是否制发了指导下级单位和推进相应领域信息公开工作的文件。工作机制重点考察评估对象是否形成了同步研究、同步部署、同步推进政府信息公开工作的机制。政府信息公开机构与队伍建设主要考察是否建设有专门机构、配备专门人员。有建议提出，应加强机构与队伍建设的评估，以督促各部门成立政府信息公开专门机构，进一步加强人员配备。对此，评估中予以采纳。

政府信息公开管理机制板块考察信息公开保密审查机制、政府信息源头管理机制、依申请公开促进依法行政工作机制、依申请公开情况分析机制的建立与运行情况。

政府信息公开年度报告重点考察年度报告公开情况、是否具有新颖性、报告内容是否完整等。其中，报告可获取性考察2014年年度报告和往年年度报告的发布情况；是否具备新颖性考察年度报告的形式新颖性与内容新颖性；报告内容是否完整考察是否对主要工作措施、主动公开数据、依申请公开数据、政府信息公开收费及减免情况、因政府信息公开被诉的数据、问题与改进情况的内容作出描述。有建议提出，2014年评估中涉及的报告新颖性指标不够合理。年度报告重点是对过去一年工作的详细总结，是否采取了图文、动画等方式并不是重点。因此，本年度不再重点考察年度报告的新颖性。此外，评估还对年度报告与本部门前几年或者其他部门的年度报告的内容是否雷同进行了检测。

政府信息公开培训与考核板块重点考察评估对象是否就政府信息公开工作进行了专项培训，是否纳入公务员年度培训，是否建立了考核机制以及是否开展了考核工作。

举报处理板块考察各部门、各地方是否建立了信息公开举报渠道、举报渠道是否畅通。

4. 地市级政府信息公开

本次评估从各省、自治区、直辖市分别选取 3 家地市级政府，将其公开政府信息的情况纳入省级政府评估内容中。其评估内容同样包括主动公开、依申请公开和保障监督机制三项内容。与省级政府相比，主动公开部分仅重点领域部分有个别不同，如食品药品安全信息、国有企业信息、重大建设项目信息、建议提案办理结果仅评估省级政府；依申请公开的评估内容一致；保障监督机制部分对地市级政府仅评估其年度报告发布情况。有建议指出，应取消"（四）地市级政府信息公开工作"这一指标，理由是，不应将地市级政府信息公开工作的评估简单捆绑到省级政府工作评价体系中，这样做既不能客观体现各地市级政府的工作情况，也不利于省级层面政府工作评价。对此，按照《政府信息公开条例》第三条，省级政府的信息公开主管部门有责任推进、指导、协调、监督本省的政府信息公开工作，当然包括指导、监督好下级政府的政府信息公开工作，因此，本次评估仍然将地市级政府的公开情况作为对省级政府评估的一部分。

（四）评估方法

本次评估于 2015 年 10 月 10 日开始，截止时间为 2016 年 2 月 29 日。在此期间，对全体评估对象通过门户网站等平台公开政府信息的情况进行观察分析，并通过拨打政府信息公开咨询电话、向相关行政机关提交政府信息公开申请的方式，进行实际验证。此外，还在国务院办公厅政府信息与政务公开办公室支持下，获取了国务院部门、省级政府反映其内部保障监督机制建设情况的材料及数据。评估过程中，还对各评估对象发布信息的情况进行了技术监测。

进行依申请公开验证时，中国社会科学院法学研究所以个人名义于 2015 年 11 月 10 日通过挂号信的方式向 55 家国务院部门、31 家省级政府的价格主管部门、93 家地市级政府的民政部门发出政府信息公开申请；还于 2015 年 12 月至 2016 年 1 月期间通过在线平台或电子邮件的方式向 55 家国务院部门、31 家省级政府的民政部门、93 家地市级政府的卫生计生部门发出政府信息公开申请。

评估将各评估对象签收挂号信的时间以及电子申请抵达其系统的时间作为其收到申请的时间，并自各评估对象收到申请的第二个工作日起算，观察其是否在15个工作日内答复申请。

二 总体评估结果

（一）政府信息公开工作的亮点

评估发现，2015年，国务院办公厅印发文件，部署推进政府信息公开工作，各地区各部门认真贯彻落实，围绕党中央、国务院重大决策部署和群众关切事项，加大信息发布、政策解读和热点回应力度，注重公开效果，信息公开工作取得明显进步。

1. 权力清单、财政预决算等重点领域和社会关注事项公开情况较好

2015年，各地区各部门在权力清单、财政信息、环境保护信息、食品药品监管信息、棚户区改造信息、重大建设项目信息、国有企业信息等领域取得显著成效。权力清单方面，31个省公布了省级政府部门权力清单，所有有行政审批（许可）权限的国务院部门及全部省级政府、94.62%的地市级政府均公开了行政审批（许可）事项清单，并配备了相应的服务指南。96.77%的省级政府和79.57%的地市级政府公开了本级政府及部门的行政处罚权力清单。如北京市政府在门户网站开设"部门职权信息"栏目，集中统一展示市政府部门的各项职权信息。财政预决算方面，98.18%的国务院部门公开了2015年预算及说明和2014年决算及说明，95.70%的省级政府部门公开了2015年预算及说明，92.47%的省级政府部门公开了2014年决算及说明。并且，所有国务院部门均做到了预决算公开到支出功能分类项级科目，一般公共预算基本支出公开到经济分类款级科目。环保信息公开方面，96.77%的省级环保部门、83.87%的地市级环保部门公开了建设项目环境影响评价受理公示信息；所有省级政府环保部门和77.42%的地市级环保部门公开了2015年重点排污单位或环境重点监管对象信息。

2. 注重政策主动解读工作，及时回应关切

80.36%的国务院部门、96.77%的省级政府、66.67%的地市级政府发挥制定部门熟悉制定背景、了解政策意图的优势，加强了制定机关的自我解读，与 2014 年相比进步显著。各地区各部门主动通过门户网站专栏、新闻发布会、微博微信等发布政策解读信息，76.79% 的国务院部门、100% 的省级政府、68.82% 的地市级政府在门户网站开设了政策解读栏目。如浙江省宁波市、四川省成都市注重将政策文件与政策解读信息关联公开，并且政策文件信息或者解读信息后附有制定部门的联系方式，既方便群众查询比对，又方便群众向制定部门咨询。

3. 公众向政府机关申请信息公开的渠道进一步规范

通过依申请公开渠道向有特定需求的群众公开政府信息，有助于满足不同群体的多元化信息需求。经过实际验证，98.18% 的国务院部门、96.77% 的省级政府部门、98.92% 的地市级政府部门受理信函申请的渠道畅通；76.36% 的国务院部门、74.19% 的省级政府部门、63.44% 的地市级政府部门按时答复了申请。不少地方和部门采用纸质或者数据电文形式做出答复，对于所申请信息已主动公开的，政府机关普遍能够本着便民原则告知申请人获取途径。

4. 强化组织领导，重视制度规范建设

从分析地方和部门报送的材料看，2015 年有 28 家国务院部门、17 家省级政府明确了公开工作分管领导；有 13 家国务院部门、11 家省级政府的负责人研究部署过公开工作；有 28 家国务院部门、21 省省级政府的负责人专门对公开工作提出过要求。各地区各部门重视对下级机关的工作指导，如国家食品药品监督管理总局制定了食品安全监督抽检信息、食品药品行政处罚案件信息公开方面的文件；财政部制定了财政预决算、政府采购、基层财政专项支出、行政事业性收费项目目录等方面信息公开的文件；农业部制定了推进农机购置补贴政策、行政处罚案件、建设项目等方面信息公开的文件；交通运输部制定了公路水运工程建设质量安全违法违规行为信息、全国海事系统信息公开方面的文件。浙江省在土地征收信息公开方面，广东省、四川省在公共企事业单位办事公开方面，山西省在国有企业信息公开方面，发布了指导性文件。同时，各地区各部门还注重加强保障监督机制建设，有的建立了依申请公开促进依法行政工作机制，有的地方建立了法律顾问参与政府信息依申请公开会商机制等。

（二）政府信息公开存在的主要问题

评估也发现了如下一些有代表性的共性问题，值得关注。

1. 个别部门和地方对政府信息公开的重视程度有待提升

自报材料显示，2015 年有 8 家国务院部门、6 家省级政府的相关领导未研究部署过公开工作，28 家国务院部门、14 家省级政府未提供相关材料；2 家国务院部门、3 家省级政府的主要领导未对公开工作提出过要求，19 家国务院部门、7 家省级政府未提供相关材料。部分机关履行公开职责存在敷衍塞责现象，以年度报告的发布为例，国务院某部门 2015 年未依法按时发布上一年度政府信息公开工作报告，有的国务院部门发布的年度报告与上一年度报告的主要内容重复雷同。

2. 一些重点领域信息公开的要求仍然落实不到位

棚户区改造信息公开不到位，58.06% 的省级政府、50.54% 的地市级政府未公开棚户区改造用地信息；51.61% 的省级政府、51.61% 的地市级政府未公开 2015 年棚户区改造项目落实情况。建议提案公开方面，除未收到建议提案或者办理结果涉密的以外，32.14% 的国务院部门和 25.81% 的省级政府未公开代表建议办理复文全文或者摘要，37.50% 的国务院部门和 25.81% 的省级政府未公开政协委员提案办理复文全文或者摘要。国有企业信息公开方面，61.29% 的省级政府未公开 2014 年国有企业业绩考核结果，64.52% 的省级政府未公开本省国有企业改革重组信息。

3. 部分领域公开标准不明、不细，影响公开效果

国有企业信息、重大建设项目信息、棚户区改造信息等领域的信息公开工作仍存在公开标准不明、公开要求不细的问题，操作性不强，部门地方公开质量参差不齐。不少省份所发布的重大建设项目信息多为新闻类信息，信息内容要素不完整，实质性内容少，利用价值低。

4. 应公开尽公开、应上网尽上网工作落实不到位

有的国务院部门、地方政府制定的用以推动或者指导某些领域政府信息公开工作的文件被确定为不公开文件。许多领域的信息通过新闻发布会、公告栏、宣传册等传统渠道发布后，没有同步展示在门户网站上。有的门户网站未配置检索功能或者检索功能无效,有的不按照栏目设置发布信息,造成信息查询不便。

5. 政策解读缺失、形式单一、不规范的问题犹存

一些地市级政府主要是转发上级部门的解读信息或者是解读上级机关的政策文件,本地政策解读信息公布较少或者根本就未公布。不少政府部门所做的政策解读形式单一,多是对政策内容的简单转述,不少部门还不适应新时期的信息传播规律,不善于有效运用图片、图表、视频等方式,仍存在群众看不懂、难理解的情况。

6. 回应关切避重就轻、持续跟踪性差的现象突出

不少政府部门在回应社会关切时,发声不积极、不主动,存在态度敷衍、避谈核心内容的现象。如在重大事故的回应中,有的将"不清楚""不知道""将尽快了解情况"作为回应关键词,不仅没有及时解答群众疑问,反而引发了更大的质疑和猜测;有的面对群众质疑,不经调查即做回应;有的不仅不反思自身工作欠缺,反而找借口推脱责任,回应效果不佳;有的政府部门后续回应情况差,在做出"将进一步调查"的初步回应后便再无下文,影响了政府的公信力。

7. 答复申请的随意性仍较大,复议诉讼隐患多

从依申请公开实际验证情况看,一些政府机关在答复依申请公开时随意性大,严谨性不足,有被申请复议、提起诉讼的隐患。不少答复较为随意,不严谨,存在法律漏洞,主要表现是以口头沟通代替正式的书面答复、书面答复未规范地标识出答复机关名称、主动公开的信息未准确告知获取途径、不公开信息不明确告知理由等。另外,对同类申请内容的答复结论口径不一致,有的答复公开、有的答复不公开。

三 各板块的评估结果

(一)政府信息公开平台

评估结果显示,政府信息公开平台运行总体较好,但也存在运行不规范、有效性差等问题,影响公开效果。

1. 门户网站发挥着公开第一平台作用，但网站健康度不高

政府门户网站是政府信息公开的第一平台，门户网站链接是否有效、页面打开是否流畅直接关系到政府信息公开的效果。本次评估从信息获取是否便利的角度，对评估对象的门户网站进行了监测。结果显示，门户网站总体响应程度较好，但网站内信息链接错误、无效的情况较为普遍，部分网站存在信息内容错误的情况。

评估发现，国务院部门和省级政府网站的可用率较高，地市级政府略差。可用率是指在一定时间内连续多次登录门户网站可打开首页的比率。评估于2015年10月10日至2015年12月1日进行了集中测试。结果显示，国务院部门中门户网站可用率有12家为100%，32家在99%以上但不足100%，最低为89.67%；省级政府中，有1家的可用率为100%，17家在99%以上但不足100%，可用率最低为91.00%；地市级政府中，可用率有7家为100%，43家在99%以上但不足100%，最低为71.63%。

此外，政府门户网站信息链接有效性差，影响公开效果。首先，门户网站首页信息链接有效性不高。监测发现，只有28家国务院部门、10家省级政府、29家地市级政府的门户网站未发现首页信息链接错误，分别占50.00%、32.26%、31.52%，超过一半的评估对象的门户网站首页存在信息链接无效的情况。其次，门户网站首页内页面信息链接有效性不好。只有16家国务院部门、10家省级政府、29家地市级政府的门户网站未发现网站内部信息链接错误，分别占28.57%、32.26%、31.52%，近七成评估对象的门户网站存在网站内部信息链接无效的情况。再次，门户网站相关页面提供的附件下载链接有效性不高。仅有32家国务院部门、14家省级政府、52家地市级政府的门户网站未发现附件不可下载的情况。最后，部分门户网站相关页面提供的图片有缺失。仅有29家国务院部门、19家省级政府、57家地市级政府的门户网站未发现图片缺失的情况。

而且，一些门户网站发布的信息内容质量不高，错别字较多。经过筛查，仅1家国务院部门和3家地市级政府门户网站内的信息未检测出错别字，所有省级政府门户网站全部检出错别字。有的国务院部门门户网站错别字竟达 110 处之多，省级政府门户网站中错别字最多的有 75 处，地市级政府门户网站中错别字最多的有 108 处。表面上看，错别字与公开工作似乎没有直接关系，但政府信息中错别字多必然影响信息质量，也会影响政府的公信力。

2. 门户网站普遍配置政府信息公开专栏，但栏目要素缺失现象仍然存在

政府信息公开依据、政府信息公开目录、政府信息公开指南、政府信息公开年报栏目以及依申请公开栏目是政府信息公开专栏的基本组成要素。评估发现，多数评估对象在门户网站设置了政府信息公开专栏，并同时配置上述五项栏目要素，包括 36 家国务院部门、23 家省级政府和 60 家地市级政府的门户网站，占比分别为 64.29%、74.19%、65.22%。除 1 家地市级政府没有门户网站外，还有相当比例的评估对象没有在门户网站上全面配置这些栏目要素。

其次，在政府信息公开专栏中发布政府信息公开依据的情况还不理想。本次评估不仅要求评估对象在政府信息公开专栏公开《政府信息公开条例》及上级机关发布的其他规定，也要求其公开本机关制定的涉及政府信息公开的规定。因为，公开本机关制定的涉及政府信息公开的规定，有助于公众了解该机关公开信息的范围、方式等。但评估发现，评估对象普遍存在的问题是门户网站设置了政府信息公开依据栏目，但未公开本部门、本级政府的政府信息公开依据，而只公开了《政府信息公开条例》或者是上一级政府机构制定的政府信息公开管理办法。14 家国务院部门、8 家省级政府、30 家地市级政府没有在门户网站的政府信息公开专栏中公开政府信息公开依据，分别占 25.00%、25.81%、32.61%。

此外，个别评估对象将政府信息公开专栏放置在门户网站较为隐蔽的位置，如国务院某部门的专栏被放在门户网站"重点专项"栏目的"重点专题"子栏目中，且在子栏目第二页，不利于公众查找。

3. 门户网站注重信息查询便利性，但检索功能有效性不理想

政府机关的门户网站是汇集本机关政府信息的重要载体，随着时间推移，海量信息沉淀在门户网站，因此，必须辅以一定的检索手段，方便公众查询信息。

政府信息公开目录是归集政府信息，并按照制定部门、标题、关键词、所涉及的事项、内容概述、生成时间等要素，管理和展示政府信息的平台。目前，行政机关对政府信息公开目录的功能认识不统一，有的将其作为汇集所有政府信息的平台，有的则仅将政府公文等内容纳入其中管理。但几乎所有行政机关的目录都汇集了较多的政府信息，为此，有必要对政府信息公开目录进行合理分类，并为门户网站配置有效的检索功能。评估发现，绝大多数评估对象都对目录进行了分类，50家国务院部门、30家省级政府和84家地市级政府的门户网站按照主题、题材、机构、文种等对政府信息公开目录进行了一定的分类，分别占89.29%、96.77%、91.30%。

有34家国务院部门的门户网站提供了全站的综合检索功能，且验证有效；10家只提供简单检索功能且验证有效，或综合检索功能无效但可作为简单检索并验证有效；6家的综合检索功能部分无效；6家未提供检索功能或所提供的检索功能均无效。有15家省级政府的门户网站提供了全站的综合检索功能，且验证有效；7家只提供简单检索功能且验证有效，或综合检索功能无效但可作为简单检索且验证有效；4家的综合检索功能部分无效；5家未提供检索功能或所提供的检索功能均无效。有43家地市级政府的门户网站提供了全站的综合检索功能，且验证有效；39家只提供简单检索功能且验证有效，或者检索综合功能无效但可作为简单检索且验证有效；1家的综合检索功能部分无效；9家未提供检索功能或所提供的检索功能均无效。

事实上，不少评估对象在门户网站设置的检索功能可用性较差，除不设置搜索功能、设置的检索功能无效外，普遍存在的问题是检索功能不能涵盖整个门户网站的所有信息，有的门户网站提供的检索功能只能实现站外搜索。如某地市级政府门户网站的检索功能链接到省政务信息搜索平台，而非本级政府门户网站自有的检索平台，输入信息进行检索时，检出的是全省的信息，不仅没有实现精准搜索，反而还扩大了检索范围。

4. 政府信息公开目录与门户网站"两张皮"的现象仍较为普遍

评估发现,绝大多数评估对象都对目录进行了分类,以便于公众查询信息,但由于不少评估对象的政府门户网站与政府信息公开平台分属两个不同的网站系统,信息发布只能依靠人工导出,因此,信息发布不同步、不一致的情况较为普遍。

评估选取门户网站中的公文类信息,与目录中发布的信息比对后发现,一些评估对象门户网站发布的公文类信息未包含在目录中。评估发现,有49家国务院部门、26家省级政府和71家地市级政府存在门户网站发布的公文类信息不在目录中的情况,分别占87.50%、83.87%、77.17%;只有5家国务院部门、5家省级政府和20家地市级政府门户网站发布的公文类信息全部包含在目录信息中,分别占8.93%、16.13%、21.74%;另有2家国务院部门和1家地市级政府门户网站未配置目录。

5. 注重运用微平台公开信息,但标识度不高、信息发布未形成常态化

微博、微信等微平台拥有庞大的用户,具有快速、大范围推送信息的优势,是互联网时代发布政府信息、快速回应社会关切的新渠道。因此,《国务院办公厅关于进一步加强政府信息公开回应社会关切提升政府公信力的意见》(国办发〔2013〕100号)明确提出要通过微博、微信等微平台做好新媒体时代的政府信息公开工作。本次评估发现,不少评估对象开通了微博、微信平台,能够做到利用微平台及时发布业务信息。

国家新闻出版广电总局同时运行了两个微博、微信,因此国务院部门有56个评估对象。评估显示,微博、微信开通率均过半。有32家国务院部门开通了官方微博,占57.14%,其中,有28家的微博信息在一周内均有更新且公布的信息与其业务相关,占50.00%;所有省级政府均开通了官方微博,且信息发布频率较高,所发布的信息均与本行政机构的业务相关;地市级政府中,有82家开通了官方微博,占87.17%,其中有71家在一周内均有更新且公布的信息与其业务相关,占76.34%。

在微信平台建设方面，有 34 家国务院部门开通了微信公众号，占 60.71%，其中有 33 家国务院部门的微信公众号发布的信息在一周内及时更新而且该信息与其业务相关，占 58.93%；有 28 家省级政府开通微信公众号，占 90.32%，其中有 26 个微信公众号能在一周内及时更新信息，且与其业务相关，占 83.87%；76 家地市级政府开通了微信公众号，占 81.72%，其中 65 家能在一周内及时更新信息，且与其业务相关，占 69.89%。由此可见，虽然不少评估对象已开通微博、微信，但总体而言，微平台的普及率还有提高空间，有的评估对象虽然开通了微平台，但发布信息的频率不高、发布的信息与自身业务无关的情况还比较普遍。

不少微博、微信名称混乱，运营者不统一，难以甄别其是否属于官方微平台。微博、微信的名称、运营者信息是辨识其是否属于某行政机关官方微博、微信的重要标识，但对 180 家评估对象的观察发现，行政机关微博、微信的运营单位不统一，且普遍存在名称与相关部门关系难以甄别的问题。微博、微信的信息发布主体涉及办公厅（室）、新闻宣传部门、信息中心、门户网站、政府公报等，其名称更是五花八门。

6. 以新闻发布会形式公开政府信息成为常态，但发展不均衡

新闻发布会是公开政府信息的方式之一，也是行政机关正面、主动解读决策、政策，回应社会关切的重要渠道。新闻发布会实录及新闻通稿应当在门户网站公开，以便人民群众根据自身需要随时查询获取。

评估显示，32 家国务院部门门户网站、29 家省级政府和 44 家地市级政府在其门户网站设置有新闻发布会专栏且在专栏内公开了本部门新闻发布会的信息，分别占 57.14%、93.55%、47.83%。其中，教育部、外交部、国家发展和改革委员会、国家卫生和计划生育委员会、上海市、重庆市、黑龙江省、山东省、湖北省、安徽省等的新闻发布会较为规范。以教育部为例，其新闻发布会在网站首页有专栏，点击即可进入，新闻发布会信息按照年份设置子栏目，对各个年份的内容进行划分整理，公众可以根据需要进行信息定位，方便查找信息。

但部分评估对象不注重通过门户网站展示新闻发布会信息。除一家地市级政府没有门户网站外，24家国务院部门、2家省级政府、48家地市级政府门户网站只有专栏没有内容或只有内容没有专栏，公众无法通过门户网站获取通过新闻发布会发布的信息，分别占42.86%、6.45%、52.17%。

而且，评估对象门户网站的新闻发布会栏目位置路径五花八门。有的政府门户网站将新闻发布会栏目设置在政府信息公开专栏中，作为一个子栏目呈现出来；有的政府门户网站将新闻发布会栏目设置为特定的专题报道专栏，与常务会议、两会召开等专栏归类放置；有的政府门户网站将新闻发布会栏目设置在互动交流板块中；还有的政府门户网站将新闻发布会栏目设置在新闻板块中。栏目设置缺乏一定的规律，不利于不熟悉特定行政机关门户网站架构的公众查询所需要的信息。

有的政府门户网站虽然开设了新闻发布会专栏，但其中夹杂了各种新闻报道和其他无关信息，无一条新闻发布会内容。

7. 咨询电话畅通性较好，但个别对象答复情况不佳

政府信息公开咨询电话是政府信息公开的重要渠道，本次评估中，法学研究所对各评估对象在政府信息公开指南中公开的咨询电话进行了验证，不仅测试电话的畅通性，还同时询问提交政府信息公开申请的条件、流程等业务相关信息。国家新闻出版广电总局同时运行两个门户网站，且其两个网站发布的政府信息公开指南提供的咨询电话不同，所以，本部分评估将其视作两个对象，实际评估对象为180家。

首先，政府信息咨询电话畅通性较好，但也有部分评估对象未提供号码或者号码错误。在180家评估对象中，有50家国务院部门、31家省级政府、77家地市级政府，总计158家对象提供了联系电话，分别占89.29%、100%和82.80%。中国社会科学院法学研究所对158家提供电话联系方式的评估对象进行了电话咨询。除1家地市级政府提供的电话号码为空号、1家地市级政府提供的电话已停机外，其余156家评估对象的电话号码均有效。在可以正常拨打的电话号码中，经过三次拨打，2家地市级政府的咨询电话长期占线，8家国务院部门、3家省级政府、4家地市级政府的咨询电话无人接听，其余评估对象的电话咨询渠道均畅通。

其次，对咨询问题的解答总体较为全面专业，但个别对象的工作人员态度较差。在139家能够拨通电话的评估对象中，有35家国务院部门、26家省级政府、49家地市级政府，共110家评估对象对验证中提出的咨询问题进行了解答。其中，大多数评估对象的工作人员能详细解释依申请信息公开的条件和流程，回答通顺流利、较为专业。但有少数部门的工作人员态度比较懈怠，甚至挂断电话。

(二) 规范性文件

评估发现，评估对象普遍通过门户网站公开了本机关制定的规范性文件，且规范性文件链接有效性较好，一些评估对象还标注了规范性文件的有效性。但规范性文件栏目设置不合理、起草环节的公开程度不高等问题还广泛存在。

1. 专门栏目设置及链接有效性较好，但查找不便的问题突出

评估发现，除1家地市级政府未开通门户网站外，所有评估对象均在门户网站设置了规范性文件栏目，发布本部门、本地方制定的规范性文件。发布的规范性文件链接普遍有效性较好，经过人工随机抽查验证，各评估对象被抽查的规范性文件链接全部有效。

但规范性文件栏目设置及内容管理方面还存在一些问题。如栏目名称不统一、有的设有多个规范性文件栏目、有的栏目未做必要分类、部分规范性文件发布位置没有规律，影响信息查找。

首先，评估对象的规范性文件栏目名称不统一，有的叫"规范性文件"，有的叫"法规文件"，有的叫"政策文件"。

其次，同一门户网站设置多个规范性文件栏目的情况较为常见。13家国务院部门、3家省级政府、9家地市级政府有多个栏目发布规范性文件，占比分别为23.21%、9.68%、9.78%。

再次，一些评估对象栏目未将规范性文件分类展示，这导致大量规范性文件堆积在一个栏目中，给查阅信息造成极大不便。有37家国务院部门、3家省级政府、38家地市级政府门户网站有此情况，分别占66.07%、9.68%、41.30%。

另外，规范性文件的发布位置杂乱无章。发布规范性文件应当按照栏目设置发布在固定的栏目中，通过栏目设置引导公众查询，但评估对象普遍存在将规范性文件发布在"通知""公告"栏目中的现象。国务院某部门门户网站"规范性文件"栏目中仅发布了2条2015年的文件，更多的文件则是发布在其"工作动态"栏目的"公文"子栏目中。这表明，其规范性文件栏目管理不规范，栏目功能定位不准确。

最后，部分评估对象将非规范性文件公开在规范性文件栏目中。如国务院某部门的"规范性文件"栏目中夹杂了大量的非规范性文件，如各种批复、政府信息公开指南等。

2. 仅部分评估对象标注文件有效性

标注规范性文件的有效性是提升规范性文件发布质量的重要方面。行政机关不仅要公开现行有效的规范性文件，还需要公开已经被废止或者失效的规范性文件，并对所有文件的有效性做出标识。评估显示，有部分评估对象标注出了规范性文件的有效性。国务院部门中，如海关总署、国家林业局、国家信访局、中国民用航空局；省级政府中，如上海市、重庆市、山东省、湖南省、广东省、河南省、贵州省、甘肃省等。此外，地市级政府中，有30家标注了规范性文件的有效性。其中，上海市浦东新区、重庆市渝北区、重庆市九龙坡区、吉林省吉林市对规范性文件标注了有效性，陕西省西安市、广东省广州市、福建省厦门市、河北省衡水市、湖北省宜昌市政府发布的部分规范性文件本身规定了有效期；厦门市在政府法制办门户网站提供了"规范性文件数据库"，集中全市市本级、市政府部门、区政府制定的规范性文件，并标注了有效性（见图1-1）；吉林市在公开市本级规范性文件及市政府部门规范性文件时，还分别设置了"继续有效文件""失效文件""废止文件""修改文件"四个子栏目，对文件进行分类公开（见图1-2）。

但大多数评估对象并没有标注规范性文件的有效性，其所发布的规范性文件是否现行有效无从判断，影响公开质量。

图1-1 厦门市行政机关规范性文件检索系统（截图时间：2016年2月1日）

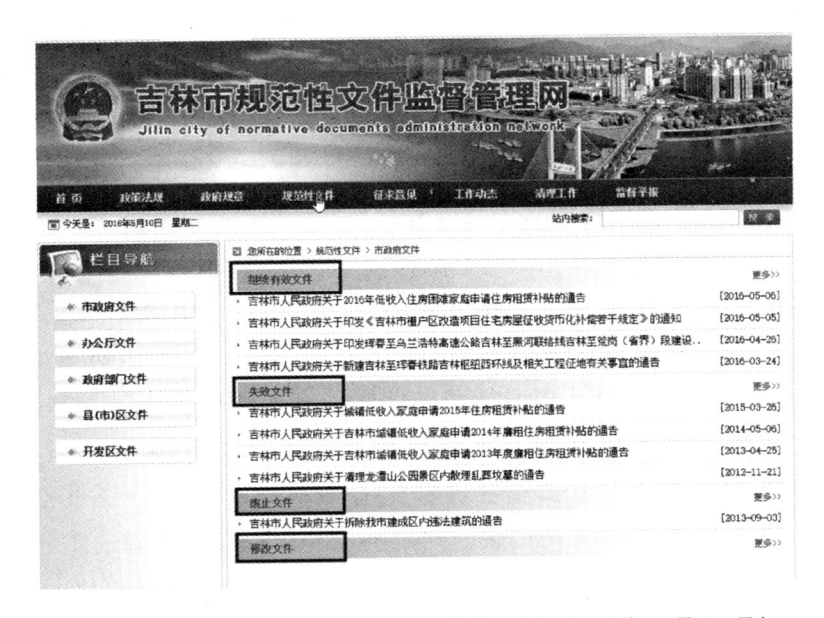

图1-2 吉林市规范性文件栏目（截图时间：2016年1月31日）

3. 仅部分对象公开了备案审查及清理信息

规范性文件备案审查是政府法制的日常工作，对保证规范性文件及后续行政决策、执行的合法性，促进依法行政具有重要作用。为此，《国务院关于加强法治政府建设的意见》（国发〔2010〕33号）要求，严格执行《法规规章备案条例》和有关规范性文件备案的规定，加强备案审查工作，建立规范性文件备案登记、公布、情况通报和监督检查制度，备案监督机构要定期向社会公布通过备案审查的规章和规范性文件目录。评估分析了两级地方政府法制机构门户网站发布规范性文件备案审查结果的情况，结果显示，有17家省级政府及36家地市级政府的政府法制机构门户网站公开了规范性文件备案目录。其中，有的地方政府较有特色，如福建省厦门市法制局门户网站不但公开了备案审查通过的规范性文件目录，并按照年份公开了备案审查通过的规范性文件，还提供了规范性文件查询功能，可以查询全市规范性文件。

但大部分地方政府法制机构门户网站没有公开规范性文件备案审查信息。一些政府法制机构门户网站虽然开设了规范性文件备案审查的栏目，但发布的主要是新闻动态类信息，没有备案审查结果和经过审查的规范性文件目录。还有的政府法制机构门户网站发布了对每项规范性文件的备案审查意见书，但"规范性文件备案"栏目中未更新2015年的信息。

《国务院关于加强法治政府建设的意见》（国发〔2010〕33号）明确要求，要加强对行政法规、规章和规范性文件的清理，规范性文件一般每隔两年清理一次，清理结果要向社会公布。但本次评估发现，规范性文件的清理结果公开情况欠佳。仅有14家国务院部门、10家省级政府和36家地市级政府公布了近一年间的规范性文件清理信息，分别占25.00%、32.26%、38.71%。

4. 规范性文件草案公开情况普遍不好

规范性文件关系到人民群众的切身利益，也是政府治理的重要形式。为了提高规范性文件制定的科学性，取得广大人民群众的理解和支持，一些涉及人民群众切身利益的重要规范性文件的起草环节应当公开，并听取公众的意见建议。考虑到不是所有的规范性文件都需要公开征集意见，本次评估采取较为宽松的标准，评估对象只要在2015年公开过规范性文件草案并提供了意见反馈渠道就符合要求。结果显示，有31家国务院部门、19家省级政府和58家地市级政府门户网站未公布过规范性文件草案，分别占55.36%、61.29%、62.37%。

评估也发现，有的地方政府不仅公开征集规范性文件草案的意见，还能够比较细致地对所征集的意见作出反馈。如贵州省遵义市针对网民就规范性文件发布的留言——作出了回应。

（三）权力清单

由于各层级行政机关梳理和编制本部门权力清单的任务要求不尽相同，在对权力清单板块进行评估时，按照行政审批（许可）、行政处罚和行政强制分别做了评估。其中，国务院部门涉及56家门户网站。

1. 行政审批（许可）信息

（1）普遍公开事项清单，但多渠道发布、查询不便等问题突出

评估发现，国务院各部门、省级政府、地市级政府普遍公开了行政审批（许可）事项目录。国务院部门中，除外交部、国家民族事务委员会、国家审计署、国务院国有资产监督管理委员会、国家信访局、国家公务员局和国家中医药管理局无审批（许可）权限外，其余49家国务院部门门户网站全部公开了行政审批（许可）事项清单。31家省级政府、88家地市级政府公开了行政审批（许可）清单，分别占100%和94.62%。

评估对象普遍采取集中发布和展示行政审批（许可）事项清单的方式。中央机构编制委员会办公室门户网站"中国机构编制网"开设了"国务院各部门行政许可事项服务平台"，集中展示了国务院部门的行政许可事项（见图1-3），国务院各部门均在本部门网站醒目位置公开本部门的行政审批（许可）事项。各省级政府及部分地市级政府也都在门户网站醒目位置开辟专栏集中发布本地区的行政审批（许可）事项。集中发布有效解决了各部门自行编制事项栏目容易出现的标准不一致、内容相矛盾等问题。

评估对象尤其是各地方政府在发布行政审批（许可）清单过程中，

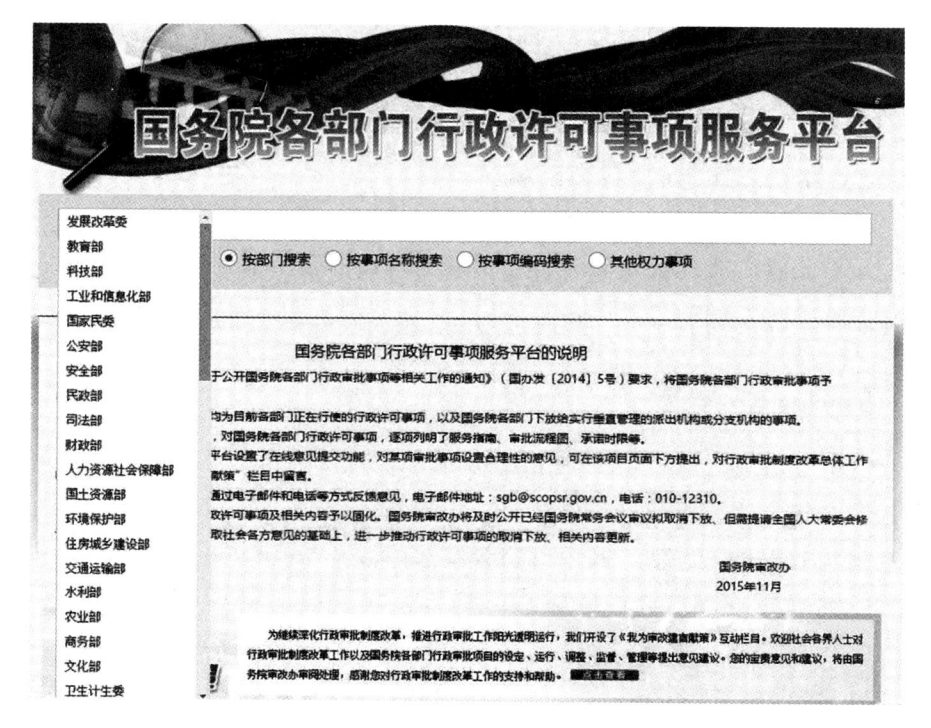

图1-3 国务院各部门行政许可事项服务平台（截图时间：2016年1月31日）

存在多渠道发布、与原有事项清单未做整合等问题。一般而言，各地方政府除了在门户网站发布行政审批（许可）清单外，还在门户网站在线办事栏目、当地行政服务中心（或者政务服务中心）门户网站上发布行政审批（许可）的办事事项，但上述几个渠道发布的行政审批（许可）事项信息存在不一致，给公众办事造成了困扰。

而且，各部门、各地方集中发布的行政审批（许可）事项较多，虽然一般都按照部门进行了归类，但对于办事群众而言，仍然存在查询不便的问题。因此，公开审批（许可）事项清单只是迈出了行政职权公开的第一步。

（2）普遍配置服务指南，但部分服务指南所配发的信息不准确

大部分评估对象发布了行政审批（许可）的服务指南，但并非统一发布在事项清单中，且存在信息内容缺失、信息不一致的情况。

绝大多数评估对象在门户网站上公开了行政审批（许可）的许可依

据。有行政审批（许可）权的国务院部门全部公开了许可依据；省级政府中，有25家的行政审批（许可）依据公布于行政审批（许可）清单中，占80.65%，有5家公布于办事栏目中，其余1家部分行政审批（许可）的依据公开在其事项目录中。地市级政府中，90家公布了行政审批（许可）依据，占96.77%，其中77家的行政审批（许可）依据直接公布于行政审批（许可）清单中，13家公布于办事栏目中。

大部分评估对象公布了行政审批（许可）的申报条件。申报条件是行政审批（许可）服务指南的组成部分，是行政机关办理行政审批（许可）的标准，也是公众申请办理审批（许可）的依据。结果显示，有43家有行政审批（许可）权的国务院部门在其门户网站公开了申报条件，占有审批（许可）权限部门总数的87.76%。有27家省级政府在门户网站公布了申报条件，占87.10%，其中有5家公布于行政审批（许可）清单中，22家公布于办事栏目中。地市级政府中，有75家公布了申报条件，占80.65%，其中有25家公布于行政审批（许可）清单中，50家公布于办事栏目中。

大部分评估对象公开了申报材料。申报材料是提出申请必不可少的，行政机关应当明示需要的申报材料。有45家国务院部门在门户网站公开了申报材料，在有审批（许可）权的部门中占91.84%。30家省级政府门户网站公布了申报材料，占96.77%，其中有7家公布于行政审批（许可）清单中，23家公布于办事栏目中。87家地市级政府门户网站公布了申报材料，占93.55%，其中27家公布于清单中，60家公布于办事栏目中。

行政审批（许可）的办理流程也是法定的公开内容。审批（许可）的办理流程包括受理、审核、复核、审定、告知、归档、公布等程序，详细的流程可以让公众对审批（许可）过程、时限有大体的了解和把握。评估结果显示，审批（许可）流程公开率较高，公布的内容也较为详细。44家国务院部门门户网站公开了办理流程，在有审批（许可）权的部门中占89.80%。30家省级政府门户网站公布了全部审批（许可）事项的办事流程，占96.77%，其中8家公布于行政审批（许可）清单中，22家公布于办事栏目中，另外还有1家的部分审批（许可）

事项配发了办理流程。81家地市级政府门户网站公布了办理流程，占87.10%，其中32家公布于行政审批（许可）清单中，49家公布于办事栏目中。

但一些网站在不同位置发布的办事指南的信息不一致，令人无所适从。行政机关在行政审批（许可）事项清单中发布的办事指南与门户网站在线办事栏目等栏目中发布的同类信息应当具有一致性。评估显示，行政审批（许可）清单的办事指南与在线办事栏目的同类信息存在较大的出入。有4家国务院部门的行政审批（许可）清单中的办事指南信息与在线办事栏目中的信息不一致。11家省级政府发布的行政审批（许可）清单中的办事指南与在线办事栏目对应的办事指南不一致，5家省级政府的行政审批（许可）清单中的办事指南与其省行政服务中心（政务服务中心）对应的信息不一致。36家地市级政府门户网站发布的行政审批（许可）清单中的办事指南与在线办事栏目对应的办事指南不一致；24家的行政审批（许可）清单的办事指南与其行政服务中心（政务服务中心）对应的信息不一致。

（3）普遍公开审批结果，但公开不全面、查找不方便问题较多

《行政许可法》第四十条规定，行政机关作出的准予行政许可决定，应当予以公开，公众有权查阅。这意味着，行政机关作出的审批（许可）决定不仅要向申请人公开，还需要向社会公众公开。评估结果显示，大多数评估对象公开了审批（许可）结果。国务院部门中除无审批（许可）权的部门外，47家公开了审批（许可）结果，占95.92%。对省级政府的评估，抽取了各省、自治区、直辖市安全生产监督管理部门进行验证，结果显示，有28家公开了审批（许可）结果，占90.32%。对地市级政府的评估，抽取了当地食品药品监督管理部门进行验证，结果显示，有80家公开了审批（许可）结果，占86.02%。

但审批（许可）结果的公开质量还不高。首先，部分评估对象未设置结果信息栏目。有行政审批（许可）权的国务院部门中，有38家在门户网站设置了办理结果栏目，占77.55%；有18家省级政府在政府网站设置了办理结果栏目，占58.06%，其中有17家的办事结果栏目设置在省政府网站，1家设置在省级的行政服务中心网站；39家地市级政府在政

府网站设置了办理结果栏目,占 41.94%,其中有 34 家在政府本级门户网站设置了栏目,5 家在同级行政服务中心(政务服务中心)设置了结果公开栏目。一些行政机关由于没有在门户网站设置结果公开栏目,信息查询不便。其次,设置的结果公开栏目难以查找,栏目位置无规律。有的结果信息公开栏目在门户网站的政府信息公开目录中,有的在业务动态栏目中,查找十分不便。

2. 行政处罚信息

行政处罚信息也属于法定应予公开的内容。行政处罚权力清单和处罚结果公开的评估对象为有行政处罚权的 50 家国务院部门,31 家省级政府及其工商部门、食药监部门、环保部门,93 家市政府及同级工商部门、食药监部门、环保部门的门户网站,因国家新闻出版广电总局同时运行两个网站,故国务院部门的评估对象为 51 家门户网站。外交部、国家民族事务委员会、国家统计局、国家信访局、国家公务员局因无行政处罚权或一般不直接行使处罚权,不在评估范围之内。

(1)地方政府行政处罚权力清单公开较好

行政处罚权力清单集中了行政机关拥有的行政处罚权力,公众可以据此监督行政机关的处罚行为。为了推动行政处罚信息公开,不少国务院部门和地方政府制定了文件,细化公开要求,指导下级机关的公开工作。例如,《国家发展改革委办公厅关于实施行政许可和行政处罚信息 7 个工作日主动公示工作的通知》《农业行政处罚案件信息公开办法》《浙江省行政处罚结果信息网上公开暂行办法》《上海市行政处罚案件信息主动公开办法》《山东省人民政府办公厅关于做好行政许可和行政处罚等信用信息公示工作的实施意见》等。

从实际公开的情况来看,地方政府做得总体较好,行政处罚权力清单公开较为规范。评估显示,30 家省级政府门户网站公开了本级政府及政府部门的行政处罚权力清单,公开率高达 96.77%,仅 1 家省级政府未公开。74 家地市级政府在其门户网站公开了本级政府及政府部门的行政处罚权力清单,占 79.57%,19 家未公开清单,占 20.43%。在地方政府中,所有省级政府都在行政处罚事项清单中公布了各处罚事项的法律依据,占 100%;72 家地市级政府公开了各处罚事项的法律依据,占 77.42%。

相比之下，国务院部门公开行政处罚事项清单的情况则不够理想。51家有行政处罚权的国务院部门门户网站中，仅 9 家公开了行政处罚权力清单，占 17.65%。

（2）部分网站行政处罚专栏建设较好，但多数栏目设置不规范，信息查找不便

行政处罚信息的位置影响公众获取信息的便利度，政府网站设置专门栏目集中放置处罚信息能有效缩短查询时间，提高查询效率。本次评估发现，部分国务院部门和地方政府在门户网站首页或政府信息公开专栏中设置了"权力清单""行政执法""行政处罚"等专门栏目，处罚清单和处罚结果信息易于获取。如，国家发展和改革委员会将行政处罚决定书放置于政务服务中心板块中的"行政处罚"栏目下（见图 1-4），国家环境保护部在首页设置"环境执法信息公开"栏目公开行政处罚决定书，北京市政府门户网站将各部门行政处罚清单集中于首页"权力清单"栏目下，浙江省在浙江政务服务网设置了"权力清单"和"行政处罚结果"两个专栏，山东省济南市政府门户网站在首页"权力清单"专栏公开行政处

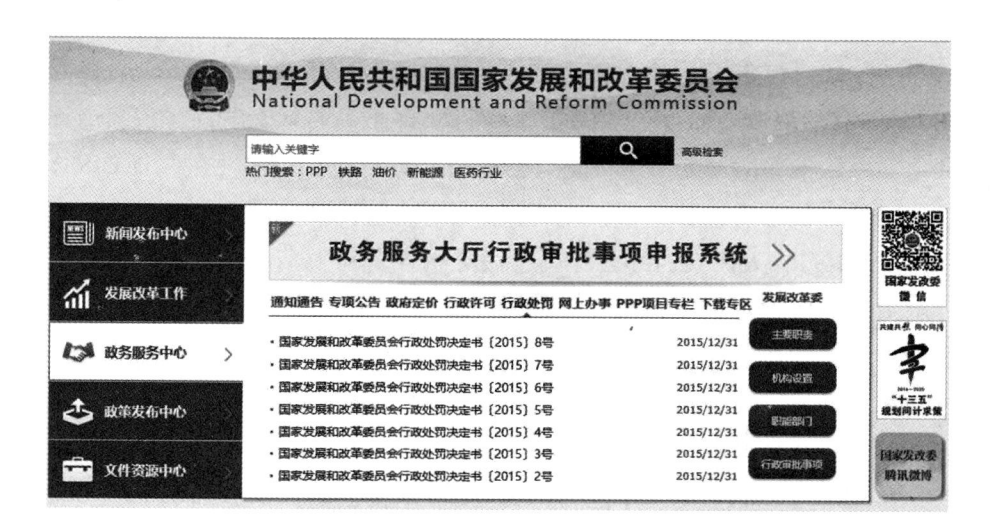

图 1-4　国家发展和改革委员会门户网站"政务服务中心"栏目

（截图时间：2016 年 1 月 31 日）

罚权力清单。此外，2014年第三方评估报告中也曾指出过，浙江省宁波市政府开通了"阳光执法网上服务大厅"，山东省青岛市开通了"青岛网上行政处罚服务大厅"。2015年评估又发现福建省福州市以及不在此次评估对象范围的福建省泉州市开通了网上"行政处罚服务大厅"。此做法不仅有助于集中发布全市各部门的行政处罚事项及作出的行政处罚决定信息，也有助于提升各部门行政处罚的规范化程度。

政府网站栏目设置规范、统一会便利公众查询信息。但一些政府网站设置行政处罚栏目时缺乏必要的分类。评估发现，有的政府网站把各部门的处罚信息集中到一个专栏，但是缺乏必要的子栏目和分类，多个部门、多类事项的信息堆积在一起，公开效果并不理想。

（3）行政处罚结果整体公开不佳，公开不全面、不及时的情况较普遍

行政处罚决定书不仅是对行政相对人违法行为的惩戒书，也是对行政处罚活动是否合法进行监督的依据，更是向社会普及法律、说明监管要求的重要方式。及时、全面、准确地公开行政处罚结果是行政机关规范自身行政行为、主动接受社会监督、促进全民守法的必要举措。然而，评估发现，虽然部分国务院部门和地方政府公开了行政处罚结果，但公开水平仍有较大提升空间。

首先，部分对象公开了行政处罚结果，但整体公开率不高。51家国务院部门门户网站中，仅19家在网站公开了行政处罚决定书、处罚决定摘要或行政处罚结果目录等行政处罚结果信息，公开率仅37.25%。

31家省级政府部门中，16家省级工商行政管理部门公布了对假冒伪劣商品的处罚结果，在同类机关中占51.61%；19家省级工商行政管理部门公开了对侵犯商标权行为的处罚结果，在同类机关中占61.29%；27家省级食品药品监督管理部门公开了对食品药品不合格的处罚结果，在同类机关中占87.10%；全部31家省级环境保护部门均公开了对破坏环境行为的处罚结果。可见，省级环境保护部门的行政处罚公开情况普遍较好。

93家地市级政府中，48家地市级工商行政管理部门公开了对假冒伪劣商品的处罚结果，在同类机关中占51.61%；44家地市级工商行政管理部门公开了对侵犯商标权行为的处罚结果，在同类机关中占47.31%；73

家地市级食品药品监督管理部门公开了对食品药品不合格的处罚结果,在同类机关中占78.49%;74家地市级环境保护部门公开了对破坏环境行为的处罚结果,在同类机关中占79.57%。可见,地市级环境保护部门的公开情况虽然相较于省级环境保护部门仍有差距,但依然在同级机关中处于前列。

其次,不少对象尚未做到全面公开行政处罚结果信息。评估发现,一些评估对象选择性公开行政处罚结果,主要表现为所公开的行政处罚结果信息仅涉及其拥有的行政处罚事项的一部分,这种现象在国务院部门中较为明显。

最后,处罚结果信息发布不及时。评估发现,部分行政机关仅公开了2014年之前作出的处罚结果信息,没有及时更新发布2015年作出的行政处罚结果信息。国务院某部门"行政处罚"专栏中仅公开了两条2014年的行政处罚结果信息。另外,一些行政机关按年或者按季度发布处罚结果,少数行政机关甚至不定期集中发布行政处罚结果,而不是行政处罚信息产生后即上网发布,信息更新较慢。

3. 行政强制信息

行政强制是行政机关除行政审批(许可)和行政处罚以外又一项重要权力,各级政府应该公开行政强制的事项与依据,明晰权力界限,便于接受公众监督。本板块主要考察省级政府门户网站是否公开行政强制事项目录及其法律依据。

(1) 强制事项清单公开较好,个别评估对象的发布方式待规范

30家省级政府均在门户网站公布了强制事项目录。而且,强制事项目录的公开形式较为规范。大多数省级政府在网站首页开辟了专门的权力清单栏目。其中,北京市、天津市、黑龙江省、吉林省、辽宁省、河北省、河南省、山东省、山西省、湖北省、湖南省、安徽省、江苏省、浙江省、江西省、广东省、海南省、云南省、四川省、陕西省、青海省、甘肃省、内蒙古自治区、广西壮族自治区24家省级政府整合信息,建立了统一的权力清单汇总平台,公众可以通过此平台按照不同部门或不同权力事项分类快速便捷地查找相关信息。

少数省级政府的发布方式则有待于进一步规范,门户网站没有统一的

权力清单栏目,强制事项目录发布在通知公告中。

(2) 强制事项的具体信息公开较好,但个别评估对象未公开法律依据

此次评估只考察了强制事项中强制依据的公开情况,有 25 家省级政府门户网站公开了具体到条款的法律依据,占 80.65%。评估中还发现,天津市、黑龙江省、吉林省、辽宁省、河北省、山东省、山西省、湖北省、安徽省、云南省、陕西省、甘肃省、内蒙古自治区 13 家省级政府除法律依据外,还公开了每种行政强制事项的管理权限、责任事项、监督方式等详细信息。值得一提的是江苏省政府,其在每一项权力下都有意见征集栏目,彰显其努力引入社会参与治理机制、重视与公众的互动,不失为一项有益的探索。

(四) 财政信息

财政信息公开情况评估了国务院部门和省级政府部门公开部门预决算信息的情况,以及地市级政府公开政府本级预决算信息的情况。评估的对象包括 55 家国务院部门、93 家省级政府部门和 93 家地市级政府。其中,93 家省级政府部门包括 31 家省级工商部门、31 家省级环境保护部门和 31 家省级食品药品监督管理部门。

1. 多数设置专门栏目集中发布财政信息,但个别发布位置无规律

信息的规范发布有助于公众在查找相关信息时更加方便快捷。预决算及"三公"经费信息是政府信息公开的重点,也是人民群众关注的焦点,有必要在门户网站开通专门栏目,集中发布相关信息。评估发现,多数评估对象在门户网站设置了专门的财政资金栏目(有的是在信息公开板块中),有的地市级政府,例如四川省成都市、陕西省西安市、陕西省榆林市、甘肃省兰州市等还区分了本级和部门之间的预决算栏目。北京市政府每年在相对固定的时间,通过门户网站的专门栏目集中、统一发布全市各部门的财政预决算信息,且信息内容标准基本一致。

评估也发现,有的评估对象没有通过专门栏目集中发布财政信息,信息发布分散,不易查找。如有的地市级政府将本级政府的预算说明公开在本级政府门户网站中,将决算说明公开在本级财政部门门户网站中。有的

地市级政府将预算说明公开在本级政府门户网站和本级财政部门网站中，将决算信息只公开在本级政府门户网站中。

另外，有的评估对象发布财政信息的位置不规范。如国务院某部门在门户网站设有"财政资金"栏目，但2015年财政预算信息却发布在"新闻动态"的"领导活动"子栏目中。信息不按照栏目的设置指引对外发布，会给查询信息的公众带来不便，影响公开效果。

2. 国务院部门和省政府部门预决算公开情况好于地市级政府

54家国务院部门公开了2015年预算及说明和2014年决算及说明，占98.18%。在93家省级政府部门中，有89家公布了预算及说明，86家公开了决算及说明，占比分别达到了95.70%和92.47%。但在地市级政府中，只有42家在本级政府门户网站和财政部门网站中同时公布了预算信息，36家在本级政府网站和财政部门网站中同时公布了决算信息，所占比例分别只有45.16%和38.71%。可见，地市级政府本级预决算信息公开情况远不如国务院部门和省级政府部门。

3. 地市级政府预决算报表配置情况略差于国务院部门及省级政府部门

财政部《关于深入推进地方预决算公开工作的通知》（财预〔2014〕36号）要求，预决算信息均要公开报表。换言之，预决算信息的公开除了作出文字描述外，还需要配备相应的表格。但本次评估发现，表格的制作配置情况较差。评估重点考察6张报表，分别是一般公共预（决）算支出表、预（决）算支出总表以及一般公共预（决）算基本支出表，但是否公开表格不属于计分项目。评估显示，公开预决算信息的国务院部门均附了较为详细的财务报表，抽查的省级政府部门分别有2家未配置预算报表、2家未配置决算报表。但地市级政府财政预决算所附报表普遍不理想，25家未配置预算报表，15家未配置决算报表；22家仅配置了部分预算报表，36家仅配置了部分决算报表。

4. 国务院部门预决算信息公开普遍较为详细，但多数"三公"经费说明较粗略

国务院办公厅《2015年政府信息公开工作要点》要求细化预决算公开内容，各级政府及部门预决算在公开到支出功能分类项级科目的基础上,一般公共预算基本支出逐步公开到经济分类款级科目。但评估发现,省级政府部门和地市级政府多数还未做到这一点。除国务院部门相应报表均已细化到位外,一些地方政府没有将一般公共预算支出公开到功能分类的项级科目,也没有将一般公共预算基本支出表公开到经济分类的款级科目。还有部分省级政府部门和地市级政府的报表名称多样化,缺乏统一的标准。

此外,"三公"经费说明不够细致。按照国务院办公厅《2015年政府信息公开工作要点》的要求,"三公"经费的说明应当包含因公出国(境)的组团数和人数,公务用车的购置数和保有量以及公务接待的人数和批次。但只有36家国务院部门、26家省级政府部门和7家地市级政府按照要求完整公布了"三公"经费说明,其他很多评估对象公开情况不理想。例如,有的只说明了"三公"经费的总费用,没有详细说明应公开的各项信息;有的只公开了较为粗略的"三公"经费表格。

信息缺失最严重的是公务接待说明和"三公"经费增减原因说明。有38家省级政府部门和82家地市级政府没有公布公务接待的批次和人数。有49家省级政府部门和75家地市级政府没有对"三公"经费增减原因作出说明,占比分别达52.69%和80.65%。

(五) 政府采购信息

评估发现,各地政府采购模式五花八门,地方特色明显,在具体操作中,大致有两种模式:第一种是将日常办公设备、项目设备集中在一起进行公开招标、询价、电子竞价等;第二种模式是用户在指定品牌的前提下,通过电子商城、询价、电子竞价、协议供货等模式进行采购,目前以协议供货模式为主。因此,评估中暂且将这两种采购模式命名为"批量集中采购模式"和"协议供货模式",此次只评估"批量集中采购模式"。

1. 需求标准、评分标准及评标专家信息公开相对较好

政府采购中的需求标准是指购买货物等的名称、数量、型号、技术参数等要求,是确定中标者的基础信息。公开需求标准,有助于供应商了解采购需求,判断采购活动是否存在地域或品牌歧视、是否存在指定品牌等违规操作行为,并根据自身实际决定是否参与竞标以及竞标的策略。评估发现，18家省级政府、47家地市级政府公开了需求标准。

评分标准是评标过程中对竞标供应商及其竞标商品等进行评价的标准，是评审专家等进行打分的基础。公开评分标准有助于判断采购活动是否存在设定不合理的条件、违规变相指定品牌或供应商、地域或品牌歧视等。评估发现，18家省级政府、47家地市级政府公开了评分标准。

评估发现，中标结果信息中，评标专家信息的公开情况较好，除7家地市级政府无政府采购网，且其他政府采购相关网站公开的政府采购信息极少视为无网站外，有29家省级政府、76家地市级政府公开了此信息，1家省级政府、6家地市级政府未公开，1家省级政府、4家地市级政府未公开中标公告或采购合同。

2. 通过网站公开政府采购招标文件的情况不够理想

招标文件是招标人向潜在投标人发出并告知项目需求、招标投标活动规则和合同条件等信息的要约邀请文件，是项目招标投标活动的主要依据。作为启动政府采购的基础性文件，招标文件对参与投标的供货商公开，但从扩大招标活动知晓度、让更多供货商参与竞标的角度看，招标文件还应通过网站对社会公开。评估发现，招标文件通过网站公开的情况不够理想。有13家省级政府、39家地市级政府的相应网站存在未公开招标文件的情况。

3. 政府采购中标结果公开情况有待提升

首先，采购合同公开情况不理想。采购合同是招标结束后，采购方与供货商实际达成的合意，其中应包括双方详细的权利义务、供货及服务的补充条款，是了解采购行为细节的重要依据。但评估发现，18家省级政府、35家地市级政府公开了采购合同，其余评估对象并未公开。

其次，中标商品的规格、单价、数量信息公开情况仍有提升空间。24家省级政府、56家地市级政府公开了中标商品的规格，6家省级政府、26家地市级政府未公开，1家省级政府、4家地市级政府未公开中标公告或采购合同，7家地市级政府无政府采购网。24家省级政府、50家地市级政府公开了中标商品的单价，6家省级政府、32家地市级政府未公开。24家省级政府、57家地市级政府公开了中标商品的数量，6家省级政府、25家地市级政府未公开。

4. 投诉处理结果的公开情况好于违规处罚结果

公开投诉处理结果和违规处罚结果可以提升公众对政府采购的信赖度，维护政府执法的权威性。评估发现，省级政府采购部门公开投诉处理结果的情况较好，25家省级政府的政府采购网公开了投诉处理信息，占80.65%，其余6家未公开；地市级政府的投诉处理公开情况较差，有47家公开了投诉处理信息，占50.54%，39家未公开，占41.94%，另有7家未建立政府采购网。违规处罚结果的公开方面，有13家省级政府、58家地市级政府未公开违规处罚信息。

（六）棚户区改造信息

1. 仅部分对象全面公开了棚户区改造信息

评估显示，13家省级政府、45家下属地方政府公开了2015年棚户区改造用地计划，分别占41.94%、48.39%；20家省级政府、60家地市级政府公开了2015年棚户区改造项目基本信息，均占64.52%；15家省级政府、45家地市级政府公开了2015年棚户区改造项目落实信息，均占48.39%。但未公开相关信息的仍然较多，有不少评估对象公开的是新闻动态信息，信息内容不完整、不全面。

首先，18家省级政府、47家地市级政府的棚户区改造用地信息未能查询到，分别占58.06%、50.54%；另外，1家地市级政府说明了2015年不单独制订棚户区改造计划。

部分省级政府未公开全省任何年度的整体土地供应计划或棚户区改造用地计划。如某省政府门户网站、国土资源厅门户网站未公开全省任何年度的棚户区改造用地计划，只公开了省会城市2014年之前的棚户区改造建设用地审批信息；某省国土资源厅门户网站的"土地供应计划"栏目未公开全省任何年度的整体土地供应计划或棚户区改造用地计划，只公开了2015年全省下辖多数市县各自的国有建设用地供应计划（含各类棚户区改造用地计划数据），但未汇总统计形成全省的国有建设用地计划。

其次，部分对象未公开2015年棚户区改造项目基本信息或落实情况。11家省级政府和33家地市级政府未公开2015年棚户区改造项目基本信息，均占35.48%。16家省级政府、48家地市级政府未公开2015年棚户区改造项目落实情况,均占51.61%。部分省级政府及地市级政府公开了2015年保障性住房与棚户区改造进展的总体数据,但未列出棚户区改造进展情况的单项数据。

2. 多数门户网站设有专栏,但发布渠道不规范、更新不及时的现象突出

棚户区改造项目基本信息的主要发布栏目是保障性住房信息专栏或棚户区改造项目建设信息栏目。通过专门栏目发布棚户区改造信息便于查询,有助于提升公开效果。部分地方政府的国土资源部门门户网站建立了专门的棚户区改造用地栏目,并在专栏中发布了棚户区改造用地专项信息,主要公开内容为廉租房、经济适用房、中小套商品住房等各类棚户区改造用地面积与总体面积。比如,山东省住房和城乡建设厅门户网站"住房保障处"专栏下设置了保障性安居工程信息栏目,湖南省住房和城乡建设厅门户网站设置了"住房保障"栏目;辽宁省国土资源厅门户网站将2015年棚户区改造用地供应计划以数据表的形式,单独公开发布在"棚户区改造用地供应情况"栏目中;安徽省国土资源厅门户网站将2015年安徽省棚户区改造用地计划以文字描述的形式,单独公开在"规划计划"栏目中;广西壮族自治区、甘肃省、河北省、湖南省国土资源厅门户网站将棚户区改造用地计划作为住房用地供应计划表的一部分,公开在"土地供应计划"或者"规划计划"栏目中。

但部分地方政府棚户区改造用地计划的公开存在发布渠道不规范,信息更新不及时等问题。其表现如下。

首先,部分信息发布在上级政府网站,而未发布在本级网站。如有的地市级政府的棚户区改造用地计划未在本级国土资源管理部门门户网站公开,而是公开在省级国土资源管理部门门户网站。如某市国土资源局门户网站的"土地利用"栏目公开了2015年本市整体的土地供应情况,未公开棚户区改造用地的单项数据,但所在的省级国土资源厅门户网站公开的2015年住房用地供应计划表中提供了各地棚户区改造用地总面积数据。某市的国土资源局门户网站未设置土地规划计划栏目,也未公开2015年度棚户区改造用地计划,但省国土资源厅门户网站公开了2015年该市国有建设用地供应计划表,其中提供了2015年该市各类棚户区改造用地总体的数据以及廉租房、经济适用房、中小套商品住房各自用地计划面积。

其次，部分地方发布的信息更新不及时。比如，有的地方未公开近两年的棚户区改造用地计划。某省国土资源厅门户网站信息公开专栏中的"规划计划"栏目中只公开2013年及之前的住房供应计划汇总表，表内公开了廉租房、经济适用房、中小套商品住房等各类棚户区改造用地面积与总体面积。某市住房保障服务局门户网站的"国有工矿棚户区改造"栏目仅更新到2012年。

3. 部分对象公开信息规范详细，但做法各不相同、标准不统一

评估发现，部分地方政府在发布棚户区改造项目信息时，做得较为规范、细致，信息标准化程度较高，有的详细汇总发布了地市级政府的数据，信息可供利用的价值较高。

首先，部分省市棚户区改造项目落实情况发布较为规范、细致。如山东省住房和城乡建设厅门户网站公开了城市棚户区、国有工矿（含煤矿）棚户区项目的名称、所属行政区划、项目位置的四至范围、年度改造目标任务（总户数）、项目进展情况（已开工或已签订货币安置补偿协议）等信息。吉林省住房和城乡建设厅门户网站公开的《全省保障性安居工程建设情况通报》提供了2015年各类棚户区改造的进展数据、进展快慢地区的排名、进展工作中存在的问题以及改进措施等详细信息。湖南省住房和城乡建设厅门户网站以文字描述的形式公开了全省城市棚户区改造、国有工矿棚户区改造、国有垦区危房开工建成的套数、开工率、基本建成、竣工的套数，并公开了湖南省各地区中进度较快、基本符合要求以及严重滞后的市县名称，还提出了加强棚户区改造工作的明确要求。该栏目还以数据表的形式公开了2015年1—5月的城市棚户区改造、国有工矿棚户区改造、林区（场）棚户区（危旧房）改造、垦区棚户区（危房）改造、中央下放地方煤矿棚户区改造的进展情况，包括2015年计划任务户数、开工户数和开工率、基本建成户数和竣工户数。

其次，部分地方详细汇总统计了各市县棚户区改造项目数据。如贵州省、海南省、内蒙古自治区在2015年度的城镇保障安居工程计划表中公开了各市县的棚户区改造项目信息，山东省公开了棚户区改造任务分解落实项目表、北京市棚户区改造与环境整治任务表、安徽省全省棚户区项目基本信息表公开了各市（区）县的信息。部分省级政府还公开了各市县的 2015 年棚户区改造项目落实情况，如安徽省住房和城乡建设厅政府信息公开栏目中公开了 2015 年各月棚户区改造完成情况，并提供了全省总计以及各市县的数据。

但不少地方政府发布的棚户区改造信息存在信息标准不一、内容详细程度差异性大、信息质量不高的问题。

比如，发布的信息形式不统一。以用地计划为例，部分地方政府棚户区改造用地计划是以数据表的形式公开的，有的仅以文字叙述的形式公开，部分地方则以文字描述与数据表相结合的形式公开。

此外，有的地方未正式公布棚户区改造信息，而是以新闻报道的形式发布相关信息。如某市城乡建设委员会门户网站引用了 2015 年 1 月 5 日发布在当地媒体上的《改造棚户区》一文；某市住房保障网的"住房保障专题城市棚户区"栏目中引用了相关新闻报道；某市在房产管理局门户网站的"信息选播"栏目中引用了《×市棚户区改造规划成果通过评审》和《从棚户区搬进宽敞明亮高楼》两篇新闻。以新闻报道的形式发布信息正式性不足，其内容也不够完整，不利于公众全面了解相关内容。

（七）食品药品信息

1. 省级政府普遍公开本地方的食品药品安全监管政策文件

食品药品安全是涉及人民群众健康生活的重点领域，公开相关的监管政策文件是做好食品药品安全信息公开的基础。评估发现，有 30 家省级政府门户网站或其食药监部门网站公开了本级政府制定的食品安全监管的政策文件；29 家省级政府公开了本级政府制定的药品监管政策文件。

2. 仅部分省级政府定期、规范发布食品药品质量安全信息

截至 2015 年 12 月，所有省级政府均能够发布近一个月内的食品安全监督抽检结果信息。北京市、黑龙江省、湖北省、江西省和广东省按季度定期发布了药品质量公告，并能查阅到 2015 年前三个季度的药品质量公告。

但省级政府及其食药监部门发布药品质量公告信息仍有一些不规范的地方。

第一，各地制作和发布药品质量公告的做法不统一。《药品管理法》第六十五条规定，国务院和省、自治区、直辖市人民政府的药品监督管理部门应当定期公告药品质量抽查检验的结果；公告不当的，必须在原公告范围内予以更正。《药品管理法实施条例》第五十九条第一款规定，药品质量公告应当包括抽验药品的品名、检品来源、生产企业、生产批号、药品规格、检验机构、检验依据、检验结果、不合格项目等内容；药品质量公告不当的，发布部门应当自确认公告不当之日起5日内，在原公告范围内予以更正。由于上述规定对药品质量公告的制作和发布的标准描述不够详细具体，各省在制作和发布药品质量公告方面存在较大差异。比如，有的省级政府按照季度发布药品质量公告；有的省级政府发布的是部分月份的药品质量公告；还有的省级政府仅发布过一期药品质量公告，且未注明时间。

第二，部分地方的药品安全信息未及时公开。截至2015年12月，能够按照季度发布2015年内药品质量公告的仅有18家，占58.06%。其中，仅有5家发布了2015年前三季度的信息，其他省份有的仅发布了一个或两个季度的信息。

3. 仅个别省市信息公开整合较好、标准一致

虽然此次未将地市级政府发布食品抽检信息的情况纳入评估，但评估发现，对于食品安全信息公开，省级政府统一标准，省市公开标准一致，上行下效，不但可以带动地市级政府的食品安全信息公开工作水平的提高，也有助于提升整体的信息公开工作的质量和水平。比如，辽宁省及沈阳市、大连市、阜新市，安徽省及合肥市、芜湖市、池州市，广东省及广州市、深圳市、云浮市，甘肃省及兰州市、酒泉市、甘南藏族自治州在此方面做得较好，上下级门户网站公开的信息标准较为一致，且均公开了近一个月内的食品安全监督抽检结果信息。这表明，上级机关对下级机关的指导和表率对于推进行业信息公开工作有着重要的作用。但评估也发现，更多的地方上下级所公开的信息标准不一致，上下级部门信息公开水准也不相同。

（八）环境保护信息

评估显示，环境保护信息情况总体较好，各类信息普遍得到公开，但也存在公开渠道待整合、地市级政府环境保护信息公开情况相对较差等问题。

1. 环境保护信息公开总体情况良好，少数评估对象尚有提升空间

（1）建设项目环境影响评价信息公开率较高，个别对象公开不理想

在建设项目环境影响评价受理公示信息方面，有30家省级政府、78家地市级政府公开了2015年内建设项目环境影响评价受理公示信息，分别占96.77%、83.87%。

在建设项目环境影响评价审批前公示信息方面，有30家省级政府、84家地市级政府公开了2015年内建设项目环境影响评价审批前公示信息，分别占96.77%、90.32%。

在建设项目环境影响评价审批后公告信息方面，31家省级政府全部公开2015年内建设项目环境影响评价审批后公告信息；77家地市级政府公开了此信息，占82.80%。

（2）各地加强建设项目竣工环境保护验收信息公开，但仍有少数尚未公开

在建设项目竣工环境保护验收受理公示信息方面，有29家省级政府、69家地市级政府公开了2015年内建设项目竣工环境保护验收受理公示信息，分别占93.55%、74.19%。

在建设项目竣工环境保护验收审批前公示信息方面，30家省级政府、74家地市级政府公开了2015年内建设项目竣工环境保护验收审批前公示信息，分别占96.77%、79.57%。

在建设项目竣工环境保护验收审批后公告信息方面，31家省级政府全部公开了2015年内建设项目竣工环境保护验收审批后公告信息；73家地市级政府公开了2015年内建设项目竣工环境保护验收审批后公告信息，占78.49%。

（3）辐射安全信息公开情况较好，但仍有地方公开不到位

由于北京市、上海市、天津市、重庆市4个直辖市的辐射安全审批及许可证颁发权限统一在市级环境保护部门，因此，4个直辖市下的12个区县的辐射安全审批及许可证颁发情况不在评估之列，故此部分评估对象共31家省级政府和81家地市级政府。

在辐射项目环评审批结果信息公开方面，有 25 家省级政府公开了 2015 年内辐射项目环评审批结果信息，占 80.65%，但仍有些地方公开不到位。81 家有辐射项目审批及许可证发证权限的地市级政府公开此类信息的情况略差，有 20 家公开了 2015 年内辐射项目环评审批结果信息，占 24.69%；5 家公开了辐射项目环评审批结果信息，但没有 2015 年内的信息，占 6.17%；56 家未公开辐射项目环评审批结果信息，占 69.14%。

在辐射项目环保验收结果信息公开方面，有 23 家省级政府公开了 2015 年内辐射项目环保验收结果信息，占 74.19%；3 家省级政府公开了辐射项目环保验收结果信息但没有 2015 年内的信息，占 9.68%；5 家省级政府未公开此类信息，占 16.13%。81 家地市级政府中有 17 家公开了 2015 年内辐射项目环保验收结果信息，占 20.99%；4 家公开了辐射项目环保验收结果信息，但没有 2015 年内的信息，占 4.94%；60 家未公开辐射项目环保验收结果信息，占 74.07%。

在辐射安全许可证发证信息公开方面，有 25 家省级政府公开了 2015 年辐射安全许可证发证情况，占 80.65%；5 家省级政府发布了辐射安全许可证信息，但未公开 2015 年内的信息，占 16.13%；1 家省级政府没有公开辐射安全许可证发证信息。81 家地市级政府中有 24 家公开了 2015 年内辐射安全许可证发证信息，占 29.63%；12 家发布了辐射安全许可证信息，但不是 2015 年内的信息或无法判断发证年份，占 14.81%；45 家未公开辐射安全许可证信息，占 55.56%。

（4）普遍公开重点污染企业信息，仅少数地市级政府公开不理想

重点污染企业信息的公开方面，省级政府好于地市级政府。31 家省级政府全部公开了 2015 年重点排污单位或环境重点监管对象信息。72 家地市级政府公开了 2015 年重点排污单位或环境重点监管对象信息，占 77.42%；21 家未公开 2015 年重点排污单位或环境重点监管对象信息，占 22.58%。

2. 各地注重环境保护信息公开栏目建设，但公开渠道还需整合

各级政府及环境保护主管部门不断深化环境保护信息公开工作，从网站建设到信息公开，从公开范围到公开力度，从发布内容到发布时效都有了明显的改善。在公开平台建设方面，省级政府和多数地市级政府在门户

网站开辟了"重点领域"专栏,下设"环境保护"栏目,整合发布本行政区域内各类环境保护信息。不少地方进一步完善了环境保护部门网站环保信息公开的专门职能,做到了分类归置、定期公开。在公开范围方面,能够按照各级政府信息公开要点的要求公开环评审批、环保验收等信息。在发布时效和发布内容方面,也能够按时保质发布本年度内的环保信息。

但是,环境保护信息公开渠道仍需加强整合。有的环境保护信息公开专栏只是罗列环境保护信息,没有进行有效分类,给公众查阅相关信息带来了不便;有的地方环境保护部门与政府信息公开专栏公开的信息不一致,增加了公众查阅相关信息的负担。

3. 省级环境信息公开整体好于地市级政府

从建设项目环境影响评价、建设项目环保验收、辐射安全审批及发证情况以及重点排污单位和环境重点监管对象信息公开情况看,省级政府均好于地市级政府。例如,建设项目环境影响评价审批后信息以及建设项目竣工环境保护验收审批后公告信息,省级政府均是100%按时公开,而地市级政府的公开率则分别是82.80%和78.49%。地市级政府辐射安全信息公开更是整体欠佳。在有权限的地市级政府中,56家未公开辐射项目环评审批结果信息,占69.14%;60家未公开辐射项目环保验收结果信息,占74.07%;45家未公开辐射安全许可证信息,占55.56%(上述三项统计数据包括3家地市级政府环保部门没有网站或者网站链接无效的情形)。并且,环境信息公开区域性差异较大,部分经济落后地区仍需努力。

(九) 国有企业信息

评估显示,各省均不同程度公开了国有企业信息,但由于公开标准不明确、不具体,各地公开尺度不一,总体公开质量不高。

1. 制度标准有空白,仅个别省份率先出台规范性文件

评估发现,有的省份出台了规范性文件,以推动本地的国有企业信息公开工作。2014年12月9日,山西省委、省政府制定出台了《山西省省属国有企业财务等重大信息公开办法(试行)》。其主要内容包括:公开依据、适用范围、公开原则,企业年度财务报告,生产经营管理情况,大额度资金运作情况,职工权益维护情况,履职待遇、业务支出情况,公开的程序和方式，信息公开的保障措施。该信息公开办法的制定参考了《上市公司信息披露管理办法》，扩大了信息公开的内容和适用范围，如对社会关注度较高的企业领导人员履职待遇、业务支出的年度预算和执行情况等问题出台了披露要求，并且决定在省属国有企业中率先全面推行重大信息公开，并将这一制度深入到市、县两级所属企业。

但须看到，目前中国还没有相关法律、法规或者规范性文件强制要求国有企业向社会公众公开披露企业相关的信息。虽然有一些公司自愿向社会公开自己的年度报告和专项报告，如山东黄金集团发布社会责任报告、太钢集团发布财务等重大信息公告，但是对外公开财务信息的国有企业仍相对较少。特别是，由于缺乏国家层面的公开规定，公开工作的推动缺乏相应的依据和标准。

2. 仅部分省级政府门户网站设有专门栏目

评估发现，一些省份重视国有企业信息公开工作，注重通过门户网站的专门栏目集中发布国有企业信息。上海市、黑龙江省、吉林省、辽宁省、河北省、河南省、山东省、湖北省、湖南省、贵州省、四川省和甘肃省12家省级政府门户网站专门建立了国有企业信息公开专栏，统一发布国有企业的相关信息。山西省国资委门户网站的"省属国有企业财务等重大信息公开"专栏发布了相关的政策文件以及省属企业名单与企业网站链接，方便社会公众查阅相关信息。

但是，国有企业信息公开平台建设仍存在如下问题：有些省份政府门户网站的信息重点领域信息公开专栏存在"假栏目"现象，某省政府门户网站的国有企业专栏无法点击打开；还有一些省份的网站没有区分信息类型，国有企业的各类信息全部置于信息公开栏目之下，公众很难通过该栏目找到自己想要的信息。

3. 各省公开尺度不一、详略不同

从评估结果看，有26家省级政府公开了国有企业负责人职务变动及招聘信息情况，占83.87%。北京市、上海市、甘肃省等省级政府能够每月定期公开国有企业负责人职务变动情况信息。

但是，总体上看国有企业信息公开的尺度不一、详略不同。

第一，对国有企业信息公开的认识有偏差。比如，不少省份将发布新闻动态信息等同于信息公开。部分省份的门户网站重点领域信息公开专栏和国资委网站的信息公开栏目中公开的大多是新闻类信息。网络平台不单单是宣传窗口，还应当成为权威信息对外发布的窗口，新闻类信息充斥其间会使信息公开平台的应用效果大打折扣。

第二，各省国有企业信息公开的时间标准不统一。以国有企业整体运行状况或经营情况这一指标为例，有些省份按照年份公开；有些省份每半年对外公开一次；有些省份公开的时间段不规则；有些省份能够每月一次对外公开国有企业经营信息。

第三，各省国有企业信息公开的内容不尽相同。各省级政府公开的国有企业主要财务指标和国有企业整体运行情况信息内容差别较大。例如，有的省份公开了营业收入和利润总额，有的省份公开了资产总额、营业收入、利润总额、负债总额、所有者权益和应缴税金，有的省份公开了资产总额、营业收入、利润总额和应缴税金。能够将资产总额、营业收入、营业成本、利润总额、负债、所有者权益、应缴税金和国有资产保值增值信息等各项指标全部对外公开的仅有山东一省。安徽不仅公开了全省国有企业的总体数据，还列举了省内各国有企业的数据。但也有的地方公开的内容只有一句话和几个数字，极为粗略。

第四，国有企业业绩考核结果未能全面公开。国有企业业绩考核是拟定国有企业发展规划、进行改革重组和人事任免等的重要依据，也是满足人民群众知情权的重要方面。但评估发现，有19家省级政府未公开2014年国有企业业绩考核结果，占61.29%。各省发布的国有企业考核结果的内容也存在较大差异。有些省份仅公开各个省属国有企业的ABC评级结果，有些省份仅公开国有企业负责人的考核结果，有些省份仅公开了考核合格的省属国有企业名单。

第五，国有企业改革重组信息公开不到位。信息公开是国有企业深化改革的重要内容和突破口。但当前，国有企业改革重组的信息公开并不到位，仅有11家省级政府公开了国有企业改革重组信息，占35.48%。

（十）重大建设项目信息

本次评估对31家省级政府及其发展改革委门户网站公开本地重大建

设项目信息的情况进行了观察和分析。由于重大建设项目涉及的内容较多，评估以公路建设项目为对象进行了观察分析。

评估显示，重大建设项目内涵、外延不清晰，其信息公开的具体规定与要求不明确，实施中缺乏统一的标准和尺度，公开水平参差不齐。

1. 不少地方积极探索但公开情况总体不佳

（1）仅少数地方及时公开了重大建设项目年度计划信息及计划执行情况

在重大建设项目年度计划信息的公开方面，仅重庆市、安徽省、广东省、陕西省、甘肃省、广西壮族自治区、宁夏回族自治区7家省级政府公开了2015年度重大建设项目计划，占22.58%。其中安徽省集中发布了本省及下辖地市级政府所有的重大建设项目计划，并且按照投资金额进行了分类。这7家省级政府发布的项目计划基本都包括了投资数额、建设计划、责任单位等相对详细的信息。10家省级政府仅发布了2015年度重大建设项目目录，占32.26%，但是此项目目录仅包含项目名称和项目分类，没有公开投资数额、建设计划、责任单位等实质性内容。还有14家省级政府未公开2015年度重大建设项目计划，占45.16%。

重大建设项目年度计划执行信息的公开也不理想。有15个省份未公开此信息，占48.39%。但是，公开重大建设项目年度计划执行情况的16个省份在信息公开质量上也参差不齐。有的省份能够每月定期公开重大建设项目计划执行情况，而有的省份仅有一条此类信息，有的省份则是简单的情况通报。

对比上述两组数据，可以发现两个现象：第一，一些省级政府没有公开重大建设项目年度计划，但却公开了计划执行情况；第二，有些省级政府公开了重大建设项目目录或年度计划，却未公开计划执行情况。

另外，有些地方政府通过媒体、自身门户网站公开了重大建设项目年度计划名称，但却无法查询到具体内容。如某省级政府在年度计划执行情况通报中提及"2015—2017年重大项目三级推进计划"，但该项计划的具体内容未能查询到。

（2）大部分地方能够公开重大建设项目审批、核准、备案信息

地方政府发展改革部门有审批、核准、备案重大建设项目的权限，并

且重大建设项目是《政府信息公开条例》规定的县级以上各级人民政府及其部门应当主动公开的政府信息。评估显示，20家省级政府公开了此类信息，占64.52%；11家省级政府未公开此类信息，占35.48%。

2. 概念模糊、规定缺失、公开权限不明确影响公开效果

（1）"重大建设项目"概念界定不清

何谓"重大建设项目"，不仅名称上存在多种称谓，其内涵、外延的界定也不统一。首先，在相关政策文件中存在多种称谓。《国家重点建设项目管理办法》《浙江省重点建设项目管理办法》《云南省重点建设项目管理办法（试行）》等文件中采用的是"重点建设项目"；《政府信息公开条例》《2015年政府信息公开工作要点》和《北京市重大建设项目稽察办法》等文件中采用的是"重大建设项目"；《甘肃省重大项目管理办法》等文件中采用的是"重大项目"；《陕西省重点项目推进办法》《四川省重点项目管理办法》等文件中采用的则是"重点项目"。其次，各政府门户网站中也用不同的称谓命名相应的栏目。例如北京市、陕西省政府门户网站采用"重大建设项目"的名称，上海市、山东省、湖北省、湖南省、安徽省等采用"重大项目"的名称。

除称谓外，"重大建设项目"在定性上也存在较大差异。《2015年政府信息公开工作要点》《北京市重大建设项目稽察办法》《浙江省重点建设项目管理办法》等文件中规定，"重大建设项目"是涉及公共利益和民生领域的政府投资项目，是由政府投资、政府主导的项目。而《国家重点建设项目管理办法》《甘肃省重大项目管理办法》等文件并没有要求"重大建设项目"的政府投资性质，而是规定凡是对国民经济和社会发展有重大影响的都为重大项目。

称谓与定性的不同决定了公开的对象范围存在巨大差异，这是重大建设项目信息公开混乱的根本原因。评估发现，在各省级政府门户网站相应栏目中所发布的项目往往既包括政府投资的项目，也包括其他社会力量投资的项目。因此，从落实《2015年政府信息公开工作要点》的角度看，很多信息是否属于其要求的政府信息、是否应当按照其要求公开，尚无法进行准确判断。

（2）明确统一的公开规定仍然缺失

安徽省、甘肃省等已经积极探索出台相关细则性规定，明确公开要求。如《甘肃省重大项目管理办法》第十七条规定：建立健全省重大项目动态信息月报制度，要求项目法人、各市州重大项目建设管理机构须在每月 5 日前向省重大项目建设管理机构报送上月省重大项目进展情况、存在问题及建议等信息。在此基础上，甘肃省基本做到了每月发布一期重大项目建设简报，按时统一通报全省重大项目建设情况。

但国家目前尚没有明确的法律、法规来规范重大建设项目信息的公开工作，《国家重点建设项目管理办法》并无相应规定，《政府信息公开条例》仅在第十条第八款列举了"重大建设项目批准和实施情况"，但没有明确重大建设项目的公开主体、公开客体、公开对象和公开方式等具体内容。《2015 年政府信息公开工作要点》虽然要求推进重大建设项目的审批、核准、备案等项目信息的公开，做好项目基本信息和招投标、重大设计变更、施工管理、合同履约、质量安全检查、资金管理、验收等项目实施信息的公开工作，但是该文件终究位阶较低。

重大建设项目涉及项目计划、投资管理、规划选址、土地审批、环境评价、水土保持、文物保护、招标考核、安全生产、审批备案等多项内容，公开主体涉及多个部门，缺失国家层面的规定无疑会严重影响此领域的信息公开工作。

由于目前没有法律法规对重大建设项目信息公开做出统一规定，因此，各个省份在信息公开内容上存在较大差异。以重大建设项目年度计划信息公开为例，该计划涉及项目名称、项目性质、项目分类、建设单位、建设地点、建设规模、项目内容、投资额度、开工日期、计划日期、主管部门等多项内容。陕西省（见图 1-5）、安徽省（见图 1-6）、甘肃省等公开比较好的省份能够详细公开项目名称、项目分类、建设单位、建设地点、建设规模和内容、投资额度、主管部门等信息，而不少省份仅公开了项目名称和项目分类，还有的省份则连重大建设项目年度计划都未公开。

陕西省2015年省重点建设项目计划（新开工）

单位：万元

序号	项目名称	投资主体	建设地点	建设内容及规模	建设起止年限	总投资	2015年计划	
							年度投资	主要形象进度
	合计 71个项目					38895891	5605528	
	一、基础设施保障能力建设工程					18103000	650000	
1	丝调之路西安铁路物流集散中心	铁路总公司 陕西省	西安市	新建货场，新增到发线5条	2015-2017	36000	10000	征地拆迁、土方及站房等施工
2	西安至银川铁路	铁路总公司 陕西省	西安市 咸阳市	新建双线铁路170公里	2015-2018	1900000	150000	征地拆迁、路基及桥隧等施工
3	神木至瓦塘边铁路	相关企业	榆林市	新建单线铁路202公里	2015-2018	1100000	100000	征地拆迁、路基及桥隧等施工
4	西安至铜川城际铁路	铁路总公司 陕西省	西安市 渭南市 铜川市	新建城际铁路85公里	2015-2018	700000	60000	征地拆迁、路基及桥隧等施工
5	宝鸡至坪坎高速公路	省高速公路集团公司	宝鸡市	新建高速公路85公里	2015-2018	1100000	100000	征地拆迁、路基及桥隧等施工
6	吴起至定边高速公路	陕西交通建设集团	延安市 榆林市	新建高速公路84公里	2015-2018	760000	50000	征地拆迁、路基及桥隧等施工
7	安康机场迁建	安康市政府	安康市	新建航站楼6000平方米、跑道2800米×45米及配套设施	2015-2017	160000	40000	基础工程、场地道路施工
8	西安地铁1号线（二期）	西安市地下铁道公司	西安市 咸阳新区 咸阳市	新建三桥至咸阳沣东地铁6.3公里，车站4座	2015-2018	177000	20000	征地拆迁、隧道掘进
9	西安地铁5号线（一期）	西安市地下铁道公司	西安市	新建和平村至纺织城火车站地铁25.7公里，车站20座	2015-2018	1590000	50000	征地拆迁、隧道掘进
10	西安地铁6号线（一期）	西安市地下铁道公司	西安市	新建劳动南路站地铁20公里，车站15座	2015-2018	1250000	50000	征地拆迁、隧道掘进
11	西安至临潼市域轨道交通	西安市地下铁道公司	西安市	新建纺织城至春汉大道轨道交通25公里	2015-2018	1330000	50000	开工建设
	二、能源化工产业发展工程					15367044	2325000	
12	神华榆林循环经济煤炭综合利用工程	神华集团公司	榆林市	120万吨煤基烯烃以及下游化工原料和制品	2015-2020	12160000	20000	完成项目核准、场平、开工建设

图1-5 陕西省2015年重点建设项目计划（截图时间：2016年2月21日）

100亿元以上重点项目投资计划

单位：亿元

序号	项目名称	建设单位	"851"分类	重大行业	建设地点	建设规模和内容	总投资	截止2014年底完成投资	2015年投资	项目进展	2015年工作目标	省联系责任部门
	1.合肥市（12个）						2007.44	364.50	199.00			
	建设项目（9个）						1480.27	364.50	167.00			
1	坝上街旧城综合改造二期项目	恒盛恒度（合肥）房地产开发公司	现代服务业	服务业	合肥瑶海区	建筑面积134万平方米，建设高级酒店、写字楼、综合商业体及配套设施等	100.00	60.00	7.00	南地块综合商业体主体工程已结构封顶，北地块正在基础施工	南地块主体工程部分建成	省商务厅
2	京商商贸城	合肥京商融合置业有限公司	现代服务业	服务业	合肥新站区	建筑面积510万平方米，建设五星级酒店、大型商业广场、综合性商贸城等大型商贸城市综合体	264.00	55.00	15.00	项目已全部开建	部分主体工程全部封顶	省商务厅
3	合肥宝佛国际物流中心	中国南山开发（集团）股份有限公司	现代服务业	服务业	合肥长丰县	建筑面积99.8万平方米，建设自动化标准库、供应链定制库、物流定制生产车间、流通加工车间、自动化冷库、冷库加工车间、保鲜展示中心、汽车检修场、既办办公楼、电子商务培训中心、生活配套设施等	132.50	30.00	10.00	8栋仓库单体投入运营	部分主体工程继续建设	省发展改革委
4	合肥华南城大型城市综合体	合肥华南城有限公司	现代服务业	服务业	合肥肥东县	建筑面积1200万平方米，建设集专业市场、仓储物流、商业贸易等功能于一体的特大规模现代综合商贸物流城	200.00	15.00	30.00	部分专业市场建成投入运营	继续建设	省商务厅
5	万科森林公园项目	合肥万科置地有限公司	现代服务业	房地产业	合肥庐阳区	建筑面积140万平方米，建设商业、住宅、金融业等为一体的城市综合体	100.00	55.00	12.00	部分地块主体封顶，其他地块楼体主体结构封顶	部分竣工交付，其他主体楼体结构施工	省住房城乡建设厅

图1-6 安徽省2015年重大项目计划（截图时间：2016年2月21日）

（3）部分地方对重大项目栏目设置的定位不准

当前，在缺少统一对外发布重大建设项目信息渠道的情况下，省级政府门户网站重大项目栏目是协调各主管部门、整合重大建设项目信息、对外发布信息的重要路径。但由于缺乏明确的公开标准与要求，一些省级政府对重大项目栏目的定性存在偏差，不少省份将重大建设项目栏目定位为宣传栏目，栏目中发布的信息多为转自其他媒体的新闻类信息。栏目中信息看似内容丰富、及时更新，但实际上有价值、完整的信息极少。

（4）公开主体和权限不明确，信息公开工作各自为政

重大建设项目是投资建设计划的骨干项目，从项目立项到动工建设再到竣工验收涉及发展改革部门、财政部门、住房和城乡建设部门、国土资源部门、环境保护部门、水利部门、林业部门、人力资源部门、公安部门、安监部门、审计部门等十几个甚至几十个行政主管部门。但是，哪些部门负责公开、公开哪些内容、公开到什么程度、集中公开还是分散公开，并没有详细的规定或统一的做法。公开权限、公开责任的不明确使得各地重大建设项目信息公开做法不协调、不一致。按照"谁制作、谁公开"的原则，各行政主管部门只能"各自为政"，仅公开自己权责范围内的政府信息，导致重大建设项目信息碎片化，群众很难获得某一项目统一、完整的信息，难以掌握某一建设项目的总体情况，对其进行监督也就无从谈起。

有些省级政府虽然在其门户网站设置了重大建设项目信息公开专栏，但专栏并没有起到整合统一发布重大建设项目信息的作用。例如，某省虽然在政府门户网站设置有重大项目栏目，但是点击后直接跳转至省发展改革委网站，信息仍然需要从其他部门网站分别查找。

（十一）社会保障信息

社会保障涉及众多领域，本次仅对地方政府通过本级政府门户网站及同级人力资源和社会保障部门门户网站公开社会保险信息的情况，以及地市级政府通过本级政府门户网站和同级民政部门门户网站公开社会救助信息的情况进行了评估。

1. 社会保险信息各地均有公开，但多数地方公开不全面

本次对31家省级政府和93家地市级政府发布社会保险信息情况进行

评估。依据相关部门职权设定，人力资源和社会保障部门主要负责养老、医疗、失业、工伤和生育五项险种的信息发布工作。因此，评估主要是分析各地区人力资源和社会保障部门网站公开社会保险信息的情况。

(1) 社保信息披露情况总体不佳、公开信息不全面

根据《人力资源社会保障部关于进一步健全社会保险信息披露制度的通知》（人社部发〔2014〕82号），社会保险信息披露是指人力资源和社会保障部门将社会保险参保、经办管理服务有关情况以及社会保险基金征缴、管理、使用等信息向社会公开的行为。

但从此次评估情况看，评估对象以社保信息披露通告等形式发布的还比较少，7家省级政府、12家地市级政府发布了本地方的社保信息披露通告，分别占22.58%、12.90%；6家省级政府、6家地市级政府发布了相关的统计报告，分别占19.35%、6.45%。

此外，2014年职工养老保险、医疗保险、失业保险、工伤保险、生育保险的参保单位数、参保人数、缴费人数、人员结构信息以及基金收入、支出和结余信息的公开情况也不够理想，大部分评估对象并没有通过社保信息披露通告、统计公报集中完整地发布上述信息。

在2014年度职工养老保险方面，4家省级政府、2家地市级政府在信息披露通告中公开了参保单位数、参保人数、缴费人数、人员结构方面的信息；3家省级政府、10家地市级政府在信息披露通告中发布了部分上述信息；2家省级政府、3家地市级政府将上述信息全部发布在其他渠道中；9家省级政府、29家地市级政府将部分上述信息发布在其他渠道；未通过网络渠道查询到其余13家省级政府、49家地市级政府的相关信息。

在2014年度职工医疗保险方面，2家省级政府、2家地市级政府在信息披露通告中发布了参保单位数、参保人数、缴费人数、人员结构方面的信息；4家省级政府、9家地市级政府在信息披露通告中发布了上述部分信息；1家省级政府、2家地市级政府将上述全部信息发布在其他渠道中；9家省级政府、31家地市级政府将上述部分信息发布在其他渠道；未通过网络渠道查询到其余15家省级政府、49家地市级政府的相关信息。

在2014年度职工失业保险方面，2家省级政府、2家地市级政府在信息披露通告中发布了参保单位数、参保人数、缴费人数、人员结构方面的

信息；4家省级政府、9家地市级政府在信息披露通告中发布了部分信息；1家省级政府、2家地市级政府在其他渠道发布了上述全部信息；9家省级政府、27家地市级政府在其他渠道发布了上述部分信息；未能通过网络渠道查询到15家省级政府、53家地市级政府的相关信息。

在2014年度职工工伤保险方面，3家省级政府、2家地市级政府在信息披露通告中发布了参保单位数、参保人数、缴费人数、人员结构方面的信息；4家省级政府、10家地市级政府在信息披露通告中发布了上述部分信息；2家省级政府和2家地市级政府在其他渠道中全部发布了上述信息；8家省级政府、29家地市级政府在其他渠道发布了部分上述信息；未能通过网络渠道查询到14家省级政府、50家地市级政府的相关信息。

在2014年度职工生育保险方面，3家省级政府、2家地市级政府在信息披露通告中发布了参保单位数、参保人数、缴费人数、人员结构方面的信息；4家省级政府、10家地市级政府在信息披露通告中发布了上述部分信息；2家省级政府和2家地市级政府在其他渠道中发布了上述信息；8家省级政府、28家地市级政府在其他渠道发布了部分上述信息；未能通过网络渠道查询到14家省级政府、51家地市级政府的相关信息。

在2014年度职工基本养老保险方面，6家省级政府、8家地市级政府在信息披露通告中发布了基金收入、支出和结余情况；1家省级政府、2家地市级政府在信息披露通告中发布了上述部分信息；6家省级政府、11家地市级政府在其他渠道发布了上述信息；2家省级政府、4家地市级政府在其他渠道发布了部分上述信息；未能通过网络渠道查询到16家省级政府、68家地市级政府的相关信息。

在2014年度职工医疗保险方面，5家省级政府、8家地市级政府在信息披露通告中发布了基金收入、支出和结余情况；1家省级政府、3家地市级政府在信息披露通告中发布了部分上述信息；5家省级政府、10家地市级政府在其他渠道发布了上述信息；3家省级政府、3家地市级政府在其他渠道发布了部分上述信息；未能通过网络渠道查询到17家省级政府、69家地市级政府的相关信息。

在2014年度职工失业保险方面，5家省级政府、8家地市级政府在信息披露通告中发布了基金收入、支出和结余情况；1家省级政府、3家地市级政府在信息披露通告中发布了部分上述信息；5家省级政府、10家地市级政府在其他渠道发布了上述信息；3家省级政府、2家地市级政府在其他渠道发布了部分上述信息；未能通过网络渠道查询到17家省级政府、70家地市级政府的相关信息。

在2014年度职工工伤保险方面，6家省级政府、9家地市级政府在信息披露通告中发布了基金收入、支出和结余情况；1家省级政府、3家地市级政府在信息披露通告中发布了部分上述信息；5家省级政府、10家地市级政府在其他渠道发布了上述信息；2家省级政府、3家地市级政府在其他渠道发布了部分信息；未能通过网络渠道查询到17家省级政府、68家地市级政府的相关信息。

在2014年度职工生育保险方面，6家省级政府、9家地市级政府在信息披露通告中发布了基金收入、支出和结余情况；1家省级政府、3家地市级政府在信息披露通告中发布了部分上述信息；5家省级政府、9家地市级政府在其他渠道发布了上述信息；2家省级政府、3家地市级政府在其他渠道发布了部分上述信息；未能通过网络渠道查询到的17家省级政府、69家地市级政府的相关信息。

（2）仅可查询到部分评估对象社会保险缴费基数

社会保险缴费基数是根据参保人的工资按一定比例缴纳，与当地的经济水平直接相关。社会保险缴费基数是社会公众最为关注的事项，关系到公众的切身利益。但是评估发现，这方面的信息查询困难，虽有部分评估对象公开了相关信息，但公开情况普遍不理想。一是多数评估对象的门户网站或者人力资源和社会保障部门网站未公开社会保险缴费基数，二是个别评估对象只公开了2014年的缴费基数，无最新信息。

在养老保险缴费基数方面，有10家省级政府、25家地市级政府通过其政府门户网站或者当地人力资源和社会保障部门网站发布了本地区2015年度养老保险缴费基数（含缴费上限、下限）；1家省级政府、1家地市级政府发布了2015年的缴费上限；5家地市级政府发布了2015年的缴费下限；3家省级政府、4家地市级政府发布了2014年缴费基数；未能通过网络渠道查询到17家省级政府、58家地市级政府的相关信息。

在失业保险缴费基数方面，有4家省级政府、20家地市级政府通过政府门户网站或者当地人力资源和社会保障部门网站发布了本地区 2015 年度失业保险缴费基数（含缴费上限、下限）；1 家地市级政府发布了 2015 年缴费上限；2 家地市级政府发布了 2015 年缴费下限；1 家省级政府、3 家地市级政府发布了 2014 年缴费基数；未能通过网络渠道查询到 26 家省级政府、67 家地市级政府的相关信息。

在医疗保险缴费基数方面，有 4 家省级政府、24 家地市级政府通过其政府门户网站或者当地人力资源和社会保障部门网站发布了本地区 2015 年度医疗保险缴费基数（含缴费上限、下限）；1 家地市级政府发布了 2015 年缴费上限；3 家地市级政府发布了 2015 年缴费下限；1 家省级政府、3 家地市级政府发布了 2014 年缴费基数；未能通过网络渠道查询到 26 家省级政府、62 家地市级政府的相关信息。

在工伤保险缴费基数方面，有 5 家省级政府、19 家地市级政府通过其政府门户网站或者当地人力资源和社会保障部门网站发布了本地区 2015 年度工伤保险缴费基数（含缴费上限、下限）；2 家地市级政府发布了 2015 年缴费下限；4 家地市级政府发布了 2014 年缴费基数；未能通过网络渠道查询到 26 家省级政府、68 家地市级政府的相关信息。

在生育保险缴费基数方面，有 5 家省级政府、19 家地市级政府通过其政府门户网站或者当地人力资源和社会保障部门网站发布了本地区 2015 年度生育保险缴费基数（含缴费上限、下限）；1 家地市级政府发布了缴费下限；4 家地市级政府发布了 2014 年缴费基数；未能通过网络渠道查询到 26 家省级政府、69 家地市级政府的相关信息。

（3）基本医疗保险、工伤保险和生育保险药品目录及诊疗项目范围信息发布不理想

基本医疗保险、工伤保险和生育保险药品目录以及基本医疗保险、工伤保险诊疗项目范围关系到参保人使用的药品、接受的医疗服务可予报销的范围，应当向社会公开。

人力资源和社会保障部曾发布《国家基本医疗保险、工伤保险和生育保险药品目录（2009 年版）》，《人力资源社会保障部办公厅关于对国家基本医疗保险、工伤保险和生育保险药品目录中部分药品进行调整规范的通知》（人社厅函〔2015〕92 号）对其做了调整。按照要求，各省（自

治区、直辖市）可以调整乙类药品报销范围，市县可以在省（自治区、直辖市）确定的范围内调整部分药品报销范围。基本医疗保险、工伤保险诊疗项目的确定也同样遵循上述规定。各地可以根据当地经济社会发展，适时调整药品报销范围和诊疗目录报销范围，且应当主动公开上述信息。

评估发现，上述信息的公开情况不够理想。

第一，通过当地政府门户网站或者人力资源和社会保障部门门户网站查询到药品目录和诊疗项目信息的比例不高。评估结果显示，有17家省级政府、27家地市级政府通过其门户网站或者人力资源和社会保障部门门户网站发布了本地基本医疗保险、工伤保险和生育保险药品目录，且有最近3年内更新的信息。有7家省级政府、11家地市级政府通过其门户网站或者人力资源和社会保障部门门户网站发布了本地基本医疗保险、工伤保险诊疗项目范围信息。

第二，部分地方未发现3年内新发布的药品目录和诊疗信息，即该地方3年内未对药品目录和诊疗信息进行过调整，或者是调整后未公开。9家省级政府、15家地市级政府通过其门户网站或者人力资源和社会保障部门门户网站发布了本地基本医疗保险、工伤保险和生育保险药品目录，但无最近3年内的更新信息。

第三，诊疗项目范围信息不全，有的地方只能查到基本医疗保险诊疗项目，查不到工伤医疗保险诊疗项目信息。16家省级政府、27家地市级政府通过其门户网站或者人力资源和社会保障部门门户网站发布了本地基本医疗保险的诊疗范围；1家地市级政府通过其门户网站或者人力资源和社会保障部门门户网站发布了本地工伤保险的诊疗范围。

第四，省级评估对象的公开情况普遍好于地市级政府，出现此种情况不排除是因为个别地市级政府未制作本地药品范围和诊疗目录，但评估中无法进行确认。此次评估未能通过网络渠道查询到5家省级政府、51家地市级政府的本地基本医疗保险、工伤保险和生育保险药品目录；未能通过网络渠道查询到8家省级政府、54家地市级政府本地基本医疗保险、工伤保险诊疗项目范围。

2. 近半数地方公开了社会救助信息，但公开情况总体不佳

民政部门是负责相关社会救助管理工作的主要政府部门，为此，评估对各地市级政府的民政部门网站及当地政府门户网站公开社会救助信息的情况进行了评估。

评估显示,河南省郑州市、江苏省苏州市、江西省鹰潭市、陕西省西安市、甘肃省兰州市、北京市海淀区和延庆区、重庆市渝北区的社会救助信息公开工作落实到位,在相应栏目可以快速查找到相关信息,且数据更新及时。例如郑州市民政局在门户网站首页设有"社会救助"栏目,其中公开了低保救助、特困人员救助、医疗救助等各项救助标准,"为民服务"栏目中各类救助的申办指南、办理流程、所需材料等信息列示齐全。河南省洛阳市、山东省青岛市、山西省太原市、广西壮族自治区南宁市、北京市朝阳区和延庆区、上海市浦东新区的救助指南全部公开,且便于查找。

相关信息的公布形式和公开范围虽无具体规定,但一些地区能够从便民利民的角度出发,做到公开内容详尽有效。如陕西省西安市在民政部门门户网站的"救助指南"栏目中直接公布了最新的救助标准,公众在查询相关信息时能一步到位,方便快捷。四川省成都市、福建省福州市分区县公开了低保救助标准,使其一目了然。

虽然部分评估对象公开社会救助信息的情况较好,但整体公开情况还不理想。

第一,平台建设有待加强。有12家地市级政府民政部门尚未开设网站。

第二,部分评估对象网站信息更新不及时。比如,某市民政部门网站的"社会救助"栏目发布的社会救助信息最后一次更新时间为2011年。

第三,网站发布信息的规范化程度参差不齐。有的对低保救助、五保户救助、医疗救助分别设栏目发布信息,分类清晰,查询便利,如河南省郑州市、福建省福州市、贵州省贵阳市等。但有些评估对象在门户网站"社会救助"栏目下发布了多项救助信息,未进行有效分类,不利于查询相关信息。有的评估对象设有栏目但无相关内容。还有不少评估对象在"社会救助"栏目中发布大量新闻报道。部分没有开设专门栏目的地方则在"新闻动态""通知公告"等栏目中发布社会救助信息。

第四,救助标准公开情况不理想。40家地市级政府公开了2015年当地的最低生活保障标准；13家虽公开了标准但不是2015年的信息；40家的信息未能通过其政府门户网站和民政部门门户网站查询到。29家地市级政府公开了2015年当地的特困人员救助标准；12家公开了标准但不是2015年的信息；52家的信息未能通过其政府网站和民政部门网站查询到。19家地市级政府公开了2015年当地的医疗救助标准；15家公开了标准但不是2015年的信息；59家的信息未能通过其政府门户网站和民政部门门户网站查询到。

第五，救助申请指南信息发布不理想。49家地市级政府民政部门网站公开了最低生活保障申请指南信息，包括申报材料、办理依据、办理流程；18家仅公开了指南的部分信息；26家地市级政府未通过门户网站或者民政部门门户网站公开上述信息。29家地市级政府民政部门网站公开了特困人员救助申请指南信息，包括申报材料、办理依据、办理流程；17家仅公开了指南的部分信息；47家地市级政府未通过门户网站或者民政部门门户网站公开上述信息。36家地市级政府民政部门网站公开了医疗救治申请指南信息，包括申报材料、办理依据、办理流程；18家仅公开了部分指南信息；39家地市级政府未通过门户网站或者民政部门门户网站公开上述信息。除有的地方政府未发布信息外，救助申请指南信息发布不理想的原因不排除其采取了传统的方式发布信息，如公告栏、宣传册、新闻媒体等，但未在门户网站同步公开。

（十二）建议提案办理结果公开

本次对55家国务院部门（国家新闻出版广电总局同时运行两家门户网站，实际评估的国务院部门网站为56家）、31家省级政府公开全国人大代表建议、全国政协委员提案办理结果的情况进行了评估。

评估发现，不少国务院部门和省级政府通过门户网站公开了建议提案办理情况，但总体而言，仍有相当一部分评估对象未公开或者公开效果并不理想。

1. **没有专门栏目、发布位置不规范的情况较为普遍**

《国务院办公厅关于做好全国人大代表建议和全国政协委员提案办理结果公开工作的通知》（国办发〔2014〕46号）要求，对于经审查可以公开的建议和提案办理复文，应采用主动公开的方式予以公开，要发挥政府网站信息公开平台的重要作用，集中展示公开的建议和提案办理结果信息，方便公众查阅。评估显示，有31家国务院部门和24家省级政府在门户网站设立了"建议提案办理结果"专门栏目，占比分别为55.36%和77.42%。不少评估对象没有设置专门栏目集中发布建议提案办理结果，或者虽有专门栏目，但是栏目设置或内容归类不合理。国务院某部门将建议提案办理内容发布在"政策法规"栏目中。国务院某部门的建议提案办理结果信息栏目无法从栏目索引中找到。某省政府门户网站"建议提案办理结果"栏目内混有其他内容，如有多项畜牧局的实施方案。

2. 仅部分对象公开了办理结果，总体公开情况不佳

《国务院办公厅关于做好全国人大代表建议和全国政协委员提案办理结果公开工作的通知》（国办发〔2014〕46号）要求，从2015年开始，各地区、各部门对于涉及公共利益、公众权益、社会关切及需要社会广泛知晓的建议和提案办理复文，应当采用摘要公开的形式，公开办理复文的主要内容。在建议提案办理结果公开方面，有的地方公开了办理结果的全文，有的只公开了摘要。有34家国务院部门、16家省级政府公布了2015年全国人大代表建议的办理复文摘要或全文；31家国务院部门、16家省级政府公布了2015年全国政协委员提案的办理复文摘要或全文。部分单位的建议提案办理情况均全文公布复文，如国家发展和改革委员会、人力资源和社会保障部、国家体育总局等。另外，有的单位除全文公布复文外，还公布了具体的办理部门、联系电话等，如国家食品药品监督管理总局、中国气象局、国家文物局等。部分省级政府如河南省、湖南省等也全文公布了建议提案办理结果，包括复文、提案办理的联系单位、联系电话、抄送单位等信息。部分省级政府虽未公布全国"两会"建议提案的办理情况，但有本级"两会"建议提案的办理及下级单位的相关动态。

但不少评估对象没有公开办理结果摘要或者全文。除未收到建议提案或者办理结果涉密的外，有18家国务院部门未公开代表建议办理复文全文或者摘要，21家未公开政协委员提案办理复文全文或者摘要，分别占总数的32.14%和37.50%；8家省级政府未公开代表建议或政协委员提案办理复文全文或者摘要，占25.81%。

而且，本单位办理建议提案总体情况公开不到位。仅 8 家国务院部门、7 家省级政府公开了本单位办理建议提案的总体情况。

（十三）政策解读

1. 大部分设置有专门栏目，但个别未公开本机关解读信息

评估显示，43 家国务院部门门户网站、31 家省级政府门户网站、64 家地市级政府门户网站设置了政策解读栏目，分别占 76.79%、100%、68.82%。不少政府门户网站对政策解读信息进行了分类发布，便于公众查找。交通运输部将政策解读分为"近期政策解读"和"往期政策解读"；陕西省西安市政府门户网站将政策解读信息分为"国家政策解读""本市政策解读""视频解读""政策图解"等；甘肃省兰州市政府门户网站"政策解读"栏目分为"中央政策解读""省政策解读""市政策解读"板块，这种分类公开的方式值得推广。

但部分评估对象未通过门户网站公开政策解读信息。有 10 家国务院部门门户网站未公开政策解读信息，占 17.86%；1 家省级政府未公开政策解读信息，占 3.23%；地市级政府中有 24 家未公开政策解读信息，占 25.81%。有些门户网站虽然设置了政策解读栏目，但是信息数量极少。

此外，少数地市级政府的门户网站几乎不对本地出台的政策进行解读。各级政府门户网站本应首先公开对自身政策的解读信息，但是有的地市级政府门户网站主要是转发国家及省级的政策解读信息或者是对上级机关的政策文件作出解读，本地政策解读信息公布较少或者根本就未公布，如有的地市级政府没有政策解读栏目，"动态信息"等栏目中发布的大多是转载国务院部门和省政府的政策解读信息。

2. 政策文件与其解读信息的关联公开和主动推送功能不理想

对政策文件进行解读的目的是让公众更好地理解政策文件，为此，有必要让公众方便地查询到政策文件及有关的解读信息，以有效提升政策解读的效果。评估发现，目前仅个别地方注意到这一问题。比如，四川省成都市、浙江省宁波市在门户网站公开政策文件信息和政策解读信息时，都注重将两者进行关联，或者在政策文件下面添加相应解读信息的链接，或者在政策解读信息的下方添加相应政策文件的链接，

方便公众查询比对。

但是，绝大多数评估对象发布政策解读信息时忽略了政策文件与解读信息的关联发布和主动推送，政策文件与解读信息分属不同的信息栏目。这导致公众找到政策文件未必知道有解读信息，看到解读信息又要去专门查询文件本身。

3. 注重解读方式和内容，但个别解读形式单一、标题不妥

行政机关是政策的制定者，政策制定的背景及具体内容由制定者进行解读更具有权威性。因此，做好政策解读首先要重视政府机关的自身解读，发挥其熟悉制定背景、政策意图、制度设计细节的优势，全面准确地对政策文件进行阐释说明；其次才是借助专家学者进行解读，发挥其在某些专业领域的特长，着重对某些专业性较强的问题进行普及性解释。经过抽查，国务院部门中除了10家未公开政策解读信息外，其余45家均有政府自我解读，占80.36%；其中，有14家配有专家学者解读。省级政府中，30家有政府自我解读，占96.77%；其中，3家配有专家学者解读。地市级政府中，62家有政府自我解读，占66.67%；84家有专家学者解读。

多数评估对象政策解读内容较为全面。对政策文件的制定背景、制度设计进行解释说明可以让公众更深刻地理解政策制定的意义和目的。绝大多数评估对象对政策制定背景、制度设计进行了充分说明。有42家国务院部门对政策制定背景进行了解读，43家国务院部门对政策的主要制度设计进行了解读；29家省级政府对政策制定背景进行了解读，30家省级政府对政策制度设计进行了解读；59家地市级政府对制定背景进行了解读，62家地市级政府对主要制度设计进行了解读。

部分政府政策解读的标题有不恰当之处。政策解读的标题是对其全文内容的概括总结，标题设计应该直接简单明了，公众通过标题就能明白政策解读的主题。但评估发现，有些评估对象的政策解读信息标题设计辞藻华丽，但没有凸显主题，例如，某市门户网站公开的《"经济黑马"如何快马加鞭》《明天，我们将生活在怎样的城市？》《防风险，关键守住"底线"》。

（十四）回应关切

1. 热点回应注重答疑解惑，但效果与质量还有提升空间

对热点回应情况的评估集中于行政机关对新闻热点事件的回应情况。本年度评估为保证信息的全面性，将人民网、新浪、网易这三家国内知名度较高、用户量较大的新闻门户网站作为信息采集源。信息采集以新闻报道的点击量为依据，对指定时间、指定站点、指定栏目内的全部新闻网页进行定时采集。此次评估仅分析需要行政机关回应的热点信息，需要党委、人大、司法机关等做出回应的信息不纳入评估范围。

经过技术抓取和人工初步筛选，提取到3176条热点新闻数据。经进一步筛选后，选取了136条需要国务院各部门和各级地方政府进行回应的热点新闻。其中涉及国务院部门的有26条，涉及地方政府的有110条。需要说明的是，鉴于网络信息庞大繁杂，抓取范围受限，人工筛选机制尚有改进余地，加之部分事件可能并未形成舆论的关注，部分地方性事件的报道及传播可能限于当地媒体，因此可能存在部分事件被遗漏的情况。例如此次评估未发现涉及吉林省、青海省、内蒙古自治区、西藏自治区和宁夏回族自治区五省（自治区）有待回应的重大热点新闻。

（1）回应意识增强，但部分回应效果待提升

首先，不少热点信息得到了回应，且政府回应的热点范围很广泛。大到上海外滩踩踏事件、"东方之星"客轮沉船事件等重大安全事故，小到官员办事大厅嗑瓜子、城墙根下设垃圾站等，只要是公众关心关注的热点问题，各级政府都在努力进行回应，虽然回应效果参差不齐，但回应意识明显增强。

其次，评估所涉及的政府机关普遍及时回应了相关热点信息。对于热点回应的时间，虽然并无硬性要求，但由于热点回应多是在澄清谣言，因此及时回应是非常必要的，否则，错过时机既可能造成不必要的误解，也可能损害政府公信力。评估发现，绝大多数评估对象都能及时回应关切。如2015年2月7日，网曝"贵州望谟县一青年街头遇害 警方未通知家属解剖尸体"，当晚，望谟县人民政府网站发布通报进行回应，称案件已成功告破，两名犯罪嫌疑人被抓获，将对"家属未到场就尸检"一事展

开调查，对于公众质疑的摘取器官的疑问进行回应，称不存在摘取器官的情况，及时澄清了谣言，消除了公众的疑虑。

回应的及时性是基础，回应的内容则是核心。评估发现，和2014年相比，本年度的热点回应内容的规范化程度有较大提升，类似于"正在调查中"的"万金油"回复数量明显减少，但回应效果依旧不尽如人意，仍有部分评估对象存在回应态度敷衍、回应避谈核心内容的现象。此外，"不清楚""不知道""将尽快了解情况"成为其新闻发布会的回应关键词。这样的回应态度和回应情况不仅没有及时解答公众的疑问，反而引发了更大的质疑和猜测。

（2）回应方式多样，但网站栏目设置并不理想

热点回应方式趋于多样化，涉及重大民生的问题往往会通过专门的新闻发布会进行回应，而针对谣言、质疑等的回应则通过微博或接受采访的形式进行回应，不少评估对象还在门户网站开设了回应栏目，集中发布回应信息。总体而言，2015年热点回应的方式呈现两个新的特点，即不少评估对象通过微信作出回应，有的则注重在门户网站开设专栏发布回应信息。

首先，部分评估对象尝试通过微信公众号推送热点回应的信息。以司法部的回应为例，2015年司法考试成绩于11月21日公布后，卷四评分标准引发了考生的质疑。11月25日司法部通过其微信公众号"中国普法"对网上流传的部分不实信息进行澄清，表示将进一步开展调查。11月28日，"中国普法"发布"国家司法考试办公室负责人就2015年司法考试成绩有关情况答记者问"，对关注该热点的公众进行了回应。

其次，部分评估对象注重在门户网站开设热点回应专栏，集中展示回应信息。实践中，政府机关对社会热点的回应信息大多通过媒体采访或微博、微信等方式进行发布，缺少专门的信息发布平台对回应信息进行整合汇总。因此，部分评估对象在门户网站设置了专门的栏目发布对热点事件的回应信息。例如环境保护部、国家旅游局、国家粮食局、国家能源局、北京市、湖北省、湖南省、甘肃省、内蒙古自治区、广东省汕头市、贵州省遵义市、甘肃省酒泉市、广西壮族自治区柳州市、北京市朝阳区、北京市海淀区、上海市浦东新区、上海市闵行区等在门户网

站首页设置了专门的热点回应栏目；吉林省、安徽省等在门户网站的政府信息公开专栏中设置了热点回应子栏目，利用专栏回应热点信息，发布权威消息。这彰显了政府对于热点回应工作的重视和努力。

但评估也发现，部分评估对象对热点回应栏目的定位及信息发布有偏差。有些热点回应专栏中内容较为杂乱，栏目规范性较差。例如有的热点回应栏目的内容实为来信互动，还有的省政府门户网站的回应关切栏目中是大量的政策发布、动态新闻和办事指南等其他信息。由此可见，很多评估对象将不属于热点回应的信息放置在热点回应栏目中，降低了专栏集中发布的效果。虽然热点回应没有准确的定义，但其核心内容在于"回应"二字，即及时澄清谣言、解答公众普遍关注的疑问、通报社会关注的热点信息。因此，来信互动、动态新闻、政策发布等信息不应在此列。

（3）重大事故回应较好，但后续跟进有待提升

相比于一般的社会热点，重大灾难性事故的社会关注度更高、公众更希望及时准确地获取相关信息，尤其是在新媒体广泛普及的今天，稍有不慎就会因为信息公开迟缓而使错误、虚假信息肆虐。因此，对此类热点的回应要求也就更高。以 2015 年发生的上海外滩踩踏事件、"东方之星"客轮沉船事件等典型事例来看，重大灾难事故的热点回应情况总体较好。

首先，相关政府部门均在第一时间做出了回应。上述事故发生后，相关政府部门均在事故发生第二天召开新闻发布会介绍相关情况。其次，政府能做到实时通报最新信息，持续不断地回应。以外滩踩踏事件为例，2014 年 12 月 31 日 23 时事件发生，2015 年 1 月 1 日下午上海市公安局黄浦分局召开新闻发布会介绍相关情况；1 日晚，针对网络所传踩踏起因系有人在外滩 18 号抛撒疑似"美金"的消息，上海市政府官方微博"@上海发布"正式辟谣；2 日凌晨"@上海发布"公布首批 32 位遇难者名单；2 日下午，上海市卫生计生委举行发布会，介绍外滩踩踏事件伤员救治情况；2 日晚，"@上海发布"公布第二批 3 位遇难者名单；3 日上午，36 位遇难者名单全部公布；1 月 21 日，上海市政府新闻办举行新闻发布会，通报外滩拥挤踩踏事件调查结果。"东方之星"客轮沉船事件调查组和天津市政府也都针对发生的事故召开了十多次新闻发布会通报最新进展，回应社会关注的问题。

最后，部分相关部门注意有始有终地向社会发布事故调查结果，后续跟踪回应较好。再以"东方之星"客轮沉船事故为例，国家安全监管总局新闻发言人于2015年9月24日回应称，"东方之星"客轮沉船事件调查报告正在抓紧修改完善。12月30日媒体公开了经国务院批复的"东方之星"号客轮翻沉事件调查报告。而针对天津港"8·12"瑞海公司危险品仓库特别重大火灾爆炸事故，2016年2月5日，国家安全生产监督管理总局门户网站公开了"天津港'8·12'瑞海公司危险品仓库特别重大火灾爆炸事故调查报告"。可以说，有始有终的回应表明了政府认真负责、敢于面对问题、勇于回应关切的态度。

但也应看到，仍有部分事件的后续回应情况较差。有的谣言可以一次澄清，有的质疑可以一次阐明，但有的热点尤其是需要进一步了解确认的热点信息应当后续不断作出回应。评估发现，部分行政机关对热点新闻做出"将进一步调查"的初步回应后便再无下文。时间的流逝固然可以让热点降温，但政府对外作出的承诺不能当作儿戏，言而无信则必然损害自身公信力。

2. 普遍注重网站互动，回应公众诉求，但不回应、敷衍塞责情况仍存在

（1）重视互动栏目建设，但互动渠道重复建设情况突出

评估结果显示，51家国务院部门、31家省级政府、90家地市级政府在其门户网站中设置了互动栏目，分别占91.07%、100%、96.77%。大部分政府网站的互动栏目下普遍同时设置有领导信箱（如部长信箱、省长信箱、市长信箱等）、网上信访、公众留言、直播访谈、民意征集、网上调查等多个子栏目，公众可以通过相应栏目获得自己所需的信息，同时参与到互动活动之中。45家国务院部门、28家省级政府、87家地市级政府门户网站设有在线咨询平台，分别占80.36%、90.32%、93.55%。

不少政府机关建设有专门的互动平台。国家工商行政管理总局借鉴互联网大数据管理经验，建立了国家工商行政管理总局公众留言智能互动服务系统，公众输入问题后，网站服务机器人可以先行运用数据库数据对公众提出的问题进行解答，在其不能回答的情况下，再转人工解答。有的地方政府单独建立了政民互动网站，突出网站互动的重要性。辽宁省建立了

"网络回应人"平台和"民心网政民互动平台",浙江省建立了网上值班大厅,上海市闵行区建立了"大联动"民生服务平台,重庆市城口县建立了重庆市城口县网络问政平台,河南省郑州市建立了"心通桥"网络行政平台。其中,依托浙江省的网上值班大厅,公众可通过"网上值班室"网页客户端与省政府有关部门值班人员进行在线沟通,省政府下属各单位对公众提出的有关问题进行即时解答或转办。还有政府采用社区论坛方式,与网民在线互动。贵州省建立了多彩贵州网社区论坛,云南省昆明市建立了彩龙社区论坛。

但互动渠道缺乏有效整合、交叉重复。例如有些政府机关将互动平台划分为"领导信箱""咨询信箱""投诉信箱"和"举报信箱"等不同类别,虽为社会公众提供了咨询投诉的渠道,但是渠道多元不仅造成了互动渠道的不统一,增加了管理的难度,还会给公众准确、有效选择互动渠道造成不必要的麻烦。

(2) 积极反馈并公开互动结果,但个别回应质量待提升

公众通过互动栏目提出的咨询、投诉、举报可能是其他公众普遍关心的问题,因此,除需要保密的事项以及当事人明确不公开的事项外,应当尽可能将互动情况尤其是行政机关的答复情况向社会公开。评估发现,39家国务院部门、27家省级政府、87家地市级政府公开了反馈信息,分别占69.64%、87.10%和93.55%。从公开的情况看,绝大部分评估对象对于公众提出的咨询、投诉、举报都能予以反馈并公开反馈情况。

值得一提的是,有些政府在公开网站互动信息时做得比较细致。如山东省青岛市在政民沟通栏目针对可以公开的互动信息,公开了信件内容、办理流程、答复部门、答复信息,十分详细,方便有同样需求的公众查找(见图1-7)。人力资源和社会保障部针对部长信箱收到的来信公示了答复方式、时间等(见图1-8)。湖南省政府门户网站不仅公开了收到的信件及办理情况,还定期公开来信办理汇总情况(见图1-9)。此外,辽宁省的"民心网政民互动平台"公开了公众评议情况,公众表示不满意的答复也一并公示,对各办理部门形成一定压力,有利于推动相关工作(见图1-10)。

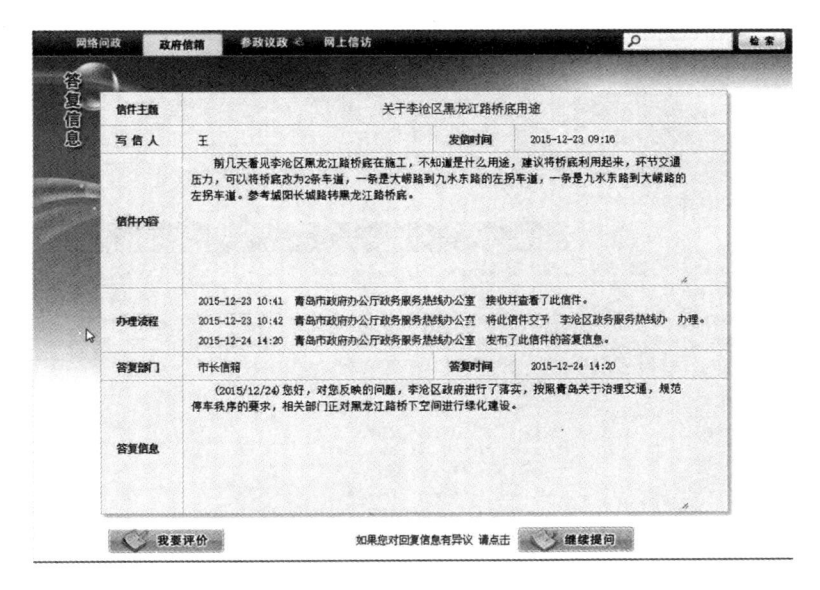

图 1-7 山东省青岛市"政府信箱"答复情况示意图

（截屏时间：2016 年 2 月 20 日）

图 1-8 人力资源和社会保障部公开部长信箱来信办理简况示意图

（截屏时间：2016 年 2 月 20 日）

图 1-9　湖南省门户网站定期公开来信办理情况示意图

（截屏时间：2016 年 2 月 20 日）

图 1-10　辽宁省"民心网政民互动平台"公示网友评价的示意图

（截屏时间：2016 年 2 月 20 日）

还有不少政府机关注重利用数据和知识库，方便咨询公众查询信息。工业和信息化部公开了常见来信及回复情况，方便有相应需求的公众查找信息。福建省政府门户网站建立了互动交流知识库、贵州省政府门户网站设置了"业务知识库",公众了解有关问题可先自行查询答案,解决不了的问题可以进一步咨询。

一些政府机关的互动栏目公开质量还有待提升。首先,一些地方政府门户网站显示,有的咨询、投诉、举报未获得回复。如某市的一条转给市公安局的网上信访信息中的回复内容、回复时间栏目均空白,无法判断是否已经做出反馈。

其次,一些部门未做到及时回复。评估发现,有的部门回复咨询、投诉、举报时,往往采取集中在某个时间进行回复的做法,未做到随时回复。如国务院某部门部长信箱的回复有19条是集中在2015年12月10日作出的。这大概与一些部门缺乏专职人员负责网上互动工作有关系,但也不排除拖延回复的可能性。

再次,有些回复不够认真细致,有敷衍之嫌。有些政府网站虽然设置了网上调查、民意征集等互动栏目,但在回复公众问题时不认真,形同虚设。例如,国务院某部门"部长信箱"栏目公开了大量涉及秸秆焚烧的意见,但答复都是"关于秸秆焚烧的建议已收到,我们会研究提出的每一条工作建议,感谢并希望你继续关心环境保护工作"。从公众提出意见建议的情况看,其每一条意见建议都经过深思熟虑,发自内心地想要解决秸秆焚烧的问题,其中不乏实用性较强的建议,但千篇一律的回复不免令公众失望,打击了公众建言献策的积极性。

最后,有的对于公众提出的咨询、投诉、举报等,没有公开反馈情况。17家国务院部门门户网站没有发布反馈信息,占30.36%。

总之,评估显示,评估对象层级越低,其网站互动平台配置情况、在线咨询配置情况、在线咨询反馈和公开情况越好。

(十五)政府信息公开指南

政府信息公开指南评估的对象包括55家国务院部门、31家省级政府、93家地市级政府的门户网站。评估中还对31家省级政府的价格主管部门、93家地市级政府的民政部门公开指南的情况进行了观察和分析。国家新闻出版广电总局因有两个网站,所以,实际评估对象为304家。

评估发现,评估对象普遍发布了本机关的信息公开指南,但指南内容的详细、准确程度仍有差别。

1. 评估对象普遍发布政府信息公开指南

评估发现，大部分评估对象都在政府门户网站发布了本机关的信息公开指南。在304家评估对象中，有56家国务院部门、31家省级政府、88家地市级政府、27家省级价格主管部门、62家地市级政府的民政部门，总计264家评估对象公布了本机关的政府信息公开指南，占86.84%。地方政府部门的指南公布情况还不够理想。其中，4家省级价格主管部门没有公开指南；地市级政府部门的指南公布率更低，有31家地市级政府民政部门没有公开指南，占比为33.33%，其中12家无门户网站，19家未发布指南。

部分评估对象的指南在门户网站上的位置无规律，查找不便。有的评估对象的门户网站将下属机关的指南全部放置在政府信息公开指南栏目中，未对指南进行分类，需要一个个翻找，极不便利。例如某地市级政府信息公开指南需要翻阅至最后一页才能找到。

2. 普遍对主动公开范围作出描述，但部分指南描述较粗略

评估发现，有53家国务院部门、30家省级政府、85家地市级政府、27家省级价格主管部门、59家地市级政府的民政部门，总计254家评估对象在指南中对主动公开的信息范围及公开方式做了描述，占比83.55%。

指南的意义在于方便利用者查询或获取信息，因此在制作指南时应当尽可能地把详细的信息获取渠道、方式等纳入其中。但尽管大多数指南提供了主动公开的信息范围，但是，不少评估对象对主动公开信息范围的描述不够详细。有12家国务院部门、8家省级政府、29家地市级政府、2家省级价格主管部门、30家地市级政府的民政部门，共81家评估对象的指南只是简略提到主动公开信息的范围要参见《政府信息公开目录》，占26.64%。

3. 普遍说明依申请公开流程，但多数未说明不予公开的政府信息范围

评估发现，53家国务院部门、31家省级政府、84家地市级政府、26家省级的价格主管部门、55家地市级政府的民政部门，总计249家被评

估对象在指南中对依申请公开的办理流程做了详细说明，包括如何提出申请、如何答复、答复的期限等，占81.91%。部分指南还提供了依申请公开的流程图，方便公众知晓依申请公开的具体步骤，相对于简单的文字描述更为生动。

在指南中列举不予公开的政府信息范围，有助于公众合理判断自己所需信息是否属于可予公开的范围，避免公民因无效申请而耗费时间，同时也有助于节约政府资源，使政府集中精力处理应当回应的信息公开申请。但有的指南对不予公开的政府信息范围描述不清。仅有67家评估对象提供了不予公开的政府信息范围，占22.04%。其中，国务院部门有12家，占17.91%；省级政府有9家，占13.43%，地市级政府有28家，占41.79%；省级价格主管部门有4家，占5.97%；地市级政府民政局14家，占20.90%。从评估结果看，此指标是政府信息公开指南所有评估指标中公开程度最低的指标之一。

4. 指南发布率较高，但部分内容的准确性较差

虽然绝大多数评估对象都发布了本机关的指南，但指南的内容欠准确。评估发现，不少指南中的描述与实际情况不符，无法发挥指南应有的作用，甚至可能误导公众。有64家评估对象提供的申请方式与政府信息公开指南中的描述不一致，占21.05%。其中，国务院部门有9家，占14.06%；省级政府有6家，占9.38%；地市级政府有30家，占46.88%；省级价格主管部门有7家，占10.94%；地市级政府民政部门有12家，占18.75%。实际存在的问题如下。

第一，门户网站实际提供了某种申请方式，但在指南中未提及。

第二，指南提到了某种申请方式，但实际并未提供相应的申请渠道。例如国务院某部门在其指南中提到了电子邮件的申请方式，但未在指南中提供受理部门的电子邮箱。

第三，提供的咨询受理部门及联系电话有误。对国务院部门、省级政府和地市级政府的指南中提供的咨询受理部门联系电话进行实际验证发现，咨询受理部门、联系电话有误的较多。如前文所述，有158家评估对象的指南提供了咨询联系电话，其中，139家评估对象的电话可以接通。电话可接通的对象中，有6家国务院部门、1家省级政府、19家地市级政府,即共 26 家评估对象的咨询电话号码不准确。国务院某部门提供的是信访办的联系方式,接通后工作人员让拨打办公室电话咨询;国务院某部门指南中公开的联系电话接通后,工作人员表示其为办公厅值班室,不具体负责信息公开工作;国务院某部门的咨询电话接通后表示"需要联系专门受理此项工作的同志"。

(十六)依申请公开

依申请公开是政府信息公开制度的核心,是保障公众获得政府信息的重要制度。本次评估的主要内容为各评估对象依申请公开渠道是否畅通、答复是否规范。

本次评估进行实际验证时,通过信函和电子渠道向 55 家国务院部门申请的信息内容各不相同,向省级政府和地市级政府申请的信息具体内容如下。

第一,通过信函方式向 31 家省级政府的价格主管部门申请的信息为"省内 5A 级游览参观点现行门票价格及园中园票价(包括但不限于旅游景点名单和每个旅游景点对应的旺季和淡季的价格,及其园中园的价格,并附上定价依据)"。

第二,通过信函方式向 93 家地市级政府的民政部门申请的信息为"当地注册登记的现有公益慈善类社会组织的名单"。

第三,通过电子申请渠道向省级政府的民政部门申请的信息为"请提供 2014 年度省内每家基金会接受捐赠的情况(受捐赠的资金总额和实物)及其使用情况"。

第四,通过电子申请渠道向地市级政府的卫生计生部门申请的信息为"请提供 2015 年本地收取的因未婚生子引起的社会抚养费的总额和未婚生子的女性的总人数,如无统计数据,请提供每笔的金额;如未收取,请提供做出征收决定里的金额"。

评估发现,申请渠道畅通性普遍较好,答复规范程度明显提升,但个别部门仍存在答复内容随意、公开与否的标准不统一等问题。

1. 信函和电子申请渠道普遍较为畅通，但存在平台设计不友好的问题

在信函申请中，54家国务院部门、30家省级政府的价格主管部门、92家地市级政府的民政部门，共176家行政机关提供的信函申请渠道畅通。评估通过中国邮政的"给据邮件跟踪查询系统"确认，上述评估对象签收了以挂号信形式寄出的政府信息公开申请，分别占98.18%、96.77%、98.92%。此次仅发现1家国务院部门、1家省级政府的价格主管部门、1家市级政府的民政部门提供的信函申请渠道不畅通。其中，向国务院某部门寄出的挂号信由于"迁移新址不明"被退回；寄往某省物价局和某市民政局的挂号信均由于"保安拒收"，后因"逾期"被退回。

相对于在线平台方式的申请渠道，电子邮件方式的申请渠道畅通性较好。在提供了在线申请平台的25家国务院部门、19家省级政府的民政部门、67家地市级政府的卫生计生部门中，有24家国务院部门、15家省级政府的民政部门、58家地市级政府的卫生计生部门提供的在线申请渠道畅通，分别占96.00%、78.95%、86.57%；1家国务院部门、4家省级政府的民政部门、7家地市级政府的卫生计生部门提供的在线申请渠道不畅通；2家地市级政府的卫生计生部门提供的在线申请渠道是否畅通无法判断。在提供了电子邮件申请方式的17家国务院部门、5家省级政府的民政部门、9家地市级政府的卫生计生部门中，17家国务院部门、4家省级政府的民政部门、9家地市级政府的卫生计生部门提供的电子邮件申请渠道畅通，分别占100%、80%、100%；仅1家省级政府的民政部门提供的电子邮件申请渠道不畅通，发出的电子邮件申请被系统退信。

就申请渠道的畅通性看，问题集中表现为如下几点。

首先，个别行政机关的信函申请渠道畅通性有所退步。2014年政府信息公开评估时，全部国务院部门提供的信函申请渠道均畅通，而2015年，信函申请渠道畅通的国务院部门数量减少了1家。由于2015年评估选择的省级政府部门和地市级政府部门不同于2014年，所以无法判断2015年进步与否。

其次，个别行政机关提供的信函申请渠道不畅通或有延误。原因之一在于，其政府信息公开指南中关于依申请公开受理机构的地址信息未更新。如国务院某部门退信的理由为"迁移新址不明",这说明其依申请公开受理机构的地址已变更,但其政府信息公开指南中受理机构的地址未作变更。同样的情况还出现在另外一家国务院部门,评估中于2015年11月10日向该行政机关邮寄申请,该行政机关于2015年12月18日才签收信函。原因是该局的地址发生了变化,但其政府信息公开指南中受理机构的地址尚未更新(评估结束时,指南中受理机构地址已更新)。原因之二是政府信息公开指南中提供的依申请公开受理机构的具体受理科室不准确。评估中于2015年11月10日向国务院某部门寄出了申请,其信访室收到时间为11月11日,但受理部门电话沟通说12月1日才收到。转交时间长是因为其指南上提供的受理科室为信访室。由此看出,政府信息公开指南中受理科室的不准确不仅延误甚至影响了政府信息公开申请,也给行政机关自身带来了不便。

再次,部分行政机关由于在线平台设计不友好不合理,致使其电子申请渠道不畅通。某省民政厅的在线申请平台所需信息提供的指定方式一栏为勾选选项,并非文字填写栏,但其显示的申请无法成功提交的原因提示是"所需信息提供的指定方式不得少于1个字符"。某市卫计委在线申请系统提示需要"选择相关部门",但选择了受理部门仍无法提交。某市卫计委显示的提交不成功的原因是"格式不正确"且未提示何处格式不正确,经反复检查未发现何处格式不正确。在线申请渠道的不畅通致使在线申请平台形同虚设。

最后,尽管个别行政机关的在线申请可以成功提交,但由于其工作人员不熟悉本机关的在线申请平台的特征,致使在线申请渠道未能发挥作用。国务院某部门在线申请平台的身份证号码最后一位只能填数字,但验证使用的身份证号码最后一位是X,故只能将其写成0后提交;后应工作人员要求,向其提供了身份证复印件。在电话沟通中,该部门工作人员表示,因在线申请时的身份证号码与身份证复印件上的身份证号码不一致,不能受理申请。验证人员表示是由于其在线平台设计不完善导致申请不能提交,但其工作人员不认可。由于该部门在线平台不友好和其工作人员对平台功能不熟悉,致使其实际上限制了部分申请人的申请。再如,某市卫计委提供了在线申请渠道,但其工作人员在电话沟通中要求根据一事一申请的原则重新申请并附上身份证明材料，验证人员表示已经在在线平台提交了申请，并且，系统没有要求提供身份证明材料，但该工作人员表示仅在在线平台上提交申请并不能启动依申请公开程序。

2. 大多数评估对象能及时答复信函申请，但部分不能及时答复电子申请

大多数评估对象在法定期限内以信函或电子邮件的方式做出正式答复。在信函申请方面42家国务院部门、23家省级政府的价格主管部门、59家地市级政府的民政部门在收到信函申请后的15个工作日内以书面或数据电文的形式答复了申请。4家省级政府的价格主管部门超过法定期限答复申请。8家国务院部门、2家省级政府的价格主管部门、33家地市级政府的民政部门，共43家行政机关未答复申请。1家国务院部门和1家省级政府的价格主管部门要求补充申请；3家国务院部门要求补充用途证明。分别有1家国务院部门、1家省级政府的价格主管部门和1家地市级政府的民政部门信函申请渠道不畅通。

与2014年的评估结果相比较，2015年国务院部门行政机关在答复时效方面有所进步。2014年，40家国务院部门在法定期限内答复了申请，2015年增加到42家。国务院某部门在2014年的评估中未正式答复申请，仅与申请人进行了电话沟通，2015年，该部门在法定期限内书面答复了申请。由于此次评估选择的省级和市级的政府信息公开申请受理部门与2014年的评估部门不一致，所以无法判断2015年省级政府部门与地市级政府部门在此方面是否有进步。

但在电子申请方面，在渠道畅通的41家国务院部门、19家省级政府的民政部门、69家地市级政府的卫生计生部门（含渠道畅通和渠道是否畅通无法判断的情况）的电子申请中，仅29家国务院部门、12家省级政府的民政部门、11家地市级政府的卫生计生部门，共52家行政机关在法定期限内答复了申请。1家国务院部门、4家地市级政府的卫生计生部门，共5家行政机关未在法定期限内答复申请；11家国务院部门、7家省级政府的民政部门、54家地市级政府的卫生计生部门，共72家行政机关未回复申请。可见评估对象对信函申请的及时答复情况明显好于对电子申请的及时答复情况。

与 2014 年评估结果相比较，2015 年部分国务院部门在对电子申请的答复方面有所退步。6 家国务院部门在 2014 年答复了申请，但在 2015 年未答复申请。

3. 行政机关可以根据数据电文形式答复申请，但答复规范化有待提升

评估发现，大多数行政机关可以应用数据电文的形式作出答复。在信息化时代，电子信息可以方便行政机关和公众获取和保存信息，降低传递信息的成本。以信函和电子邮件方式提交申请时，尽可能选择通过电子邮件的方式获取所申请信息，如无电子邮件选项，才选择以信函方式获取信息。就信函申请而言，在作出答复的对象中（含在法定期限内答复与超期答复两种情况），4 家国务院部门、2 家省级政府的价格主管部门、7 家地市级政府的民政部门既通过信函（挂号信或快递）提供书面答复，也通过电子邮件的方式提供数据电文形式的答复；26 家国务院部门、17 家省级政府的价格主管部门、49 家地市级政府的民政部门仅通过电子邮件的方式提供数据电文形式的答复；其余 12 家国务院部门、8 家省级政府的价格主管部门、3 家地市级政府的民政部门仅提供纸质答复。就电子申请而言，在作出答复的对象中（含在法定期限内答复与超期答复两种情况），7 家国务院部门、1 家省级政府的民政部门、1 家地市级政府的卫生计生部门仅通过信函方式提供书面答复；23 家国务院部门、10 家省级政府的民政部门、14 家地市级政府的卫生计生部门仅通过电子邮件的方式提供数据电文形式的答复。仅 1 家省级政府民政部门既通过信函，也通过电子邮件方式答复了申请。

行政机关不仅应及时答复当事人的申请，还应准确、规范地答复申请。但是，此次评估发现，行政机关的答复规范化程度还有待提升，主要存在以下几方面问题。

第一，个别行政机关的答复方式不规范。某市民政局在与验证人员的电话沟通中表示，只能通过电话回复，拒绝通过其他方式回复，原因不明。最终，该市民政局也未提供正式答复。

第二，不少省及地市级政府部门以电子邮件方式提供的答复格式不规范。本次评估中，在仅以电子邮件方式答复申请的 17 家省级政府的价格主管部门、49家地市级政府的民政部门、10家省级政府的民政部门、14家地市级政府的卫生计生部门中，8家省级政府的价格主管部门、34家地市级政府的民政部门、5家省级政府的民政部门、7家地市级政府的卫生计生部门以电子邮件方式提供的答复格式不规范。不规范的表现主要有：以附件方式提供的答复没有行政机关的公章，或邮件正文未显示行政机关名称的抬头或落款。某市民政局提供的答复邮件中，其使用的是qq邮箱，邮件正文仅提供了一条链接，无其他任何文字，如果不打开链接查看，无法判断邮件发件机关。另外，一家行政机关回复的邮件中，根本无法判断发件人是谁（见图1-11）。某市民政局的答复中，落款单位名称和日期显示的是星号。不过，在以电子邮件方式提供答复的行政机关中，多数国务院部门的答复格式规范，或以邮件附件的方式提供盖有行政机关公章的答复书，或在邮件正文中清楚标注发件机关的抬头或落款。在仅以电子邮件方式答复申请的49家国务院部门中，有40家国务院部门以电子邮件方式提供的答复格式规范。

图1-11　某行政机关邮件答复截屏

第三，一些行政机关答复内容不规范。首先，部分行政机关未在答复中明确已主动公开的信息链接或具体查询路径。5家国务院部门、1家省级政府的价格主管部门、1家省级政府的民政部门、3家地市级政府的民政部门未提供已主动公开信息的有效链接，不方便申请人查找和获取信息。例如某市民政局提供的已主动公开的信息链接无效；某市民政局未提供答复书的附件。

其次，有部分行政机关在答复书中未告知法律依据、救济渠道。仅有 6 家国务院部门、1 家省级政府的价格主管部门、1 家省级政府的民政部门、1 家地市级政府的民政部门、1 家地市级政府的卫生计生部门既提供了法律依据也提供了准确的救济途径。16 家国务院部门、1 家地市级政府的民政部门、5 家地市级政府的卫生计生部门既未提供作出答复的法律依据也未提供准确的救济渠道。2 家国务院部门未提供法律依据；15 家国务院部门、3 家省级政府的价格主管部门、1 家省级政府的民政部门、1 家地市级政府的民政部门、6 家地市级政府的卫生计生部门未提供准确的救济渠道。这会影响答复的权威性，申请人可能不能正确理解答复依据，而不能有效行使救济权利。

再次，个别行政机关提供的救济途径中关于行政诉讼时效的表述不准确。提起行政诉讼的时效已于 2015 年 5 月 1 日起改为 6 个月，但部分行政机关未在答复书中更新这一表述。

最后，个别行政机关提供的救济渠道过于简略。如国务院某部门仅在答复书末尾提示"如对本答复不服，可依法申请行政复议或提起行政诉讼"，但并未详细告知救济途径、期限等要素。

4. 多数对象公开了所申请的信息，但仍存在设置不合理条件、答复标准不统一的问题

首先，针对同样的申请，各行政机关答复标准不统一。本次评估向省级政府的价格主管部门、省级政府民政部门、地市级政府的民政部门申请的均为可公开或已主动公开或可依申请公开的政府信息。在作出答复的 27 家省级政府的价格主管部门、12 家省级政府的民政部门、59 家地市级政府的民政部门中，有 23 家省级政府的价格主管部门、10 家省级政府的民政部门、56 家地市级政府的民政部门在答复中公开了所申请信息。在未公开相关信息的对象中，有 1 家省级政府价格主管部门答复信息不存在，另外 3 家答复非本机关政府信息公开范围；2 家省级政府的民政部门答复信息不存在；1 家地市级政府的民政部门答复部分公开，另有 2 家答复信息不存在。由此可见，对于同样的申请，不同行政机关公开与不公开的标准不统一。

其次，个别行政机关对政府信息公开申请及信息利用设置不必要的限制条件。在申请阶段，个别行政机关在申请材料方面要求申请人提供与申请信息用途相关的证明。在信息利用阶段，有的行政机关的申请表中载明"申请人获取的信息只能用于自身生产、生活、科研等特殊需要，不得对外公开，凡因用于其他用途引起法律纠纷的，申请人要承担相应法律责任"。这给申请人获取和利用信息带来了不便。

相较于2014年，本年度个别行政机关在申请条件方面设置了更多的障碍。如两家国务院部门在2014年政府信息公开评估时并未要求提供用途证明，但2015年却提出了此项要求。

5. 评估对象答复申请的总体水平明显提高，但专业化程度有待进一步提升

从整个评估过程来看，各评估对象应对和答复政府信息公开申请的水平明显提升，工作人员熟练程度有较大改观。但评估也发现，各部门工作人员的专业化水平还需要提升。

首先，有的行政机关的工作人员未能有效保护申请人的个人信息。如某省级政府在门户网站上提供的依申请公开表格是某申请人提交的申请表格，表格中显示了该申请人的全部信息，包括身份证号、联系电话、联系地址、工作单位等个人信息。再如，国务院某部门作出答复所用的电子邮件附件是应提供给其他申请人的答复书和该申请人的申请表，申请表中记录有该申请人的身份证号、工作单位、联系地址、联系电话等个人信息。这泄露了申请人的个人信息，会给申请人带来一定的风险，也给该部门带来一定的法律风险。

其次，个别行政机关的工作人员办理政府信息公开申请不认真。如某市民政局在答复的邮件中提供的链接无效；某市民政局在答复的邮件中遗漏附件。这不仅导致行政机关的前期办理工作无效，也影响申请人获取所需信息的质量与进度，甚至可能导致本部门因未按期答复申请人而被诉。

最后，个别行政机关的工作人员办理政府信息公开申请有区别对待的情形。如某地市级卫计委的工作人员在进行电话沟通中表示，如果申请是用于学校项目、官方课题或与政府有联系，可以将信息提供给机构，不提供给个人。如此区别对待不符合《政府信息公开条例》的要求。

(十七) 保障监督机制

政府信息公开是一项专业性较强的工作，必须要有相应的保障监督机制。本板块评估均依据被评估的国务院部门、省级政府在国务院办公厅政府信息与政务公开办公室 2015 年政府信息公开督查中报送的可以公开的 49 家国务院部门（国家公务员局的材料随人力资源社会保障部一起报送，故将二者视为一家）和 31 家省级政府的材料。

1. 普遍制定指导文件，但有些国务院部门尚未形成工作指导机制

指导性文件在一定程度上明确了特定领域推进政府信息公开工作的要求和标准，对于提升政府信息公开工作有较大帮助。评估发现，评估对象普遍制定了指导性文件。

首先，多数评估对象注重对下级行政机关政府信息公开工作的指导。根据自报材料，自《政府信息公开条例》出台以来，26 家国务院部门、31 家省级政府制定了指导下级行政机关推进政府信息公开工作的指导文件。其中，17 家国务院部门制定了在特定业务领域推进政府信息公开工作的指导文件。2015 年，16 家国务院部门、28 家省级政府制定了相关文件；其中 11 家国务院部门制定了在特定领域推进相关工作的文件。如环境保护部先后制定了《环境信息公开办法（试行）》等规章；国家食品药品监督管理总局制定了食品安全监督抽检信息、食品药品行政处罚案件信息公开方面的有关文件；财政部制定了有关财政预决算信息公开、政府采购信息公开、深入推进基层财政专项支出预算信息公开、完善行政事业性收费项目目录公开等方面的文件；农业部制定了有关推进农机购置补贴政策信息公开、行政处罚案件信息公开、建设项目信息公开方面的相关文件；交通运输部制定了公路水运工程建设质量安全违法违规行为信息公开、全国海事系统政府信息公开方面的文件。

其次，部分省级政府也制定了在重点领域推进政府信息公开工作的指导文件。部分省级政府制定了适用于本地区的政府信息公开工作要点，分别是北京市、重庆市、黑龙江省、吉林省、河北省、河南省、山东省、山西省、湖北省、浙江省、江西省、贵州省、青海省、甘肃省、内蒙古自治区、西藏自治区、宁夏回族自治区等。此外，各地也在重点领域出台了相应的细则规定。广东省、新疆维吾尔自治区、山东省、湖北省、贵州省等地在财政部制定的有关财政信息公开的文件基础上，制定了本地方的细化规定指导本地区的财政信息公开工作；浙江省发布了有关土地征收信息公开方面的相关文件；广东省发布了有关企事业单位办事公开的有关文件；四川省发布了有关企事业单位办事公开、定期公布捐赠资金收支情况方面的文件；内蒙古自治区发布了有关行政权力公开方面的文件；新疆维吾尔自治区发布了有关部门许可、村务信息公开方面的文件；上海市发布了有关行政处罚案件主动公开的文件；山西省发布了有关国有企业财务等重大信息公开方面的文件。

但是，仍有部分行政机关未形成上下级政府信息公开工作指导机制。自报材料显示，除1家国务院部门未提供该问题的相关材料外，有22家国务院部门自《政府信息公开条例》出台以来未制定指导下级部门政府信息公开工作的文件，其中15家国务院部门仅制定了本机关政府信息公开规定。2015年，除1家国务院部门未提供该问题的相关材料外，32家国务院部门未制定对下级部门政府信息公开工作的指导文件，其中，5家国务院部门仅制定了适用于本机关政府信息公开工作的规定。另外，自《政府信息公开条例》出台以来，9家国务院部门未制定在特定业务领域推进政府信息公开工作的文件。省级政府中普遍重视对政府信息公开工作的指导，2015年，仅3家省级政府未制定指导文件。

2. 部分国务院部门注重推进主管领域的信息公开工作，但仍有部门不重视该项工作

根据《2015年政府信息公开工作要点》的相关要求，对主管领域政府信息公开工作具有指导职责的主要涉及9家国务院部门，其涉及的信息公开领域分别是：国家发展和改革委员会推进重大建设项目信息公开，民政部推进社会组织的信息公开，财政部推进政府采购信息公开，国家卫生和计划生育委员会推进医疗机构信息公开，教育部推进学校等机构的教育信息公开，人力资源和社会保障部推进社会保险经办机构的社会保险信息公开，国务院国有资产监督管理委员会推进国有企业信息公开，国家工商行政管理总局推进企业信用信息公开，环境保护部推进环境保护信息公开。根据其报送的材料，仅4家国务院部门制定了推进其主管领域政府信息公开工作的细则。如财政部出台了有关政府采购信息公开的文件，国家卫生和计划生育委员会出台了有关医疗机构信息公开的文件，教育部出台了有关高校信息公开的文件。又如，环境保护部出台《企业事业单位环境信息公开办法》《国家重点监控企业自行监测及信息公开办法（试行）》和《国家重点监控企业污染源监督性监测及信息公开办法（试行）》，规范企业环境信息公开。并且，部分行政机关在主管领域信息公开工作的指导颇有成效。如根据本报告中政府采购板块的描述可以看出，尽管政府采购信息公开仍需改进，但在推进政府采购信息公开方面已取得显著成效；教育部2014年发布《高等学校信息公开清单》，明确了高等学校信息公开的要求，根据中国社会科学院法学研究所另行开展的"中国高等教育透明度指数评估"，其对全国高等学校信息公开工作的推动作用巨大。

但是，自报材料显示，仍有4家国务院部门未制定指导其主管领域信息公开文件，1家国务院部门未提供相关材料。这既可能是有关部门制定了指导性文件未报送，也可能是未制定相关文件。

3. 部分对象形成了主要领导推进工作的机制，但多数尚未形成常态化做法

政府信息公开工作不仅仅要依靠明确、完善的制度，依靠依申请公开等自下而上的推动，还需要部门主管领导的重视。实践证明，一些单位政府信息公开工作做得好、推进有力、效果明显，与负责人重视政府信息工作有密切的关系。本次评估显示，不少评估对象重视政府信息公开工作，形成了同步研究、同步部署、同步推进政府信息公开工作的机制。

自报材料显示，28家国务院部门、17家省级政府有负责人分工负责政府信息公开工作；13家国务院部门、11家省级政府的相关负责人研究部署过政府信息公开工作；28家国务院部门、21家省级政府的相关负责人对政府信息公开工作提出过要求。

但是，仍有部分行政机关未形成主管领导推进政府信息公开工作机制。19家国务院部门、13家省级政府无法判断其是否有负责人分工负责政府信息公开工作，2家国务院部门、1家省级政府未提供相关材料；8家国务院部门、6家省级政府无相关领导研究部署政府信息公开工作的记录，28家国务院部门、14家省级政府未提供相关材料；2家国务院部门、

3家省级政府的负责人未对政府信息公开工作提出过要求，19家国务院部门、7家省级政府未提供相关材料。

4. 省级政府的专门机构配置情况较好，但专门机构建设与专业人员配置情况普遍滞后

为了保持工作的连续性、专业性，政府信息公开工作应当配备专门机构和专职人员。国务院部门中，仅财政部与海关总署的自报材料显示其建立了政府信息公开工作专门机构。省级政府中，则有23家建立了相关机构。从政府信息公开专门机构的配置情况看，对政府信息公开工作的重视程度还待提升。

此外，自报材料显示，专职人员配置情况也不够理想。有7家国务院部门、13家省级政府配备了专职人员负责政府信息公开工作；5家国务院部门无政府信息公开工作专职人员，37家国务院部门、18家省级政府未提供相关材料或从报送材料中无法判断其是否配有专职人员。

5. 普遍建立了政府信息公开管理机制，但机制运行情况有待加强

首先，大多数行政机关建立了政府信息公开保密审查机制、政府信息源头管理机制。根据自报材料，有32家国务院部门、27家省级政府制定了有关政府信息公开保密审查的文件；23家国务院部门、20家省级政府制定了有关政府信息源头管理的文件。少数行政机关未建立相关机制：8家国务院部门、3家省级政府未制定有关政府信息公开保密审查的文件；9家国务院部门、1家省级政府未提供相关材料；12家国务院部门、8家省级政府未制定有关政府信息源头管理的文件；14家国务院部门、3家省级政府未提供相关材料。

其次，个别行政机关建立了依申请公开促进依法行政工作机制。依申请公开促进依法行政的工作机制是《2015年政府信息公开工作要点》首次提出的要求，是推进依法行政的重要举措。自报材料显示，仅有3家省级政府制定了有关政府信息公开促进依法行政工作的文件。国家外汇管理局虽未制定相关文件，但自报材料显示，由于某些政府信息公开案件而加强了外汇管理法规和业务的备案，表明其借助依申请公开发现问题，举一反三地完善依法行政工作。

再次，部分行政机关注重建立提升依申请公开工作水平的工作机制。

如《内蒙古自治区高级人民法院 自治区人民政府办公厅印发〈关于建立良性互动机制的规定〉的通知》；山东省建立了法律顾问参与政府信息依申请公开会商机制；宁夏回族自治区在《关于进一步做好政府信息依申请公开工作的意见》中对依申请公开中常见的问题做了详细规定。

但评估也发现，部分行政机关在政府信息公开源头管理阶段过于保守，将本应公开的文件定性为不公开。通过公开渠道及自报材料注意到，一些国务院部门和省级政府发布了推动政府信息公开的规定，但并未公开全文，各评估对象普遍将其属性确定为不公开。本次评估选取部分文件提出了政府信息公开申请，结果是多数对象公开了文件。推进公开工作的文件关系到公众知情权的保障，也关系到下级机关或者相关主体如何落实公开义务，没有必要遮遮掩掩。

此外，在依申请公开促进依法行政工作机制方面，大多数行政机关尚无相关机制。这主要是因为依申请公开促进依法行政工作机制尚不明确，部分行政机关对此认识不清，而且该机制专业性过强，又需要多方协调配合，致使其应如何运行还尚不明确。

最后，大多数行政机关尚未实现依申请公开情况分析的常态化。少数行政机关已经做到定期进行依申请公开情况分析工作，1家省级政府每月进行政府信息公开情况的统计分析；1家国务院部门、1家省级政府每半年进行一次统计分析。但多数行政机关未进行依申请公开情况分析工作，涉及21家国务院部门、10家省级政府；15家国务院部门、8家省级政府未提供相关材料。另外，部分行政机关并未形成定期分析依申请公开情况的机制，如12家国务院部门、11家省级政府在2015年仅进行了一次依申请公开情况分析，且大多数的统计期间并非完整月份，并未形成常态化的统计分析机制。此外，部分对象虽然提供了一份依申请公开情况分析，但其材料无实质内容，仅是将政府信息公开年报中有关依申请公开的部分进行统计。无实质内容的分析很难起到促进政府信息公开和依法行政工作的作用。

6. 多数对象建立了政府信息公开工作培训机制，但培训效果有待提升

多数评估对象在2015年进行过政府信息公开工作的专项培训。自报材料显示，24家国务院部门、18家省级政府举行过政府信息公开工作专门培训。此外，部分行政机关如国家铁路局邀请专家进行政府信息公开工作的讲座；福建省通过举行座谈会的形式由工作人员交流经验；上海市政府进行了政府信息公开工作的专题培训，按照财政、处罚等信息公开专题进行专项培训。

但仍有部分行政机关未举行过政府信息公开工作专项培训。5家国务院部门、5家省级政府未举行过相关培训；20家国务院部门、8家省级政府未提供相关材料。

尽管多数行政机关举行了专项培训，但其培训形式多为几十人、数百人参加的大型培训班，缺少小组讨论、案例分析形式的培训。从部分培训材料看，培训内容不具体，缺乏系统性，许多培训无专题指向，特别是缺乏专门提高政府信息公开工作人员办理政府信息公开工作的能力的培训。

从提交政府信息公开申请的情况看，部分行政机关政府信息公开培训的效果还不理想，如答复内容有误，还有的行政机关在进行电话沟通过程中不熟悉业务，态度也比较恶劣。

7. 少数对象建有政府信息公开考核机制，但多数考核方式待完善

开展政府信息公开考核，对各行政机关实施政府信息公开制度的情况及成效进行评价，发现工作亮点，找出工作不足，有助于改进政府信息公开工作，提升公开水平。评估发现，有部分评估对象建立了政府信息公开的考核机制，但多数还未引入政府信息公开专项考核。

首先，少数行政机关建有政府信息公开专项考核制度。自报材料显示，9家国务院部门、15家省级政府制定了有关政府信息公开专项考核工作的文件。贵州省政府在2014年申请将政府信息公开工作列入专项考评项目，并在2014年对其进行了专项考核。内蒙古自治区自《政府信息公开条例》出台以来，每年都会制定一份关于考核评价年度政务公开工作的文件。但多数行政机关尚未建立相关机制。19家国务院部门、13家省级政府未制定有关政府信息公开工作专项考核的文件；21家国务院部门、3家省级政府未提供相关材料。

其次，个别行政机关在政府信息公开工作考核中引入了第三方评估机制。山东省政府制定了《山东省政府信息公开第三方评估实施方案》，北京市、安徽省、黑龙江省政府将第三方评估作为政府信息公开专项考核中的重要部分,上海市将第三方评估机构进行社会评议的结果作为考核评估的重要参考。但是多数行政机关仍将查看报送材料、听取工作情况作为政府信息公开工作的主要方式,考核的主观性强,很难准确客观地反映政府信息公开工作情况。

最后,从考核文件材料可以看出,部分行政机关将政府信息公开工作摆在较高的位置。如黑龙江省政府将政府信息公开工作作为本地区经济社会发展主要责任中影响发展环境事项的重要内容,将政府信息公开工作提升为地区整体发展环境的重要内容,既促进了政府信息公开的快速提升,也形成了信息公开与其他工作的良性互动格局。

8. 个别评估对象投诉举报机制运行较好,但多数尚未充分发挥作用

建立政府信息公开工作的投诉举报机制,是为公众监督政府信息公开工作提供渠道,引入社会监督机制,帮助行政机关发现政府信息公开工作中存在的问题,及时进行整改。评估发现,个别评估对象的投诉举报机制运行较好,但多数还未发挥作用。

对评估对象政府信息公开指南的评查显示,有18家国务院部门、14家省级政府提供了受理部门信息;20家国务院部门、17家省级政府提供了举报方式方面的信息,其中,6家国务院部门、2家省级政府在政府信息公开专栏中设置了监督举报专门栏目,用以提供举报受理部门、举报方式的信息。天津市政府、吉林省政府、辽宁省政府、广东省政府、海南省政府、内蒙古自治区政府提供了政府信息公开在线举报平台。但是,仍有部分行政机关未提供举报受理部门和举报方式方面的信息,所有行政机关均未提供举报办理过程和办理期限信息。20家国务院部门、13家省级政府在指南中对政府信息公开举报受理部门有所提及但没有明确受理机关名称。

个别行政机关举报渠道不畅通。自报材料显示,2015年有4家国务院部门、18家省级政府收到过举报;26家国务院部门、9家省级政府未收到过举报;19家国务院部门、4家省级政府未提供相关材料。有的省政府自条例出台以来均未收到过有关政府信息公开工作的举报,这显然是不正常的,表明其相关举报渠道公众知晓度不高、畅通性不佳,致使有关政府信息公开工作的纠纷无法通过此渠道得到解决。

（十八）政府信息公开年度报告

政府信息公开年度报告是对上一年度本机关公开信息情况的总结分析，按照《政府信息公开条例》要求，年度报告应向社会发布，接受社会监督和评议。2015年度，中国社会科学院法学研究所对55家国务院部门、31家省级政府、93家地市级政府发布2014年政府信息公开年度报告的情况进行了观察和分析。因国家新闻出版广电总局运行两个网站，分别发布广播影视和新闻出版方面的政府信息公开年度报告，故国务院部门的评估对象为56家。国务院部门、省级政府及49家较大的市的评估于2015年4月1日前完成。评估内容基本涵盖了《国务院办公厅关于加强和规范政府信息公开情况统计报送工作的通知》（国办发〔2014〕32号）中要求的统计项目。

1. 多数设有专门栏目，但部分栏目设置及发布不规范

行政机关每年均需要发布上一年度的政府信息公开年度报告，因此，在门户网站中设置专门栏目有助于集中发布年度报告。评估发现，有54家国务院部门、31家省级政府、90家地市级政府在其门户网站首页上设置了年度报告的栏目。

但评估也发现，仍有部分行政机关的年度报告栏目设置不规范。首先，部分行政机关未设置年度报告栏目。某市政府在首页设置了信息公开专栏，但未设置信息公开年度报告子栏目，该市政府的2014年信息公开年度报告在公示公告专栏中发布。某市政府网站首页设置了政务公开栏目，但未设置信息公开年度报告栏目，未在本级政府网站上公开2014年年度报告，但在省级政府网站中的年度报告目录中公开了2009—2014年年度报告。不在自身门户网站设置专门栏目集中发布本机关的年度报告，这给信息查询造成了一定的不便。

其次，部分行政机关虽然设置了年度报告栏目，但所发布的信息与栏目设置不一致。有的评估对象在年度报告栏目中发布了一些无关信息。如国务院某部门的年度报告栏目中还发布有历年的财政预决算信息。又如某省政府的年度报告栏目下不仅有年度报告，还有部分无关内容，且部分年度报告标题为"通用信息数据",各条信息排序混乱,不便于查询。

再次,年度报告未发布在本机关门户网站的年度报告栏目中。不少行政机关虽然设置了年度报告栏目,但其历年年度报告并未发布在该栏目中。如某省政府门户网站的年度报告栏目下只有2014年的年度报告,其他年份的年度报告未在年度报告栏目下公开,但可从百度等搜索引擎中查询到。又如,2015年4月1日前对年度报告发布情况进行观察时发现,国务院某部门和某省政府的年度报告均未发布在已有的年度报告栏目中。某市政府门户网站的年度报告栏目中只公开了2014年年度报告,其他年份的年度报告发布在省政府门户网站。某市政府的年度报告栏目下仅公布了其2014年的年度报告,2008—2013年的年度报告则是在综合政务栏目下的年度报告与工作总结子栏目中。某市的年度报告栏目仅公开了2014年年度报告,2012年、2013年的年度报告需通过百度等搜索引擎才能查到。类似这样的情况较为普遍,结果是既有的栏目功能得不到发挥,已经公开的信息查询不便。

最后,年度报告栏目信息庞杂、查询不便。比如某市的年度报告目录中的信息记录多达704条,占据36页,且没有随机跳页功能的设置,在年度报告查找上需耗费很长时间。

凡此种种,可以发现,不少行政机关的年度报告发布较为混乱,虽然对社会公开了,但由于公开的位置、方式等不规范,极大地影响了公开效果。

2. 年度报告公开率较高,但极少数评估对象仍未按时发布

按照规定,行政机关应当于每年3月31日前发布上一年度的年度报告。近年来,行政机关已经普遍能够做到按时发布年度报告。由于本年度第三方评估将省以下行政机关的评估范围扩大到93家地市级政府,且本年度评估在2015年4月1日之前仅完成了56家国务院部门、31家省级政府和49家较大的市按时发布年度报告情况的评估,因此,为了统一标准,凡实际评估时已经发布年度报告就视作符合要求。

评估显示,56家国务院部门及31家省级政府的2014年年度报告均已发布在其门户网站上。但地市级政府的年度报告发布情况则还有提升空间。89家地市级政府在其门户网站公布了本机关2014年的年度报告,占

95.70%；有 3 家地市级政府的 2014 年年度报告发布在省级政府网站上，占 3.23%；评估中 1 家地市级政府的 2014 年年度报告未发现。

有 82 家地市级政府的 2014 年年度报告的公布时间标注为 2015 年 3 月 31 日前，占 88.17%。3 家地市级政府的 2014 年年度报告的公布时间滞后，其门户网站分别标注为 2015 年 4 月 13 日、4 月 28 日、6 月 11 日，说明其在发布时间上实事求是。此外，还有 7 家地市级政府未在门户网站标注 2014 年年度报告的发布时间。

3. 部分评估对象注重形式新颖性，但个别报告内容重复率高

从 2014 年年度报告的发布情况看，不少行政机关重视年度报告的形式新颖性，注重使用图表，有的还使用动画效果进行展示。

对评估对象年度报告的内容进行技术检测后发现，有的年度报告内容重复率较高。考虑到在对主动公开数据、依申请公开数据进行公开时，可能存在基本内容表述不变而仅更新数据的情况，因此，重复率检测集中于年度报告概述、存在问题与未来工作展望部分，结果发现重复率在 90% 以上的涉及 3 家国务院部门、2 家省级政府、4 家地市级政府的 21 份年度报告。

有的评估对象的年度报告在归纳上一年度的工作重点、总结问题时出现了较多雷同。如国务院某部门 2012 年和 2013 年的年度报告结尾处"七、存在的主要问题和改进措施"的表述几乎完全一样。又如另一家国务院部门 2014 年年度报告与 2012 年年度报告、2013 年年度报告的最后一部分，标题均为"五、完善工作制度措施，依法推进政府信息公开"，内容几乎完全相同，仅个别地方变更了表述。

4. 对公开机制建设情况有所描述，但多数未详细说明

评估显示，46 家国务院部门、31 家省级政府、86 家地市级政府在 2014 年年度报告中阐明了各自的公开制度建设情况，分别占 82.14%、100%、92.47%。

但不少评估对象未在年度报告中就政府信息公开工作机构建设情况进行总结分析。有 23 家国务院部门、6 家省级政府、9 家地市级政府未描述政府信息公开工作机构建设情况，分别占 41.07%、19.35% 和 9.68%。

各评估对象的 2014 年信息公开年度报告多数未描述负责公开工作的

人员情况。仅有 2 家国务院部门、15 家省级政府、44 家地市级政府对人员投入数量配比作了描述。

政府信息公开工作的专项经费投入情况普遍未公开。配备专项经费是做好政府信息公开工作的基本保障，但从年度报告看，多数行政机关普遍没有公开此类信息。仅 3 家国务院部门、13 家省级政府、40 家地市级政府在报告或者附表中披露了此信息。

5. 评估对象普遍对 2014 年的主动公开情况作了总结分析

有 54 家国务院部门、31 家省级政府、90 家地市级政府在年度报告中对主动公开信息的情况进行了总结。

主动公开信息可以采取多种方式，如政府公报、门户网站、新闻发布会、微平台等，年度报告也应对通过不同方式公开信息的情况作出总结。评估显示，有 49 家国务院部门、30 家省级政府、85 家地市级政府在年度报告中对主动公开信息的方式以及通过各类方式公布信息的情况作了具体的描述。

推进重点领域信息公开是落实政府信息公开要点的要求，55 家国务院部门、31 家省级政府、87 家地市级政府在年度报告中公开了 2014 年重点领域信息的具体落实情况。

6. 普遍公开依申请公开数据，但不少部门公开不细致

在 2014 年年度报告中，各级政府普遍公开了依申请公开政府信息的总体数据，并公开了对申请答复工作的整体数据。国务院部门、省级政府均在年度报告中公开了政府信息公开申请的受理与答复总情况。地市级政府中有 91 家均公开了收到或者受理的申请数据，83 家公开了答复情况。

25 家国务院部门、26 家省级政府、68 家地市级政府在 2014 年年度报告中公开了申请信息公开方式的分类数据情况。但多数评估对象未在年度报告中公开申请信息公开数量居前的部门及事项。统计显示，有 37 家国务院部门、15 家省级政府、66 家地市级政府未公开这项数据。

对于收到的申请，年度报告应当区分公开、不予公开等答复结果，对于不予公开的还需要按照不予公开理由（如属于国家秘密、商业秘密等）区分答复结果。多数评估对象未在 2014 年年度报告中公开答复结果的分类数据。除了重庆市城口县、青海省果洛藏族自治州、新疆维吾尔自治区克孜勒苏柯尔克孜自治州、宁夏回族自治区石嘴山市年度报告显示未收到申请外，25家国务院部门、5家省级政府、24家地市级政府未公开政府信息公开答复结果的分类数据情况。根据2014年年度报告，国家宗教事务局、国家信访局、中国民用航空局未出现答复不公开的情况，除此之外，11家国务院部门、7家省级政府、18家地市级政府未披露不公开决定理由的分类数据。

此外，2014年各级政府信息公开年度报告大多数公布了因依申请公开引起的被复议、被诉讼情况，仅6家地市级政府未对此作出说明。

四 进一步深化公开工作的建议

中共中央、国务院印发的《法治政府建设实施纲要（2015—2020年）》明确提出，坚持以公开为常态、不公开为例外的原则，推进决策公开、执行公开、管理公开、服务公开、结果公开，完善政府信息公开制度，拓宽政府信息公开渠道，进一步明确政府信息公开范围和内容。2016年，中共中央办公厅、国务院办公厅印发了《关于全面推进政务公开工作的意见》，对全面推进政务公开工作做出了明确要求。政府信息公开已经成为政府治理必不可少的手段，是体现治理能力和治理体系现代化的重要方面，也是简政放权、优化监管手段、构建诚信的经济社会环境、激发社会创新活力的重要路径。结合2015年第三方评估中发现的问题，将来进一步落实公开要求、提升公开效果还需要从如下方面入手。

（一）注重以法治思维、法治方式推进政府信息公开工作

公开透明是法治的基石，推进公开透明也需要在法治的框架下进行。为此，应当严格按照《关于全面推进政务公开工作的意见》的要求，全面深入地梳理现行法律法规规章乃至规范性文件，根据当前的社会形势、管理需要，结合《政府信息公开条例》的修订，对其中涉及公开、保密的规定以及各政府机关的公开权责进行全面审查，及时填补制度空白、修改过时的规定，加强相关法律法规之间的协调。要确保用法律法规等形式固化公开工作的要求，提高公开工作的制度刚性。

应做好顶层设计，提高信息公开标准化、规范化程度。政府信息公开的范围、方式、方法等公开标准是否具体、可行，关系到政府信息公开工作的基本成效。对此，既要发挥地方创新的积极作用，更要自上而下做好顶层设计。国务院部门、省级政府应当及时加强对本行业、本地区政府信息公开工作的指导，出台公开工作的细则要求。同时，针对不同层级政府机关的职能职责，明确各自的公开义务和公开责任，防止对公开工作提要求时大而化之。建议分行业逐步梳理主动公开清单，明确公开的主体、对象、范围、方式、时限等具体要求，确保同类信息按照同类标准公开。

（二）树立公开工作人人有责的意识，调动全机关积极性

全面推进政府信息公开工作必须树立公开工作人人有责的意识。政府信息公开工作不是各级各类政府机关政府信息公开主管机构或工作机构一家的事情。政府信息公开主管机构负责本地方、本部门的政府信息公开协调、指导、监督工作，但绝大多数政府信息都由其他业务部门制作或者获取，无论是主动公开还是依申请公开，在确定公开属性时，业务部门更熟悉情况，更了解是否可以公开相关信息。在具体机制上，还要加大对各业务部门公开工作成效的考核督查力度。公开工作做得是否有成效，不仅要监督和问责政府信息公开主管机构或者工作机构，还需要监督和问责相关的业务部门。必须调动各业务部门的积极性和主动性，做好政府信息的源头管理，扭转政府信息公开主管机构或工作机构孤军奋战的局面。

（三）各级政府与主管部门分工负责，有序推动公开工作

在推进政府信息公开工作过程中，应当进一步理清各级政府与业务主管部门的关系。各级政府应当统筹指导和推进本地方的政府信息公开工作，而业务主管部门则应当在业务条线上对本领域各层级的公开工作进行指导、监督，其中，尤其要强调业务主管部门自上而下的指导与监督作用。自国务院层面开始，在分解公开工作任务时，不仅仅要求国务院部门要做好相关领域的公开工作，还必须形成层层划分责任、层层负

责监督检查落实的工作机制,由各级政府信息公开主管机构牵头各相关部门,分头抓好各领域的政府信息公开工作。

(四)将公开工作有机融入法治政府建设,以公开促规范

应以公开为常态来审视决策、执行全流程。将公开属性的审查关口前移。行政机关各方面事务对应的政府信息都可以成为公众申请的对象。因此,行政机关的所有管理环节,包括一些纯内部事务,在作出最终决定前都不仅要进行合法性审查、社会风险评估,还应当进行公开属性的确定和审查。要以所有环节都可能在未来被公众提出申请或者要主动公开为标准,审核各管理环节固化下来的信息是否可以经得住未来的公开考验。

(五)发挥网站的第一平台作用,提升信息获取的便利度

所有通过其他平台公开的信息,都应本着应上网尽上网的要求,在门户网站留存、备查。此外,还应当综合考虑所公开信息的特点、群众获取信息的习惯及能力,综合运用好新闻发布、宣传册、明白卡、广告栏、新媒体等平台,实现全方位的公开,满足不同群体的信息需求。在提升门户网站技术稳定性的同时,还应在加强栏目设置、优化的基础上,依托互联网技术,实现政府信息主动推送、智能查找。

(六)立足人民群众需求,探寻信息公开供给需求平衡点

必须彻底转变以自我为本位的公开理念和公开模式,要通过公众参与、需求调查、政府信息公开申请态势分析等,摸清公众希望了解政府管理的哪些事项,掌握和研判公开工作面临的形势,变政府部门"端菜"为人民群众"点菜",按照公众需求的内容、希望的方式,准确、全面、及时、有效地向公众公开政务活动及相关信息。应区分不同人群的信息需求和信息获取能力,有针对性地主动推送政务信息。对发达地区及善于、愿意使用信息化手段获取信息的公众,要依托政府门户网站、微平台等做好公开工作,对于落后地区及没有使用信息化手段能力的公众,则要用好传统的宣传栏、宣传册等手段。

（七）加强政府信息公开队伍建设，切实提升专业化水准

政府信息公开是一项专业性、政策性很强的工作，必须要依靠专业化程度高、稳定性较好的机构和人员。首先，各级行政机关均有必要设立政府信息公开的专门机构，并逐步提高其地位，使其有能力组织、指导、协调各部门的政府信息公开工作。其次，要配备固定、专职的工作人员，维持其人员稳定性，并加强培训，提升其专业化水平。要形成有专门人员长期从事、关注、研究政府信息公开工作的机制，确保公开工作专业化水准不断提升。

附　录

附表 1—1　　　　　　　2015 年评估的国务院部门

国务院组成部门 （22 家）	中华人民共和国外交部
	中华人民共和国国家发展和改革委员会
	中华人民共和国教育部
	中华人民共和国科学技术部
	中华人民共和国工业和信息化部
	中华人民共和国国家民族事务委员会
	中华人民共和国公安部
	中华人民共和国民政部
	中华人民共和国司法部
	中华人民共和国财政部
	中华人民共和国人力资源和社会保障部
	中华人民共和国国土资源部
	中华人民共和国环境保护部
	中华人民共和国住房和城乡建设部
	中华人民共和国交通运输部
	中华人民共和国水利部
	中华人民共和国农业部
	中华人民共和国商务部
	中华人民共和国文化部
	中华人民共和国国家卫生和计划生育委员会
	中国人民银行
	中华人民共和国审计署
国务院直属特设机构（1 家）	国务院国有资产监督管理委员会

续表

国务院直属机构 （13家）	中华人民共和国海关总署
	国家税务总局
	国家工商行政管理总局
	国家质量监督检验检疫总局
	国家新闻出版广电总局
	国家体育总局
	国家安全生产监督管理总局
	国家食品药品监督管理总局
	国家统计局
	国家林业局
	国家知识产权局
	国家旅游局
	国家宗教事务局
国务院直属事业单位 （5家）	中国地震局
	中国气象局
	中国银行业监督管理委员会
	中国保险监督管理委员会
	中国证券监督管理委员会
国务院部委管理的国家局 （14家）	国家信访局
	国家粮食局
	国家能源局
	国家烟草专卖局
	国家外国专家局
	国家公务员局
	国家海洋局
	国家测绘地理信息局
	国家铁路局
	中国民用航空局
	国家邮政局
	国家文物局
	国家中医药管理局
	国家外汇管理局

附表1—2　　2015年评估的地市级政府

省、自治区、直辖市	地市级政府
北京市	朝阳区、海淀区、延庆区
上海市	浦东新区、闵行区、崇明县
天津市	滨海新区、西青区、红桥区
重庆市	渝北区、九龙坡区、城口县
黑龙江省	哈尔滨市、齐齐哈尔市、七台河市
吉林省	长春市、吉林市、白山市
辽宁省	沈阳市、大连市、阜新市
河北省	石家庄、唐山市、衡水市
河南省	郑州市、洛阳市、鹤壁市
山东省	济南市、青岛市、莱芜市
山西省	太原市、大同市、阳泉市
湖北省	武汉市、宜昌市、恩施土家族苗族自治州
湖南省	长沙市、岳阳市、张家界市
安徽省	合肥市、芜湖市、池州市
江苏省	南京市、苏州市、宿迁市
浙江省	杭州市、宁波市、舟山市
福建省	福州市、厦门市、宁德市
江西省	南昌市、赣州市、鹰潭市
广东省	广州市、深圳市、云浮市
海南省	海口市、三亚市、儋州市
贵州省	贵阳市、遵义市、安顺市
云南省	昆明市、曲靖市、怒江傈僳族自治州
四川省	成都市、绵阳市、甘孜藏族自治州
陕西省	西安市、榆林市、铜川市
青海省	西宁市、海西蒙古族藏族自治州、果洛藏族自治州
甘肃省	兰州市、酒泉市、甘南藏族自治州
内蒙古自治区	呼和浩特市、包头市、乌海市
新疆维吾尔自治区	乌鲁木齐市、伊犁哈萨克自治州、克孜勒苏柯尔克孜自治州
西藏自治区	拉萨市、日喀则市、林芝市
广西壮族自治区	南宁市、柳州市、贺州市
宁夏回族自治区	银川市、石嘴山市、固原市

第二篇

政府采购透明度评估报告（2016）

摘要： 根据《政府信息公开条例》和政府采购信息公开相关规定，中国社会科学院国家法治指数研究中心及中国社会科学院法学研究所法治指数创新工程项目组开展了政府采购透明度的第三方评估。评估分析了3家中央级政府集中采购机构以及31家省级政府、93家地市级政府的财政部门与集中采购机构，公开政府采购的批量集中采购模式、协议供货采购模式、投诉处理及违规处罚结果信息的情况。评估结果显示，尽管评估对象普遍公开了招标公告、中标公告、投诉处理与违规处罚结果信息，且有的地方积极创新信息发布方式，但政府采购信息公开情况仍不理想，主要表现为地市级政府公开情况不佳，协议供货模式的信息公开情况不好，且普遍存在发布渠道混乱、信息更新不及时、信息内容不详细、部分重要信息未发布等问题。提升政府采购透明度，还需要不断提升行政机关对政府采购信息公开的认识，规范政府采购工作机制，完善政府采购信息发布平台建设，建立考核问责机制。

关键词： 法治指数　第三方评估　政府采购　透明度　政府信息公开

Abstract: In accordance with the relevant provisions of the Regulation on the Disclosure of Government Information and regulations on the disclosure of information of government procurement, the CASS Center for the Studies of National Indices of the Rule of Law has carried out a third-party assessment of the transparency of government procurement in China. The assessment covers three centralized procurement agencies under the Central Government and the financial departments and centralized procurement agencies of 31 provincial-level governments and 91 prefectural-level governments and has analyzed the disclosure situation of government information by these government organs in the fields of bulk centralized procurement, procurement upon supply of goods by agreement, and the handling of complaints and investigation of violations. The assessment shows that government agencies covered by the assessment have generally been able to disclose information about notices of invitation for bids, notices of winners of bids, the results of handling of complaints and investigation of violations, and some local governments have been actively innovating the methods of disclosure of information. Nevertheless, the general situation of disclosure of government information in the field of government procurement is still unsatisfactory: the situation of disclosure of information by prefectural-level governments is poor, so is the situation of disclosure of information in the field of procurement upon supply of goods by agreement. Moreover, problems such as chaotic channels of disclosure, undue delay in updating the information, lack of details in disclosed information, and non-disclosure of some important information are prevalent. The report points out that, in order to increase the transparency of government procurement, it is necessary to continuously enhance government officials' awareness of disclosure of information in the field of government procurement, standardize the mechanisms of government procurement, improve the relevant information release platforms, and establish related evaluation and accountability mechanisms.

Key Words: Indices of the Rule of Law; Third-party Assessment; Government Procurement; Transparency; Disclosure of Government Information

2002年,《中华人民共和国政府采购法》(以下简称《政府采购法》)的颁布,标志着中国政府采购步入迅猛发展阶段。据财政部国库司发布的消息,2002年,全国政府采购的规模为1009亿元,占全国财政支出的比重为4.6%;① 2014年全国政府采购规模增长为17305.34亿元,占全国财政支出和GDP的比重分别达11.4%和2.7%;② 2015年全国政府采购规模为21070.5亿元,首次突破2万亿元,比上年增加3765.16亿元,增长21.8%,占全国财政支出和GDP的比重分别达到12%和3.1%。③

政府采购(Government Procurement)是政府机关以法定的方式、方法和程序,购买货物、工程或服务的活动。按照《政府采购法》的界定,政府采购是指各级国家机关、事业单位和团体组织,使用财政性资金采购依法制定的集中采购目录以内的或者采购限额标准以上的货物、工程和服务的行为。美国公共管理学专家史蒂文·凯尔曼教授曾在其《采购与公共管理》一书中指出,政府采购制度的经济效率原则就是采购主体力争以尽可能低的价格采购到质量理想的物品、劳务或服务,换言之,政府采购应以有效利用公共资金为前提。追求货币价值的最大化是各国实施政府采购制度的首要目标,即要求采购过程中既要节约使用财政资金,又要确保所采购商品、工程和服务的质量,实现性价比的最优。此外,政府采购还具有其他一些功能,如对国民经济进行宏观调控、扶持中小企业、加强环境保护、促进就业等。无论是从哪一项功能来看,政府采购都应当做到有效使用财政资金、规范采购行为并维护公平竞争的采购环境。

但是近年来,政府采购经常被曝出"天价采购""只买贵的""价高质次"等问题,还存在"在审批环节,为参与单位'私人订制'标准;

---

① 《财政部召开2013年全国政府采购工作网络视频会议》,2013年11月28日(http://gks.mof.gov.cn/zhengfuxinxi/gongzuodongtai/201311/t20131128_1017919.html,最后访问时间为2016年5月16日)。

② 《2014年全国政府采购简要情况》,2015年7月30日(http://gks.mof.gov.cn/redianzhuanti/zhengfucaigouguanli/201507/t20150730_1387257.html,最后访问时间为2016年5月16日)。

③ 《2015年全国政府采购简要情况》,2016年8月12日(http://gks.mof.gov.cn/redianzhuanti/zhengfucaigouguanli/201608/t20160811_2385409.html,最后访问时间为2016年8月13日)。

在招投标环节，为参与单位'暗度陈仓'提供合法机制；在公告环节，让社会公众'雾里看花'，难以实施监督"[①] 等现象，容易滋生腐败，影响政府采购的健康有序发展。

由于政府采购具有公共性，其运行过程中存在的不规范乃至腐败的现状会严重影响社会公共利益和政府采购的公信力。因此，有必要公开政府采购的相关信息。首先，政府采购资金来源于政府财政收入，或是需要由财政资金进行偿还的公共借款，从根本上讲花的都是纳税人的钱，因此，这些经费是如何使用的，必须向社会做出充分的说明。这也是防止政府采购过程中滋生腐败所必需的。其次，政府采购本身具有公共政策功能，如节约财政支出、提高采购资金的使用效益、保护国内产业、保护环境、扶持不发达地区和中小企业、活跃市场经济、构建公平有序的市场环境等，这些功能的实现也需要最大限度地公开政府采购的全过程。中国相关法律、法规等对此也做出了明文规定。

第一，《政府采购法》中明确将公开透明作为政府采购制度的基本原则之一（第三条），并要求，除涉及商业秘密的外，政府采购的信息应当在政府采购监督管理部门指定的媒体上及时向社会公开发布（第十一条）。

第二，《政府采购信息公告管理办法》（财政部令第19号）还进一步规定，除涉及国家秘密、供应商的商业秘密，以及法律、行政法规规定应予保密的政府采购信息以外，有关政府采购的法律、法规、规章和其他规范性文件，省级以上人民政府公布的集中采购目录、政府采购限额标准和公开招标数额标准，政府采购招标业务代理机构名录，招标投标信息（包括公开招标公告、邀请招标资格预审公告、中标公告、成交结果及其更正事项等），财政部门受理政府采购投诉的联系方式及投诉处理决定，财政部门对集中采购机构的考核结果，采购代理机构、供应商不良行为记录名单，法律、法规和规章规定应当公告的其他政府采购信息都需要公开（第八条）。

第三，《中华人民共和国政府采购法实施条例》（以下简称《政府采

[①] 庄德水：《堵住政府采购腐败的黑洞》，《检察日报》2015年3月3日第5版。

购法实施条例》）也规定，政府采购项目信息应当在省级以上人民政府财政部门指定的媒体上发布，采购项目预算金额达到国务院财政部门规定标准的，政府采购项目信息应当在国务院财政部门指定的媒体上发布（第八条）。

第四，《中华人民共和国政府信息公开条例》（以下简称《政府信息公开条例》）第十条第六款规定，县级以上人民政府及其部门应重点公开政府集中采购项目的目录、标准及实施情况。

第五，《关于印发2015年政府采购工作要点的通知》（财办库〔2015〕27号）也明确指出，要着力推进放管结合的政府采购监管模式，着力提升政府采购透明度。

第六，《关于做好政府采购信息公开工作的通知》（财库〔2015〕135号）则对做好政府采购信息公开工作提出了更为详细的要求。

为了推动政府采购信息公开工作，中国社会科学院国家法治指数研究中心及中国社会科学院法学研究所法治指数创新工程项目组对政府采购信息的公开情况进行了评估。本次评估将有助于公众了解中国目前政府采购信息公开的状况，也有助于通过公开的政府采购信息分析政府采购的规范性现状。

一　评估的对象、内容和方法

（一）评估对象

本次评估共选取了三类对象。第一类为部分中央级政府集中采购机构。目前，中央一级共有六大政府采购中心，分别是中央国家机关政府采购中心、中共中央直属机关采购中心、全国人大机关采购中心、国家税务总局集中采购中心、海关总署物资装备采购中心、中国人民银行集中采购中心。其中，中央国家机关政府采购中心、中共中央直属机关采购中心、全国人大机关采购中心的采购量大、采购范围广、代表性强，因此，项目组选取上述三家采购中心作为此次评估的对象（见附表2—1）。第二类是省、自治区、直辖市（以下统称为"省级政府"）的财政部门和集中采购机构（其列表及网站地址见附表2—2）。第三类为省与自治区下属的部分设区的市（含自治州）、直辖市下属的区县（以下统称为"地市级政府"）的财政部门和集中采购机构。省与自治区的地市级政府包含三类对象：第一类为各省会及自治区首府所在城市。第二类为《中华人民共和国立法法》修改前规定的较大的市。除省会城市及自治区首府所在城市外，一个省内有多家较大的市或无较大的市的，项目组则依据通过公开渠道获取的各省、自治区2013年的统计数据，选择其国民生产总值（GDP）居前的城市。第三类则选择各省、自治区2013年GDP统计数据显示的居末位的城市。各直辖市下属的区县选择的是2013年GDP统计数据显示的居前两位的区县与居末位的区县。据此，本次评估的地市级政府共包括93家（其列表及网站地址见附表2—3）。

（二）评估指标

对中央级政府集中采购机构、省级政府及地市级政府三级集中采购机构进行预调查后，项目组发现，各评估对象的采购模式适用不一，各具特色，无法用现有法律、法规中所规定的采购模式进行明确划分。在具体操作中，目前大致有两种模式。一种是将日常办公设备等标准化货物集中在一起进行公开招标、询价、电子竞价等。此种模式所具有的显著特点是：采购量大且集中、不指定品牌、竞争较为充分。第二种模式是在指定品牌的前提下，通过询价、电子竞价、协议等方式或者以电子商城、网上超市等名义进行采购。此种模式的特点是：可以指定品牌、项目较为零散、竞争相对不充分。本次评估暂且将上述两种采购模式分别称为"批量集中采购模式"和"协议供货模式"。

本次评估以计算机、打印机、电视、空调等标准化货物的采购为样本进行评估和研究，工程、服务类采购活动均不在评估范围内。本次评估的内容包括批量集中采购模式的信息公开、协议供货模式的信息公开、投诉处理结果及违规处罚结果的公开，其权重分别为45%、45%、10%，总值为100分（见表2-1）。

表 2-1　　　　　　　　政府采购透明度评估指标体系

一级指标	二级指标	三级指标
批量集中采购模式（45%）	预公告（20%）	网站是否提供预公告（35%）
		预公告的征集意见（35%）
		预公告征集意见的反馈（30%）
	招标信息（40%）	招标公告（40%）
		招标文件（60%）
	采购结果（40%）	中标公告（30%）
		采购合同（30%）
		采购结果详细内容（40%）
协议供货模式（45%）	协议供货栏目（30%）	无
	入围结果（30%）	入围厂商（25%）
		入围价格（25%）
		价格调整规则（25%）
		优惠条款（25%）
	采购结果（40%）	无
投诉处理结果及违规处罚结果（10%）	投诉处理结果（50%）	无
	违规处罚结果（50%）	无

1. 批量集中采购模式的信息公开

批量集中采购模式一般针对一些通用性强、技术规格统一、便于归集的政府采购品目，采购人按规定标准归集最终使用单位的采购需求后，交由政府集中采购机构统一组织实施。此种模式较好地解决了协议供货模式下部分商品协议价格高于市场价、采购人任意选择高配机型、化整为零规避公开招标等问题。① 为了更好地规范批量集中采购，2011 年 7 月，财政部在中央单位实施台式计算机、打印机批量集中采购制度。2013 年，财政部印发了《中央预算单位批量集中采购管理暂行办法》（财库〔2013〕109 号），在中央预算单位中推行批量集中采购制度。

---

① 项目组 2013 年发布的《中国政府采购制度实施状况调研报告》（载《法治蓝皮书（2013）》，社会科学文献出版社 2013 年版）也显示，批量集中采购模式下成交的商品价格普遍低于同类型商品的市场价格。

本次评估的批量集中采购信息公开的指标包括预公告（权重为20%）、招标信息（权重为40%）、采购结果（权重为40%）三个方面的内容。需要说明的是，评估中项目组也对评标过程纪要的公开情况进行了观察分析，其虽有公开的必要，但由于目前法律、法规中暂无要求公开此类信息的明确规定，因此，本次只做统计分析，不赋予评估权重。

预公告是在正式开展采购前对批量集中采购的相关信息进行公开，以征询相关方面意见建议的制度设计。《政府采购法实施条例》第十五条第二款规定，采购需求应当符合法律法规以及政府采购政策规定的技术、服务、安全等要求，政府向社会公众提供的公共服务项目，应当就确定采购需求征求社会公众的意见；除因技术复杂或者性质特殊，不能确定详细规格或者具体要求外，采购需求应当完整、明确；必要时，应当就确定采购需求征求相关供应商、专家的意见。据此，政府采购应当事前向有关方面公告相关信息，征询其意见，其目的是通过听取各方意见，确保提出的采购需求、采购标准等符合实际情况，防止出现需求标准等设定不合理甚至违规的情形。首先，供应商或社会公众通过预公告可以了解招标信息和招标文件并对其中的疏漏或不足之处提出问题，招标代理机构或采购人可以及时回应或改正，以防影响政府采购活动的公平、公正；其次，预公告可以使供应商对采购项目有一定了解，提前做好竞标准备。实际中，不少地方已经开始尝试以"预公告"的方式对社会公开采购需求并征求社会意见建议。预公告板块主要评估各评估对象是否在政府采购信息发布平台公开预公告信息，是否就预公告向社会征集意见以及是否对通过预公告征集的意见做出反馈。

招标信息包括招标公告和招标文件。其中，招标公告主要评估各评估对象的政府采购信息发布平台是否公开了招标公告。招标文件是供应商获得招标信息的重要途径，因此招标文件应当具体、详细和全面。招标文件板块主要评估是否公开了招标文件、招标文件是否包含了所采购商品的需求标准以及评分标准等信息。政府采购项目的需求标准是指购买货物等的名称、数量、型号、技术参数等。公开需求标准，有助于供应商了解采购需求，判断采购活动是否存在地域或品牌歧视、是否存在指定品牌等违规操作行为，进而根据自身情况决定是否参与竞标以及准备竞标策略。评分标准是对竞标供应商及其竞标商品等进行评价的一种标准，是确定供应商、产品是否可以中标的准则。评分标准由评审专家掌握和裁量。公开评分标准有助于判断评审活动是否设定了不合理的条件、是否有指定特定厂商的主观标准等。

评标过程纪要记录的是评标的基本过程、评标过程中评标专家等各方面的意见以及最终的评标结论等。有观点认为，政府采购的评标过程涉及商业秘密，或者涉及评审委员会成员的人身安全，评标过程不宜公开。但是，评标过程是决定投标供应商是否可以中标的重要环节，评标过程的公开有助于让投标的供应商明了其未中标的原因，也会对参与评标的专家等形成一定的监督和制约。此外，在信息公开时可以通过对专家进行隐名处理的方式防止其权益受到侵害或者影响其客观公正地发表见解。但鉴于当前法律、法规等对此公开评标过程纪要尚没有明确的要求，本次评估仅对各地公开此内容的情况进行摸底。

采购结果板块主要评估是否公开了中标公告、采购合同，以及上述两项内容中是否披露了中标商品的规格、单价、数量以及是否公开了评审委员会名单。《政府采购法实施条例》第四十三条第二款规定，采购人或者采购代理机构应当自中标、成交供应商确定之日起2个工作日内，发出中标、成交通知书，并在省级以上人民政府财政部门指定的媒体上公告中标、成交结果，招标文件、竞争性谈判文件、询价通知书应随中标、成交结果同时公告。该条第三款规定，中标、成交结果公告内容应当包括采购人和采购代理机构的名称、地址、联系方式，项目名称和项目编号，中标或者成交供应商名称、地址和中标或者成交金额，主要中标或者成交标的名称、规格型号、数量、单价、服务要求以及评审专家名单。此外，《政府采购法实施条例》第五十条规定，采购人应当自政府采购合同签订之日起2个工作日内，将政府采购合同在省级以上人民政府财政部门指定的媒体上公告，但政府采购合同中涉及国家秘密、商业秘密的内容除外。依据《政府采购法实施条例》第四十三条、五十条的规定，采购代理机构应当公开详细的采购结果以及采购合同。一般来说，中标结果的详细内容应当包括中标货物的规格、单价、数量等。规格、单价、数量是中标货物的基本信息。规格是中标货物的配置情况，公布规格信息可以结合政府采购需求标准判断该规格是否符合需要。采购货物的单价是采购的核心要素，公开货物单价可以促使政府采购更加公平合理，防止"高价采购"以及腐败现象的发生；中标货物的单价、数量是采购支出的决定性要素，其作为采购货物的基本信息应当在中标公告中予以公开。

对于无批量集中采购模式（或网站无法查询到批量集中采购模式项目信息）的评估对象，项目组将此板块权重调整到其他板块，以区别对待。

2. 协议供货模式的信息公开

协议供货是通过公开招标方式确定入围的供应商和供货的产品，在协议有效期内，采购人直接或通过谈判、询价等方式与协议供应商签订供货合同的一种采购形式。中央国家机关政府采购中心颁布的《中央国家机关政府集中采购信息类产品协议供货实施办法（试行）》（国机采字〔2006〕25号）对协议供货的界定是：中央国家机关政府采购中心（以下简称采购中心）通过公开招标等方式，确定中标供应商及其所供产品（型号、具体配置）、最高限价、订货方式、供货期限、售后服务条款等，并以中标合同的形式固定下来，由采购人在协议有效期内，自主选择网上公告的供货商及其中标产品的一种政府集中采购组织形式。《国家税务局系统政府采购协议供货管理办法（试行）》（国税发〔2007〕73号）对协议供货的界定是，国家税务总局集中采购中心（以下简称总局集中采购中心）对列入政府集中采购目录或国税系统部门集中采购目录范围的通用或特定采购项目，通过公开招标确定采购项目的中标供应商、中标货物的最高限价（协议供货价）、价格折扣率（优惠率）、规格配置、服务条件等采购事项，并由总局集中采购中心代表国税系统，统一与各中标供应商签署供货协议书；在协议供货有效期内，由采购人根据部门实际需要，按照规定程序，选择具体中标供应商、中标货物及相关服务，确定中标货物实际成交价格并签订合同的一种采购形式。一些地方发布的规定中也有类似界定，如《广东省省级政府采购协议供货办法》（粤财采购〔2006〕15号）对协议供货的界定是，协议供货是指通过公开招标采购方式，统一确定政府采购项目中标供应商及其所供货物的品名、规格型号、价格、供货期限、服务承诺等内容，并以承诺书的形式固定下来，由采购人在供货有效期内自主选择中标供应商及其货物的一种采购形式。综合来看，虽然实践中对协议供货的称谓各不相同，但此种模式最大的特点就是供应商通过公开招投标等中标后所获得的只是入围资格，而不是实际的成交。协议供货具有提前招标、长期供货、效率优先的特点，可以在一定程度上满足采购人的需求，减少重复招标。但其中也存在着可以指定品牌以及竞争不够充分等问题。

如前所述，各地在协议供货模式下往往采用询价、电子竞价、协议等方式或以电子商城、网上超市等名义进行采购，但无论采用何种方式或称谓，公开相关信息仍然是其内在要求。《政府采购货物和服务招标投标管理办法》第八十五条明确规定，政府采购货物和服务可以实行协议供货采购和定点采购，但协议供货采购和定点供应商必须通过公开招标方式确定；因特殊情况需要采用公开招标以外方式确定的，应当获得省级以上人民政府财政部门批准。《关于做好政府采购信息公开工作的通知》（财库〔2015〕135号）进一步明确规定，协议供货、定点采购项目还应当公告入围价格、价格调整规则和优惠条件。

项目组对协议供货信息公开的评估主要包括协议供货信息栏目（权重为30%）、入围结果（权重为30%）、采购结果（权重为40%）三项内容。

协议供货信息栏目包括各评估对象的政府采购信息发布平台是否设置了协议供货信息的栏目，集中发布协议供货信息等内容，以便公众查询。

入围结果包括是否公开了入围供应商、入围价格、价格调整规则、优惠条款四项内容。

采购结果包括是否提供了详细的采购成交结果信息，如每年实际通过协议供货方式采购了哪些供应商的哪些商品以及成交价格，采购的商品型号、技术配置等详细信息。

对于无协议供货模式（或网站无法查询到协议供货模式项目信息）的评估对象，项目组将此板块权重调整到其他板块，以区别对待。

3. 投诉处理结果及违规处罚结果的公开

政府采购的供应商认为采购文件、采购过程、中标和成交结果使自己的合法权益受到损害的，可以向同级财政部门投诉，财政部门应当经过调查做出书面处理决定书。违规处罚则是指财政部门等针对采购人、采购代理机构、供应商等在政府采购过程中的违法违规行为依法做出的警告、罚款、没收违法所得、吊销营业执照等处罚行为。公开投诉处理决定和违规处罚结果，一则有助于监督有关部门依法履行监管职责，二则有助于提示采购人、采购代理机构、供应商等主体依法参与政府采购活动，三则有助于提示各方面主体明确自身行为的边界。为此，2004年发布的《政府采购供应商投诉处理办法》（财政部令20号）第二十三条规定，财政部门应当将投诉处理结果在省级以上财政部门指定的政府采购信息发布媒体上公告。《政府采购法实施条例》第五十八条第二款规定，财政部门对投诉事项做出的处理决定，应当在省级以上人民政府财政部门指定的媒体上公告。其第六十三条还规定，各级人民政府财政部门和其他有关部门应当加强对参加政府采购活动的供应商、采购代理机构、评审专家的监督管理，对其不良行为予以记录，并纳入统一的信用信息平台。

本板块的评估指标包括投诉处理结果的信息公开和违规处罚结果的信息公开。

（三）评估方法

本次评估依据前述评估指标体系，通过评估对象财政部门门户网站、政府采购信息发布平台，了解所有评估对象公开相应政府采购信息的情况，进行一手数据的采集和分析。

网站是政府信息公开的第一平台，尤其是在互联网日益普及、公众对不受时空限制获取信息的需求日益提高的今天，通过网站集中发布政府采购信息不仅有助于不同区域的供应商及时便捷地获取采购信息，公平参与招标，也有助于全社会共同监督政府采购活动。除财政部指定政府采购信息发布平台外，项目组以各评估对象政府采购网或政府采购中心的网站作为获取评估数据的基础平台（附表2—1、附表2—2、附表2—3），同时，考虑到各地发布政府采购信息的平台并不一致，因此，项目组还根据供应商惯常获取政府采购信息的实际情况，结合了各地公共资源交易网站、政府门户网站、财政部门网站等平台（以下统称为"政府采购信息发布平台"），获取评估数据。

本次评估时间跨度为2016年1月25日至2016年3月5日。评估通过各评估对象政府采购信息发布平台获取相关数据，以网站上发布相关项目信息的情况作为评估各自政府采购透明度的依据。为保证评估结果的准确性，项目组 2016 年 4—8 月又对所有评估对象的评估结果进行了详细复查，并保留了所有的网站页面截屏和链接记录。

二　评估的总体情况

（一）总体得分情况

本次评估结果显示，中央级政府集中采购机构中公开情况较好的为中央国家机关政府采购中心；省级政府中排名居前的依次是四川省、上海市、湖南省、天津市、湖北省、贵州省、广东省、黑龙江省、山东省、江西省；地市级政府中排名居前的依次是广东省广州市、湖南省长沙市、广西壮族自治区柳州市、四川省成都市、黑龙江省齐齐哈尔市、天津市红桥区、广西壮族自治区南宁市、上海市浦东新区、浙江省舟山市、福建省厦门市（评估结果见表 2-2、表 2-3、表 2-4）。

表 2-2　　　　　中央级政府集中采购机构得分情况

评估对象	批量集中采购模式（45%）	协议供货模式（45%）	投诉处理结果及违规处罚结果（10%）	总分
中央国家机关政府采购中心	78.4	92.5	50	81.91
中共中央直属机关采购中心	64.4	45	0	49.23
全国人大机关采购中心	64.4	0	0	28.98

表 2-3　　　　　省级政府得分情况

评估对象	批量集中采购模式（45%）	协议供货模式（45%）	投诉处理结果及违规处罚结果（10%）	总分
四川省	90.4	—	100	92.15
上海市	—	85	100	87.73
湖南省	—	85	100	87.73
天津市	—	77.5	100	81.59

续表

评估对象	批量集中采购模式（45%）	协议供货模式（45%）	投诉处理结果及违规处罚结果（10%）	总分
湖北省	—	77.5	100	81.59
贵州省	—	70	100	75.45
广东省	93.4	45	100	72.28
黑龙江省	—	60	100	67.27
山东省	90.4	30	100	64.18
江西省	67.4	52.5	100	63.96
北京市	—	52.5	100	61.14
重庆市	—	52.5	100	61.14
辽宁省	—	52.5	100	61.14
河南省	—	52.5	100	61.14
山西省	—	52.5	100	61.14
浙江省	—	52.5	100	61.14
广西壮族自治区	90.4	15	100	57.43
福建省	96.4	7.5	100	56.76
河北省	56	45	100	55.45
海南省	—	45	100	55.00
甘肃省	—	45	100	55.00
江苏省	58	52.5	50	54.73
云南省	—	52.5	50	52.05
内蒙古自治区	64.4	37.5	50	50.86
安徽省	32	—	100	44.36
新疆维吾尔自治区	—	52.5	0	42.95
青海省	—	30	100	42.73
陕西省	—	37.5	50	39.77
吉林省	—	37.5	0	30.68
西藏自治区	—	0	50	9.09
宁夏回族自治区	—	0	50	9.09

表 2-4　　　　　　　　　地市级政府得分情况

评估对象	批量集中采购模式（45%）	协议供货模式（45%）	投诉处理结果及违规处罚结果（10%）	总分
广州市	90.4	85	100	88.93
长沙市	—	85	100	87.73
柳州市	—	85	100	87.73
成都市	81.4	—	100	84.78
齐齐哈尔市	—	92.5	50	84.77
天津市红桥区	—	100	0	81.82
南宁市	—	77.5	100	81.59
上海市浦东新区	—	85	50	78.64
舟山市	54	92.5	100	75.93
厦门市	—	70	100	75.45
上海市崇明县	—	85	0	69.55
上海市闵行区	56	85	50	68.45
天津市西青区	—	70	50	66.36
绵阳市	66.4	—	50	63.42
青岛市	76.4	37.5	100	61.26
重庆市九龙坡区	—	52.5	100	61.14
大连市	—	52.5	100	61.14
杭州市	—	52.5	100	61.14
宁波市	—	52.5	100	61.14
深圳市	—	52.5	100	61.14
大同市	32	85	50	57.65
石家庄市	64.4	52.5	50	57.61
天津市滨海新区	—	70	0	57.27
郑州市	—	45	100	55.00
芜湖市	—	45	100	55.00
苏州市	—	45	100	55.00
云浮市	—	45	100	55.00
兰州市	—	45	100	55.00
贺州市	—	45	100	55.00
甘孜藏族自治州	66.4	—	0	54.33

续表

评估对象	批量集中采购模式（45%）	协议供货模式（45%）	投诉处理结果及违规处罚结果（10%）	总分
北京市朝阳区	—	52.5	50	52.05
北京市海淀区	—	52.5	50	52.05
北京市延庆区	—	52.5	50	52.05
重庆市渝北区	—	52.5	50	52.05
哈尔滨市	—	52.5	50	52.05
包头市	—	52.5	50	52.05
合肥市	90.4	0	100	50.68
济南市	—	37.5	100	48.86
贵阳市	—	37.5	100	48.86
宜昌市	—	45	50	45.91
岳阳市	—	45	50	45.91
南京市	—	45	50	45.91
赣州市	—	45	50	45.91
重庆市城口县	—	52.5	0	42.95
七台河市	—	52.5	0	42.95
南昌市	—	52.5	0	42.95
伊犁哈萨克自治州	—	52.5	0	42.95
克孜勒苏柯尔克孜自治州	—	52.5	0	42.95
洛阳市	—	30	100	42.73
武汉市	—	30	100	42.73
福州市	—	30	100	42.73
海口市	—	30	100	42.73
恩施州	—	37.5	50	39.77
呼和浩特市	—	37.5	50	39.77
太原市	44	30	50	38.30
长春市	—	45	0	36.82
衡水市	—	45	0	36.82
张家界市	—	45	0	36.82
沈阳市	—	30	50	33.64
遵义市	—	30	50	33.64

续表

评估对象	批量集中采购模式（45%）	协议供货模式（45%）	投诉处理结果及违规处罚结果（10%）	总分
西宁市	—	30	50	33.64
海西州	—	30	50	33.64
果洛州	—	30	50	33.64
固原市	—	30	50	33.64
唐山市	—	30	0	24.55
鹤壁市	—	30	0	24.55
莱芜市	—	30	0	24.55
宿迁市	—	30	0	24.55
宁德市	—	30	0	24.55
酒泉市	—	30	0	24.55
甘南州	—	30	0	24.55
乌鲁木齐市	—	30	0	24.55
三亚市	—	7.5	100	24.32
安顺市	—	0	100	18.18
昆明市	—	7.5	50	15.23
阳泉市	—	0	50	9.09
曲靖市	—	0	50	9.09
怒江州	—	0	50	9.09
西安市	—	0	50	9.09
乌海市	—	0	50	9.09
石嘴山市	—	0	50	9.09
吉林市	—	0	0	0.00
白山市	—	0	0	0.00
阜新市	—	0	0	0.00
池州市	—	0	0	0.00
鹰潭市	—	0	0	0.00
儋州市	—	0	0	0.00
榆林市	—	0	0	0.00
铜川市	—	0	0	0.00
拉萨市	—	0	0	0.00
日喀则市	—	0	0	0.00
林芝市	—	0	0	0.00
银川市	—	0	0	0.00

(二) 政府采购信息公开工作的主要亮点

1. 省级政府的政府采购信息公开情况总体较好

评估结果显示，31家省级政府的透明度加权平均分为57.96，明显高于地市级政府40.73的加权平均分。

省级政府和地市级政府在政府采购透明度之间的差异在一定程度上表明，省级政府的政府采购信息公开情况更为规范。首先，省级政府普遍开设了统一的网站平台，用于集中发布政府采购信息。其次，省级政府采购信息发布平台的栏目建设普遍较规范，有助于公众获取信息。如福建省政府采购网分为四个板块公开政府采购信息，分别是省级政府采购项目信息公告（集中采购目录内及采购限额标准以上）、省级单位自行组织采购项目信息公告（集中采购目录外或采购限额标准以下）、市级采购、县级采购，在四大板块下又分别设置了预公告、邀请公告、招标公告、补充公告、结果公告栏目，查找信息便捷；安徽省政府采购网也分为省级采购和市、县（区）采购，省级采购下面又分类公布信息，分为采购公告、中标公告、成交公告、更正公告、单一来源、流标、废标公告、合同公告。网站栏目设置规范的还有湖南省、广东省等。此外，部分地市级政府的政府采购网站设置也较为规范，如湖南省长沙市、湖南省岳阳市、湖南省张家界市、广东省深圳市、四川省绵阳市等，网站栏目分类清楚、设置规范，公众可以通过不同分类栏目轻松找到所需要的信息。最后，省级政府公开的政府采购信息较为全面。如福建省政府采购网公开了预公告、招标公告、招标文件、中标公告、采购合同等信息，且招标文件、采购合同信息详细，涵盖了政府采购从招标前的意见征集到最后签订采购合同全部环节的信息。信息公开较为全面的还有广东省、黑龙江省、湖北省、山东省等。

2. 招标公告、中标公告公开情况较好

对2015年政府采购信息公开情况进行分析可以发现，招标公告、中标公告的公开情况较好。3家中央级政府集中采购机构全部公开了上述两类信息。实行批量集中采购的10家省级政府采购网站和11家地市级政府采购网站也都公开了招标公告和中标公告。

3. 个别地方创新信息发布方式，提升获取信息便捷度

政府采购需经过预公告、招标、投标、评标、中标、公告等几个环节。因此，所公开的信息也由上述几个环节的信息组合而成，但各环节的信息分布于不同栏目可能导致信息发布分散。为了让公众全面了解信息，有的地方政府在信息公开时，注重创新公开方式，提高查询信息的便利度。如安徽省合肥市公共资源交易中心，同一采购项目的公告信息、答疑变更、中标信息、合同变更在同一页面，信息查找方便快捷，且信息公开具有连贯性，整个采购过程的进展一目了然；福州市政府采购网也有相似的做法，招标公告的右上角提供了此条信息的中标公告链接，中标公告的右上角提供了此条信息的招标公告链接；山西省政府采购网的合同公示中提供了招标公告、合同附件的链接；苏州市政府采购网的某一项目的左侧导航栏设置了招标公告、中标公告、采购文件下载、采购合同、单一来源成交公告的链接。实现不同阶段政府采购信息互联互通的省市还包括湖南省、广西壮族自治区南宁市、浙江省杭州市等。

（三）政府采购信息公开存在的主要问题

1. 政府采购信息发布平台建设不统一，信息发布"碎片化"

统一的政府采购信息发布平台有利于政府采购信息的集中展示，方便公众获取相关信息。但是，部分地方未建立政府采购信息发布平台或建立了多个平台发布相关信息，政府采购信息发布"碎片化"现象突出。

首先，部分地区尚未建立政府采购信息发布平台。如吉林省白山市、辽宁省阜新市、海南省儋州市、陕西省铜川市、西藏自治区日喀则市和林芝市无政府采购网，这些地区的其他相关网站仅有极少量的标准化货物采购信息；尽管陕西省榆林市政府有榆林招标采购网，但该网站几乎未发布过标准化货物采购信息，也无其他集中发布政府采购信息的网站。

其次，部分地区在多个平台发布政府采购信息。从实践情况来看，各地区发布政府采购信息的网站大致包括政府采购网、政府采购中心网站、政府门户网站、财政部门网站和公共资源交易中心网站。另外，也有些地市级政府将采购信息放在省级政府采购网上发布。部分评估对象在其中多个网站上发布政府采购信息。如甘肃省兰州市发布政府采购信息的网站有兰州市公共资源交易中心、甘肃省政府采购网等；山东省发布政府采购信息的网站有山东省政府采购网、山东省政府集中采购网等；山东省济南市发布政府采购信息的网站有济南市政务服务中心政府采购部网站、济南市政府采购网等；北京市发布政府采购信息的网站有北京市政府采购中心网站、北京市财政局网站等；北京市海淀区发布政府采购信息的网站有海淀区政府采购中心网站、海淀区财政局网站等；安徽省合肥市发布政府采购信息的网站有安徽省合肥市公共资源交易中心网站、安徽省政府采购网等；海南省海口市发布政府采购信息的网站有海口市政府门户网站、海南省政府采购网站等；云南省昆明市发布政府采购信息的网站有云南省政府采购网、昆明市财政局网站等。多渠道发布信息不仅增加了信息发布的工作量，也容易出现信息发布渠道不统一、公众难查询等问题。

最后，发布在多个政府采购平台上的政府采购信息不全面或部分重复，信息发布较为随意。如兰州市公共资源交易网公开了招标公告、中标公告信息，但未提供招标文件和采购合同，而是在甘肃省政府采购网公开了兰州市的招标文件和采购合同；济南市政务服务中心采购部通过网站提供了济南市协议供货信息，济南市政府采购网也提供了实质为协议供货的网上超市飘窗链接。这不仅不利于公众获取全面的信息，也造成行政资源的浪费。

2. 政府采购信息公开责任落实不到位

评估发现，不少地方政府采购信息公开程度不高。目前政府采购量非常庞大，由此，应当在政府采购信息公开平台上公开的政府采购信息量也会非常大，这些信息也应当在政府采购信息发布平台上予以公开。但评估发现，部分政府采购信息发布平台栏目空白、信息陈旧、更新滞后。

首先，部分地区的政府采购信息发布平台的部分栏目内无信息。如西藏自治区政府采购网的招标公告、中标公告栏目内均空白，且在评估后期（如2016年3月21日）该网站已无法打开；江苏省政府采购网设置了合同公告栏目，但该栏目内无信息；贵阳市政府采购网中协议供货栏目无信息；宜昌市公共资源交易中心网站发布的招标公告、中标公告只有标题，没有内容。

其次，部分地区的政府采购信息发布平台发布的政府采购信息陈旧，未及时更新，政府采购信息发布未形成常态化。如评估期间，乌鲁木齐市政府采购网最新的一条招标公告是"乌鲁木齐市精神病福利院蔬菜大棚工程竞争性谈判公告"，此公告的上网时间是 2010 年，最新一条中标公告是"乌鲁木齐市网络信息中心机房及弱电工程（一期）竞争性谈判中标公告"，此公告上网时间是 2010 年；克孜勒苏柯尔克孜州政府采购网的协议定点采购栏目的信息更新时间是 2013 年 11 月 5 日；宿迁市政府采购网仅发布了 2008 年、2009 年的协议供货供应商联系表；舟山市政府采购网中区县政府板块仅有 2011 年、2012 年、2013 年的预公告信息；安顺市政府采购网中政府采购专栏中的最新信息的上网时间是 2010 年；北京市政府采购中心的门户网站显示，2015 年全年仅有十余条公开招标信息。

最后，政府采购时效性信息的处理仍存在改进之处。公开政府采购信息的目的除了方便供货商等及时获取信息外，还包括方便公众进行监督。因此，即使采购活动结束，相关的信息也应该在网站上保留以接受社会监督。但是，部分地区的政府采购信息发布平台却在招标结束后"及时"将信息删除。如宜昌市公共资源交易中心的招标、中标信息在发布结束后即被删除，只留下采购信息的标题。

3. 不少地方发布的采购信息不便查询

公开政府采购信息的目的是让公众获取并加以利用，因此，信息不但要公开，还应当方便公众查找，否则，公开的意义会大打折扣。但评估发现，不少地方发布的政府采购信息却很难查询。

首先，部分地区政府采购信息发布平台发布的政府采购信息混乱随意，无统一发布路径。有的地方将招标文件附在招标公告中，如天津市政府采购网、重庆市政府采购网、吉林省政府采购中心网站、辽宁省政府采购网、恩施州公共资源交易中心网站、长沙市政府采购网、安徽省合肥市公共资源交易中心网站、苏州市政府采购网、福州市政府采购网等。有的将招标文件附在中标公告或成交公告中，如江西省公共资源交易网、贵州省政府采购网、甘肃省政府采购网、内蒙古自治区政府采购网等。采购合同的公开也没有统一的路径，如厦门市政府采购网在中标公告中附有采购合同，天津市政府采购网、重庆市政府采购网、辽宁省政府采购网、河北省政府采购网、河南省政府采购网、宁波市政府采购网、广州市政府采购网等有专门的合同公告栏目。缺失相对统一的信息发布标准，将妨碍公众查询信息，影响公开效果。

其次，不少地区政府采购信息发布平台发布的采购信息堆砌，未做区分。评估发现，虽然大多数网站栏目设置合理，不同信息分类公开，但还是存在将不同信息置于同一栏目的现象。有的地市级政府发布的政府采购信息放置在省级政府采购网，但是，省级政府采购网没有为地市级以下政府采购信息的发布设置专门的栏目，所有地级市以下的信息都堆积在一起，未做区分，不便查找。如青海省政府采购网、山东省政府采购网、江西省政府采购网等均有诸如此类的现象。

4. 协议供货模式项目信息公开情况整体不理想

协议供货是一种传统的采购形式，在满足用户需求方面有其特有的优势，但监管不到位则会影响其优势的发挥。评估发现，协议供货模式项目信息公开情况整体较差。

首先，政府采购信息发布平台网站设置的协议供货栏目名称杂乱，影响公开效果。虽然评估显示，仅部分评估对象的政府采购信息发布平台未设置协议供货专栏，但设置栏目的网站平台普遍存在栏目名称不统一的问题。如上海市的协议供货模式的公开栏目叫作电子集市，浙江省、山东省青岛市的协议供货模式的公开栏目叫作网上超市，河南省郑州市的协议供货栏目叫作电子商城，各网站栏目名称不一。

其次，协议供货模式的采购项目信息公开欠佳。按照财政部《关于做好政府采购信息公开工作的通知》的要求，采购项目信息包括采购项目公告、采购文件、采购项目预算金额、采购结果等信息，由采购人或者其委托的采购代理机构负责公开。但评估显示，采用协议供货模式的地方公开协议供货项目信息的情况并不理想。如入围结果信息公开程度较低，入围结果是集中采购机构通过公开招标的方式确定协议供货的入围供应商、入围价格、优惠率等。但评估对象中，有4家省级政府、33家地市级政府未公开任何入围结果的信息；另外，协议供货模式的详细采购结果公开率也很低，有5家省级政府、14家地市级政府未公开详细的采购结果信息，在采用协议供货模式的评估对象中分别占17.24%和15.56%。

三　各板块评估结果

（一）批量集中采购模式的信息公开情况

批量集中采购模式是近年来国家大力推行的一种采购模式。截至评估结束时，全国共有 10 家省级政府、11 家地市级政府采用了此种模式。评估结果显示，批量集中采购模式的招标信息和采购结果信息公开的情况整体较好，但预公告、评审过程纪要信息公开不理想。

1. 预公告信息

预公告在批量集中采购启动之前向社会公开，是批量集中采购过程非常重要的一个环节，其目的是通过预先公告相关内容，征求各方意见、建议，确保所设置的采购标准等更加合理、规范。但评估发现，预公告的公开情况不佳。

第一，预公告信息公开有待加强。部分评估对象公开了预公告，提供了政府采购项目的基本信息，用于征集供应商及社会大众对采购项目的意见，但多数评估对象未公开预公告。评估发现，中央国家机关政府采购中心、6 家省级政府及 6 家地市级政府在其政府采购信息发布平台公开了预公告。但是，其他 2 家中央级政府集中采购机构、4 家省级政府及 5 家地市级政府未在其政府采购信息发布平台公开预公告。

第二，预公告栏目设置不规范。一是预公告的栏目名称不统一。如有的地方的政府采购信息发布平台设置的栏目名称为"预公告"，有的为"征集意见""征询公告""采购需求公告"等。例如，广东省政府采购系统网叫"采购需求征求意见公告"，山东省政府采购网叫"需求公示"，江苏省政府采购网叫"采购预告"，福建省政府采购网叫"采购预公告"，广西壮族自治区政府采购网叫"预公示"。这主要是因为，预公告是政府采购项目初步向社会公开并征求意见的环节，但该环节在法律法规中并无统一称谓，所以在实践操作中也没有统一的规范名称。二是预公告栏目内容不统一。部分评估对象政府采购信息发布平台的预公告栏目中混杂着其他招投标信息。例如，舟山市政府采购网的预告栏目中发布的多为招标公告，几乎无预公告，且网站另外设置了征集意见栏目，对采购项目进行意见征集。

第三，个别对象意见征集渠道设置情况有待改善。在公开了预公告的评估对象中，多数提供了征集意见的渠道。其中，多数评估对象在门户网站提供了邮寄或当面递交信函的征集意见方式，同时，也有评估对象采用在线平台或者电子邮件的征求意见方式。例如，福建省政府采购网设置了预公告栏目，公开了预公告征集意见的途径、截止时间，预公告中有"我有建议""查看建议"的在线平台，可以在线反馈意见、交流互动。浙江省舟山市提供了电子邮件方式的征集意见途径。相较于电子邮件和当面递交信函的方式，在线征集意见途径可以极大地方便公众提出意见、建议。但是，有些政府的在线平台只有经过注册的供应商可以登录并提建议，如安徽省合肥市的政府采购平台需要凭用户名和密码登录答疑平台进行互动。

第四，意见反馈情况公开不理想。在公开了预公告并进行了政府采购项目的意见征集的评估对象中，多数未公开意见反馈情况。对于就预公告提出的意见建议进行公开反馈，有助于澄清误解、体现对提意见建议者的尊重，也有助于接受社会监督。评估结果显示，在公开了预公告的中央级政府采购中心、6家省级政府及6家地市级政府中，有2家省级政府、1家地市级政府提供了征集意见的反馈情况；但该中央级政府集中采购机构、4家省级政府、5家地市级政府未公开意见征集的反馈情况。另外，1家省级政府采购平台没有公开预公告，但以"答疑澄清"形式公开了对征集意见的整体反馈。

2. 招标信息

招标是招标方发出招标信息，说明招标货物、工程、服务的范围、需求标准、投标人资格等，邀请特定或不特定投标人在规定时间内、按规定方式投标的行为。供应商需要依据招标公告或招标文件来合理安排投标活动，因此，全面、准确地公开招标公告、招标文件对于供应商来说至关重要。同时，其也是公众监督政府采购行为是否规范的重要举措。评估显示，招标信息总体公开情况较好，但公开不细致、不规范的情况仍然存在。

首先，招标公告的公开情况普遍较好。3家中央级政府集中采购机构、10家省级政府、11家地市级政府全部公开了2015年的招标公告。

其次，多数评估对象公开了招标文件。招标文件是招标人向潜在投标人发出并告知项目需求、招标投标活动规则和合同条件等信息的要约邀请文件，是项目招标投标活动的主要依据，对招标投标活动各方具有法律约束力。《关于做好政府采购信息公开工作的通知》明确规定，招标文件随中标、成交结果同时公布。评估结果显示，3家中央级政府集中采购机构、7家省级政府、7家地市级政府公开了招标文件，分别占比100%、70%、63.64%。采用批量集中采购模式的10家省级政府和11家地市级政府中，有3家省级政府、4家地市级政府未公开招标文件。

再次，招标文件的公开对象范围有待扩展。部分评估对象虽然公开了招标文件，但该招标文件仅向供应商公开，并未向社会公开。从扩大招标活动的知晓度、让更多供货商参与竞标的角度看，招标文件作为启动政府采购招标的基础性文件，有必要通过网站对社会公开。评估发现，有部分评估对象通过供应商注册登录、招标文件具有特殊格式、现场购买等方式限制公众获取招标文件。如浙江省舟山市政府采购网的采购文件公告公开的招标文件的链接无效；江西省政府采购网站公开的招标文件格式为".jxzb"，这种格式的文件需要专门的软件才能打开；河北省政府采购网的招标文件需要购买，但是在招标结束后未公开。这些限制性做法给公众获取政府采购项目招标的详细信息带来了不便。

复次，多数评估对象提前公开招标文件。《关于做好政府采购信息公开工作的通知》要求招标文件应当随中标、成交结果同时公告。而评估发现，多数评估对象将招标文件随招标公告同时发布。适当提前公开招标文件，可以使供应商及公众及时获得政府采购项目招标的详细信息。在公开了招标文件的评估对象中，有5家省级政府、5家地市级政府将招标文件作为招标公告的附件提供，这不仅降低了供应商及公众的获取成本，也提高了获取信息的及时性，便于公众进行监督；3家中央级政府集中采购机构、2家省级政府、2家地市级政府仅能按照上述通知的要求在中标公告或合同公告中附上招标文件，未能做到及时公开。

最后，招标要求标准明确。公开的招标文件普遍列明了政府采购项目的需求标准、评分标准。评估发现，3家中央级政府集中采购机构、7家省级政府、7家地市级政府都在招标文件中公开了需求标准、评分标准。但需要注意的是，公开了评分标准的评估对象普遍在评分标准中设定了主观性的标准，其可能会影响中标结果的客观性、公正性。有3家中央级政府集中采购机构、7家省级政府、7家地市级政府的评分标准均有此种现象。比如"服务效率""设置了项目管理机构，并且有科学、具体的项目管理措施，能够结合项目特点制定实施方案好的"，以及"根据对投标人项目实施方案的科学性、完整性、合理性以及项目进度计划、质量控制措施等进行综合比较评分"等，这些都具有较大的主观性。

3. 评审过程纪要

评估对象普遍未公开评审过程纪要。政府采购的评审过程纪要是指在投标结束后，评审委员会按招标文件规定的评审方法和标准对供应商的投标或响应文件进行比较和评价的记录。招标机构一般会依据评审结果推荐中标或候选供应商，因此，评审过程是政府采购中的重要环节。评审过程纪要是对评审过程的记录。公开评审过程纪要对维护政府采购活动的公正性、客观性和透明性，以及发挥公众监督都有着重要意义。但是，评估结果显示，3家中央级政府集中采购机构、10家省级政府、11家地市级政府没有公开评审过程纪要。

4. 采购结果信息

采购结果信息应包括中标供应商，中标货物的名称、数量、价格、规格等。采购结果信息是采购过程中的核心内容，最受社会公众关注。因此，项目组将采购结果信息的公开视作评估的重点内容。评估显示，批量集中采购的结果信息公开相对较好，但仍然不够细致。

第一，中标公告公开情况普遍较好。中标公告是对中标供应商以及采购货物基本情况的公告，大多数评估对象公开了中标公告。3家中央级政府集中采购机构、10家省级政府、11家地市级政府公开了中标公告。绝大多数的中标公告内容详细，如采购人和采购代理机构的名称、地址、联系方式，项目名称和项目编号，中标或者成交供应商名称、地址和中标或者成交金额，主要中标或者成交标的名称、规格型号、数量、单价、服务要求以及评审专家名单等，但也有个别评估对象公开的中标公告未公开成交标的的规格型号、数量、单价、服务要求等信息。

第二，部分评估对象公开了采购合同。采购合同是招标结束后，采购方与供货商达成的合意。其中应包括双方详细的权利义务、供货及服务的补充条款以及采购项目等全面且详细的内容。部分评估对象通过中标公告的附件形式或在合同公告栏目中公开采购合同。评估发现，6家省级政府、4家地市级政府公开了采购合同，分别占比60%、36.36%。其中，1家地市级政府将采购合同作为中标公告的附件公开，6家省级政府、3家地市级政府在合同公告栏目公开了采购合同。采用批量集中采购模式的3家中央级政府集中采购机构、10省级政府、11家地市级政府中，3家中央级政府集中采购机构、4家省级政府、7家地市级政府未公开采购合同。可见，相对于地市级政府，省级政府采购合同的公开情况较好。

第三，多数评估对象在中标公告中公开了评审委员会名单。评审委员会成员是在供应商投标之后，依据招标文件公开的评分标准并结合供应商的综合情况进行打分的人员。为了评审过程的公平性，中标结果确定之前评审委员会名单应当严格保密。但是，在采购结束后评委会名单应当予以公布以便让公众监督是否存在因评委会成员与供应商或其他有关人员关系密切而可能会影响评标结果公正性的情况。评审委员会名单大多公布于中标公告中，评估发现，评审委员会名单公开情况较好，3家中央级政府集中采购机构、10家省级政府、11家地市级政府全部公开了此项信息。

第四，采购合同内容充实。多数评估对象在中标公告或采购合同中公开了采购的详细内容。实践中，采购的详细内容可能通过中标公告公开，也可能通过采购合同公开。评估显示，3家中央级政府集中采购机构、9家省级政府、8家地市级政府公开了中标货物的规格、单价、数量，安徽省、山西省大同市、四川省绵阳市、四川省甘孜藏族自治州未公开此类内容。

（二）协议供货模式的信息公开情况

1. 协议供货栏目设置情况

协议供货栏目是政府采购集中发布信息的基本渠道，也是公众了解和监督协议供货具体情况的重要窗口。本次评估的评估对象的政府采购信息发布平台普遍设置了协议供货栏目,仅有少数评估对象未设置相关栏目。2 家中央级政府集中采购机构门户网站设置了协议供货相关栏目,只有全国人大机关采购中心门户网站未设置相关栏目;在 31 家省级政府中,除四川省取消了协议供货模式,采取网上竞价和商场直购的方式,安徽省 2015 年在计算机、复印机等范围内继续推进批量集中采购外,在其余的 29 家中,有 25 家的政府采购信息发布平台设置了协议供货栏目,在采取协议供货模式的省级政府中占 86.21%,4 家未设置协议供货栏目。在地市级政府中,四川省成都市、绵阳市、甘孜藏族自治州取消协议供货,其余的 90 家地市级政府中,68 家地市级政府的政府采购信息发布平台设置了协议供货栏目,在采用此模式的地市级政府中占 75.56%;15 家未设置协议供货栏目,其余 7 家无政府采购信息发布平台。

2. 入围结果

入围结果是通过公开招标的方式所确定的协议供货的入围供应商、入围价格、优惠率等,是采购方在协议供货期内采购的上限标准。依据《关于做好政府采购信息公开工作的通知》(财库〔2015〕135 号)的规定,入围结果的评估指标包括政府采购信息发布平台是否公开入围供应商、入围价格、价格调整规则、优惠条款。

首先,评估对象的政府采购信息发布平台普遍公开了协议供货的入围供应商信息,仅少数评估对象未公开相关信息。入围供应商是经采购机构通过公开招标方式确定的在协议供货期内按照签订的协议提供货物的经营者。评估结果显示,入围供应商的公开情况相对较好。中央国家机关政府采购中心、中共中央直属机关采购中心公开了入围供应商信息,全国人大机关采购中心未公开入围结果。采用协议供货模式的 29 家省级政府中,有 25 家公开了入围供应商信息,占 86.21%,4 家未公开入围结果。采用协议供货模式的 90 家地市级政府中,48 家公开了入围供应商信息,占 53.33%,2 家未公开;33 家未公开入围结果;其余 7 家无政府采购信息发布平台。

其次,部分评估对象公开了协议供货的入围价格,但仍有部分评估对象未公开相关信息。入围价格是采购机构通过公开招标方式确定的在协议供货期内按照已签订的协议提供货物的最高价格,采购单位可在此基础上与供货商协商以争取获得更低、更优惠的采购价格。中央国家机关政府采购中心公开了入围价格，中共中央直属机关采购中心未公开，全国人大机关采购中心未公开入围结果。采用协议供货模式的29家省级政府中，有19家公开了入围价格，占65.52%；6家未公开入围价格，4家未公开入围结果。采用协议供货模式的90家地市级政府中，有35家公开了入围价格，占38.89%；15家未公开入围价格，33家未公开入围结果，其余7家无政府采购信息发布平台。从上述数据可以看出，相较于地市级政府，省级政府在入围价格公开方面表现较好。

再次，多数评估对象未公开协议供货的价格调整规则信息。价格调整规则是在已确定的入围价格基础上，在符合一定条件时对价格进行调整的规则。比如采购货物超过某一采购量或采购批次时可以达到的优惠率。评估结果显示，价格调整规则公开情况较差。中央国家机关政府采购中心、中共中央直属机关采购中心未公开此项信息，全国人大机关采购中心未公开入围结果。采用协议供货模式的29家省级政府中，有2家公开了价格调整规则，占6.90%；23家未公开价格调整规则，占79.31%；4家未公开入围结果。采用协议供货模式的90家地市级政府中，3家公开了价格调整规则，占3.33%；47家未公开，占52.22%；33家未公开入围结果，7家无政府采购信息发布平台。

最后，多数评估对象未公开协议供货的优惠条款信息。优惠条款是在已确定的入围价格基础上，在符合一定条件时可以达到的优惠率，该优惠率是具体采购活动中的最低优惠率，采购单位可在此基础上与供货商协商以争取获得更高的优惠率。评估发现，中央国家机关政府采购中心、中共中央直属机关采购中心公开了此项信息，全国人大机关采购中心未公开入围结果。采用协议供货模式的29家省级政府中，有14家公开了优惠条款，占48.28%；11家未公开，占37.93%；4家未公开入围结果。采用协议供货模式的90家地市级政府中，有23家公开了优惠条款，占25.56%；27家未公开，占30%；33家未公开入围结果信息，其余7家无政府采购信息发布平台。

3. 采购结果

详细的采购结果是指采购方向供应商购买货物的名称、数量、规格、单价等信息。协议供货是在前期入围结果的基础上，采购方自主选择供应商购买货物的行为，具有较大的自主性，如果监管不到位，就容易暗箱操作和滋生腐败。因此，公开详细的采购结果不仅是政府采购规范化的需要，也是增强财政支出透明度的需要，更是加强社会监督的必然要求。评估结果显示，协议供货采购结果信息公开情况较差。中央国家机关政府采购中心公开了详细的采购结果，中共中央直属机关采购中心、全国人大机关采购中心未公开。采用协议供货模式的29家省级政府中，有5家公开了详细采购结果，占17.24%；24家未公开，占82.76%。采用协议供货模式的90家地市级政府中，14家公开了详细采购结果，占15.56%；69家未公开，占76.67%；其余7家无政府采购信息发布平台。

（三）投诉、处罚信息的公开情况

投诉是当事人保障自身权益的重要手段，也是开展社会监督的重要途径。通过对投诉的处理，管理者也可以及时发现问题、纠正问题。公开投诉处理结果可以有效地监督管理者，增强公众对管理者的信赖度。但评估发现，中央国家机关政府采购中心、中共中央直属机关采购中心、全国人大机关采购中心都未公开该项信息。省级政府投诉处理结果的公开情况则较好，31家省级政府中，有28家省级政府公开了投诉处理信息，占90.32%；3家未公开，占9.7%。93家地市级政府的投诉处理公开情况则不尽如人意，除2家地市级政府无政府采购信息发布平台及财政部门网站外，有56家公开了投诉处理信息，占60.22%；35家未公开，占37.63%。

政府采购是利用国家财政性资金和政府借款购买货物、工程和服务的行为，在采购过程中容易发生违规操作的情况。违规处罚信息的公开同投诉处理结果的公开一样，可以提高公众对政府的信赖度，提高政府执法的权威性。但是，有不少评估对象未公开违规处罚信息。中共中央直属机关采购中心、全国人大机关采购中心，24家省级政府以及33家地市级政府未公开违规处罚信息。

四 对策建议

公开政府采购信息是当前政务公开和政府信息公开的重点领域，是政府采购制度的本质要求，是构建法治政府、规范财政资金使用的有效保障，也是规范政府采购活动、提升政府采购公众认知度及认可度的必然要求。因此，有必要结合当前存在的问题，多管齐下，提升政府采购信息的公开水平。

（一）提高对公开政府采购信息的认识

目前造成政府采购信息公开情况不理想的原因较多，但不可否认的是，对政府采购信息公开工作的认识不到位是其中一项重要因素。其中，也不排除有的地方政府和部门因为管理理念不到位、采购过程不规范或者是担心公开后因为公众不了解而产生误解、引发舆情风险等问题，而不敢尝试公开。但必须看到的是，政府采购是党政机关等利用国家财政资金购置商品、服务等用于本机关的管理和保障的活动，具有明显的公共性，因此，政府采购的所有过程及资金使用情况都理应向社会公开、向公众说明并接受社会监督与评议。

各级财政部门及政府采购从业人员为政府采购的规范有序运行做出了不懈努力，但长期以来，社会各界对政府采购总是存在着各种各样的不理解甚至质疑。造成这种局面的原因是多方面的，如个别地方的政府或部门采购存在不规范，出现了"天价采购"甚至是权力寻租等不合常规的现象，因此严重影响了政府采购的公信力。又如政府采购由于具有节约财政资金、扶持中小产业、鼓励发展节能环保等多重任务，必然要牺牲一定的灵活性和效率。但同时，政府采购主要是为了满足基本的办公需求，这种灵活性和效率的缺失，可能会造成采购方及用户使用不便，并引发一些不满和质疑。但更为重要的是，由于长期以来政府采购从过程到结果的公开不到位以及对政府采购功能定位、取得进展的情况公开不理想，导致业界之外的公众对政府采购的运行状况、取得的成效和面临的问题普遍缺乏全面系统的了解。因此，从规范政府采购活动以及促进政府采购活动健康有序发展的角度看，政府采购信息公开工作不是可有可无的，也不是无足轻重的，而是必不可少的，其对于政府采购良性运行至关重要。各级政府部门、集中采购机构都应当树立以公开为常态、以不公开为例外的理念，按照法律法规规章及国家相关文件的要求，全面、规范地公开政府采购信息。

（二）规范政府采购活动和提升政府采购透明度同步推进

公开是政府采购活动的"必选动作"，也是做好政府采购工作的基础与保障，更是倒逼政府采购管理规范化的重要手段，但公开不能替代政府采购活动及其管理。政府采购模式、方式不统一，名称、类型不一致，最终必然影响公开效果。因此，要做好政府采购的公开，确保公开效果，首先应规范并逐步统一全国政府采购的模式，避免出现各地方打着创新的旗号推出各式各样、名称各异的变通模式，给公开和监管带来各种新问题。在发挥公开对规范行为活动的倒逼作用的同时，还要不断加大监管力度、规范政府采购活动，让公开的政府采购活动更经得住法治的考验和社会的质疑。

（三）加强政府采购公开平台建设

对于政府采购信息的公开平台，法律法规及财政部文件已经反复明确，但评估发现，没有网站、网站不统一、网站公开信息的效果不理想的情况还比较普遍。因此，建议各地建立或指定专门集中发布政府采购信息的平台，并向社会公布，防止公众在面对众多网站时，无法确定权威的政府采购信息发布平台。另外，建议财政部门集中发布各地集中采购机构的门户网站链接。同时，应当提升政府采购公开平台的友好性，通过优化栏目设置、加强信息分类、提供信息检索等方式，提高在政府采购信息公开平台上查询信息的便利度，方便公众查询有关的信息。

（四）加强政府采购信息公开的标准化建设

应当加强政府采购信息的标准化建设，逐步统一政府采购的公开栏目、公开要素和公开标准。虽然法律、法规不断细化公开政府采购信息的要求，但仍不够具体。在政府采购活动实施的各个环节，目前没有任何关于公开方面的标准化规定，有关文件只是规定了公开的大体目标。这就造成了各地方、各部门公开的标准不一致、公开的质量不理想。因此，建议结合政府采购的环节、信息种类等，细化公开标准，明确公开的时限、方式、内容，让公开的要求更具有刚性，这也有助于社会各界根据公开的信息对政府采购活动开展有效的监督和评议。此外，还应当从方便公众的角度，推行政府采购信息的集中公开机制，设定统一的模板（表格或信息系统），以月度、季度为周期，将采购人、供应商、产品、规格、价格、数量等关键信息进行集中公开。

（五）建立社会评议及严格的考核问责机制

为了对各地方、各部门发布政府采购信息的情况进行考核评估，建议建立政府采购信息公开的考核评价机制，设置全面的考核评价指标体系。同时，为了确保评价的客观性，建议引入供应商评价和社会公众评价的机制，针对正在进行或者已经完结的采购活动，由供应商、社会公众对集中采购机构、采购单位是否按规定公开了相关信息进行评价，并将此评价结果作为财政部门监管政府采购活动的重要依据。对于不公开的采购单位，不但其已进行的采购活动无效，还应当责令其暂停政府采购活动，并向审计、纪检机关通报以加强监督。必要时，应对采购单位责任人进行问责。

五 余论：评估中发现的其他问题

除了信息公开的问题外，根据评估中所得的第一手资料，项目组发现，目前中国的政府采购工作中还存在以下需要改进的问题，在此列举希望引起有关部门重视。

第一，目前各地政府采购的无效创新太多。在协议供货越来越受诟病，以及财政部倡导批量集中采购的压力下，各地出现了大量的协议供货的变通方式。如广西壮族自治区虽然采取批量采购的方式，但招标后还是品牌入围，最终采购人可依据喜好指定品牌进行采购。另外，浙江省的网上超市、上海市的电子集市、福建省厦门市的网上竞价等模式，虽然名称各不相同，但采购人可以指定品牌，这本质上与协议供货类似。这些固然是各地为了消除协议供货弊端而做的尝试，但往往在名称上误导公众，且不易开展监督。因此，在应用此类创新时，要慎之又慎。

第二，政府采购仍然存在价格倒挂的问题。成交价格一直是政府采购备受诟病的核心话题。在本次评估中，项目组发现，同一货物的采购价不仅在不同区域有很大的差别，即使在同一区域、同一时间，同一货物的采购价也存在很大差异，甚至屡次出现同品牌、同系列的低配置产品价格高于高配置产品的情况。比如，中央批量集中采购 2015 年 7 月成交的高配产品型号为 ThinkCentre M8500T-D231，成交价格为每台 4530 元；① 同期北京 2015 年 7 月协议供货低配产品（ThinkCentre M4500t-D305）的价格为每台 4930 元，出现了高配比低配价格低的倒挂现象。而同期，浙江省协议供货入围产品 ThinkCentre M6500t 的协议供货价为 5414.0 元/台，同样是配置低但价格高。②

第三，品牌倾向性仍明显，评标规则较为混乱。根据《政府采购法实施条例》第三十四条的规定，政府采购招标评标方法分为最低评标价法和综合评分法。最低评标价法是指投标文件满足招标文件全部实质性要求且投标报价最低的供应商为中标候选人的评标方法；综合评分法是指投标文件满足招标文件全部实质性要求且按照评审因素的量化指标评审得分最高的供应商为中标候选人的评标方法。根据该条的规定，技术、服务等标准统一的货物和服务项目，应当采用最低评标价法；采用综合评分法的，评审标准中的分值设置应当与评审因素的量化指标相对应；招标文件中没有规定的评标标准不得作为评审的依据。但通过查看招标文件可以发现，绝大部分标准货物的招标并未采用最低评标价法，而在综合评分法的运用中，评标细则中还存在着很多品牌倾向性指标，评标规则并无规范模板或标准，将业绩排名作为评价要素、附加与实际使用或合同履行无关的条款、推荐品牌等现象时有发生。如 2015 年 7 月，浙江省嵊州市教育体育局教师计算机项目（政府采购 SZC2015 - XX）所有打分项全部为开放区间分（见表 2 - 5），裁量空间较大。

---

① http://www.zycg.cn/article/show/350986.
② http://ww2.zjzfcg.gov.cn/new/menugoods/menugoods_spDetails.do? id = 4028c9e5518f4f4c015194de34fb482c&xySpYear = 2016&xySpTime = 6.

表 2-5　　浙江省嵊州市教育体育局教师计算机项目
（政府采购 SZC2015-XX）评分标准

评分内容		评分标准	分值范围
技术部分（27 分）	计算机	投标产品完全响应技术参数要求得 20 分，正偏离不加分；打★技术参数有负偏离或缺漏项的技术资信部分得 0 分；非★技术参数有负偏离或缺漏项的每一项扣 2 分，当负偏离或缺漏项超过两项时技术资信部分得 0 分	0—20 分
	市场情况	产品符合用户需求，根据产品的品牌因素和市场占有率评分	0—6 分
技术部分（27 分）	投标产品荣誉	产品是《中国节能产品认证目录》内容或具有中国节能产品有效证书的得 0.5 分；获得国家部委（或省级）单位颁发的自主创新产品证书的得 0.5 分	0—1 分
资信部分（23 分）	企业综合实力	根据投标人的综合实力评分，包括投标人资质、历史、技术力量、信誉等方面	0—2 分
	工程质量保证体系	供货保障、安装与验收方案等	0—1 分
	售后服务及保障	提供原厂嵊州市售后服务网点证明得 3 分，绍兴市内售后服务网点证明减半计分（以官网为准，提供授权维修点原件或影印件为证）	0—3 分
		根据本地服务机构规模、技术力量评分，提供技术人员近 3 个月社保证明（原件）；嵊州市以外投标单位提供针对本项目的本地机构售后服务协议，按嵊州市服务机构规模、技术力量计算得分	0—4 分
		在 3 年整机质保基础上每增加 1 年质保加 2 分，最高加 4 分	0—4 分
		按规定提供备品、备件	0—2 分
		售后服务方案：承诺的服务期限、服务方式及服务内容、解决问题、排除故障的速度等	0—1 分
		根据本地服务机构在嵊州市教体系统范围的售后服务质量评分（0—4 分）（采购方根据《装备管理平台》中的售后服务信息导出统计数据以供参考，《装备管理平台》中无售后服务历史的得 2 分）	0—4 分
	投标文件及优惠措施	投标文件编制质量和内容，符合招标文件要求 0—1 分；其他实质性优惠措施 0—1 分	0—2 分

又如，2015年四川省南部县教仪电教2015—2018年全面改造薄弱学校及创建国家义务教育基本均衡县教育装备采购项目，在评分标准中明确要求出具商业调研机构（IDC）的市场占有率排名，并对前三名给予加分（见表2-6）。这是明显的品牌歧视和差别待遇，此类现象在全国范围内极其普遍。

表2-6 2015年四川省南部县教仪电教2015—2018年全面改造薄弱学校及创建国家义务教育基本均衡县教育装备采购项目评分标准

序号	评分因素及权重	分值	评分标准
1	价格（40%）	有效投标报价（40分）	满足招标文件要求且投标价格最低的投标报价为评标基准价，其价格分为满分；其他投标人的价格分统一按照下列公式计算：投标报价得分 = 评标基准价/投标报价×40×100%
2	质量技术（35%）	投标文件对招标文件的响应程度（22分）	完全符合招标文件要求没有负偏离得19分；技术指标和配置高于招标要求并体现出产品的质量和性能更优的，一项加1分，最多加3分；与招标文件要求有非实质性负偏离的，每一项扣2分，直到此项分值扣完为止；与招标文件要求有实质性负偏离的，则视为无效投标（涉及证书资料请提供复印件并加盖厂家鲜章）
2	质量技术（35%）	产品可靠性和质量要求(11分，以国家合法权威机构认证为准)	1. 依据所投商用台式计算机产品2014年全球或中国地区市场占有率排名取得第一名得3分，第二名得2分，第三名得1分，其他不得分；（提供IDC数据证明文件） 2. 投标计算机噪音低于20分贝（提供国家电子计算机质量监督检验中心证书）得2分； 3. 投标人所投台式计算机经国家电子计算机质量监督检测中心（NCTC）进行可靠性测验，其可靠性指标平均无故障时间（MTBF值）第一名的得3分，第二名得2分，第三名的得1分； 4. 投标人所投交换机具有质量管理和质量保证标准CMMI 5级及以上证书得2分； 5. 投标产品中有获得国家权威部门认定为节能、环保产品的得1分 （涉及证书资料请提供复印件并加盖厂家鲜章）
3	质量技术（35%）	项目方案（2分）	1. 技术方案完备，深化设计方案具有合理性、先进性及实用性，优得1分，差不得分； 2. 施工组织实施方案中，施工组织机构健全，机械配套，施工流程和工艺合理，工期能保证，质量监控及安全措施完善程度等进行比较后酌情打分，优得1分，差不得分

再如，2015 年 6 月上海市金山区教育局学校台式计算机采购项目（采购编号为 JSJZCG15－14926）同样存在着 IDC 排名加分、评分项设置区间分过于宽泛、没有对应到具体要求、具体分值等问题（见表 2－7）。

表 2－7　2015 年 6 月上海市金山区教育局学校台式计算机采购项目（采购编号为 JSJZCG15－14926）评分标准

序号	评标因素	分值	评审内容	分值范围
1	设备性能指标	18	满足本次招标要求技术指标，且符合相关质量规范	完全满足得 18 分，每负偏离一项扣 2 分，直至扣完
2	厂商综合实力及信誉	6	厂商通过 ISO 9001 质量管理体系认证	每满足一项得 1.5 分
			厂商通过 ISO 14001 环境管理体系认证	
			厂商服务体系获得国家信息安全服务资质证书	
			厂商原厂服务体系获得客户联络中心标准体系认证 CCCS 证书	
		6	2014 年度投标产品厂商商用台式计算机中国市场排名情况，以 IDC 报告为准	排名第一得 6 分，第二得 5 分，以此类推计算得分，最低 0 分
3	样机	7	样机规格型号、配置等必须与投标文件一致，对样机的外观、质量等因素进行综合评价	3—7 分
4	项目实施方案	10	项目组织、人员配置、实施方案、培训等	5—10 分
5	投标人综合实力	10	公司企业实力、资质、信誉等	综合实力情况评价，2—4 分
			自 2014 年 1 月 1 日起至投标截止之日止，两个 300 万以上类似项目业绩，以提供中标通知书、合同为准	每提供一个类似业绩合同得 3 分，最多得 6 分
6	售后服务	13	厂商售后服务机构：对厂商售后服务机构的所在地、服务能力、服务信誉、备品备件等因素进行综合评价	3—6 分
			投标人售后服务能力：对投标人服务方案、服务能力、服务信誉、备品备件及兑现服务承诺的可行性和可信度等因素进行综合评价	3—7 分

附　录

附表 2—1　本次评估的中央级政府集中采购机构及其采购模式

评估对象	评估网站	网站归属	网站链接	采购模式
中央国家机关政府采购中心	中央政府采购网	中央国家机关政府采购中心	http://www.zycg.gov.cn/	批量采购 协议供货
中共中央直属机关采购中心	中国政府采购网	中共中央直属机关采购中心	http://zzcg.ccgp.gov.cn/	批量采购 协议供货
全国人大机关采购中心	中国政府采购网	财政部	http://www.ccgp.gov.cn/qgrd/	批量采购 协议供货

附表 2—2　本次评估的省级政府集中采购机构及其采购模式

评估对象	评估网站	网站归属	网站链接	采购模式
北京市	北京市政府采购中心	北京市政府采购中心	http://www.bgpc.gov.cn/	协议供货
上海市	上海市政府采购网	上海市财政局	http://www.ccgp-shanghai.gov.cn/	协议供货
天津市	天津市政府采购网	天津市财政局政府采购处	http://www.tjgp.gov.cn/	协议供货
天津市	天津市政府采购中心	天津市政府采购中心	http://xygh.tjgpc.gov.cn/	协议供货
重庆市	重庆市政府采购网	重庆市财政局、重庆市政府采购中心	http://www.cqgp.gov.cn/	协议供货
黑龙江	黑龙江省政府采购网	黑龙江省财政厅	http://www.hljcg.gov.cn	协议供货
黑龙江	黑龙江省政府采购信息网	黑龙江省政府采购中心	http://www.ccgp-heilongj.gov.cn/hljcg/main.jsp	协议供货
吉林省	吉林省政府采购中心	吉林省政府采购中心	http://www.jlszfcg.gov.cn/	协议供货

续表

评估对象	评估网站	网站归属	网站链接	采购模式
辽宁省	辽宁省政府采购网	辽宁省财政厅	http://www.ccgp-liaoning.gov.cn/	协议供货
河北省	河北省政府采购网	河北省财政厅政府采购办公室	http://www.ccgp-hebei.gov.cn/zfcg/	协议供货 批量采购
河南省	河南省政府采购网	河南省财政厅	http://www.hngp.gov.cn/	协议供货
山东省	山东省政府采购网	山东省财政厅政府采购监督管理处	http://www.ccgp-shandong.gov.cn/	批量采购 协议供货
山西省	山西省政府采购网	山西省财政厅	http://www.ccgp-shanxi.gov.cn/	协议供货
湖北省	湖北省政府采购网	湖北省财政厅	http://www.ccgp-hubei.gov.cn/	协议供货
湖南省	湖南省政府采购网	湖南省财政厅	http://www.ccgp-hunan.gov.cn:8080/	协议供货
安徽省	安徽省政府采购网	安徽省财政厅	http://www.ahzfcg.gov.cn/	批量采购
江苏省	江苏省政府采购网	江苏省财政厅	http://www.ccgp-jiangsu.gov.cn/	协议供货 批量采购
浙江省	浙江省政府采购网	浙江省财政厅政府采购监管处、浙江省政府采购中心	http://www.zjzfcg.gov.cn/	协议供货
福建省	福建省政府采购网	福建省财政厅政府采购监督管理办公室	http://cz.fjzfcg.gov.cn/	协议供货 批量采购
江西省	江西省政府采购网	江西省财政厅政府采购办	http://ggzy.jiangxi.gov.cn/jxzbw/zfcg/	批量采购 协议供货
江西省	江西省公共资源交易网	江西省公共资源交易中心	http://ggzy.jiangxi.gov.cn/jxzbw	批量采购 协议供货

续表

评估对象	评估网站	网站归属	网站链接	采购模式
广东省	广东省财政厅网上办事大厅（政府采购系统）	广东省财政厅	http://www.gdpgo.gov.cn/	批量采购协议供货
海南省	海南省公共资源交易网	海南省公共资源交易服务中心	http://www.ggzy.hi.gov.cn/	协议供货
贵州省	贵州省政府采购网	贵州省财政厅政府采购管理处	http://www.ccgp-guizhou.gov.cn/home	协议供货
云南省	云南省政府采购网	云南省财政厅	http://www.yngp.com/	协议供货
四川省	四川省政府采购网	四川省财政厅	http://www.sczfcg.com/	批量采购
陕西省	陕西省政府采购网	陕西省财政厅	http://www.ccgp-shaanxi.gov.cn/	协议供货
青海省	青海省政府采购网	青海省财政厅政府采购监督管理处	http://www.ccgp-qinghai.gov.cn/	协议供货
甘肃省	甘肃省政府采购网	甘肃省财政厅	http://www.gszfcg.gansu.gov.cn/	协议供货
内蒙古自治区	内蒙古自治区政府采购网	内蒙古自治区财政厅	http://www.nmgp.gov.cn/	批量采购协议供货
新疆维吾尔自治区	新疆维吾尔自治区政府采购网	新疆维吾尔自治区财政厅政府采购管理办公室	http://www.ccgp-xinjiang.gov.cn	协议供货
西藏自治区	西藏自治区政府采购网	西藏自治区财政厅	http://www.ccgp-xizang.gov.cn/	协议供货
广西壮族自治区	广西壮族自治区政府采购网	广西壮族自治区财政厅	http://www.gxzfcg.gov.cn/	批量采购协议供货
宁夏回族自治区	宁夏政府采购公共服务平台	宁夏回族自治区财政厅	http://www.ccgp-ningxia.gov.cn/	协议供货

附表 2—3 本次评估的地市级政府集中采购机构及其采购模式

省（自治区、直辖市）	地市级政府	评估网对象	网站归属	网站	采购模式
北京市	海淀区	北京市海淀区政府采购中心	北京市海淀区政府采购中心	http://hd.bidgov.cn/	协议供货
		北京市海淀区财政局	北京市海淀区财政局	http://czj.bjhd.gov.cn/gsgg/qtl/zfcg/zbgg/	协议供货
		北京市政府采购中心（协议供货）	北京市政府采购中心	http://www.bgpc.gov.cn/	协议供货
	朝阳区	北京市朝阳区政府采购网	北京市朝阳区财政局	http://cg.bjchy.gov.cn：16800/cyfb/news/art.do？method=index	协议供货
		北京市政府采购中心（协议供货）	北京市政府采购中心	http://www.bgpc.gov.cn/	协议供货
	延庆区	北京市延庆区政府网站	北京市延庆区人民政府	http://www.bjyq.gov.cn/zwxx/zfcg/zbgg/	协议供货
		北京市政府采购中心（协议供货）	北京市政府采购中心	http://www.bgpc.gov.cn/	协议供货
上海市	浦东新区	上海市浦东新区政府采购中心	上海市浦东新区政府采购中心	http://www.shpd-procurement.gov.cn	协议供货
		上海市政府采购网（协议供货）	上海市财政局	http://www.ccgp-shanghai.gov.cn	协议供货
	闵行区	上海市闵行区行政服务中心（公共资源交易网）	上海市闵行区行政服务中心	http://ztb.shmh.gov.cn/	批量采购 协议供货
		上海市政府采购网（协议供货）	上海市财政局	http://www.ccgp-shanghai.gov.cn/	批量采购 协议供货
	崇明县	上海市崇明县政府采购网	上海市崇明县财政局	http://zfcg.shcm.gov.cn/net/index.jsp	协议供货
		上海市政府采购网（协议供货）	上海市财政局	http://www.ccgp-shanghai.gov.cn/	协议供货

续表

省（自治区、直辖市）	地市级政府	评估网对象	网站归属	网站	采购模式
天津市	滨海新区	天津市政府采购网	天津市财政局政府采购处	http://www.tjgp.gov.cn/	协议供货
		天津市政府采购中心	天津市政府采购中心	http://xygh.tjpc.gov.cn/DOrder-CG/Index.aspx	协议供货
	西青区	天津市政府采购网	天津市财政局政府采购处	http://www.tjgp.gov.cn/	协议供货
		天津市政府采购中心	天津市政府采购中心	http://xygh.tjpc.gov.cn/DOrder-CG/Index.aspx	协议供货
	红桥区	天津市政府采购网	天津市财政局政府采购处	http://www.tjgp.gov.cn/	协议供货
		天津市政府采购中心	天津市政府采购中心	http://xygh.tjpc.gov.cn/DOrder-CG/Index.aspx	协议供货
重庆市	渝北区	重庆市政府采购网	重庆市财政局、重庆市政府采购中心	http://www.cqgp.gov.cn/	协议供货
	九龙坡区	重庆市政府采购网	重庆市财政局、重庆市政府采购中心	http://www.cqgp.gov.cn/	协议供货
	城口县	重庆市政府采购网	重庆市财政局、重庆市政府采购中心	http://www.cqgp.gov.cn/	协议供货
黑龙江省	哈尔滨市	哈尔滨市政府采购网（新版）	哈尔滨市财政局	http://218.8.25.229：8003/xwzs!index.action	协议供货
		哈尔滨市政府采购网（旧版，打不开了）	哈尔滨市财政局政府采购办	http://www.hljcg.gov.cn/hljcg/index.jsp?id=01	协议供货
	齐齐哈尔市	齐齐哈尔市政府采购网（新版，无信息）	齐齐哈尔市财政局	http://218.8.25.229：8003/xwzs!index.action	协议供货
		齐齐哈尔市政府采购网（旧版，打不开了）	齐齐哈尔市财政局	http://www.hljcg.gov.cn/hljcg/index.jsp	协议供货
	七台河市	七台河市政府采购网（旧版，打不开了）	七台河市财政局	http://www.hljcg.gov.cn/hljcg/index.jsp	协议供货

续表

省（自治区、直辖市）	地市级政府	评估网对象	网站归属	网站	采购模式
吉林省	长春市	长春市政府采购网	长春市财政局	http://www.cczfcg.gov.cn/	协议供货
	吉林市	吉林市政府采购中心	吉林市人民政府	http://www.jlcity.gov.cn/jlscgzx/main/index.jsp	协议供货
	白山市（无网站）	白山市政府网站和财政局网站都公开了采购的信息，但信息不全			协议供货
辽宁省	沈阳市	沈阳市政府采购网	沈阳市财政局	http://www.ccgp-shenyang.gov.cn/	协议供货
	大连市	大连市政府采购网	大连市财政局	http://www.ccgp.dl.gov.cn/dlweb/?COLLCC=1265322849&	协议供货
	阜新市（无网站）	阜新市政府网有采购信息，但不全			协议供货
河北省	石家庄市	河北省政府采购网（站点切换石家庄）	河北省财政厅政府采购办公室	http://www.ccgp-hebei.gov.cn/zfcg/selectIndex.html?citycode=130000000-130100000&cityname=石家庄市	批量采购协议供货
	唐山市	河北省政府采购网（站点切换唐山）	河北省财政厅政府采购办公室	http://www.ccgp-hebei.gov.cn/zfcg/selectIndex.html?citycode=130000000-130200000&cityname=唐山市	协议供货
	衡水市	河北省政府采购网（站点切换衡水）	河北省财政厅政府采购办公室	http://www.ccgp-hebei.gov.cn/zfcg/selectIndex.html?citycode=130000000-131100000&cityname=衡水市	协议供货
河南省	郑州市	郑州市政府采购网	郑州市财政局	http://zhengzhou.hngp.gov.cn/zhengzhou	协议供货
	洛阳市	洛阳市政府采购网	洛阳市财政局	http://luoyang.hngp.gov.cn/luoyang	协议供货
	鹤壁市	鹤壁市政府采购网	鹤壁市财政局	http://hebi.hngp.gov.cn/	协议供货

续表

省（自治区、直辖市）	地市级政府	评估网对象	网站归属	网站	采购模式
山东省	济南市	济南市政府采购网	济南市财政局政府采购管理处	http://www.ccgp-jinan.gov.cn/jngp/site/index.jsp	协议供货
	青岛市	青岛市政府采购网	青岛市财政局	http://zfcg.qingdao.gov.cn/index.html	批量采购 协议供货
	莱芜市	莱芜市政府采购网	莱芜市财政局	http://zfcg.laiwu.gov.cn/goods/publish/index.jsp	协议供货
		山东省政府采购网	山东省财政厅政府采购监督管理处	http://www.ccgp-shandong.cn/	协议供货
山西省	太原市	太原市政府采购中心	太原市政府采购中心	http://www.tyzfcg.gov.cn/	批量采购 协议供货
	大同市	大同市政府采购中心	大同市政府采购中心	http://www.dtgpc.gov.cn/portal/netzfcg/index.aspx	批量采购 协议供货
	阳泉市	阳泉市政府采购中心	阳泉市政府采购中心	http://zfcg.yq.gov.cn/index.html	协议供货
湖北省	武汉市	武汉市政府采购网	武汉市财政局	http://zfcg.whczj.gov.cn/ecdomain/framework/wuhan/index.jsp	协议供货
	宜昌市	宜昌市公共资源交易信息网	宜昌市公共资源交易管理办公室、宜昌市公共资源交易监督管理局、宜昌市公共资源交易中心	http://www.ycztb.com/ycsite	协议供货
湖北省	恩施土家族苗族自治州	恩施州公共资源交易监督管理局（恩施州公共资源交易中心）	恩施州公共资源交易监督管理局、恩施州公共资源交易中心	http://www.eszggzy.cn/enshiweb/	协议供货

续表

省（自治区、直辖市）	地市级政府	评估网对象	网站归属	网站	采购模式
湖南省	长沙市	长沙市政府采购网	长沙市政府采购监督管理局	http://changs.ccgp-hunan.gov.cn:8717/index	协议供货
	岳阳市	岳阳市政府采购网	岳阳市财政局	http://yuey.ccgp-hunan.gov.cn/indexarea.cfm	协议供货
	张家界市	张家界市政府采购网	张家界市财政局	http://zjj.ccgp-hunan.gov.cn/indexarea.cfm	协议供货
安徽省	合肥市	合肥市公共资源交易中心	合肥市公共资源交易监督管理局、安徽省合肥市公共资源交易中心	http://www.hfzfcg.gov.cn/Hfzbtb/	批量采购 协议供货
	芜湖市	芜湖市公共资源交易中心	芜湖市公共资源交易中心	http://www.whzbb.com.cn/wh-web/	协议供货
	池州市	池州市公共资源交易网	池州市公共资源交易监督管理局	http://www.czztbj.cn/chiztpfront/	协议供货
江苏省	南京市	南京市政府采购网	南京市财政局	http://www.njgp.gov.cn/	协议供货
	苏州市	苏州市政府采购网	苏州市财政局	http://www.zfcg.suzhou.gov.cn/html/main/index.shtml	协议供货
	宿迁市	宿迁市政府采购网	宿迁市财政局	http://zfcg.suqian.gov.cn/	协议供货
浙江省	杭州市	杭州市政府采购网	杭州市财政局、杭州市地方税务局	http://cg.hzft.gov.cn/www/index.do	协议供货
	宁波市	宁波市政府采购网	宁波市财政局	http://www.nbzfcg.cn/index.aspx	协议供货
	舟山市	舟山市政府采购网	舟山市财政局	http://www.zszfcg.gov.cn/	批量采购 协议供货

续表

省（自治区、直辖市）	地市级政府	评估网对象	网站归属	网站	采购模式
福建省	福州市	福州市政府采购网	福州市财政局政府采购办	http://www.fzzfcg.gov.cn/	协议供货
	厦门市	厦门市政府采购网	厦门市财政局政府采购办	http://www.xmzfcg.gov.cn/	协议供货
	宁德市	宁德市政府采购网	宁德市财政局政府采购办	http://www.ndzfcg.gov.cn:7891/n/ndzfcg/index.do	协议供货
江西省	南昌市	南昌市政府采购网	南昌市财政局政府采购办	http://www.ncszfcg.gov.cn/	协议供货
	赣州市	赣州市政府采购网	赣州市财政局	http://www.gzzfcg.gov.cn/	协议供货
	鹰潭市	江西省政府采购网	江西省财政厅政府采购办	http://ggzy.jiangxi.gov.cn/jxzbw/zfcg/	协议供货
		江西省公共资源交易网	江西省公共资源交易中心	http://ggzy.jiangxi.gov.cn/jxzbw/	协议供货
广东省	广州市	广州市政府采购网	广州市财政局	http://www.gzg2b.gov.cn/	批量采购协议供货
		广州市资源交易网（协议采购平台）	广州市公共资源交易中心	http://xygy.gzgp.org/OrderXinList.aspx	批量采购协议供货
	深圳市	深圳市政府采购网	深圳市政府采购中心	http://www.cgzx.sz.gov.cn/	协议供货
	云浮市	广东省财政厅网上办事大厅——云浮市政府采购系统	广东省财政厅	http://yunfu.gdgpo.com/	协议供货
海南省	海口市	海口市政府	海口市人民政府	http://www.haikou.gov.cn/xxgk/szfbjxxgk/cztz/zfcg/cggg/	协议供货
	三亚市	三亚市政务中心公共资源交易网	三亚市人民政府政务服务中心	http://ztb.sanya.gov.cn/sanyaztb/Default.aspx	协议供货
	儋州市（无网站）	儋州市本级无政府采购网，政府门户网站未公开货物类采购信息，海南省政府采购网仅公开了儋州市2015年的33条招标公告信息，且仅有少数几条货物类的采购信息			协议供货

续表

省（自治区、直辖市）	地市级政府	评估网对象	网站归属	网站	采购模式
贵州省	贵阳市	贵阳市政府采购网	贵阳市公共资源交易中心	http://www.gygp.gov.cn/	协议供货
	遵义市	贵州省政府采购网	贵州省财政厅政府采购管理处	http://www.ccgp-guizhou.gov.cn/home	协议供货
	安顺市	安顺市公共资源交易网	安顺市公共资源交易中心	http://www.ggzy.anshun.gov.cn/	协议供货
云南省	昆明市	昆明市公共资源交易网	昆明市公共资源交易监督管理委员会办公室、昆明市公共交易中心	http://www.kmggzy.com/	协议供货
	曲靖市	云南省政府采购网	云南省财政厅	http://www.yngp.com/	协议供货
	怒江傈僳族自治州	云南省政府采购网	云南省财政厅	http://www.yngp.com/	协议供货
四川省	成都市	成都市公共资源交易服务中心	成都市公共资源交易服务中心	http://www.cdggzy.com/	批量采购
	绵阳市	绵阳市政府采购网	绵阳市政府采购中心	http://218.89.178.147/ceinwz/indexscmyzfcg.htm	批量采购
		四川省政府采购网	四川省财政厅	http://www.sczfcg.com/view/sr-platform/portal/index.html	批量采购
	甘孜藏族自治州	甘孜藏族自治州政府网站	甘孜藏族自治州人民政府	http://www.gzz.gov.cn/10000/index.shtml	批量采购
		四川省政府采购网	四川省财政厅	http://www.sczfcg.com/view/sr-platform/portal/index.html	批量采购

续表

省（自治区、直辖市）	地市级政府	评估网对象	网站归属	网站	采购模式
陕西省	西安市	西安市政府采购网	西安市财政局	http://www.xazfcg.gov.cn/	协议供货
	铜川市（无网站）	铜川市政府门户网站的采购信息很少，且陕西省政府采购网到铜川市的采购入口链接无效			协议供货
	榆林市（无网站）	榆林市政府门户网站的采购信息大多为工程类招投标，陕西省政府采购网到榆林市的采购入口链接无效，陕西省政府采购网也没有榆林市的专栏			协议供货
青海省	西宁市	青海省政府采购网	青海省财政厅政府采购监督管理处	http://www.ccgp-qinghai.gov.cn/ftl/jilin/dituIndex.html	协议供货
	海西蒙古族藏族自治州	青海省政府采购网	青海省财政厅政府采购监督管理处	http://www.ccgp-qinghai.gov.cn/ftl/jilin/dituIndex.html	协议供货
	果洛藏族自治州	青海省政府采购网	青海省财政厅政府采购监督管理处	http://www.ccgp-qinghai.gov.cn/ftl/jilin/dituIndex.html	协议供货
甘肃省	兰州市	兰州市公共资源交易网	兰州市公共资源交易中心	http://ggzy.lanzhou.gov.cn/	协议供货
		甘肃省政府采购网	甘肃省财政厅	http://www.gszfcg.gansu.gov.cn/	协议供货
	酒泉市	甘肃省政府采购网	甘肃省财政厅	http://www.gszfcg.gansu.gov.cn/	协议供货
	甘南藏族自治州	甘肃省政府采购网	甘肃省财政厅	http://www.gszfcg.gansu.gov.cn/	协议供货
		甘南藏族自治州公共资源交易网	甘南藏族自治州公共资源交易中心	http://www.gnggzyjy.com/	协议供货

续表

省（自治区、直辖市）	地市级政府	评估网对象	网站归属	网站	采购模式
内蒙古自治区	呼和浩特市	内蒙古自治区政府采购网	内蒙古自治区财政厅	http://www.nmgp.gov.cn/	协议供货
	包头市	包头市政府采购网	包头市财政局	http://www.btzfcg.gov.cn/	协议供货
	乌海市	乌海市公共资源交易中心	乌海市公共资源交易中心	http://www.whggzy.com/index!index.action	协议供货
新疆维吾尔自治区	乌鲁木齐市	乌鲁木齐市政府采购网	乌鲁木齐市财政局	http://www.ccgp-xinjiang.gov.cn/mos/cms/html/116/index.html	协议供货
	伊犁哈萨克自治州	伊犁州政府采购网	伊犁哈萨克自治州财政局	http://www.ccgp-xinjiang.gov.cn/mos/cms/html/119/index.html	协议供货
	克孜勒苏柯尔克孜州	克孜勒苏柯尔克孜州政府采购网	克孜勒苏柯尔克孜州财政局	http://www.ccgp-xinjiang.gov.cn/mos/cms/html/111/index.html	协议供货
西藏自治区	拉萨市	拉萨市公共资源交易中心（拉萨市公共资源交易信息网）	拉萨市住房和城乡建设局、拉萨市公共资源交易中心	http://www.lsggzy.cn/	协议供货
	日喀则市（无网站）	无政府网站，其他网站公布的日喀则市采购信息不全			协议供货
	林芝市（无网站）	政府门户网站无专栏发布采购信息，其他网站公布的政府采购信息也不全			协议供货
广西壮族自治区	南宁市	南宁市政府采购网	南宁市政府集中采购中心	http://www.purchase.gov.cn/	协议供货
	柳州市	柳州市政府采购网	柳州市财政局	http://www.zfcg.gov.cn/	协议供货
	贺州市	贺州市公共资源交易中心	贺州市公共资源交易中心	http://www.hzzfcg.com/v.1/	协议供货

续表

省（自治区、直辖市）	地市级政府	评估网对象	网站归属	网站	采购模式
宁夏回族自治区	银川市	银川市公共资源交易服务平台	银川市公共资源交易服务中心	http://www.ycsggzy.cn/	协议供货
	石嘴山市	石嘴山市政务服务中心（石嘴山市公共资源交易中心）	石嘴山市政务服务中心	http://www.szsggzy.cn/	协议供货
	固原市	固原市公共资源交易网	固原市公共资源交易中心	http://gysggzyjy.cn/	协议供货

第三篇

政府信息公开工作年度报告发布情况评估报告（2016）

摘要： 根据《政府信息公开条例》，行政机关应当在每年3月31日前发布本机关上一年的政府信息公开工作年度报告。政府信息公开工作年度报告是对本机关上一年政府信息公开工作的总结分析，对社会发布，一则有助于向社会展示自身公开工作情况，二则有助于为社会评议政府信息公开工作提供素材和依据。通过对2016年国务院部门和地方政府发布年度报告的情况进行比对和分析，可以发现，行政机关普遍可以做到按时发布年度报告，有的地方和部门能够做到集中展示年度报告，有的行政机关发布的年度报告内容详细充实。但也还有不少行政机关发布的年度报告存在一定问题，有的行政机关的年度报告展示的事项公开不细，如依申请公开的详细数据说明不到位，有的年度报告内容与往年或者其他部门年度报告有雷同，还有的年度报告数据不准确，等等。随着政务公开工作的推进，政府信息公开年度报告的发布应当更加规范化和精确化，因此，做好年度报告的发布首先要做好日常统计分析，细化年度报告内容，详细展示自身政府信息公开成效与问题，并善于用信息化手段做到便于查询获取。

关键词： 政府信息公开　透明政府　年度报告

Abstract: According to the Regulation on the Disclosure of Government Information, administrative organs at various levels shall disclose their respective annual reports on government information disclosure work before March 31st of every year. A report on government information disclosure work is the summarization and analysis by a government organ of its own government information disclosure work in the pervious year. The publication of such reports serves two purposes: firstly, to enable government organs to demonstrate their information disclosure work to the public, secondly, to provide materials and basis for the social appraisal of government information disclosure work. Through the comparative analysis of annual reports on government information disclosure work published by various administrative organs under the State Council and local governments at various levels in 2016, it is shown that, generally speaking, administrative organs in China are able to publish on time their annual reports on government information disclosure work. Some administration organs have even realized the concentrated display of annual reports, and some administration organs publish annual reports with detailed and substantial contents. However, there are still some problems in the annual reports of many administrative organs. For examples, some reports lack detailed information about the disclosed items or detailed explanation of the data disclosed upon application; some have contents identical to those of the previous year or those published by other administrative organs in the same year; and some contain inaccurate data. With the progress of the openness of government affairs, the publication of annual report on government information disclosure work should become more standardized and elaborate. To do so, government organs must pay more attention to their routine statistical and analytical work, further enrich the content of their reports so as to include detailed information about the achievements and existing problems in their information disclosure work, and make better use of information technology to render government information more accessible and easier to use by the public.

Key Words: Disclosure of Government Information; Transparent Government; Annual Report

政府信息公开工作年度报告（以下简称"年度报告"）是行政机关对本机关上一年度政府信息公开工作的总结，是考察和评价其政府信息公开工作成效最重要的信息来源和依据。《中华人民共和国政府信息公开条例》（以下简称《政府信息公开条例》）要求行政机关每年不仅要总结分析上一年公开政府信息的情况，还需要向社会公开该总结报告。

发布年度报告的做法最早兴起于企业，年度报告是企业向股东及其他利益群体说明企业年度经营活动和财务状况的重要形式，上市公司的年度报告还要向社会公开。以前，行政机关每年都会做年终总结，但一般不向社会公开。《政府信息公开条例》制定时吸纳域外经验，做了创新性规定，要求行政机关每年不仅要总结分析上一年公开政府信息的情况，还需要向社会公开该总结报告。[①] 编制年度报告，一方面是要求行政机关对上一年度的政府信息公开工作取得的成效和面临的问题作出全面深入的分析，查找问题，寻找完善路径；另一方面，则是要求其开诚布公地向社会作出说明，自己做得好不好要让公众来评点，让公众来监督，不仅让公众通过从行政机关获取信息而在满足自身信息需求方面有获得感，更要让其对政府信息公开工作有参与感，群策群力，共同推进政府信息公开工作。

为评估国务院部门及各省级政府对政府信息公开工作的落实情况，中国社会科学院法学研究所国家法治指数研究中心、法治指数创新工程项目组（以下称"项目组"）自2009年以来，持续对年度报告的发布情况进行评估，[②] 本次评估涉及部分行政机关于2016年3月31日前公开其2015年政

[①] 参见周汉华主编《政府信息公开条例专家建议稿——草案·说明·理由·立法例》，中国法制出版社2003年版，第156—159页。

[②] 参见《中国地方政府透明度年度报告（2009）》，载《法治蓝皮书（2010）中国法治发展报告No.8》，社会科学文献出版社2010年版；《中国政府透明度年度报告（2010）》，载《法治蓝皮书（2011）中国法治发展报告No.9》，社会科学文献出版社2011年版；《中国政府透明度年度报告（2011）》，载《法治蓝皮书（2012）中国法治发展报告No.10》，社会科学文献出版社2012年版；《中国政府透明度年度报告（2012）》，载《法治蓝皮书（2013）中国法治发展报告No.11》，社会科学文献出版社2013年版；《中国政府透明度年度报告（2013）》，载《法治蓝皮书（2014）中国法治发展报告No.12》，社会科学文献出版社2014年版；《中国政府透明度年度报告（2014）》，载《法治蓝皮书（2015）中国法治发展报告No.13》，社会科学文献出版社2015年版；《中国政府透明度年度报告（2015）》，载《法治蓝皮书（2016）中国法治发展报告No.14》，社会科学文献出版社2016年版；《中国政府信息公开第三方评估报告（2014）》，中国社会科学出版社2015年版；《中国政府信息公开第三方评估报告（2015）》，中国社会科学出版社2016年版。

府信息公开工作年度报告的情况。本报告对此次评估结果进行分析。

一 评估对象及指标设计

（一）评估对象

本次评估的对象为55家对外拥有行政管理职权的国务院部门及31家省级政府，共含86家行政机关的87个网站（国家新闻出版广电总局运行两个网站，分别发布新闻出版方面和广播影视方面的政府信息公开工作年度报告）。评估中，项目组还对部分地方的政府组成部门及地市级政府的年度报告发布情况做了分析。下载各行政机关年度报告的时间截至2016年4月1日。

（二）评估内容

按照《政府信息公开条例》的要求，各级行政机关应当在每年3月31日前公布本行政机关的政府信息公开工作年度报告，且政府信息公开工作年度报告应当包括下列内容：行政机关主动公开政府信息的情况；行政机关依申请公开政府信息和不予公开政府信息的情况；政府信息公开的收费及减免情况；因政府信息公开申请行政复议、提起行政诉讼的情况；政府信息公开工作存在的主要问题及改进情况；其他需要报告的事项。

基于此，本次评估的内容包括："年度报告发布情况""年度报告新颖性""年度报告内容"三项一级指标。

第一，"年度报告发布情况"包含"2015年年度报告发布情况"和"是否发布了2008—2014年年度报告"两项二级指标。其中，"2015年年度报告发布情况"包含"是否设置年度报告集中发布平台""2015年年度报告是否发布""2015年年度报告发布时间""年度报告是否可复制或下载"四项三级指标。

第二，"年度报告新颖性"包含"形式新颖性"和"内容新颖性"两项二级指标。其中，"形式新颖性"包括"是否采取图文并茂的方式进行说明"和"是否有独立于年度报告正文的图解说明"两项三级指标。"内容新颖性"

则重点评价年度报告内容是否与往年或其他机关的报告相雷同的情况。

第三,"年度报告内容"包含"主动公开信息情况""依申请公开信息情况""因政府信息公开被复议被诉情况""是否说明 2015 年信息公开工作中存在的问题及改进措施"四项二级指标。其中,"主动公开信息情况"包括"是否说明重点领域信息公开落实情况""是否详细说明不同渠道主动公开信息的情况""是否说明全国人大代表建议和全国政协委员提案办理公开情况"三项三级指标;"依申请公开信息情况"包括"是否说明 2015 年政府信息公开申请量""是否对 2015 年政府信息公开数量居前的事项作说明""是否说明 2015 年政府信息公开答复情况""是否说明依申请公开收费情况"四项三级指标。

省级政府和国务院部门在一级指标和二级指标设计方面完全相同,三级指标方面省级政府比国务院部门多一项,即"是否对 2015 年政府信息公开数量居前的部门作说明"。

(三) 评估方法

评估采取观察年度报告发布形式与发布时间、分析年度报告内容及披露的数据等方式。为了考察评估对象年度报告内容是否与本机关往年年度报告或者其他机关的年度报告重复,项目组还对年度报告内容进行了技术检测。技术检测重点对各评估对象历年年度报告的概述、存在问题、未来改进措施部分进行了重复率扫描。

项目组于 2016 年 4 月 1 日前完成了对所有评估对象年度报告发布情况的数据收集工作,本报告对年度报告发布时间的评估截至 2016 年 3 月 31 日 24 时,年度报告发布形式、报告内容的评估依据 2016 年 4 月 1 日前各评估对象发布的年度报告,之后各评估对象在发布形式、发布内容上有改动的,本报告不予关注和统计。

二 评估的总体结果

本年度评估发现,各评估对象在以年度报告方式总结分析本机关上一年度政府信息公开工作情况方面已有了较为成熟的经验,普遍按时发布政府信息公开工作年度报告,且年度报告的编制质量明显提升。

经过反复核查,仅 1 家国务院部门未能按时将本机关上一年度政府信息公开工作年度报告发布在本机关门户网站上。对于年度报告需要向外披露的信息、数据,绝大多数评估对象都可以作出说明,但本机关政府信息公开机构建设、人员配备、经费投入、不公开决定的详细分类等信息的披露情况不理想,且多数年度报告并未做到配发图解、以生动的方式解读年度报告。

(一) 国务院部门年度报告评估结果分析

从 55 家国务院部门 56 份年度报告的发布情况看,年度报告可复制或者可下载情况、主动公开信息情况的说明、依申请公开收费情况均披露较好,但人员投入情况、经费投入情况普遍披露不佳,且极少能为年度报告配发独立于年度报告正文的图文解读信息(见图 3-1)。

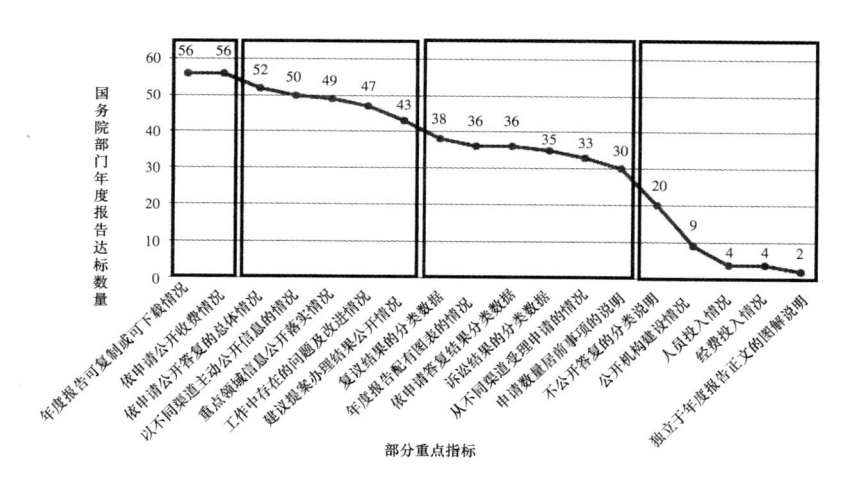

图 3-1 国务院部门在部分评估事项中的达标情况 (份)

55 家国务院部门的 56 份年度报告在 18 项评估指标的达标情况可以分为四个梯队。

第一梯队为全部达标的梯队。56 份国务院部门年度报告在"年度报告可复制或可下载情况""依申请公开收费情况"两方面全部达标。

第二梯队为达标情况较好的梯队。52 份国务院部门年度报告披露了本机关上一年度"依申请公开答复的总体情况"方面的数据；50份国务院部门年度报告披露了本机关上一年度"以不同渠道主动公开信息的情况"；49份国务院部门年度报告披露了本机关上一年度"重点领域信息公开落实情况"方面的数据；47份国务院部门年度报告阐释了本机关"工作中存在的问题及改进情况"；43份国务院部门年度报告披露了本机关上一年度"建议提案办理结果公开情况"方面的信息。[①] 总体来讲，这几项指标的完成度较好。

但也还存在以下几个方面的问题。一是依申请公开答复的总体情况公开得还不够理想。本部门一年中答复了多少申请、答复结果的分类数据（如决定公开数量、不公开数量等）等应属于依申请公开情况的基础数据，也是年度报告必须要包含的内容，但部分年度报告中并没有体现出此内容。二是在内容方面还存在照搬往年年度报告的情况。评估发现多家国务院部门在年度报告概况部分及问题与改进措施部分与该机关往年年度报告相比，存在重复率高、内容雷同的情况。三是部分年度报告的内容要素缺失。如国务院办公厅发布的《2015年政府信息公开工作要点》着重要求公开的重点领域信息，尚有7份年度报告没有对此作出详细说明。又如《国务院办公厅关于做好全国人大代表建议和全国政协委员提案办理结果公开工作的通知》（国办发〔2014〕46号）要求在政府信息公开工作年度报告中说明上一年建议和提案办理结果公开情况，但是仍旧有13份年度报告中没有此项内容。四是部分年度报告未对行政机关通过不同渠道主动公开信息的情况（利用了哪些平台、发布了多少信息等）作出详细的描述。五是对工作中存在的问题和改进的措施写得较为空泛，有些部门仅仅用一句话带过，缺乏深入分析。

第三梯队为达标情况一般的梯队。38份国务院部门年度报告对本机关上一年度因政府信息公开申请行政复议的处理结果披露了详细的分类数

[①] 依据《国务院办公厅关于做好全国人大代表建议和全国政协委员提案办理结果公开工作的通知》（国办发〔2014〕46号），从2015年开始，各地区、各部门对于涉及公共利益、公众权益、社会关切及需要社会广泛知晓的建议和提案办理复文，应当采用摘要公开的形式，公开办理复文的主要内容，适当公开本单位办理建议和提案总体情况、全国人大代表和全国政协委员意见建议吸收采纳情况、有关工作动态等内容。

据（如决定被维持、决定被撤销等）；36份国务院部门年度报告配有表格、图表，能够以图文并茂的方式展示政府信息公开工作，对有关内容的描述较为直观；36份国务院部门年度报告披露了本机关上一年度依申请答复结果的分类数据；35份国务院部门年度报告披露了因政府信息公开被诉的结果分类数据；33份国务院部门年度报告披露了本机关上一年度不同渠道收到信息公开申请的数据；30份国务院部门年度报告对本机关上一年度申请数量居前事项作出了说明。

总体来看，第三梯队所涉指标的完成度不是非常理想。一是仍有不少行政机关未能做到以图文并茂的方式编写年度报告。对年度报告作出此项要求的主要目的不仅仅是提高年度报告的通俗性与可读性，更是为了推动年度报告撰写更加注重有理有据，以提升其内容质量。但是，仍有20份国务院部门年度报告没有做到图文并茂，仅是纯文字版本，占比达35.71%。二是有20份国务院部门年度报告没有对依申请公开答复结果的分类数据进行描述，即未能按照决定公开的数量、不公开的数量及部分公开的数量对答复结果作分类说明，占比为35.71%。23份国务院部门年度报告未对不同渠道受理政府信息公开申请的数量作出说明和描述，占比为41.07%。三是26份国务院部门年度报告没有对申请居前的事项作出说明，占比为46.43%。四是18份国务院部门年度报告未对因政府信息公开申请行政复议的结果作出分类详细说明，21份国务院部门年度报告未对因政府信息公开提起行政诉讼的结果作出分类说明，占比分别为32.14%和37.50%。

第四梯队为达标情况不理想的梯队。仅有20份国务院部门年度报告对本机关上一年度作出的不公开答复进行了分类说明；仅有9份国务院部门年度报告对本机关上一年度信息公开机构建设情况作出了描述；仅有4份国务院部门年度报告在附表中列明本机关上一年度政府信息公开工作人员和经费投入信息；仅有海关总署和国家安全生产监督管理总局这2家国务院部门年度报告配有独立于年度报告正文的图解说明，即在年度报告之外，配发图解，对年度报告内容作了进一步通俗易懂的展示。

（二）省级政府的年度报告评估结果分析

31家省级政府的年度报告在上述18项指标的达标情况方面，可以分为四个梯队（见图3-2）。各省级政府的政府信息公开工作年度报告普遍对重点领域政府信息公开落实情况、通过各渠道主动公开信息的情况作了描述。但多数年度报告未对自身机构建设情况作出说明，未列明申请量较为集中的部门，未配备独立于年度报告的图解。

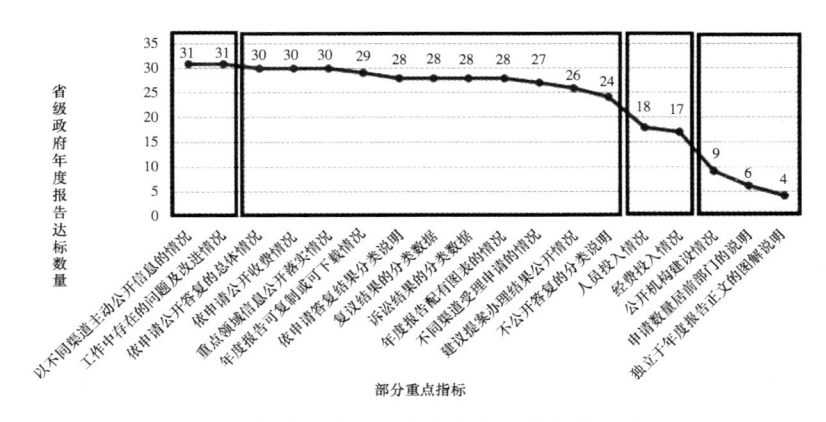

图3-2 省级政府在部分评估事项中的达标情况（份）

第一梯队为全部达标的梯队。31家省级政府均在其年度报告中披露了"以不同渠道主动公开信息的情况"，即列明通过哪种渠道发布了多少信息，并对"工作中存在的问题及改进情况"进行了详细说明。

第二梯队为达标情况较好的梯队。有30家省级政府年度报告对上一年度全省"依申请公开答复的总体情况""依申请公开收费情况"作了描述，且对"重点领域信息公开落实情况"作了详细描述。29家省级政府的年度报告可以复制或下载，确保了所发布的年度报告可供公众有效获取。28家省级政府的年度报告注重使用图表直观展示报告内容并对上一年度全省作出依申请答复的结果作了分类说明。28家省级政府的年度报告对上一年度全省因政府信息公开被复议和被诉的结果作了分类说明。27家省级政府的年度报告就公众提出申请的方式作了分类说明。26家省级政府的年度报告对公开建议提案办理情况作了说明。24家省级政府的年度报告对不公开答复作了分类说明。

第三梯队是达标情况一般的梯队。18家省级政府的年度报告对上一年度本省政府信息公开人员投入情况作了说明；17家省级政府的年度报告对上一年度本省在政府信息公开方面的经费投入情况作了说明。

第四梯队是达标情况不理想的梯队。仅有9家省级政府的年度报告对上一年度政府信息公开机构建设情况作了说明；6家省级政府的年度报告对上一年度收到的政府信息公开申请数量居前位部门的情况作了说明；4家省级政府的年度报告配有独立的图解说明。

（三）国务院部门与省级政府的年度报告对比分析

从国务院部门和省级政府发布政府信息公开工作年度报告情况对比来看，省级政府各方面表现均更好（见表3-1）。

表3-1 国务院部门和省级政府的政府信息公开工作年度报告部分重点指标对比情况

部分评估指标			省级政府		国务院部门	
			未达标数量	未达标比率（%）	未达标数量	未达标比率（%）
数据统计	主动及依申请公开信息	以不同渠道主动公开信息的情况	0	0	6	10.71
		依申请公开答复的总体情况	1	3.23	4	7.14
		不同渠道受理申请的情况	4	12.90	23	41.07
		依申请答复结果分类数据说明	3	9.68	20	35.71
		不公开答复的分类说明	7	22.58	36	64.29
	复议诉讼情况	因政府信息公开提起行政诉讼的结果分类数据	3	9.68	21	37.50
		因政府信息公开申请行政复议的结果分类数据	3	9.68	18	32.14
	信息公开建设情况	人员投入情况	13	41.94	52	92.86
		经费投入情况	14	45.16	52	92.86
		机构建设情况	22	70.97	47	83.93

续表

部分评估指标			省级政府		国务院部门	
内容要素	内容全面性	重点领域信息公开落实情况	1	3.23	7	12.50
		建议提案办理结果公开情况	5	16.13	13	23.21
		工作中存在的问题及改进情况	0	0	9	16.07
形式要素	形式新颖性	报告配发图表的情况	3	9.68	20	35.71

其中，所有省级政府均对通过不同渠道主动公开信息的情况进行了描述，并且，对上一年政府信息公开工作中出现的问题进行了梳理，对下一年度政府信息公开工作的安排作了描述，其中很多评估对象的年度报告对这一部分描述非常详细。在"建议提案办理结果公开情况"以及"重点领域信息公开落实情况"两项指标中，省级政府整体情况同样优于国务院部门。《2015年政府信息公开工作要点》对重点领域信息公开工作提出了明确要求，《国务院办公厅关于做好全国人大代表建议和全国政协委员提案办理结果公开工作的通知》（国办发〔2014〕46号）还对公开建议提案办理结果提出了要求。但是评估发现，国务院部门中仍然有将近三成的部门年度报告中没有体现出或者没有明确体现出上述内容。

《国务院办公厅关于加强和规范政府信息公开情况统计报送工作的通知》（国办发〔2014〕32号）对加强政府信息公开工作的统计提出明确要求，要求政府信息公开统计数据采用Excel格式报送，并在通知后附有样表，内容涵盖了项目组所有的评估事项。特别是该通知还要求，各省（自治区、直辖市）人民政府、国务院各部门要高度重视政府信息公开统计工作，将其作为编制政府信息公开工作年度报告、总结和推进政府信息公开工作的重要内容。但是评估发现，年度报告中附有该表格的并不是很多，对于政府信息公开工作的各项内容还有很多评估对象不能做到用数据进行详细描述。将近一半的国务院部门没有在年度报告中发布相关的分类数据统计。如在"从不同渠道受理申请的情况"方面，不少评估对象没有说明通过不同渠道受理政府信息公开申请的数量，如当事人当面申请几件、通过网络方式或者信件方式申请了几件等；在"依申请答复结果分类数据说明"方面，有的未能说明在所有申请中，公开了多少件，部分公开了多少件，不公开多少件；在"不公开答复的分类说明"方面，有的未对不公开的理由以及数量作出描述，如多少件是因为涉及国家秘密不予公开，多少件是因为非本机关掌握不予公开等。

而对政府信息公开机构建设情况、人员投入情况、经费投入情况的描述则普遍不理想。国务院部门方面，仅7.14%的国务院部门在年度报告中对政府信息公开人员和经费投入情况进行了说明。16.07%的国务院部门年度报告对政府信息公开机构建设情况进行描述，在47家未达标的国务院部门年度报告中，有3份虽然有政府信息公开机构建设方面的信息，但是描述不明确，其余44份年度报告中则完全没有相关信息。省级政府方面，58.06%的省级政府年度报告对政府信息公开人员投入情况进行了说明。54.84%的省级政府年度报告对经费投入情况进行了说明。29.03%的省级政府年度报告对政府信息公开机构建设情况进行了说明。在22家未达标的省级政府年度报告中，有的年度报告虽然有政府信息公开机构建设方面的信息，但是描述不明确，其中有的仅在年度报告的附表中标明机构数量，而无其他较为详细的描述，如上海市、江苏省、天津市、黑龙江省、甘肃省等；还有的年度报告则完全没有相关信息，如重庆市、河北省、云南省、广东省、海南省、新疆维吾尔自治区等。

形式方面，国务院办公厅多次发文要求年度报告内容应当图文并茂，增强可读性。省级政府在这一方面做得较好，绝大部分年度报告不仅图文并茂，而且评估中还出现了多种创新的年度报告展示方式，令人眼前一亮。而在国务院部门中有20份年度报告是纯文字版本。

三　评估中发现的亮点

回顾自2008年《政府信息公开条例》实施以来年度报告发布的情况，

可以看到各地区各部门年度报告发布越来越规范、报告内容越来越翔实，这是进一步深化政府信息公开工作的重要体现，为做好政府信息公开第三方评估和政府信息公开社会评议奠定了基础。

从 2016 年的评估结果看，总体上，大部分国务院部门及省级政府的政府信息公开工作年度报告都能做到按时发布；有专门的公开栏目；大多数年度报告要素齐全，内容翔实，图文并茂。部分省级政府更是能做到切实落实《2015 年政府信息公开工作要点》要求，对重点领域、热点解读、回应关切等方面做了较为详细的阐述，并能积极主动创新年度报告的发布机制，完善平台建设。

（一）绝大多数评估对象能够按时发布年度报告

《政府信息公开条例》第三十一条规定："各级行政机关应当在每年 3 月 31 日前公布本行政机关的政府信息公开工作年度报告。"经过持续跟踪观察，截至 2016 年 3 月 31 日 24 时，54 家国务院部门、31 家省级政府均发布了本机关 2015 年信息公开工作年度报告。这表明，国务院部门和省级政府按时发布年度报告的情况已经较为理想。

其中，国家发展和改革委员会、国有资产监督管理委员会、国家旅游局等 16 家国务院部门，北京市、吉林省、辽宁省、河北省、宁夏回族自治区等 8 家省级政府的年度报告发布时间较规定时间平均提前 7—8 天。并且，从宁夏回族自治区政府门户网站的年度报告集中发布平台上可看出，其组成部门及下级地方政府的年度报告于 2016 年 3 月 2—4 日集中发布，说明其对年度报告编制及发布工作较为重视，对其本级政府部门及下级地方政府年度报告发布工作的指导监督工作较为有效。

（二）评估对象均在门户网站设置年度报告公开专栏，不少对象设有集中展示平台

大部分省级政府在其公开专栏中公布了 2008—2015 年年度报告，部分省级政府还在集中平台上公布了其组成部门及下级政府自 2008 年以来的年度报告。其中，上海市早在《政府信息公开条例》出台之前，自 2004 年就开始实施政府信息公开制度，因此，其公布了 2004—2015 年年

度报告。

本次评估发现的一个亮点是有的评估对象采取了集中展示的方式对外发布下属机关的年度报告。中国政府网开设了"2015年政府信息公开工作年度报告"栏目（http://www.gov.cn/zhuanti/2015zfxinxigongkaibaogao/index.htm），集中展示国务院部门、省级政府2015年年度报告。31家省级政府门户网站均开设了集中展示平台，集中公开本级政府部门、下属地市级政府的年度报告。国土资源部、工业和信息化部、中国人民银行、国家海关总署、国家安全生产监督管理总局、国家统计局、国家税务总局、中国民用航空局等国务院部门也设置集中发布平台展示下级部门的年度报告，如国土资源部集中展示了各地国土资源厅（局）的年度报告，中国人民银行集中展示了各分支机构的年度报告，国家安全生产监督管理总局集中展示了各地煤监局的年度报告。在集中平台的建设方面，绝大多数集中平台建设比较好，如国土资源部、内蒙古自治区、山西省、上海市、贵州省等，或者在集中平台有清晰的分类，或者提供了检索模式，便于查找。集中展示提高了年度报告的查询便利度，也有助于横向比较各地方各部门的年度报告质量与政府信息公开工作成效。

（三）部分评估对象注重年度报告的形式新颖性

评估结果显示，与往年相比，此次发布的年度报告普遍注重报告形式的新颖性，绝大多数年度报告都做到了图文并茂，注重运用表格、图片，有图有真相，直观展示自身工作的进展与成效。同时，不少地方和部门发布的年度报告提供了网页格式、Word版本、PDF版本等多个版本，有助于满足公众的多元化信息需求。

如陕西省年度报告中有2008—2015年相关公开数据的对比图；中国保险监督管理委员会年度报告中插入的图片格式简洁统一；福建省、青海省的年度报告形式新颖，以电子书的方式呈现，文字与图片穿插，视觉效果突出；湖北省年度报告样式精美，提要与内容并行；四川省年度报告也提供电子书模式，且版面设计更加合理，部分图片可以放大细看。

此外，政府信息公开工作年度报告作为对过去一年行政机关信息公开工作的总结，其内容必然会涉及各种文件、新闻、专题、栏目等。若公众需查询其所述内容的具体信息，就需在政府门户网站中进行搜索。评估发现，国家质量监督检验检疫总局、教育部、水利部等的年度报告设计以便利公众查询为出发点，对年度报告中所涉及的文件、新闻、专题、栏目等均配置了链接。公众在阅读年度报告的过程中若对某项内容感兴趣，就可以直接点击进入相应的板块。国家烟草专卖局在年度报告的网页上还设置有"减小字体或增大字体"的按钮，可以对字体进行适当的调整。这些年度报告形式上的创新都体现了评估对象重视年度报告的形式新颖性，从便民利民和提高阅读体验的角度出发，对年度报告的展现形式逐步地进行完善。

（四）绝大多数评估对象年度报告要素齐全，部分报告内容翔实、重点突出

《政府信息公开条例》第三十二条规定，年度报告应当包括行政机关主动公开政府信息的情况，行政机关依申请公开政府信息和不予公开政府信息的情况，政府信息公开的收费及减免情况，因政府信息公开申请行政复议、提起行政诉讼的情况，政府信息公开工作存在的主要问题及改进情况，以及其他需要报告的事项。《国务院办公厅关于做好全国人大代表建议和全国政协委员提案办理结果公开工作的通知》（国办发〔2014〕46号）中，也要求分阶段推进全国人大代表建议和全国政协委员提案办理结果公开，并将建议和提案办理结果公开情况作为政府信息公开工作年度报告的内容。

评估结果显示，首先，部分评估对象的年度报告内容较为翔实，如福建省、青海省、甘肃省、宁夏回族自治区等。青海省政府的年度报告对《2015年政府信息公开工作要点》中要求公开的内容均作了详细的阐述，也对2015年政府信息公开制度建设情况、是否制定指导本地区信息公开的文件、2015年政府信息公开机构建设情况、人员投入情况、经费投入情况等《2015年政府信息公开工作要点》未作要求的信息作了描述。甘肃省政府的年度报告不仅对《2015年政府信息公开工作要点》中要求的每一项内容都作了充分的描述，还对应《2015年政府信息公开工作要点》中的相关要求，在年度报告公开平台中以重点提要的方式体现了出来，使

重点内容一目了然，可按需查询。此外，有些行政机关的年度报告不仅内容翔实，还在报告中附有表格，将所有数据以附表的形式公布，使重点更加直观、突出，如农业部、交通运输部、海关总署、上海市、天津市、山东省、河南省、安徽省、江苏省、陕西省等。

其次，有些评估对象对部分要素内容阐述较为详细。《2015年政府信息公开工作要点》列出了推进行政权力清单、财政资金、公共资源配置、重大建设项目、公共服务信息、国有企业信息、环境保护、食品药品安全信息、社会组织和中介机构等9个信息公开的重点领域。评估发现，绝大多数评估对象都能对重点领域信息作较为详细的阐述，尤其是省级政府做得普遍较好，如上海市、浙江省、海南省等。

《2015年政府信息公开工作要点》除要求推进重点领域信息公开外，还要求全面加强主动公开工作、强化依申请公开管理和服务、建立健全制度机制、加强组织领导和机构队伍建设等。评估发现，各评估对象在这些内容方面的阐述情况各不相同。如甘肃省政府的年度报告对《2015年政府信息公开工作要点》中要求的"建立健全制度机制"方面阐述详细，在年度报告中以单独的标题列出，相比之下，部分评估对象容易忽略机制建设情况，或者在概述中一带而过。国家文物局、国家外汇管理局等对"加强组织领导和机构队伍建设"方面阐述较好，对人员配备、机构情况作了详细描述。国家新闻出版广电总局之新闻出版方面、商务部、宁夏回族自治区、黑龙江省等按照《国务院办公厅关于做好全国人大代表建议和全国政协委员提案办理结果公开工作的通知》（国办发〔2014〕46号）要求，详细列明了建议和提案办理结果公开情况。西藏自治区政府的年度报告对存在的问题及措施叙述详细，改进措施具有针对性，四川省政府的年度报告对政府信息公开机构建设和保障经费情况描述详细。

（五）年度报告显示部分评估对象能够主动创新公开机制

评估发现，部分评估对象能够主动探索依申请转主动公开机制，畅通申请渠道，维护公众权益。如教育部在其年度报告中提到："加强主动公开与依申请公开的工作联动，通过依申请公开工作过程中反馈的信息，将应主动公开的历史公文,通过门户网站向社会公开。对反复被提起申请的属性为'依申请公开'的文件,将属性变更为'主动公开'。"

(六) 个别评估对象能够对自身信息公开总体情况进行分析

发布政府信息公开工作年度报告的意义不仅在于能够全面直观地表现出该行政机关在上一年度政府信息公开工作中取得的成绩和存在的不足,还在于能够让行政机关在总结不足的过程中进行自我分析,以便采取相应的改进措施,也可为政府决策提供数据支持。如广西壮族自治区政府的年度报告中就对依申请情况、申请行政复议、提起行政诉讼、收到举报投诉情况作出了分析(见图3-3)。

从申请形式来看,申请方式逐渐多元化。政府信息公开申请中,当面申请3270件,占69%;传真申请64件,占1%;网络申请500件,占11%;信函申请890件,占19%。随着互联网的广泛应用,通过电子邮件提出的申请快速增加,而当面申请依然是申请的主要渠道,这主要是群众逐步知晓各级政务服务中心是政府信息公开查询点和依申请公开受理点后,在政务服务中心查询和申请都较为方便。

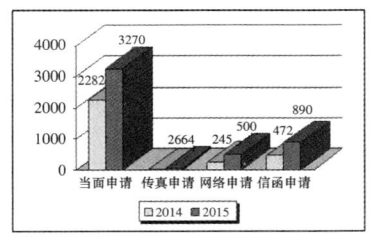

从申请内容来看,申请公开与公众自身利益密切相关的较多,主要涉及征地拆迁批文、城镇建设总体规划及土地利用总体规划文、专项资金使用情况等。以自治区各部门为例,国土资源、住房城乡建设等部门收到的申请较多。这说明我区经济社会发展过程中,因征地、拆迁等引发的社会矛盾日益突出,行政机关信息公开不到位也是客观存在的问题。

图3-3 广西壮族自治区人民政府2015年政府信息公开工作年度报告

(七) 部分评估对象附有独立于年度报告的图解说明

评估发现,部分评估对象在年度报告专栏中附有独立于年度报告的图解说明。相对于字数较多、篇幅较长的年度报告,图解说明简洁明了,一目了然。例如:海关总署(见图3-4)、北京市政府(见图3-5)、贵州省政府均配合年度报告发布了图解,其中贵州省政府的年度报告内容的说明是以视频方式呈现的(见图3-6)。

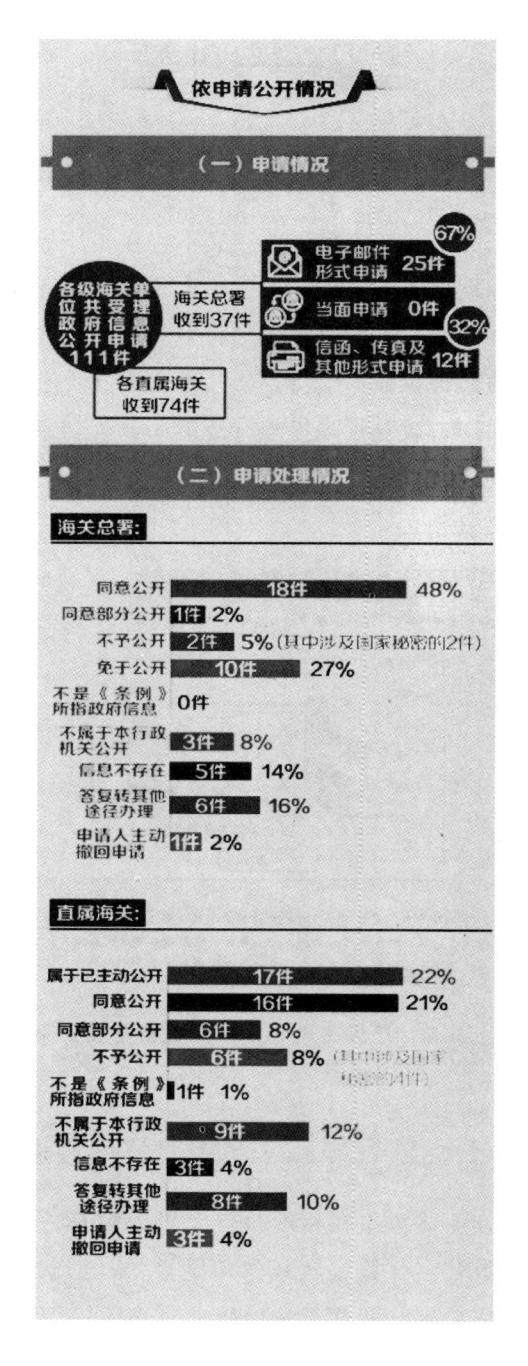

图 3-4　海关总署 2015 年政府信息公开工作年度报告图解

第三篇 政府信息公开工作年度报告发布情况评估报告(2016) | 187

2015年依申请公开 32271件

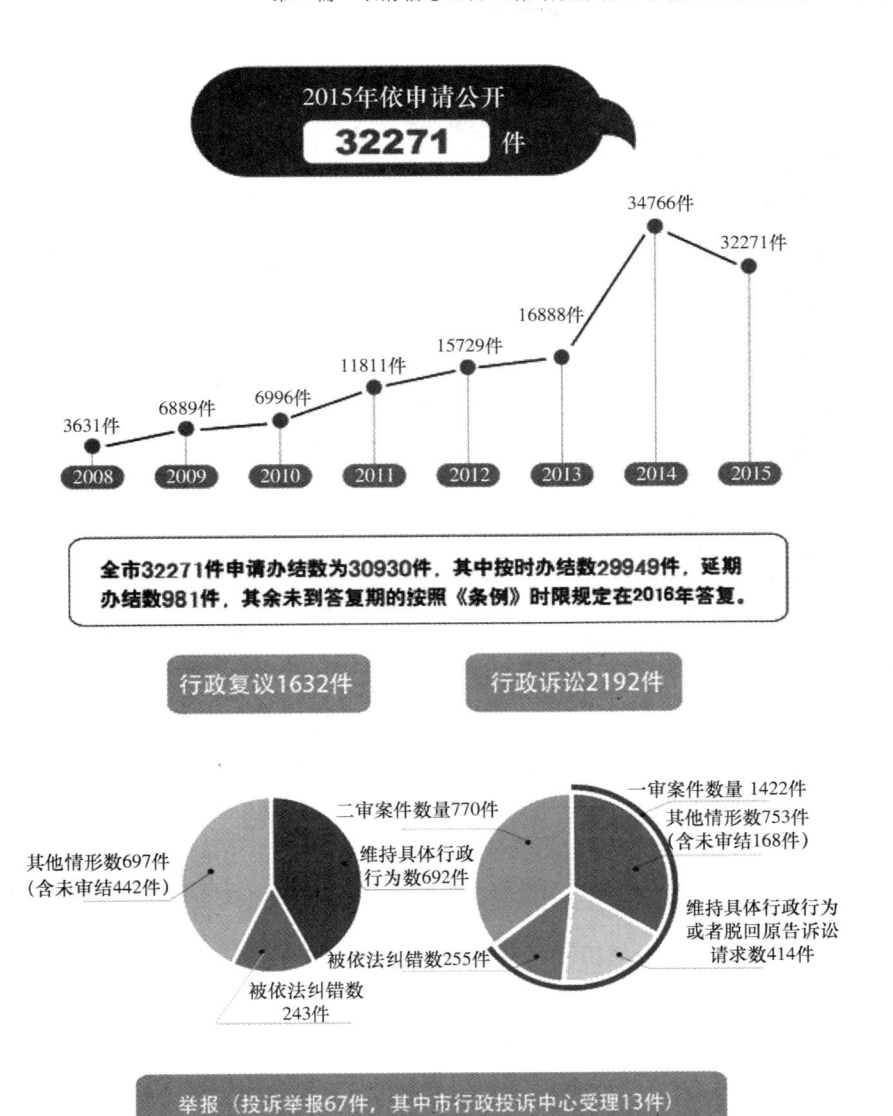

- 2008: 3631件
- 2009: 6889件
- 2010: 6996件
- 2011: 11811件
- 2012: 15729件
- 2013: 16888件
- 2014: 34766件
- 2015: 32271件

全市32271件申请办结数为30930件，其中按时办结数29949件，延期办结数981件，其余未到答复期的按照《条例》时限规定在2016年答复。

行政复议1632件

行政诉讼2192件

行政复议：
- 二审案件数量770件
- 维持具体行政行为数692件
- 其他情形数697件（含未审结442件）
- 被依法纠错数255件
- 被依法纠错数243件

行政诉讼：
- 一审案件数量1422件
- 其他情形数753件（含未审结168件）
- 维持具体行政行为或者驳回原告诉讼请求数414件

举报（投诉举报67件，其中市行政投诉中心受理13件）

图 3-5 北京市 2015 年政府信息公开工作年度报告图解

简要的图解说明可以起到导航作用，可以让公众了解到年度报告中包含了哪几个方面的要素，也可以作为一种内容提要，使有需求的公众快速定位想要获取的信息。以图解的方式展现年度报告的重点内容，是一种值得推广的方式。

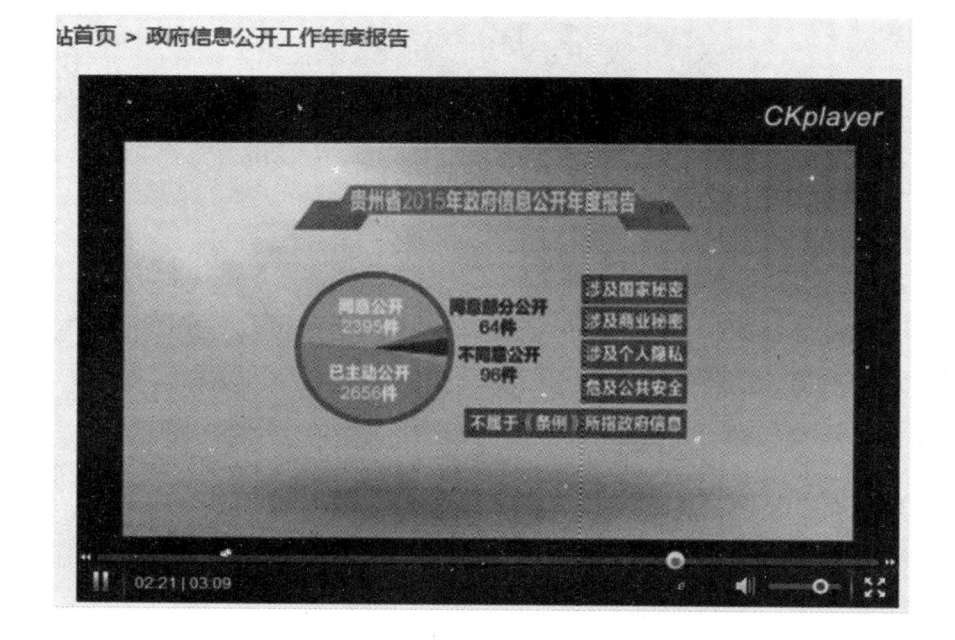

图 3-6 贵州省政府 2015 年政府信息公开工作年度报告视频图解

四 评估中发现的问题

但也要看到,省级政府组成部门及地市级以下政府的年度报告发布还有短板,部分国务院部门和省级政府所发布的年度报告查询不便、数据不规范等情况依然存在。

(一)个别评估对象年度报告发布不及时

评估发现,大部分国务院部门及省级政府均能够按时发布信息公开工作年度报告,只有国务院某部门未按时在门户网站发布年度报告。经项目组电话咨询,对方告知因为系统问题未能及时将年度报告推送至门户网站。4月1日下午,该部门已在其门户网站发布了年度报告。

此外,项目组还抽查了部分省级政府的组成部门及下级地方政府的年度报告发布情况,发现仍有部分省级政府组成部门及下级地方政府的政府信息公开工作年度报告未及时发布。如截止到 2015 年 4 月 1 日,重庆市监察局、重庆市文化委员会、重庆市国有资产监督管理委员会、重庆市江北区的政府信息公开工作年度报告既未在重庆市政府信息公开工作年度报告集中发布平台发布，也未在本行政机关的门户网站发布。

（二）部分评估对象年度报告发布后有变动

评估发现，部分年度报告在发布后有变动。例如项目组在复查评估结果时发现，有的国务院部门网站中已经无2015年年度报告，其网站中"政府信息公开年报"栏目打开后只显示2014年年度报告，项目组用搜索引擎进行检索，显示链接无效；还有的国务院部门年度报告发布后内容和表述有较大变动，如之前的年度报告正文中没有表格，复查过程中发现年度报告正文中增加了表格，部分表述也发生了变动。

（三）部分评估对象多平台发布年度报告

评估发现，大部分地方政府的评估对象都会在两个甚至两个以上的平台发布本机关的年度报告，一种是省级政府门户网站中的专门栏目，另一种是集中平台，且集中平台中不仅有省级政府的组成部门及下级地方政府的年度报告，也有省级政府自身的年度报告。多平台发布年度报告虽然在一定程度上能够方便公众的查询，但是平台太多也会造成资源的浪费，甚至影响公开效果。例如，湖北省政府就存在三种查询路径（见图3-7），其中，"湖北省政府信息公开联网平台"与"湖北省政府信息公开工作年度报告汇总平台"是两个不同的平台。从湖北省的年度报告平台建设及年度报告内容来看，其对年度报告的编制十分重视，在发布年度报告后，还将年度报告作为热点信息放在政务专题中。但是过多的平台也会造成信息冗余。

此外，较常见的情形是，建有信息公开工作年度报告专栏和平台的评估对象，通常在其门户网站的年度报告公开专栏中发布本级政府2008—2015年年度报告，在集中平台中发布本级政府及所辖部门和地方政府的年度报告。

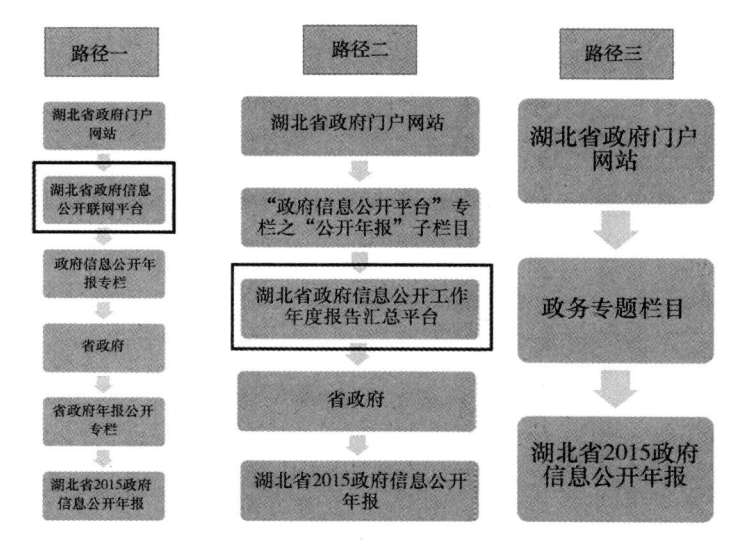

图 3-7　湖北省政府的年度报告查询路径

（四）个别评估对象年度报告专栏排序混乱，查询不便

政府信息公开工作年度报告专栏中的内容应当分门别类并按照发布时间进行排序。个别地方因为没有建设单独的年度报告发布平台，因此，省级政府和其组成部门、下级地方政府的年度报告混在一起，且没有分类，查找较为不便，如西藏自治区（图3-8）。

索引号	名　称	发文日期	文　号
	西藏自治区教育厅2015年度政府信息公开工作年度报告	(16-03-30)	藏教函〔2016〕74号
	西藏自治区国土资源厅2015年度政府信息公开工作年度报告	(16-03-30)	藏国土资发〔2016〕11号
	那曲地区行政公署2015年政府信息公开年度报告	(16-03-30)	无
	自治区工业和信息化厅2015年度政府信息公开年度报告	(13-03-30)	藏工信发〔2016〕31号
	日喀则市2015年度政府信息公开工作年度报告	(13-03-30)	
	昌都市2015年政府信息公开年度报告	(16-03-30)	无
	自治区发展改革委关于2015年政府信息公开工作情况的…	(16-03-30)	
	自治区住房和城乡建设厅2015年政府信息公开工作年度…	(16-02-23)	藏建办〔2016〕37号
	西藏自治区2015年政府信息公开工作年度报告	(16-03-30)	无
	西藏自治区监察厅2015年政府信息公开报告	(16-03-18)	
	西藏自治区财政厅关于2015年政府信息公开工作的年度…	(16-03-17)	藏财办发〔2016〕1号

图 3-8　西藏自治区政府门户网站的年度报告专栏

（五）个别评估对象集中展示平台信息不全面

根据国务院办公厅下发的文件要求，省级政府应在本单位网站以专题形式集中展示本行政区域内地市级政府及省级政府工作部门发布的年度报告。本次评估发现，31家省级政府均建立了年度报告集中发布平台，集中发布政府信息公开工作年度报告，但是有些省级政府集中平台发布的年度报告不全面。例如，山东省政府的集中平台上仅发布了省级政府和政府组成部门的年度报告，没有下级地方政府的信息公开工作年度报告，而且部分省级政府组成部门仅有2015年之前的年度报告，没有2015年的政府信息公开工作年度报告，如山东省国有资产监督管理委员会、山东省住房和城乡建设厅、山东省科学技术厅，而山东省知识产权局未在集中平台发布年度报告。再如，重庆市政府的年度报告集中发布平台上虽然设置了市政府组成部门和下级区县的链接，但是点击进入之后发现，很多行政机关并没有发布2015年政府信息公开工作年度报告，如重庆市城乡建设委员会、重庆市商业委员会、重庆市民政局等。

之所以倡导建立集中平台发布年度报告，就是为方便公众查找，如果平台建成了，年度报告却不在平台上发布，反而会降低年度报告查询便捷度，影响年度报告的公开效果。

（六）个别评估对象年度报告可获取性不强

年度报告除在网站或平台中进行展示外，还应当可复制并允许下载，以便公众利用其中的信息。但个别年度报告不能复制或者下载。评估发现，87家网站中，青海省、吉林省政府的年度报告不能复制并且不能下载，占比为2.30%。其中青海省政府的年度报告为Flash模式，因此不能复制，且其下载路径错误；吉林省的年度报告既不能复制又不能下载。

（七）部分评估对象年度报告未能体现形式新颖性要求

编制年度报告，应更多运用图片、图表、图解等表现形式，用数据说话，图文并茂，增强可读性、生动性，方便公众查阅。评估发现，部分评估对象年度报告并没有运用图片、图表等形式，也没有很好地运用数据，导致年度报告重点不突出、可读性不强。如前所述，有20份国务院部门年度报告没有做到图文并茂，仅是纯文字版本，占比达35.71%，如民政部、财政部、住房和城乡建设部、审计署、公安部、司法部、人力资源和社会保障部、国有资产监督管理委员会、国家工商行政管理总局、国家新闻出版广电总局（2份）、国家税务总局、国家林业局、证券监督管理委员会、国家烟草专卖局、国家公务员局、国家文物局、国家中医药管理局等；有3家省级政府未在年度报告中配发图表，占比为9.68%。

（八）部分评估对象年度报告样式设计不尽合理，展示方式需完善

设计简洁大方的年度报告会给公众以良好的阅读体验，但评估发现，部分评估对象年度报告的设计还需要优化。例如，国家烟草专卖局年度报告页面背景颜色很深，很难看清楚文字（项目组用四种不同浏览器打开，其中三种浏览器打开结果相同，均为深蓝色背景）。又如，部分年度报告插入的图片较为模糊，不能起到增强可读性的作用。还有部分年度报告虽内容充分，但字体小，阅读不便，且这种情况较为常见。

近几年，随着政府信息公开工作年度报告发布机制的日渐成熟，部分评估对象开始探索发布年度报告的新方式，除了传统的在网站上发布图文版本之外，如今Flash版本的年度报告也越来越多，但是作为一种新的年度报告展示方式，其功能设计还不完善，友好性较差。例如，青海省政府的年度报告flash程序设计还不完善，其菜单栏目默认为英文，分享功能只能分享至"Facebook""Twitter""Linkedin"。

（九）部分评估对象年度报告内容不翔实

评估发现，部分评估对象的年度报告内容还不充分、翔实。第一，个别评估对象年度报告内容要素不全，如个别评估对象年度报告中没有建议提案办理结果公开情况的说明，如国家发展和改革委员会、民政部、公安部、国家新闻出版广电总局之广播影视方面、国家烟草专卖局、国家林业局、国家中医药管理局、天津市、吉林省、内蒙古自治区等。个别评估对

象年度报告中没有对重点领域落实情况的详细说明，如国家发展和改革委员会、国家工商行政管理总局、国家林业局、国家烟草专卖局、文化部等。其中，国家工商行政管理总局仅在"主动公开政府信息情况"中简略说明了通过不同渠道公开的信息数量，而未对诸如财政信息公开等重点领域的信息公开情况进行说明。

第二，部分评估对象年度报告内容简略，该重点说明的内容仅予以简单描述。这一点表现最为明显的是对依申请公开信息情况的描述方面，23份国务院部门年度报告、4份省级政府年度报告未对依申请方式的分类数据进行说明，如国家发展和改革委员会、住房和城乡建设部、审计署、工业和信息化部、公安部、水利部、国有资产监督管理委员会、国家税务局、国家外国专家局、国家海洋局、湖南省、山西省等；20份国务院部门年度报告、3份省级政府年度报告未对依申请答复结果分类数据进行说明，如国家发展和改革委员会、科学技术部、国家民族事务委员会、国土资源部、住房和城乡建设部、审计署、财政部、环境保护部、国有资产监督管理委员会、国家新闻出版广电总局之广播影视方面、国家税务总局、国家林业局、国家烟草专卖局、国家铁路局、国家粮食局、国家中医药管理局、湖南省、新疆维吾尔自治区等；36份国务院部门年度报告、7份省级政府年度报告未对不公开答复的分类数据进行说明，上面列举的没有对依申请答复结果分类数据进行说明的行政机关，同样没有对不公开答复的分类数据进行说明，除此之外，还有水利部、商务部、教育部、国家能源局、江西省、广东省、海南省等。

还有行政机关的年度报告未对因政府信息公开被复议被诉的详细数据进行说明，18份国务院部门年度报告、3份省级政府年度报告未对行政复议结果的分类数据进行说明，即没有说明申请行政复议的案件中有多少被维持，有多少被依法纠错，如国家文物局、民政部、财政部、中国人民银行、国家税务局、国家体育总局、山西省、福建省等；21份国务院部门年度报告、3份省级政府年度报告未对诉讼结果的分类数据进行说明，如科学技术部、工业和信息化部、财政部、国家烟草专卖局、国家外汇管理局、海关总署、国家新闻出版广电总局之广播影视方面、福建省、云南省等。

还有的年度报告对政府信息公开工作中存在的问题及改进措施描述过于简略，有的甚至没有相应内容，如中国民用航空局、国家中医药管理局、公安部、国有资产监督管理委员会、国家铁路局等。其中，中国民用航空局年度报告对"政府信息公开工作存在的主要问题及改进情况"描述仅有只言片语，国家中医药管理局年度报告整体篇幅较为简略。

（十）个别省级政府的年度报告未反映本行政区域信息公开情况全貌

省级政府的信息公开工作年度报告内容应反映本行政区域信息公开工作的整体情况。评估发现绝大部分省级政府的信息公开工作年度报告均对本行政区域的信息公开工作进行了整体说明，但是重庆市政府的年度报告在对依申请公开政府信息的情况进行说明时，申请总量是全市政府机关的数据，而答复情况则仅对市政府本级的申请答复情况进行说明，没有对全市整体答复情况进行说明（见图3-9），前后文之间内容不协调。

> 三、依申请公开政府信息情况
> （一）依申请公开受理情况。
> 全市政府机关共设置政府信息公开申请受理点150余个。其中，市级机关设置受理点70余个，区县（自治县）政府设置受理点80余个。2015年，全市政府机关共受理信息公开申请13132件。市政府受理政府信息公开申请763件，申请内容主要集中在房屋征收与补偿、土地征用、城市规划、财政资金使用、规范性文件等方面的政府信息。总体上，申请事项与人民群众切身利益密切相关，与自身权利主张和利益诉求密切相关，与社会热点密切相关。
> （二）依申请公开办理情况。
> 市政府受理的763件政府信息公开申请，全部依法按时以告知书形式予以答复，答复率为100%。在已办理答复件中，公开信息的有611件，占总数的80.08%；不属于本行政机关公开的有81件，占总数的10.62%；申请信息不存在的有51件，占总数的6.68%；申请内容不明确或转其他途径办理的有20件，占总数的2.62%。

图3-9 重庆市政府2015年政府信息公开工作年度报告

（十一）部分评估对象年度报告内容与其往年报告内容雷同

由于每一年政府信息公开推进的重点不同、依申请公开和主动公开的数据不同、不同年度信息公开工作方面存在的不足以及应对的措施也不同，因此不同年度的政府信息公开工作年度报告内容必然会不同。为保证评估结果的公正性，本次评估对年度报告内容重复率进行了技术扫描，重点扫描了报告概述与问题及改进措施部分。

评估发现，有3家国务院部门的年度报告内容与本机关往年年度报告内容雷同（见表3-2）。以司法部为例，2015年和2014年的年度报告重复率高达92.80%（见表3-3）。可见，部分评估对象在概述、改进措施部分还存在套用模板的可能。这也表明，有关部门对年度报告的撰写乃至政府信息公开工作重视不够。

表3-2   2015年政府信息公开工作年度报告重复率扫描结果

政府名称	重复率	公开年度报告网址
国家司法部	2015年和2014年：92.80%	http://www.moj.gov.cn/index/content/2010-04/02/content_2103114.htm?node=7379
国家地震局	2015年和2014年：89.03%	http://www.cea.gov.cn/publish/dizhenj/465/470/525/index.html
国家地震局	2015年和2013年：78.24%	http://www.cea.gov.cn/publish/dizhenj/465/470/525/index.html
农业部	2015年和2014年：76.81%	http://www.moa.gov.cn/govpublic/ndbg/

表3-3   司法部2014年与2015年政府信息公开工作年度报告部分内容对比

2014年年度报告结尾	2015年年度报告结尾
七、存在的主要问题和改进措施 2014年政府信息公开工作取得了新的进展，但仍然存在不少问题，主要表现为：①<u>主动公开的力度需要进一步加强，运用新媒体政务信息发布平台有待进一步拓宽</u>，政策解读、<u>网上互动工作有待进一步加强</u>。下一步，我们将着重抓好以下几个方面工作：	六、存在的主要问题和改进措施 2015年政府信息公开工作取得了新的进展，随着新情况、新问题的出现，规范化建设仍然需要提高。主要表现为：①<u>主动公开的力度需进一步加强，运用新媒体政务信息发布平台亟须进一步拓宽，网上互动工作有待加强</u>。信息公开依申请公开工作需要一步完善，协调机制建设需要加强，公信力需要进一步提升。今后，我们要着重抓好以下工作：

续表

2014年年度报告结尾	2015年年度报告结尾
一是积极搭建有效平台，②<u>不断完善政府网站、新闻发布会以及报刊、广播、电视等政府信息发布的多种平台建设</u>，积极探索利用政务微博、微信等新媒体，建立权威信息发布、热点及时解读、回应的立体平台。	一是构建新媒体平台。②<u>通过不断完善政府网站、新闻发布会以及政务微博、微信等政府信息发布的多种平台建设</u>。
二是③<u>建立健全多种公开渠道，大力加强重点领域主动公开</u>，积极做好依申请公开，认真做好新闻发布工作。 三是④<u>大力加强信息发布、解读、回应机制建设。不断完善主动发布机制，加大主动公开力度，进一步扩大主动公开信息量；建立专家解读机制，对司法行政重要政策法规及时做好政策解读，让公众更好地知晓、理解司法行政各项政策和改革举措；健全舆情收集和回应机制，密切关注重要司法行政相关舆情，加强分析研判，做到及时回应，解疑释惑</u>。	二是④<u>加强信息发布、解读、回应机制建设。不断完善主动发布机制，加大主动公开力度，进一步扩大主动公开信息量；建立专家解读机制，对重要政策法规及时做好政策解读，让公众更好地知晓、理解各项政策和改革举措；健全舆情收集和回应机制，密切关注重要舆情，加强分析研判，做到及时回应，解疑释惑。</u>③<u>建立健全多种公开渠道，大力加强重点领域主动公开，建立权威信息发布、热点及时解读、回应的全方位立体平台</u>。

注：表中下划线所标识的内容为雷同的部分，为了方便比对，本报告分别用①②③④做了标注。

（十二）部分评估对象年度报告内容准确性不佳

除评估指标外，本年度项目组还对北京市、天津市、上海市和重庆市四个直辖市的政府组成部门及下级地方政府的政府信息公开工作年度报告内容的一致性进行了抽查。评估中发现，在年度报告内容方面，还存在以下几点问题。

1. 年度报告内容相互矛盾

（1）文字叙述前后矛盾

有些行政机关的年度报告正文内容叙述前后矛盾，例如，北京市政府法制办的年度报告在"政府信息依申请公开情况"部分对"申请情况"的介绍中显示，其2015年共收到政府信息公开申请15件，而在"答复情况"中却表述为"在25件申请答复中……"，而答复情况的分类数据之和为 15 件（见图 3-10）。类似问题的出现表明，行政机关对外发布的年度报告严谨性不足，这也会影响政府的公信力。

三、政府信息依申请公开情况

（一）申请情况

2015年本办共收到政府信息公开申请15件，均已按时答复，发生诉讼情况1件。其中，当面申请5件，占全部申请的33%；通过互联网申请3件，占全部申请的20%；以信函形式申请7件，占全部申请的47%。

（二）答复情况

在25件申请的答复中：

"同意公开"8件，约占总数的53%；

"信息不存在"3件，占全部申请的20%；

"非《条例》所指的政府信息"3件，占全部申请的20%；

"申请人撤回申请"1件，占全部申请的7%。

图 3-10　北京市政府法制办 2015 年政府信息公开工作年度报告

（2）正文叙述与表格数据矛盾

有些行政机关的年度报告正文叙述和文后附表内容不一致。例如，北京市气象局的年度报告，在"主要工作情况"下的"公开情况"部分表示 2015 年气象局未收到政府信息公开申请（见图 3-11），而年度报告正文后的附表则显示，气象局 2015 年收到 3 件政府信息公开申请，且进行了答复（见图 3-12）。

一、主要工作情况

（一）公开情况。

1. 主动公开工作情况：

及时更新了局基本信息。为方便公众了解信息，本局主动公开的政府信息通过政府网站、政府信息公开大厅、政府信息公开栏、信息查阅点、电子屏幕、便民手册、服务指南、新闻发布会、档案室、报纸、广播、电视、气象北京官方微博、微信等形式公开。

注重发挥政府网站作为政府信息公开的主渠道作用。2015年共主动公开政府信息173条。

2. 政府信息依申请公开情况：

本局2015年度未收到政府信息公开申请件。

3. 人员和收支情况；

图 3-11　北京市气象局 2015 年政府信息公开工作年度报告

三、依申请公开情况		
（一）收到申请数	件	3
1.当面申请数	件	0
2.传真申请数	件	0
3.网络申请数	件	0
4.信函申请数	件	3
（二）申请办结数		
1.按时办结数	件	0
2.延期办结数	件	0
（三）申请答复数	件	3
1.属于已主动公开范围数	件	0
2.同意公开答复数	件	0
3.同意部分公开答复数	件	0
4.不同意公开答复数	件	3
其中：涉及国家秘密	件	0
涉及商业秘密	件	0
涉及个人隐私	件	0
危及国家安全、公共安全、经济安全和社会稳定	件	0
不是《条例》所指政府信息	件	3
法律法规规定的其他情形	件	0

图3-12　北京市气象局2015年政府信息公开工作年度报告附表

又如，北京市质监局的年度报告，在网页浏览版的文字叙述部分表示质监局2015年收到申请人依申请公开政府信息71件，按时办结69件（见图3-13），文后的政府信息公开情况统计表则显示2015年收到352件申请，333件按时办结（见图3-14），文字叙述与表格记载相矛盾，数据相差较大。质监局的年度报告还提供了下载版，下载的年度报告文字叙述与表格记载依然存在偏差，其文字叙述部分显示质监局2015年按时办结69件政府信息公开申请，其中"申请信息不存在"的有6件，"告知作出更改补充"的有2件（见图3-15），而文后所附表格中的统计数据与正文叙述不一致（见图3-16）。

再如，天津市政府的信息公开工作年度报告，正文叙述部分表述称"本年度共收到政府信息公开申请8740件……信函申请2425件"（见图3-17）；而年度报告后的附表则显示2015年度天津市政府共收到信息公开申请8750件，其中信函申请2435件（见图3-18）。文字叙述与附表有出入，公众不能判断哪一组数据是正确的、真实的，甚至会对整个年度报告的可信度持怀疑态度。

三、依申请公开工作情况

2015年，我局收到申请人依申请公开政府信息71件。其中当面申请23件，传真申请1件，网络申请5件，信函申请42件。

除2件在法定时限内正在办理外，申请办结数69件，均按时办结。

在已办结的69件申请中，"属于已主动公开"的4件，"同意公开"的37件，"同意部分公开"的9件，"不同意公开"的3件，"不属于本行政机关公开"的8件，"申请信息不存在"的6件，"告知作出更改补充"的2件。

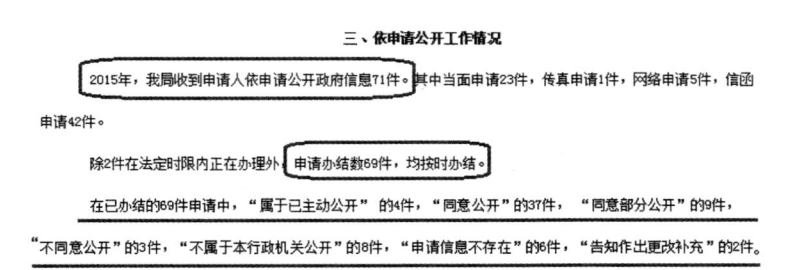

图 3-13　北京市质监局 2015 年政府信息公开工作年度报告网页版

三、依申请公开情况		
（一）收到申请数	件	352
1. 当面申请数	件	84
2. 传真申请数	件	1
3. 网络申请数	件	94
4. 信函申请数	件	174
（二）申请办结数	件	333
1. 按时办结数	件	333
2. 延期办结数	件	0
（三）申请答复数	件	333
1. 属于已主动公开范围数	件	8
2. 同意公开答复数	件	278
3. 同意部分公开答复数	件	2
4. 不同意公开答复数	件	15
其中：涉及国家秘密	件	0
涉及商业秘密	件	2
涉及个人隐私	件	0
危及国家安全、公共安全、经济安全和社会稳定	件	0
不是《条例》所指政府信息	件	11
法律法规规定的其他情形	件	2
5. 不属于本行政机关公开数	件	23
6. 申请信息不存在数	件	4
7. 告知作出更改补充数	件	3
8. 告知通过其他途径办理数	件	0

图 3-14　北京市质监局 2015 年政府信息公开工作年度报告网页版附表

三、依申请公开工作情况

2015年,我局收到申请人依申请公开政府信息71件。其中当面申请23件,传真申请1件,网络申请5件,信函申请42件。

除2件在法定时限内正在办理外,申请办结数69件,均按时办结。

在已办结的69件申请中,"属于已主动公开"的4件,"同意公开"的37件,"同意部分公开"的9件,"不同意公开"的3件,"不属于本行政机关公开"的8件,"申请信息不存在"的6件,"告知作出更改补充"的2件。

图3-15 北京市质监局2015年政府信息公开工作年度报告下载版

三、依申请公开情况		—	
(一)收到申请数		件	71
	1.当面申请数	件	23
	2.传真申请数	件	1
	3.网络申请数	件	5
	4.信函申请数	件	42
(二)申请办结数		件	67
	1.按时办结数	件	67
	2.延期办结数	件	0
(三)申请答复数		件	67
	1.属于已主动公开范围数	件	4
	2.同意公开答复数	件	37
	3.同意部分公开答复数	件	9
	4.不同意公开答复数	件	3
	其中:涉及国家秘密	件	0
	涉及商业秘密	件	0
	涉及个人隐私	件	0
	危及国家安全、公共安全、经济安全和社会稳定	件	0
	不是《条例》所指政府信息	件	1
	法律法规规定的其他情形	件	2
	5.不属于本行政机关公开数	件	8
	6.申请信息不存在数	件	5
	7.告知作出更改补充数	件	1
	8.告知通过其他途径办理数	件	0

图3-16 北京市质监局2015年政府信息公开工作年度报告下载版附表

三、依申请公开政府信息情况

（一）依申请受理情况

本年度共收到政府信息公开申请8740件。其中，当面申请3271件；传真申请247件；网络申请2797件；信函申请2425件。申请内容主要涉及房屋征收与补偿、土地征用、环境保护、城市规划、城乡建设等方面的政府信息。

图 3-17　天津市政府2015年政府信息公开工作年度报告

三、依申请公开情况		— —
（一）收到申请数	件	8750
1. 当面申请数	件	3271
2. 传真申请数	件	247
3. 网络申请数	件	2797
4. 信函申请数	件	2435

图 3-18　天津市政府2015年政府信息公开工作年度报告附表

此外，上海市安全生产监督管理局的政府信息公开工作年度报告也存在文字叙述与附表数据不一致的现象。其文字说明部分显示上海市安全生产监督管理局2015年度收到的8条信息公开申请全部按时答复（见图3-19），但是附表记载8件申请中7件按时办结，1件延期办结（见图3-20）。

（3）网页浏览版与报告下载版矛盾

有些行政机关发布的政府信息公开工作年度报告网页版与下载版的内容有出入，主要表现在两个版本年度报告正文后的附表不一致。如北京市地方税务局，网页版年度报告部分附表见图3-21，下载版部分附表见图3-22。

三、依法做好依申请公开工作

畅通公开受理渠道，保证申请人的权利，及时办理依申请公开事项。2015年，我局受理依申请公开8条，按时答复8条，同意公开或部分公开数8条。政府信息公开类行政复议0条，行政复议被纠错数0条；政府信息公开类行政诉讼0条。

图 3-19　上海市安全生产管理局2015年政府信息公开工作年度报告

三、依申请公开情况		—
（一）收到申请数	件	8
1.当面申请数	件	2
2.传真申请数	件	0
3.网络申请数	件	6
4.信函申请数	件	0
5.其他形式	件	0
（二）申请办结数	件	8
1.按时办结数	件	7
2.延期办结数	件	1

图 3－20 上海市安全生产管理局的政府信息公开工作年度报告附表

北京市地方税务局
2016年3月

附表：

政府信息公开情况统计表

（2015年度）

统 计 指 标	单位	统计数
一、主动公开情况		—
（一）主动公开政府信息数 （不同渠道和方式公开相同信息计1条）	条	213507
其中：主动公开规范性文件数	条	1
制发规范性文件总数	件	1
（二）重点领域公开政府信息数 （不同渠道和方式公开相同信息计1条）	条	211733
其中：主动公开财政预算决算、"三公经费"和行政经费信息数	条	5
主动公开保障性安居工程建设计划、项目开工和竣工情况，保障性住房的分配和退出等信息数	条	0
主动公开食品安全标准，食品生产经营许可、专项检查整治等信息数	条	211728
主动公开环境核查审批、环境状况公报和重特大突发环境事件等信息数	条	0
主动公开招投标违法违规行为及处理情况、国有资金占控股或者主导地位依法应当招标的项目等信息数	条	0
主动公开生产安全事故的政府举措、处置进展、风险预警、防范措施等信息数	条	0
主动公开农用地转为建设用地批准、征收集体土地批准、征地公告、征地补偿安置公示、集体土地征收结案等信息数	条	0
主动公开政府指导价、政府定价和收费标准调整的项目、价格、依据、执行时间和范围等信息数	条	0
主动公开本市企业信用信息系统中的警示信息和良好信息等信息数	条	0

图 3－21 北京市地方税务局2015年政府信息公开工作年度报告网页版部分附表

北京市地方税务局

2016 年 3 月

政府信息公开情况统计表
(2015 年度)

统计指标	单位	统计数
一、主动公开情况	—	
（一）主动公开政府信息数 （不同渠道和方式公开相同信息计 1 条）	条	4707
其中：主动公开规范性文件数	条	11
制发规范性文件总数	件	11
（二）重点领域公开政府信息数 （不同渠道和方式公开相同信息计 1 条）	条	50
其中：主动公开财政预算决算、"三公经费"和行政经费信息数	条	2
主动公开保障性安居工程建设计划、项目开工和竣工情况，保障性住房的分配和退出等信息数	条	0
主动公开食品安全标准，食品生产经营许可、专项检查整治等信息数	条	0
主动公开环境核查审批、环境状况公报和重特大突发环境事件等信息数	条	0
主动公开招投标违法违规行为及处理情况、国有资金占控股或者主导地位依法应当招标的项目等信息数	条	0
主动公开生产安全事故的政府举措、处置进展、风险预警、防范措施等信息数	条	0
主动公开农用地转为建设用地批准、征收集体土地批准、征地公告、征地补偿安置公示、集体土地征收预案等信息数	条	0
主动公开政府指导价、政府定价和收费标准调整的项目、价格、依据、执行时间和范围等信息数	条	15
主动公开本市企业信用信息系统中的警示信息和良好信息等信息数	条	24
主动公开政府部门预算执行审计结果等信息数	条	0
主动公开行政机关对与人民群众利益密切相关的公共企事业单位进行监督管理的信息数	条	0

图 3-22　北京市地方税务局 2015 年政府信息公开
工作年度报告下载版部分附表

存在同样问题的还有北京市质量技术监督局。出现这种情形，可能是因为表格上传网页的过程中出现错误，但是行政机关应该对本机关公开发布的信息进行审核，而不是将信息上传到网站就万事大吉，上传后还应该进行回查，确保信息发布的准确性、一致性，避免出现自相矛盾的尴尬局面。

（4）上下级行政机关间的数据相互矛盾

评估发现，有些地区上下级行政机关发布的年度报告数据不一致。例如，上海市政府的年度报告中显示，市级机关收到公开申请 9358 件，全市延期办结申请 6317 件。项目组对上海市委办局及下级区县政府信息公开工作年度报告一一进行核查后发现，上海市 43 个委办局 2015 年度共收到政府信息公开申请8022件,比上海市政府年度报告显示的市级机关的统计数据少1336件;上海市17个区县和43个委办局2015年延期办结的申请数量为5546件,比上海市政府年度报告的统计数据少771件。政府信息公开工作年度报告是行政机关对过去一年政府信息公开工作的总结,方便公众全面了解行政机关的政府信息公开情况,信息准确是对年度报告的基本要求,也是大数据背景下对数据统计的要求,否则大数据非但无助于准确掌握真实的情况,还可能误导决策。

2. 不同行政机关年度报告的附表完全一致

评估发现,有些行政机关的年度报告所附的政府信息公开统计表完全相同,包括公开内容的类别、各类公开信息的数据。例如,北京市地方税务局、北京市质量技术监督局、北京市食品药品监督管理局三家行政机关年度报告中所附的统计表完全一致。不同的行政机关年度公开的信息不可能完全相同,之所以出现上述情况可能是表格上传过程中出现错误,也可能是行政机关为在规定的发布时间内发布年度报告,而复制其他行政机关的统计表格。

3. 年度报告所述情况与实际不符

评估发现,个别评估对象年度报告中所述内容与实际情况不符。例如,司法部其在年度报告中描述:"2015年共办理184件全国人大代表建议、81件全国政协委员会提案、10件全国人大议案,并及时将办理结果公开。"但是项目组成员在其门户网站中并未发现其公开建议提案的办理结果。

五　完善建议

(一) 重视年度报告发布工作,确保依法、规范发布年度报告

年度报告是对本机关过去一年政府信息公开工作的总结,也是向社会展示工作成效、面临困难等的重要形式。应将编写完成并按时发布年度报告作为各级行政机关政府信息公开工作的重要方面。不仅应当在日常工作中积累涉及政府信息公开工作的各类素材、数据,更要组织力量认真撰写年度报告,确保内容翔实、准确,并杜绝照搬往年年度报告或者其他机关年

度报告的行为。在年度报告发布环节，要严格按照法定时限，以门户网站为第一发布渠道，及时对社会发布，让公众可以及时获取年度报告内容。

（二）整合年度报告发布平台，做好年度报告分类展示

发布年度报告首先是各级行政机关的法定义务，因此，各级行政机关应当首先做好本级机关门户网站政府信息公开工作年度报告栏目建设，确保本级机关的年度报告集中发布在年度报告栏目中，并集中展示历年的年度报告，做到"各扫门前雪"。即便希望通过"要闻""公告"等栏目醒目展示年度报告，也应当在年度报告栏目中设置相应链接，避免顾此失彼，影响公众查询。

各地方各部门还应当建好年度报告集中展示平台，省级政府（包括地市级政府、县级政府）均应当在门户网站设置年度报告集中展示平台，集中展示本级政府部门、下属地方政府的年度报告，并确保年度报告内容随各部门各地方政府的年度报告同步更新、内容一致，确保通过子栏目设置、加配检索功能等，方便公众按照年度、部门、地区等要素查询年度报告。

（三）确保年度报告内容可自由获取性和可读性

年度报告的价值在于可以对公众有用、可以让公众使用，因此，所有对外发布的年度报告均应当允许公众自由使用，应确保年度报告本身可以下载、年度报告内容可以复制。应当避免出现年度报告仅可复制或者仅可下载使用的情况，可以借鉴有的评估对象的做法，不但提供 HTML 格式，还提供 Word、PDF 等不同版本的报告文本供公众自由下载利用，方便公众根据自己的需求获取年度报告。

此外，年度报告还必须注重友好性，任何形式上的美化都应当服务于方便公众阅读报告的目的。首先，在门户网站上展示的年度报告要确保配色、字体等方面的友好性，避免出现字体偏小、背景偏暗等不利于公众阅读报告内容的情况。其次，要防止为了使用 flash 等所谓的新颖形式而影响公众查询年度报告内容的便利度。最后，避免过度追求使用图表、图片而忽视实际效果的情况。之所以提倡在年度报告中使用图片及图表，一是为了减少阅读的枯燥感，二是为了将较长的文字描述转化为更为直观易看

的图片及表格模式，使年度报告生动易懂。但是年度报告版面也不必太过花哨，图文相得益彰即可，并且，要确保使用的图表清晰美观。

（四）充实年度报告内容，做到用事实和数据说话

经过多年的实践，年度报告的内容要素在《政府信息公开条例》所规定的基础上不断充实和细化，因此，年度报告应当做到对普遍要求的事项要全部涉及，尤其是对于类似依申请公开方式、不公开理由等要尽可能作出细化说明，对于本机关未发生或者不涉及的内容，应当采取零报告的方式作出说明。对于所有展示在报告中的内容，还需要杜绝空洞的说教，应注重使用数据、实例来予以佐证。即便对于存在的问题、未来的改进措施等内容，也应当认真对待，从实际工作出发，有针对性地撰写内容，而不能照搬往年的报告内容。

（五）加强信息统计，确保年度报告内容准确

政府信息公开不仅应注重信息公开的时效，还应该注重信息公开的质量，行政机关不仅要发布信息，还要发布准确的信息。这在年度报告的发布中同样很重要。年度报告怎么公开，公开的方式如何，公开是否便民利民等都要以年度报告内容的准确性为前提。如果年度报告不能确保其内容的准确性，那么公开就完全没有意义，甚至会影响行政机关的公信力。本年度的评估虽然没有将年度报告内容的准确性作为评估指标，但是仅就小范围内的搜索比对即可发现，年度报告内容的准确性还不能令人满意。因此，做好年度报告发布工作应当高度重视年度报告内容的准确性，年度报告中公开的数据都应当来源于日常真实的统计，年度报告中提到的为信息公开所做的一系列工作都应实际存在、有据可查，注重上下级信息更新同步、信息共享。只有确保所有公开的信息、数据均真实可信，来源真实可查，才能为政府信息的公开搭建好平台，奠定好基础。当然，这也要求政府信息公开的日常管理更加精细化、数据统计更加实时准确，特别是应加强对政府信息公开工作，尤其是依申请公开工作管理的信息化水平，实现在线办理公开、在线实时生成公开工作数据、在线完成对下属部门工作数据的归集统计分析。

第四篇

中国高等教育透明度指数报告（2015）

摘要：本报告在完善2014年高等教育透明度指数指标体系的基础上，根据《高等学校信息公开办法》《教育部关于公布〈高等学校信息公开事项清单〉的通知》等规定，选取115所高等学校，通过观察其门户网站、实际验证等方法，对其公开基本信息、招考信息、财务信息、管理与教学信息、人事师资信息及信息公开专栏建设情况等内容，进行了调研和测评。测评结果显示，2015年高等学校信息公开工作在本科特殊类型招考和硕士研究生复试招考等方面较2014年有显著进步，但是部分高等学校在信息公开平台建设上步伐缓慢并且信息发布不及时的问题突出。因此，高等学校今后的信息公开工作应重在提高信息公开的规范化、信息公开的及时性、完善信息公开平台的信息整合机制等。

关键词：教育透明度　高等学校　网站　信息公开　指数

Abstract：The report which is based on the improvement of the 2014 index system of higher education transparency, in accordance with *The Measures for the Information Disclosure of Institutions of Higher Learning* and

The Catalogue of Information Subject to Disclosure by Institutions of Higher Learning, both of which promulgated by the Ministry of Education, selected 115 universities and conducted the investigation and assessment of information disclosure of these universities by visiting web portals of the universities and carrying out the field verification. What the above investigation and assessment focused on is the general information of universities and information on entrance examination, financial management, management and teaching, personnel management and faculties, information publicity column. The results of assessment shows that the transparency of higher education about the special entrance examination and the re-examination of postgraduate entrance examination in 2015 have made significant progresses, compared to the relevant results in 2014. However, some universities improved the construction of information public platform slowly and failed to timely disclose the information. Therefore, the work of information disclosure of universities in the future should focus on improving disclosure standardization and timeliness of the disclosure and perfecting the information integration mechanism of the disclosure platform, etc. .

Key Words: Educational Transparency; Institutions of Higher Learning; Websites; Disclosure of Information; Index

《中国高等教育透明度指数报告（2015）》是在2014年度高等教育透明度测评指数体系（以下简称"2014年测评"）的基础上，对包括教育部直属高校在内的全国115所高等学校通过自身门户网站公开学校信息，落实《高等学校信息公开办法》《教育部关于公布〈高等学校信息公开事项清单〉的通知》以及《教育部办公厅关于进一步落实高校信息公开清单　做好高校信息公开年度报告工作的通知》的情况，进行了系统的调研和测评。本报告是对此次测评情况的总结分析，即归纳2015年度高校信息公开的亮点和存在的问题，并且在剖析问题背后深层诱因的基础上提出对策建议。

一　测评意义

为公民提供高水平的高等教育是国家履行教育公共职能的重要体现。而作为具体承载这一公共教育职能的高等学校，是依照《高等教育法》等法律法规设立的符合国家高等教育发展规划，符合国家利益和社会公共利益，为公民提供高等教育等服务且不以营利为目的的教育机构。优质的高等教育不但可以提升国民素质、为社会培养高素质人才，而且是提升国家综合实力的根本之道。因此，作为高等教育的提供者，高等学校具有公共性和服务性：一是公立高等学校由国家举办并依靠财政经费运营；二是高等学校的校长、副校长也必须按照国家相关人事规定任免，以保证高等教育的公共产品属性。正是基于高等学校的公共属性，《中华人民共和国教育法》（以下简称《教育法》）第29条第6款规定，学校及其他教育机构应当依法接受监督。《中华人民共和国政府信息公开条例》（以下简称《政府信息公开条例》）第37条中明确规定，教育等与人民群众利益密切相关的公共企事业单位在提供社会公共服务过程中制作、获取的信息的公开，应当参照该条例执行。同时，如果认定学位授予属于《教育法》授权行为，那么高等学校授予学位的相关行为还应适用《政府信息公开条例》第36条之规定。① 因此，高等学校对社会公开相关信息，不但是满足社会公众知情权的需要，而且是其应尽的义务。

进而言之，相较于社会公众可直接获取的信息而言，高等学校所掌握的线上公共教育资源以及丰富的办学、招考录取、专业师资、就业质量和奖助收费等信息，是教育信息公开的重要组成部分。对于公众而言，高等学校向社会开放的教育信息要求具有信息获取的时效性。可想而知，如果高等学校主动公开信息做得不够，同时依申请公开又流于形式的话，那么社会公众就很难找到有效的替代途径而获得"一手教育

---

① 《政府信息公开条例》第36条规定："法律、法规授权的具有管理公共事务职能的组织公开政府信息的活动，适用本条例。"

信息"。

此外，信息公开程度也是反映高等学校管理水平和依法治校水平的重要指标之一。公开高等学校信息可以增强其办学和管理透明度，保障公众、学生、教职员工合法权益，监督高等学校依法治校。推进开展高等学校信息公开工作也是教育行政管理部门创新高等学校管理理念与管理方法、提升管理水平、促进高等学校依法治校的重要手段。因此，虽然高等学校的信息公开水平并不能直接反映其教学科研水平，但信息公开做得好，必然会对其管理水平和科研水平起到积极的促进作用。

值得强调的是，国务院在2015年11月印发《统筹推进世界一流大学和一流学科建设总体方案的通知》（国发〔2015〕64号），提出统筹推进世界一流大学和一流学科建设，实现中国从高等教育大国到高等教育强国的历史性跨越的战略部署。推进中国高等学校的信息公开建设工作，正是这一战略部署的题中应有之义。高等学校的信息公开建设，将促进中国高等学校规章制度建设的规范化和公开程度，从而提高其综合管理水平。并且，高等学校透明度的提高，也将促进中国高等学校与国际一流大学建设管理水平的接轨，这无疑会推动中国实现建设世界一流大学和一流学科的目标。

实际上，教育部早在2010年就发布了《高等学校信息公开办法》（教育部令第29号），对高等学校公开信息的范围、方式、方法等做了规定。并且，教育部在2014年又发布了《教育部关于公布〈高等学校信息公开事项清单〉的通知》（教办函〔2014〕23号），梳理了法律、法规、规章中有关高等学校信息公开的规定，以清单的形式明确了公开的范围和标准，尤其是提出引入第三方对教育部直属高校的相关工作落实情况开展评估，适时组织督查，并将评估和督查情况向社会公开。

《中共中央关于全面深化改革若干重大问题的决定》中也提出，要建立科学的法治建设指标体系和考核标准。因此，引入第三方评估已经成为各级政府部门创新管理方式的重要手段。对高等学校落实法律、法规、规章等相关信息公开要求的情况进行评价，也需要引入第三方评估机制，避免高等学校管理者主导评价、高等学校自我评价以及高等教育系统"小圈子评价"的诸多弊端。只有这样，才能站在客观的立场上，对高等学校信息公开的管理工作和高等学校落实信息公开规定的情况做出客观准确的把握和评价。

二 测评对象、指标及方法

（一）测评对象

本报告以 75 所教育部直属院校、112 所"211"工程高等学校、39 所"985"工程高等学校为测评对象。以上三类高等学校存在着交叉重复，有的高等学校分别属于其中的两类或三类。需强调的是，其中有 3 所高校分为两个校区并实行两地独立办学模式：中国石油大学分为华东校区和北京校区，中国地质大学分为北京校区和武汉校区，中国矿业大学分为北京校区和徐州校区，它们两个校区各自的门户网站也分别具有独立的 IP 地址；而华北电力大学的北京校区和保定校区虽然实行一体化管理，但保定校区具有相对独立的网址和招生计划，项目组对上述不同校区的高等学校分别进行测评，因此实际测评对象为 115 所高等学校。

（二）测评指标

1. 指标设计原则

项目组设计的测评指标体系遵循依法、客观中立、重点突出三大原则。

（1）依法原则

2015 年度的测评指标依据《高等学校信息公开办法》《教育部关于公布〈高等学校信息公开事项清单〉的通知》《教育部办公厅关于进一步落实高校信息公开清单 做好高校信息公开年度报告工作的通知》和其他涉及高等学校信息公开的法律法规及规范文件，每项指标的测评内容均有对应的法律法规依据。

(2) 客观中立原则

测评指标以"事实判断"为圭臬，对所有测评对象一视同仁。在测评过程中，项目组按照《高等学校信息公开事项清单》（以下简称《清单》）的内容，对测评对象的信息公开情况进行事实性判断，即仅对被测评对象是否满足《清单》规定的要求作"是"或"否"、"有"或"无"的判断，不对信息公开效果作"好"与"坏"的价值或程度判断，排除了测评主体的主观影响因子。项目组对何时开始测评、何时结束测评以及何时测评某高等学校，均未通报高等学校和教育主管部门，并在测评结束后统一进行复核。在项目组进行依申请公开的实际验证过程中，测评人员没有披露任何可以识别项目组身份的信息。

(3) 突出重点原则

从高等学校的信息公开实践和现阶段可操作性角度看，《高等学校信息公开事项清单》所列内容十分庞杂，个别清单项目要求公开的信息具有非常态化的特点，不一定适用于现阶段所有测评对象。因此，本次测评主要围绕推进高等学校依法治校、完善信息公开栏目建设、满足公众高度关切的重点信息公开领域的需求等方面，以《高等学校信息公开事项清单》的信息分类为基础，有重点地选定了测评内容，设定了测评体系。

2. 指标体系（2015）

本次测评在总结评估 2014 年度高等教育透明度指数指标体系的基础上，进行了优化、调整，设计形成了高等教育透明度指数指标体系（2015）。本次测评的一级指标共 6 项，总分 100 分；二级指标共 38 项，总分 100 分（见表 4-1），分别包括：学校基本情况（权重 15%）、招考信息（权重 20%）、财务信息（权重 15%）、管理与教学信息（权重 15%）、人事师资信息（权重 15%）、信息公开专栏（权重 20%）。

同时，项目组还对 115 所高等学校门户网站可用性等进行了技术扫描与监测，本年度暂未将监测结果计入总分。

表 4-1　　　高等学校信息透明度指数指标体系（2015）

一级指标和权重	二级指标和权重
学校基本情况（15%）	学校概况（10%）
	学校章程（10%）
	学科介绍（10%）
	校领导基本信息（15%）
	学术委员会建设（20%）
	境内外教育与合作办学（10%）
	后勤保障（10%）
	校园安全（15%）
招考信息（20%）	招生信息发布（30%）
	特殊类型招生（20%）
	研究生复试信息（20%）
	录取查询渠道（15%）
	咨询与申诉渠道（15%）
财务信息（15%）	财务管理栏目设置（5%）
	财务、资产管理制度（5%）
	受捐赠财产的使用与管理（15%）
	校办企业资产信息（15%）
	采购招投标信息（15%）
	预算信息（15%）
	决算信息（15%）
	收费信息（15%）
管理与教学信息（15%）	学风建设（20%）
	教学质量（20%）
	就业质量（15%）
	奖学金与助学金发放（30%）
	奖惩制度及申诉办法（15%）
人事师资信息（15%）	人事师资栏目（15%）
	教职工争议解决办法（20%）
	岗位管理制度规范（15%）
	人事聘用任免信息（25%）
	校领导信息（25%）

续表

一级指标和权重	二级指标和权重
信息公开专栏（20%）	信息公开栏目设置（5%）
	信息公开制度（10%）
	信息公开指南（10%）
	信息公开目录（15%）
	依申请公开（25%）
	网站检索功能（10%）
	信息公开年度报告（25%）

（三）测评方法和程序说明

本报告的测评方法是观察高等学校门户网站并进行实际验证。根据《高等学校信息公开办法》《教育部关于公布〈高等学校信息公开事项清单〉的通知》（教办函〔2014〕23号）等文件的要求，高等学校应在学校门户网站开设信息公开专栏，统一公布清单要求的各项内容。换而言之，门户网站不但是高等学校信息公开的第一平台，而且清单所列的信息均应通过高等学校自身的门户网站向全社会公众公开。基于此，项目组以高等学校门户网站为测评基础，对其发布相关信息的情况进行了详细的分类测评。

项目组将高等学校门户网站作为测评基础平台，旨在考察高等学校通过自身网络平台履行信息主动公开和依申请公开职能的现状，因此并未统计和考察高等学校在其他网络平台上公布的相关信息。此外，考虑到《高等学校信息公开办法》对各高等学校信息公开早有要求，因此，本次测评在评价标准上未对教育部直属高校和其他"211""985"高等学校做区别对待。

项目组对高等学校依申请公开情况的测评采取实际验证的方法，即按照各高等学校公开的依申请渠道向其发送信息公开申请。申请内容分别为"高等学校毕业生就业情况"和"校领导社会兼职问题"，并为被测评高等学校预留了足够的回复时间。申请过程中，凡提供在线申请平台（包括电子邮箱）的，均通过在线申请的方式验证，无此功能或在线申请功能无效的，则通过中国邮政挂号信的方式发送书面申请，并为高等学校预留了相比法定期限宽松的答复时间。

测评活动按照各测评模块分期展开，时间跨度为 2015 年 5 月 25 日至 2015 年 11 月 9 日。其中，依申请公开的实际验证回复起止时间为 2015 年 6 月 30 日至 2015 年 7 月 15 日。为保证测评结果的准确性和测评证据的时效性，项目组对所有测评对象的测评结果进了严格的"地毯式"复查，并保留了所有的网站页面截屏和链接记录。考虑到高等学校信息公开平台建设和门户网站改版更新等动态变化，本报告仅反映如下期间内不同指标的透明度情况（见表 4-2）。

表 4-2　　　　　　　　分类指标的测评起止时间

序号	测评指标		起始时间	截止时间
1	学校基本情况		2015.8.13	2015.8.26
2	招考信息		2015.5.25	2015.8.28
3	财务信息		2015.8.27	2015.9.15
4	管理与教学信息		2015.9.1	2015.9.21
5	人事师资信息		2015.9.24	2015.10.25
6	信息公开专栏	依申请公开的实际验证	2015.6.30	2015.11.9
		信息公开年度报告	2015.10.26	2015.11.9
		其他二级指标	2015.6.30	2015.8.5
7	门户网站技术监测		2015.9.8	2015.9.24

三　总体测评结果

（一）总成绩

本次测评结果显示，2015 年度高等教育透明度排名居前的高等学校全部为教育部直属高校：中国矿业大学（徐州"211"）、中国海洋大学（"985""211"）、湖南大学（"985""211"）、武汉大学（"985""211"）、中南大学（"985""211"）、北京交通大学（"211"）、西南交通大学（"211"）、华北电力大学（北京"211"）、北京语言大学、北京科技大学（"211"）（测评结果见表 4-3）。

表 4-3　　　　　2015 年高等学校教育透明度指数测评结果（满分：100，单位：分）

排名	高等学校	学校基本情况（15%）	招考信息（20%）	财务信息（15%）	管理与教学信息（15%）	人事师资信息（15%）	信息公开专栏（20%）	总分
1	中国矿业大学	75.33	83.33	95.00	81.25	100.00	95.69	88.54
2	中国海洋大学	73.33	78.33	95.00	87.50	100.00	97.32	88.50
3	湖南大学	70.67	91.67	90.00	75.00	100.00	95.16	87.72
4	武汉大学	82.00	86.67	95.00	62.50	100.00	90.72	86.40
5	中南大学	56.67	86.67	100.00	87.50	85.71	96.99	86.21
6	北京交通大学	77.33	85.00	100.00	87.50	78.57	88.50	86.21
7	西南交通大学	93.33	86.67	85.00	87.50	71.43	90.46	86.02
8	华北电力大学（北京）	96.67	86.67	75.00	75.00	85.71	93.14	85.82
9	北京语言大学	70.00	73.33	100.00	75.00	100.00	96.60	85.74
10	北京科技大学	67.33	88.33	80.00	100.00	92.86	82.55	85.20
11	西北农林科技大学	87.33	65.00	75.00	87.50	100.00	98.37	85.15
12	华中师范大学	80.00	81.67	95.00	75.00	92.86	86.14	84.99
13	中国矿业大学（北京）	86.67	81.67	95.00	75.00	85.71	86.27	84.95
14	华中科技大学	75.33	90.00	75.00	93.75	92.86	80.92	84.73
15	兰州大学	73.33	65.00	90.00	87.50	100.00	93.20	84.26
16	华北电力大学（保定）	70.00	56.67	95.00	87.50	100.00	98.69	83.95
17	华中农业大学	60.00	83.33	90.00	75.00	100.00	91.76	83.77
18	中国地质大学（武汉）	76.67	75.00	90.00	87.50	85.71	88.56	83.69
19	同济大学	77.33	70.00	100.00	81.25	78.57	95.16	83.60
20	上海外国语大学	76.67	78.33	85.00	62.50	100.00	96.01	83.49
21	中国石油大学（华东）	73.33	83.33	70.00	87.50	92.86	90.46	83.31
22	山东大学	80.00	86.67	85.00	87.50	57.14	95.69	82.92
23	中国政法大学	78.67	58.33	80.00	100.00	92.86	90.39	82.47
24	南京农业大学	68.67	85.00	80.00	75.00	85.71	95.16	82.44
25	安徽大学	76.67	81.67	60.00	100.00	85.71	88.24	82.34
26	中山大学	66.67	90.00	75.00	75.00	92.86	89.15	82.26
27	西南大学	84.00	65.00	80.00	87.50	92.86	87.91	82.24
28	西安电子科技大学	66.67	81.67	75.00	87.50	78.57	95.82	81.66
29	四川大学	70.00	76.67	80.00	75.00	92.86	91.50	81.31
30	华东师范大学	83.33	78.33	65.00	75.00	85.71	96.34	81.29
31	浙江大学	88.67	81.67	80.00	68.75	85.71	81.18	81.04
32	东北林业大学	57.33	78.33	75.00	93.75	92.86	85.82	80.67
33	东南大学	75.33	71.67	55.00	87.50	100.00	92.68	80.54

续表

排名	高等学校	学校基本情况（15%）	招考信息（20%）	财务信息（15%）	管理与教学信息（15%）	人事师资信息（15%）	信息公开专栏（20%）	总分
34	重庆大学	73.33	61.67	75.00	87.50	100.00	88.30	80.37
35	中国药科大学	66.67	80.00	100.00	81.25	71.43	80.72	80.05
36	上海交通大学	83.33	68.33	80.00	50.00	100.00	95.49	79.76
37	大连理工大学	64.00	81.67	85.00	100.00	57.14	86.93	79.64
38	中南财经政法大学	83.33	71.67	70.00	87.50	85.71	80.92	79.50
39	长安大学	70.00	91.67	95.00	81.25	50.00	83.40	79.45
40	中国农业大学	90.67	86.67	55.00	75.00	64.29	92.81	78.64
41	吉林大学	72.00	78.33	85.00	75.00	71.43	85.82	78.34
42	北京林业大学	76.67	76.67	50.00	81.25	100.00	83.53	78.23
43	北京外国语大学	90.00	80.00	60.00	62.50	100.00	76.67	78.21
44	华南师范大学	53.33	93.33	70.00	75.00	92.86	78.24	77.99
45	华东理工大学	93.33	63.33	45.00	87.50	78.57	97.91	77.91
46	华南理工大学	76.67	73.33	75.00	81.25	100.00	69.15	77.68
47	北京师范大学	86.67	76.67	60.00	87.50	71.43	78.82	76.94
48	电子科技大学	82.00	73.33	75.00	75.00	64.29	87.97	76.70
49	江南大学	64.00	80.00	65.00	87.50	71.43	86.80	76.55
50	中国人民大学	83.33	81.67	70.00	87.50	71.43	65.75	76.32
51	中国石油大学（北京）	84.00	41.67	65.00	75.00	100.00	96.73	76.28
52	西安交通大学	87.33	70.00	85.00	75.00	64.29	74.71	75.69
53	复旦大学	80.00	45.00	70.00	87.50	78.57	95.69	75.55
54	清华大学	77.33	65.00	65.00	75.00	78.57	90.13	75.41
55	上海财经大学	70.00	56.67	60.00	81.25	85.71	96.80	75.24
56	西南财经大学	73.33	86.67	30.00	75.00	92.86	85.36	75.08
57	武汉理工大学	53.33	78.33	90.00	87.50	71.43	70.13	75.03
58	南开大学	77.33	70.00	55.00	75.00	85.71	84.05	74.77
59	南京师范大学	67.33	86.67	80.00	56.25	57.14	89.54	74.35
60	中国传媒大学	77.33	81.67	55.00	75.00	78.57	73.59	73.94
61	对外经济贸易大学	80.00	85.00	60.00	62.50	85.71	67.71	73.77
62	暨南大学	53.33	70.00	60.00	62.50	85.71	83.86	73.75
63	中国地质大学（北京）	56.67	56.67	65.00	100.00	85.71	81.18	73.68
64	南京大学	80.67	76.67	80.00	100.00	64.29	45.62	73.20
65	北京化工大学	75.33	83.33	60.00	50.00	85.71	78.43	73.01
66	北京中医药大学	53.33	66.67	95.00	75.00	100.00	55.16	72.87

续表

排名	高等学校	学校基本情况（15%）	招考信息（20%）	财务信息（15%）	管理与教学信息（15%）	人事师资信息（15%）	信息公开专栏（20%）	总分
67	厦门大学	80.00	91.67	65.00	75.00	28.57	85.10	72.64
68	上海大学	63.33	60.00	60.00	75.00	85.71	89.54	72.51
69	天津医科大学	82.00	56.67	65.00	62.50	85.71	83.40	72.30
70	北京邮电大学	86.67	76.67	25.00	87.50	57.14	88.95	71.57
71	天津大学	80.00	70.00	65.00	62.50	57.14	86.80	71.06
72	中央美术学院	50.00	78.33	75.00	56.25	64.29	92.42	70.98
73	陕西师范大学	66.67	80.00	45.00	75.00	71.43	78.69	70.45
74	东北师范大学	65.33	41.67	80.00	87.50	64.29	85.16	69.93
75	河海大学	76.67	91.67	30.00	62.50	42.86	98.37	69.81
76	中央财经大学	85.33	66.67	65.00	75.00	64.29	64.58	69.69
77	中央音乐学院	76.67	91.67	45.00	81.25	78.57	40.72	68.70
78	东华大学	73.33	56.67	70.00	81.25	57.14	75.36	68.66
79	北京大学	76.67	73.33	70.00	68.75	50.00	66.21	67.72
80	贵州大学	84.00	83.33	35.00	68.75	71.43	59.54	67.45
81	东北大学	33.33	68.33	75.00	68.75	57.14	84.31	65.66
82	中央戏剧学院	53.33	81.67	70.00	62.50	64.29	57.52	65.36
83	中国科学技术大学	75.33	70.00	60.00	62.50	57.14	63.73	64.99
84	南京航空航天大学	52.00	78.33	30.00	62.50	71.43	78.43	63.74
85	延边大学	60.00	73.33	45.00	75.00	71.43	50.65	62.51
86	合肥工业大学	63.33	76.67	80.00	12.50	71.43	58.37	61.10
87	南京理工大学	70.67	66.67	30.00	75.00	42.86	66.67	59.45
88	福州大学	40.00	78.33	55.00	56.25	57.14	62.35	59.39
89	湖南师范大学	72.00	78.33	25.00	75.00	100.00	8.89	58.24
90	哈尔滨工业大学	47.33	73.33	40.00	37.50	57.14	75.56	57.07
91	哈尔滨工程大学	62.00	60.00	25.00	62.50	57.14	67.32	56.46
92	苏州大学	16.67	86.67	30.00	62.50	57.14	62.09	54.70
93	东北农业大学	53.33	60.00	30.00	50.00	21.43	95.69	54.35
94	北京工业大学	50.67	58.33	35.00	62.50	28.57	77.78	53.73
95	海南大学	73.33	88.33	30.00	81.25	42.86	8.89	53.56
96	南昌大学	70.00	66.67	25.00	50.00	42.86	59.54	53.42
97	大连海事大学	47.33	61.67	30.00	62.50	42.86	66.67	53.07
98	西北大学	70.00	66.67	40.00	50.00	85.71	8.89	51.97
99	北京体育大学	63.33	50.00	40.00	50.00	42.86	61.76	51.78

续表

排名	高等学校	学校基本情况（15%）	招考信息（20%）	财务信息（15%）	管理与教学信息（15%）	人事师资信息（15%）	信息公开专栏（20%）	总分
100	太原理工大学	64.00	46.67	15.00	50.00	71.43	56.60	50.72
101	西北工业大学	76.67	70.00	40.00	62.50	42.86	11.11	49.53
102	中央民族大学	20.00	81.67	20.00	87.50	57.14	22.22	48.47
103	广西大学	53.33	76.67	45.00	75.00	14.29	22.22	47.92
104	河北工业大学	75.33	86.67	10.00	37.50	42.86	11.11	44.41
105	辽宁大学	67.33	80.00	25.00	25.00	42.86	20.00	44.03
106	北京航空航天大学	50.67	67.50	7.20	68.75	42.86	20.00	42.92
107	郑州大学	56.67	66.67	25.00	75.00	28.57	0.00	41.12
108	新疆大学	20.67	66.67	25.00	37.50	14.29	61.76	40.31
109	北京理工大学	46.67	66.67	20.00	50.00	28.57	22.22	39.56
110	云南大学	38.67	75.00	20.00	25.00	42.86	11.11	36.20
111	内蒙古大学	60.67	50.00	15.00	12.50	42.86	11.11	31.88
112	四川农业大学	66.67	50.00	0.00	62.50	14.29	0.00	31.52
113	国防科学技术大学	33.33	70.00	5.00	18.75	14.29	8.89	26.48
114	第四军医大学	30.00	56.67	0.00	6.25	0.00	20.00	20.77
115	第二军医大学	26.67	30.00	0.00	0.00	0.00	8.89	11.78

从测评的总体情况看，2015年度高等学校信息公开工作呈现出不少值得肯定的亮点，但也暴露出一些不容忽视的问题。

（二）高等学校信息公开工作的主要亮点

1. 教育行政主管部门在深化高等学校信息公开工作中发挥着显著的主导作用

教育部通过出台《高等学校信息公开办法》和发布《教育部关于公布〈高等学校信息公开事项清单〉的通知》等，持续推动高等学校深化信息公开工作，在对高校信息公开的内容、途径、要求、监督和保障等做出全面明确规定的基础上，针对具体文件规定细化了应予公开的事项，并且对信息公开的真实性、即时性以及平台建设等方面提出了明确要求。清单制管理方法是高等学校信息公开工作精细化、标准化的体现，不但能使高等学校进一步明确公开义务，而且有助于管理部门督查和社会监督。清单制管理方法的优势还在于其内容既具有明显的刚性，要求明确具体，又富有一定弹性，即可随着社会形势发展的需求变化以及根据相关法律法规的修订，不断调整公开事项范围和细化公开要求。

值得强调的是，教育部在 2015 年为进一步深化落实《清单》要求，推动高等学校做好《2014—2015 学年度信息公开年度报告》的编制和发布工作，于 2015 年 10 月 16 日印发了《教育部办公厅关于进一步落实高校信息公开清单　做好高校信息公开年度报告工作的通知》（教办厅函〔2015〕48 号，以下简称《通知》）。《通知》明确要求各高等学校"以公开为常态、不公开为例外"为原则，按照清单要求对照检查各事项公开情况，确保全面、及时、准确地公开清单所列每项信息，进一步细化主动公开范围和公开目录，特别提出要加强招生、财务等重点领域信息公开力度。此外，《通知》还明确规定了年度报告的公布时间及位置，并在教育部门户网站发布了部属高校年度报告，以起到监督和促进的作用。可以看出，教育部已将编制和公布年度报告作为落实《清单》要求和推动信息公开工作的重要抓手。

总之，在教育部的指导和监督下，2015 年高等学校信息公开工作得到显著深化，尤其在特殊类型本科生招考以及硕士研究生复试信息公开等方面，较之 2014 年有明显进步。此外，高等学校通过信息公开专栏集中发布《清单》规定信息的途径模式正在形成，信息公开平台建设逐步走向完善。这些成果的取得均得益于教育部为推进高校信息公开工作而采取的多种工作创新和深化的举措。

2. 教育部直属高校的信息公开明显优于非直属高校

项目组在对本次测评结果进行交互比较统计时发现，教育部直属的 75 所高等学校（以下简称"部属高校"）的透明度加权平均分为 78.32，明显高于教育部非直属高等学校（以下简称"非部属高校"）52.22 的加权平均分（见图 4-1）。

部属高校和非部属高校教育透明度均值之间的显著差异，在很大程度上表明教育部推动其直属高校信息公开工作的常态化、规范化、制度化以及提高教育透明度的成效是非常显著的。部属高校的信息公开平台或专栏建设在教育部指导下进步显著，在相关平台设立之前相对分散的信息和未开放信息逐步统一、集中到一起，并得到了及时发布。总之，部属高校在

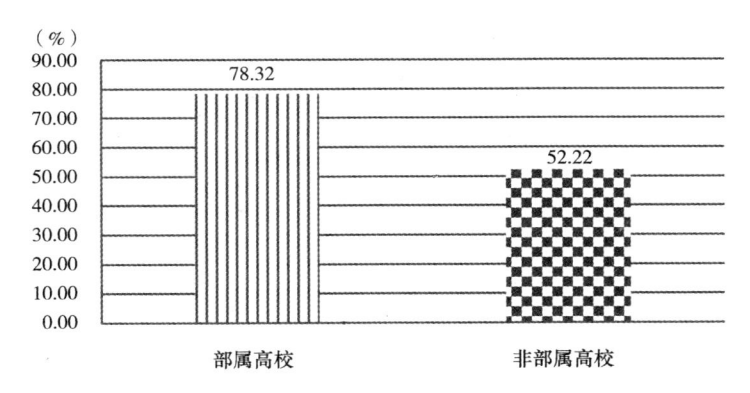

```
(%)
90.00
80.00    78.32
70.00
60.00
50.00           52.22
40.00
30.00
20.00
10.00
 0.00
      部属高校      非部属高校
```

图 4-1　部属高校与非部属高校透明度加权平均分比较

教育部直接管理下通过深化、细化基本信息、招考信息、财务信息、人事师资信息、管理与教学信息等方面的信息公开平台建设，不断提高社会公众检索信息的便捷性和信息访问平台的友好性。

教育部还在其门户网站上设置了"教育部直属高等学校信息公开专栏"，对已经建立起信息公开专栏的高等学校逐一列示，并可直接点击链接到相应网页，便于社会公众访问相关内容。此外，教育部设立的"阳光高考信息平台"对于公众查阅本科生招考信息也有很大帮助，公众可以通过该平台轻松查询教育部相关动态和政策、高等学校招生章程等信息，并且可以较便捷地查询到高等学校特殊招考考生的名单及相关测试成绩和录取信息等情况。

3. 2015 年度高等学校透明度的均值水平较上年略有提升，招考等重点信息公开领域的进步明显

项目组在对 115 所高等学校的整体测评结果进行比较分析后发现，2015 年度高等学校透明度的均值为 69.47，相比 2014 年度 66.73 的均值水平略有提升（见图 4-2）。

从统计角度上看，以上数据说明 2015 年度各高等学校的信息公开工作和相关平台建设水平有所提升，但总体而言推进步伐不大，尚处于探索前行的阶段。

值得肯定的是，随着各高等学校依照《高等学校信息公开办法》《高等学校信息公开事项清单》等文件的要求逐步推进落实信息公开责任，2015

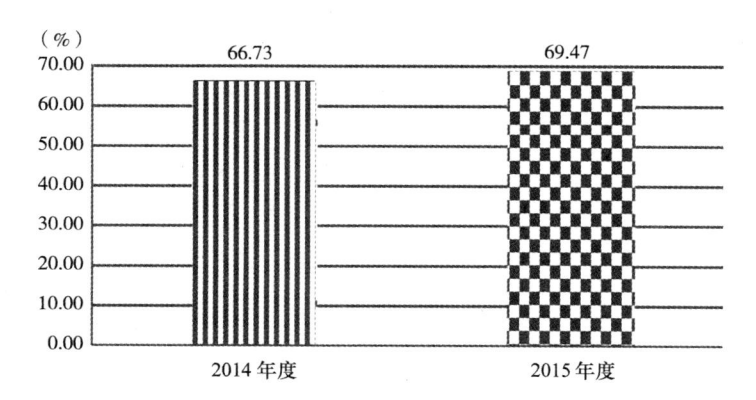

图 4 - 2　2015 年度和 2014 年度高等学校透明度均值比较

年度高等学校信息公开工作和相关平台建设得到一定程度的深化，尤其是在特殊类型招生和硕士研究生复试等重点信息公开领域的情况表现，相比 2014 年度有明显进步。

首先，在保送生招考、自主选拔招考和高水平运动员招考的考生资格信息及测试结果公开方面，本次测评结果分别比 2014 年度相应指标的测评结果显著提高了 13.05%、20.87% 和 13.05%（见图 4 - 3）。可见，2015 年度高等学校在公开特殊类型招考信息方面比 2014 年度提升显著。

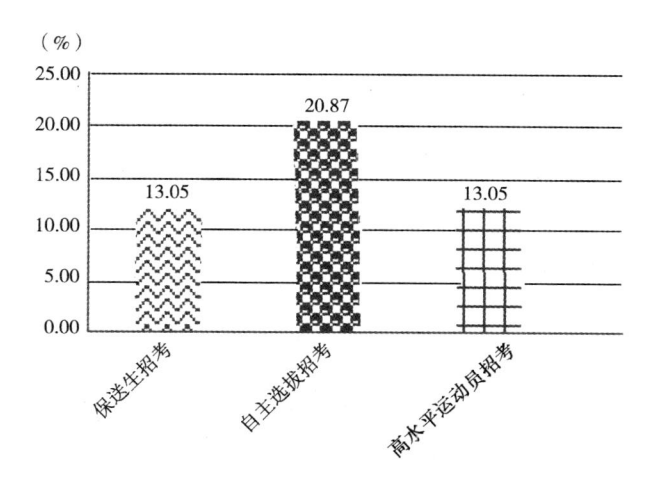

图 4 - 3　2015 年度保送生招考、自主选拔招考、高水平运动员招考
资格信息及测评结果信息公开比 2014 年度的提高程度

其次，在硕士研究生复试方面，公开2015年度硕士研究生复试考生名单的高等学校数量比2014年度提升了10.44%；公开了2015年度全部院系硕士生复试成绩的高等学校数量比2014年度提升了15.66%，而公开了部分院系硕士生复试成绩的高等学校数量也比2014年度提升了6.95%；公开了全部院系2015年度硕士生拟录取名单的高等学校数量比2014年度提升了12.18%。

总之，2015年度高等学校招考信息公开方面的透明度均值为73.50%，比2014年度高校在招考信息公开方面的透明度均值（65.91%）高出7.59%（见图4-4）。

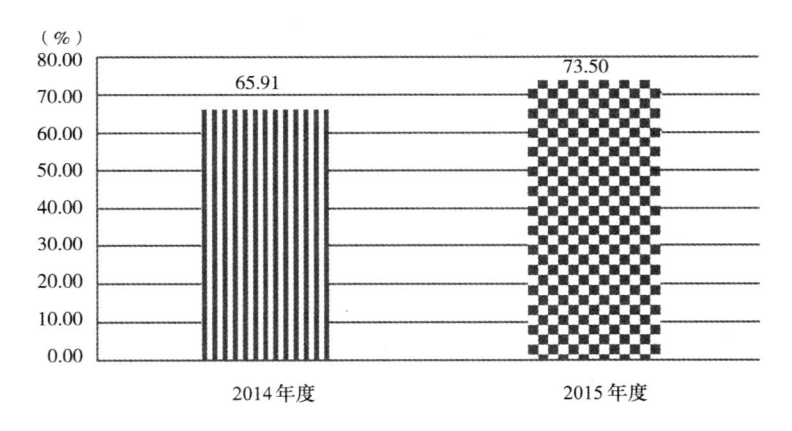

图4-4 2014年度和2015年度高等学校招考信息公开的透明度均值比较

（三）高等学校信息公开工作的主要问题

1. 不同地区和不同属性高等学校的信息公开水平存在差异

项目组对本次测评的不同数据项进行比较分析发现，不同地区和不同属性的高等学校的信息公开水平存在着比较明显的差异。这种差异表现在信息公开专栏设置、招考、财务、人事师资信息公开情况等多个方面，即使不对原始统计数据运用方差分析（ANOVA）工具，而仅需进行一般描述统计（descriptive statistics）分析亦可得出这一观察结论。

从比较典型的信息公开专栏设置情况来看，首先，按不同所属地区对高等学校进行分类的统计结果显示，北京地区高等学校开设可访问的信息公开专栏的数量和比例远远高于其他地区，占测评总数的 24.35%；与之相比，江苏和上海地区的高等学校在此项指标上的占比分别为 9.57% 和 7.83%，虽然它们明显低于北京地区高等学校的统计数据，但同广西、云南和内蒙古自治区等西部或边远地区高等学校在此项指标上"摘 0"的成绩形成了鲜明对比。这在一定程度上反映出东部发达地区和西部欠发达地区的高等学校在信息公开平台建设水平上的现实差距。其次，按不同属性对高等学校进行分类的统计结果显示，理工类高等学校开设可访问的信息公开专栏的统计数字要优于综合类高等学校，呈现出占比 32.17% 对占比 26.96% 的差异。这在一定程度上说明理工类高等学校可能得益于自身信息平台架构和数据处理的技术优势，在信息公开专栏建设方面更具有发展潜力和优势。

2. 部分高等学校对信息公开工作重视不够、公开不及时现象突出，相关平台建设步伐缓慢

项目组在 2014 年高等教育透明度测评中就发现有部分高等学校对信息公开工作重视不够，[①] 而从 2015 年的测评结果看，这一问题并没有得到显著改善。

首先，部分高等学校信息公开延时现象很突出。以《2014—2015 学年度信息公开年度报告》（以下简称"年度报告"）的发布情况为例，根据教办厅函〔2015〕48 号文的要求，各高等学校应于 2015 年 10 月 31 日前将年度报告发布在本校门户网站的相关栏目上。然而，经过项目组观察统计，仅有 55 所高等学校在 10 月 31 日前公布了年度报告，总体比例不足测评总数的一半，仅占 43%（见图 4-5）。可见，目前一些高等学校对信息公开工作的重视程度还有待提高。此外，北京工业大学等一些高等学校由于校园门户网站和信息公开专栏改版等原因，导致其多个指标在测评期间无法及时地按照《高等学校信息公开事项清单》规定公开相应的信息内容。

其次，部分高等学校的信息公开平台建设进展缓慢，网站建设水平较低。门户网站是高等学校公开信息的第一平台，门户网站运行有效，信息

---

① 中国社会科学院法学研究所法治指数创新工程项目组：《中国高等教育透明度指数报告（2014）》，中国社会科学出版社 2015 年版，第 20—21 页。

未公开（57%）　　已公开（43%）

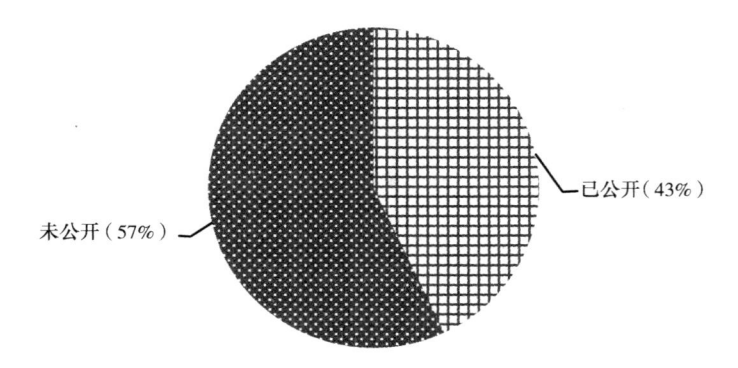

图 4-5　2015 年 10 月 31 日前公布《2014—2015 学年度信息公开年度报告》的情况

公开才能有效。但测评发现，高等学校门户网站建设水平并不高。一方面，信息公开栏目链接无效的现象依旧存在，甚至某些高等学校的相关栏目设置形同虚设。例如，四川农业大学开设的所谓"信息公开栏目"，只是其门户网站（新版）首页右上角的"图标"，没有实际设置栏目跳转链接。当测评人员切换到其旧版校园网页时，虽然能找到相关栏目（信息公开—校务公开），但经过多次测试后发现其链接始终无效。应当指出的是，该校在 2014 年的测评中就存在此问题，直至 2015 年测评结束时问题仍然没有得到纠正和改善，说明其近一年来信息公开平台建设没有得到及时合理的推进。此外，北京大学虽然在"北大概况"栏目和"专题网站区域"的醒目位置设置了信息公开专栏，但在测评后期经不同测评人员在不同时段的访问尝试，链接均无法打开。

另一方面，技术监测也表明，广大高等学校门户网站建设水平不高。为了从技术上检测 115 家高等学校门户网站的建设情况，项目组对 115 所高等学校的门户网站进行了技术扫描和监测。监测发现，2015 年 9 月 8—24 日，有 59 所高等学校的门户网站首页可以做到所有监测过程中均可 15 秒内打开网页、可用率（即监测期间内打开网页次数与验证次数的比率）为 100%，占测评总数的 51.30%，其余 56 所学校的门户网站可用性不高，最低的是中国矿业大学（徐州），可用率仅为 56.52%，也就是有一半以上的测试是无法打开网页的。部分高等学校门户网站首页信息链接存在错误，也就是会导致首页内相应链接出现网页无法打开的情况。监测时间内,仅有25所高等学校门户网站的首页未发现链接错误,其余90所高等学校门户网站首页均存在链接错误,占78.26%。部分高等学校门户网站内的内部信息链接存在错误,监测时间内,经对115所高等学校网站进行全站扫描,仅18所高等学校门户网站未发现存在内部(即与首页同一域名或在设定域名范围内)链接错误,其余97所高等学校的门户网站均存在程度不一的内部链接错误,占84.35%。此外,有61所高等学校门户网站内的附件链接有误,会导致附件无法打开,占53.04%。项目组还对全部测评对象门户网站内是否存在错别字进行了监测,结果仅有4所学校未发现错别字,分别是上海财经大学、西南大学、郑州大学、华南理工大学,剩余111所学校门户网站均发现了错别字,占比高达96.52%。这其中,错别字超过100处的高等学校有19所,比如,武汉理工大学有315处、重庆大学有261处、清华大学有236处、北京大学有194处(详见表4-4)。

表4-4 部分高等学校门户网站错别字检测结果

(监测时间:2015年9月8—24日)

高等学校	错别字个数
武汉理工大学	315
重庆大学	261
清华大学	236
北京大学	194
华中科技大学	179
北京师范大学	158
华中师范大学	154
南开大学	147
四川大学	146
对外经济贸易大学	126
云南大学	122
中国石油大学(北京)	119
华中农业大学	115
电子科技大学	114
中南大学	111

续表

高等学校	错别字个数
中国政法大学	108
武汉大学	104
上海交通大学	103
西安交通大学	102

注：上表仅列出了100处以上错别字的高等学校。

再次，少数"211"重点高等学校对信息公开的重要意义理解得不到位，信息公开专栏或相关平台的建设一直处于缺位状态。例如，项目组发现郑州大学一直未设置信息公开专栏或相关平台，只能在"快速通道区域"下找到所谓的"公共服务"栏目，其内容是一些诸如科技大词典、全唐诗库、大学校历、动画世界等对外信息共享资源。

3. 信息公开口径或发布形式缺少更细化的统一规范，公众访问的友好性欠佳

高等学校信息公开专栏建设和具体公开办法虽然有《高等学校信息公开办法》和《高等学校信息公开事项清单》作为依据，但从各高等学校的实践情况看，信息公开的发布渠道和形式缺乏更细化的统一规范。在此意义上，2014年测评指出的"信息放置不合理"的问题依然是制约当前高等学校信息公开效果的关键负面因素。

首先，很多高等学校门户网站的信息公开专栏和不同信息发布渠道的分类形式，是在借鉴国外高等学校门户网站设置形式，并结合高等学校自身多年办学实践进行规划设计，不符合教育行政主管部门的标准化要求。因此，不少高等学校在客观上会随意放置信息，造成了社会公众难以查找、访问困难的现象。

例如，从高等学校对信息公开专栏的设置看，至少存在以下五种情况。一是在高等学校门户网站首页的顶部导航栏、快速链接板块、专题网站板块开辟信息公开专栏，如中国海洋大学、中国矿业大学、吉林大学、北京外国语大学等。这种形式最为常见，便于社会公众查找，界面相对友好。二是在高等学校门户网站首页的"学校概况"栏目中开设信息公开二级栏目，如中央戏剧学院等高等学校。三是在高等学校门户网站首页的"管理机构"（职能部门）栏目下的二级栏目"学校办公室"（党委和校长办公室二合一）中再开设关于信息公开的三级栏目，这种栏目设置办法可能是考虑到学校办公室具有本校信息统筹管理的职能，采取这种栏目设置办法的高等学校有中央民族大学等。四是在高等学校门户网站首页的"信息服务"栏目或"服务专区"下开设信息公开二级栏目，如同济大学等。五是在高等学校门户网站的服务类信息板块中设置相关栏目，如清华大学在其门户网站首页"走进清华"栏目中的"实用信息"板块下开设了"信息公开"三级专栏，并且将其同该板块下的"参观预约"等栏目置于同一范畴。以上"五花八门"的专栏设置办法和形式，虽然彰显了高等学校的个性化，但在客观上给社会公众访问其信息公开事项造成了一定程度的"路径选择障碍"。

其次，高等学校根据《高等学校信息公开事项清单》要求对研究生"录取办法"信息进行公开时采取的公开形式也缺乏规范化。例如，高等学校直接以"硕士（博士）复试录取办法"为标题独立公开该项目信息的做法并不普遍；有一些高等学校通过类似"硕士（博士）复试工作方案"或"硕士（博士）复试工作公告"的标题来公开该部分内容；还有些高等学校将录取办法说明放到招生简章的局部段落中，只言片语，比较笼统，对需求相关信息的访问者而言缺乏指导性。此外，研究生拟录取名单公示期限也没有统一规范，或长或短，而且有部分高等学校将相关内容设置成了"内部公开"，即访问者必须输入身份验证信息才可访问。然而，根据教办函〔2014〕23号文件的要求，此类公开方式并不符合要求。

再次，研究生招生申诉处理办法的公开内容不清晰，有高等学校单独将其开设为一个栏目，也有高等学校将相关内容放置于招生简章、拟录取名单说明和复试录取办法中，寥寥数语列于文后，难免有"走形式"之嫌。

4. 信息公开年度报告存在着比较突出的形式主义问题

从本次测评情况看，很多高等学校的2014—2015学年度信息公开年度报告在说明主要经验、存在问题和改进措施等情况时，套话太多、内容空洞。进而言之，很多高等学校对信息公开工作中存在的问题表述得过于笼统，提出的改进措施也缺乏针对性和可操作性，存在一定程度的"开大力丸"现象。这些高等学校在说明其相关工作中的问题和提出相应措施时，基本使用如下"套话"："对信息公开工作重要性的认识还不够""相关制度建设或公开内容还不完善""公开的方法有待改进"或"公开的水平有待提高"等，相应的所谓改进措施就成了"要强化各单位信息公开意识""要完善信息公开相关机制""要大力加强信息公开平台建设或加强维护水平"等。而对于高等学校如何不重视（具体表现）、为何不重视、相关制度办法怎样不完善以及如何加强或完善相关机制建设的具体内容等，则无任何进一步说明。此外，在说明依申请公开的收费、减免情况时，多数有依申请公开情况的高等学校没有给出相关的统计数据，还有部分高等学校没有对收费、减免情况作出说明，如中国人民大学、吉林大学、中央戏剧学院和陕西师范大学等。

四 分板块测评情况

（一）学校基本情况：学术委员会和学科介绍信息公开欠佳

2015 年度高等学校基本情况板块的测评项目包括学校概况、学校章程、学科介绍、校领导基本信息、学术委员会建设、境内外教育与合作办学、后勤保障、校园安全（含紧急处理预案）等信息的公开情况。该板块的测评时间为 2015 年 8 月 13—26 日。

1. 学校概况

学校概况作为社会公众了解高等学校整体情况的首要窗口，是高等学校信息公开的最基本内容。各高等学校门户网站上均有此项内容，但往往存在不能按年度（或学年度）及时更新内容的问题。为此，项目组考察了 2015 年度和 2014 年度的相关公开情况，结果发现 2015 年度有 109 所高等学校在一年内更新了学校概况（或简介），占测评总数的 94.78%，比 2014 年度相同指标的统计结果（73 所高等学校，占 63.48%）提高了 31.3%（见图 4-6）。

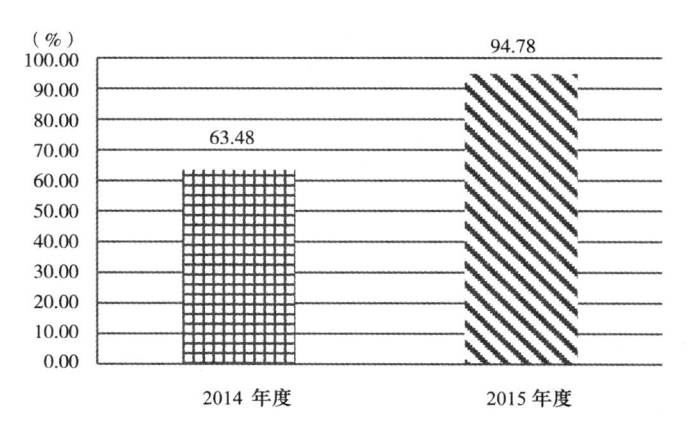

图 4-6　2014 年度和 2015 年度更新高等学校概况（或简介）情况比较

2. 学校章程

学校章程是规定高等学校的宗旨任务、办学目标、内部治理结构、决策程序和民主监督机制等重要事项和办事规则的根本制度，也是高等学校自主办学、履行社会公共服务职能的基本准则和社会公众监督的基本根据。然而，这一高等学校自身制定的"根本校法"的公开情况并不令人满意，项目组在 2014 年测评时就发现有近 60% 的高等学校没有公开章程。对此，项目组考察了 2015 年度各高等学校的章程制定和公开情况，发现有 84 所高等学校在门户网站上完全公开了自身章程，占测评总数的 73.04%，这一数字相比 2014 年增加了 36 所（见图 4-7）。然而，仍有 29

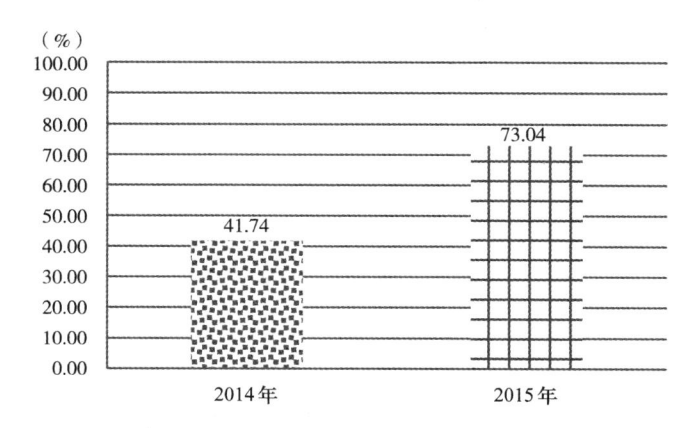

图 4-7　2014 年和 2015 年高等学校章程公开情况比较

所高等学校没有在其门户网站发布章程,占测评总数的 25.22%;另有 2 所高等学校的相关栏目链接无效。

3. 学科介绍

学科介绍作为考生和家长在选择高考志愿时的重要参考信息,是高等学校信息公开的关键内容,本应通过信息公开栏目或以各院系为单位分科详细说明开设的全部专业。然而,测评发现,高等学校公开学科简介的情况并不规范,存在着以院系简介代替学科专业介绍或者在院系概况中只简单提及开设专业的名称等现象。对此,项目组在本次测评中采取了较 2014 年相关测评标准更严格的尺度,分别抽查各高等学校任意 3 个院系中相关学科下属的专业介绍情况:3 个院系均明确公开学科简介的有 24 所,占测评总数的 20.87%;有 1 个院系未公开或提供了无效链接的有 27 所,占测评总数的 23.48%;有 2 个院系未公开或提供了无效链接的有 19 所,占测评总数的 16.52%;而没有提供具体专业介绍或提供了无效链接的高等学校有 45 所,占测评总数的 39.13%(见图 4 - 8)。

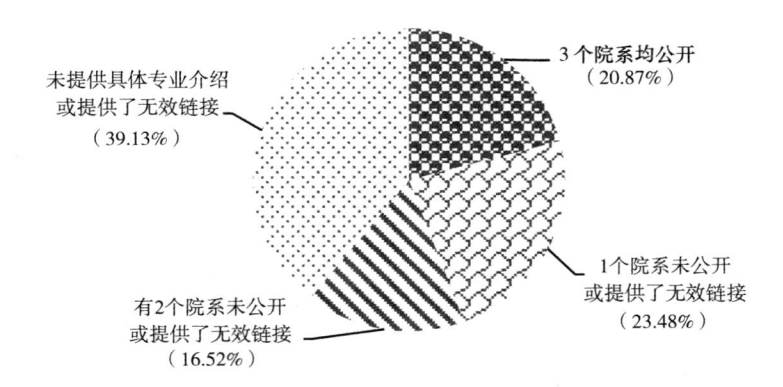

图 4 - 8 2015 年高等学校任意 3 个院系专业介绍的公开情况

4. 校领导基本信息

校级领导个人简介和分工信息的公开,是高等学校管理层集体接受社会公众监督的基础。首先,有 95 所高等学校在其门户网站上公开了校级领导的简介,占测评总数的 82.61%,比 2014 年 91 所高等学校的数量略有提高;相应地,完全没有提供校级领导简介的高等学校较 2014 年减少了 4

所，即有 15 所高等学校，占测评总数的 13.04%；另外，有 5 所高等学校提供了部分校领导的个人简介，占测评总数的 4.35%。其次，校级领导分工信息的公开情况相比 2014 年变化不大，有 45 所高等学校未公开校级领导分工信息，占测评总数的 39.13%，其余高等学校均公开了相关信息。

5. 学术委员会建设

高等学校设立和建设学术委员会，是以保障学术自由、促进学术研究为根本目标的。学术委员会作为高等学校的学术审议和学术决策机构，对高等教育发展起着至关重要的作用。[①] 为此，项目组在 2015 年开辟了对这一内容的相关测评。

首先，高等学校学术委员会的制度或章程是一所高校学术运行的参照标准或"旗杆"，是其学科建设、学术评价、学术发展和充分发挥教授治校作用的根本原则。为此，项目组测评了学术委员会章程的公开情况，发现有 70 所高等学校开辟了相关栏目并公布了学术委员会的章程，占测评总数的 60.87%；另有 11 所高等学校虽然开辟了相应栏目或在信息公开专栏中列有相关标题，但链接无效或点击后无具体内容，占测评总数的 9.57%；没有公开相关内容的高等学校有 34 所，占测评总数的 29.56%（见图 4-9）。

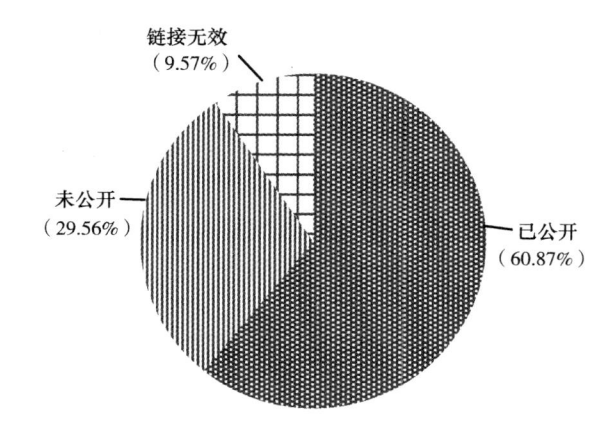

图 4-9　2015 年度高等学校公开学术委员会的章程情况

[①] 《国家中长期教育改革和发展规划纲要（2010—2020 年）》第十三章（四十）中提出应充分发挥学术委员会在学科建设、学术评价、学术发展中的重要作用。探索教授治学的有效途径，充分发挥教授在教学、学术研究和学校管理中的作用。

其次,项目组继续考察学术委员会年度报告的公开情况,发现仅有19所高等学校公开了2014年度的学术委员会年度报告,占测评总数的16.52%;还有29所高等学校虽然设置了相应栏目或标题,但未公开相应的年度报告,占测评总数的25.22%;与前两种情况相比,高达67所高等学校既无相应栏目标题也未提供相应年度报告,占测评高等学校总数的58.26%(见图4-10)。这在一定程度上说明各高等学校目前的学术委员会建设步伐有待加快、相应信息公开工作有待大力加强。

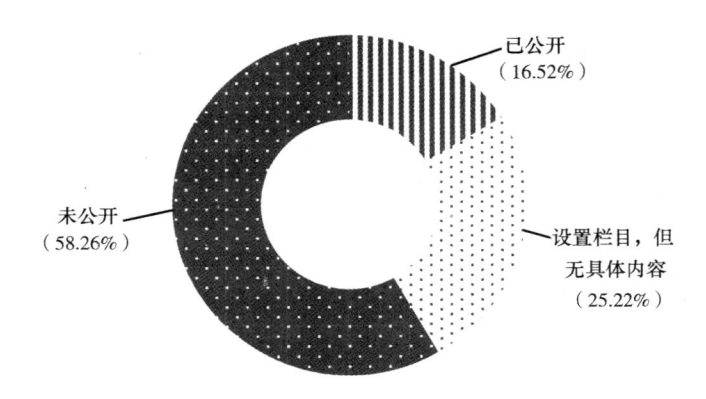

图4-10 2014年度学术委员会年度报告的公开情况

6. 境内外教育与合作办学

在对高等学校公开境内外合作办学的情况测评中,项目组发现开设相关栏目(或网页)的高等学校有105所,占测评总数的91.30%。其中,有49所高等学校不但开辟了境内外教育与合作办学相关栏目(网页),而且列明最近3个月之内的相关动态,占测评总数的42.61%;有26所高等学校设有相关栏目(网页),但公开的合作办学事项的发生时间不在测评之前的3个月,占测评总数的22.61%,这一比例较2014年相同指标的统计结果增加了8.7%;有27所高等学校虽然设有相关栏目(网页),但进入栏目后未发现相关的动态信息,占测评总数的23.48%;有3所高等学校虽然开设了相关栏目(网页),但所提供的链接无效,占2.61%;另有1所高等学校没有专设相关栏目(网页),但可找到3个月之内相关动态信息;此外,只有9所高等学校既无相关栏目设置,也检索不到任何相关的动态信息，这一数字相比 2014 年相同指标的统计结果减少了 3 所。

7. 后勤保障

在高等学校后勤保障的信息公开方面，2015 年度的测评结果在栏目设置上基本同 2014 年度的测评数据持平，在公开相关的制度规范上略优于 2014 年，而在公开动态信息上不及 2014 年。首先，有 103 所高等学校通过自身行政管理部门（如后勤管理集团或后勤管理处等）的网页公开了后勤保障方面的信息，占测评总数的 89.57%；没有公开相关栏目内容以及链接无效的高等学校只有 12 所，占测评总数的 10.43%。其次，有 86 所高等学校公开了学生后勤保障相关制度规范，比 2014 年多了 3 所，占测评总数的 74.78%；相应地，有 23 所高等学校没有公开相关后勤保障制度规范的信息，占测评总数 20.00%；另有 6 所高等学校的相关栏目链接无效，占测评总数的 5.22%。再次，有 66 所高等学校列明了近 3 个月内的后勤保障活动，占测评总数的 57.39%，这一比例相比 2014 年的情况下降了 9.30%；有 24 所高等学校所列的相关动态信息要么没有标注发生日期，要么超过 3 个月没有更新，共占测评总数的 20.87%；没有公开相关信息的高等学校有 24 所，提供无效链接的高等学校 1 所，共占测评总数的 21.74%。

8. 校园安全

在校园安全信息的公开方面，有 94 所高等学校列明了校园安全相关制度规范，相比 2014 年多了 3 所，占测评总数的 81.74%；而未列明相关制度规范的高等学校有 17 所，占测评总数的 14.78%；还有 4 所高等学校的相应栏目链接无效，占测评总数的 3.48%。

在公开校园安全动态信息的高等学校当中，有 63 所高等学校详细公开了最近 3 个月内的校园安全相关活动的信息，占测评总数的 54.78%，相比 2014 年相同指标的测评结果下降了 2.61%；有 30 所高等学校虽然也公开了相关动态信息，但其中的 27 所高等学校只提供了测评期前 3 个月的信息，近期没做更新，占测评总数的 23.48%，还有 3 所高等学校提供的相关信息没有标明发布时间，占测评总数的 2.61%；没有公开相关内容以及提供了无效链接的高等学校有 22 所，占测评总数的 19.13%。

在高等学校针对突发事件的应急预案的公开方面，有 73 所高等学校通过信息公开专栏（信息公开目录）或学校保卫部门网页公开了突发事件的应急预案，占测评总数的 63.48%，比 2014 年相同指标的统计结果（50.43%）提高了 13.05%。

（二）招考信息：特殊招考和硕士复试信息公开进步显著

高等学校的招考信息涉及广大考生的基本权益，受到社会公众的广泛关注，历来是高等学校信息公开的重点内容。国务院在 2015 年 4 月发布的《2015 年政府信息公开工作要点》中强调推进教育领域的信息公开工作，要求全面实施高等学校招生"阳光工程"，推动高等学校重点做好录取程序、咨询及申诉渠道、重大事件违规处理结果、录取新生复查结果、及时公开高校自主招生办法、考核程序和录取结果等工作。

总的来看，所有被测高等学校均在各自门户网站首页的醒目位置开设了相应栏目。项目组针对该栏目下的具体内容进行了深入的分项测评，内容主要包括本科生招考信息和研究生招考信息两大部分。其中，本科生招考信息部分包括招生信息发布、特殊类型招考、录取查询和咨询申诉等；研究生招考信息部分包括招生信息发布、复试信息发布、录取名单、咨询申诉等。本板块的测评时间为 2015 年 5 月 25 日至 2015 年 8 月 28 日。

1. 本科生招考

项目组对 2015 年度本科生招生简章、目录、特殊类型招生考试办法、分批次分科类招生计划等信息公开情况进行了测评。有 110 所高等学校公布了 2015 年度本科生招生简章，占测评总数的 95.65%；有 106 所高等学校公开了 2015 年度的本科生分批次、分科类招生计划，占测评总数的 92.17%。

本科特殊类型招考形式包括保送生、自主选拔、高水平运动员和艺术特长生招考等，其涉及的考生数量虽然远不及普通高考的考生数量，但一直是社会公众非常关注的招考信息领域，因此各高等学校应严格公开标准，做好信息发布。测评显示，有 102 所高等学校公开了 2015 年度本科生特殊类型招生办法，达到了总数的 88.70%；在保送生招考方面，公开了考生资格信息和测试结果的高等学校有 51 所，占测评总数的 44.35%，比 2014 年相同指标统计得到的 31.30% 的比例有了明显提高；在自主选拔招考方面，有 73 所高等学校公开了考生资格信息和测试结果，占测评总数的 63.48%，明显比 2014 年相同指标的测评结果（42.61%）提高了 20.87%；在高水平运动员招考方面，也有 73 所高等学校公开了考生资格信息和测试结果，比 2014 年相同指标的测评结果（50.43%）提高了 13.05%；在艺术特长生招生方面，有 41 所高等学校公开了考生资格信息和测试结果，占测评总数的 35.65%，比 2014 年相同指标的测评结果（29.57%）提高了 6.08%。

总之，2015 年度各高等学校在公开特殊类型招考信息方面相比 2014 年有了明显进步。当然，项目组也注意到，在保送生招考、自主招生、高水平运动员和艺术特长生招考方面，各有占测评总数 17.39%、12.17%、13.04% 和 44.35% 的高等学校只公示了考生姓名，而没有公示相应的资格信息和测试项目结果，因此应进一步加强和规范特殊类型招考信息的公开工作，避免在相关工作中出现形式主义的问题倾向。

在本科录取查询方面，有 105 所高等学校在门户网站上公开了 2015 年度的本科生录取查询渠道和办法，占测评总数的 91.30%，比 2014 年相同指标的测评结果（87.83%）提升了 3.47%。此外，项目组为及时把握本科生录取动态，在截止到 2015 年 8 月 28 日的测评期内，对 2015 年度本科生分批次、分科类录取人数情况进行了观察分析，结果发现，仅有 25 所高等学校及时公开了相关内容，占测评总数的 21.74%。值得注意的是，有 51 所高等学校在此期间没有公布任何的本科生招考申诉程序和处理途径，占测评总数的 44.35%。可见，高等学校对本科生招考申诉处理机制的建设还有待加强。

2. **研究生招考**

全部被测评高等学校均公开了 2015 年度的硕士和博士研究生招生简章；在硕士研究生录取人数方面，共有 106 所高等学校公开了院系的招生人数，占测评总数的 92.18%；博士研究生录取人数的公开情况略逊于前者，即公开相关录取人数的高校有 89 所，占测评总数的 77.39%。

值得关注的是硕士和博士研究生的复试招考信息公开方面，高等学校在研究生复试工作中往往拥有更多的自主权和灵活性，这就可能造成在复试命题、阅卷和计分等环节中出现滥用学术权力或滋生学术腐败等行为。因此，研究生复试招考信息的透明化同考生的利益密切相关，而考生对相关信息的公开诉求也非常强烈。

首先，在硕士研究生复试方面，有 49 所高等学校公开了全部院系的 2015 年度硕士研究生复试考生名单，占测评总数的 42.61%，较 2014 年度相同指标的统计结果（41.74%）无明显提升；有 26 所高校公开了部分院系的上述信息，占测评总数的 22.61%，比 2014 年度相同指标的统计结果（13.04%）高出 9.57%；而没有公开相关内容的高等学校只有 35 所，占测评总数的 30.43%，比 2014 年度相同指标的统计结果（42.61%）明显下降了 12.18%；此外，提供无效链接的高等学校只有 1 所，还有 4 所高等学校属于"准公开"，即需要输入考生身份信息进行登录查询。有 53 所高等学校公开了 2015 年度全部院系的硕士生复试成绩，占测评总数的 46.09%，比 2014 年度相同指标统计得出的比例（30.43%）提升了 15.66%；有 17 所高等学校公开了部分院系的上述信息，占测评总数的 14.78%，也比 2014 年度的相同指标数据（7.83%）提升了 6.95%；没有公开相关内容的高等学校从 2014 年的 65 所下降到 35 所，占测评总数的 30.43%；此外，相关内容链接无效的高等学校有 3 所，需要输入考生身份信息进行查询的高等学校有 7 所（见图 4-11）。

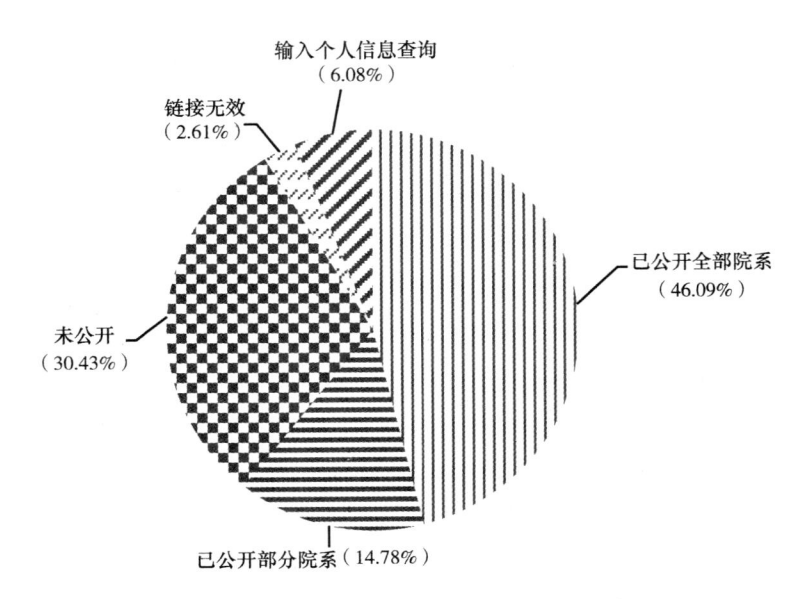

图 4-11　2015 年度硕士生复试成绩公开情况

有 77 所高等学校公开了全部院系的 2015 年度硕士生拟录取名单，占测评总数的 66.96%，比 2014 年度相同指标的统计结果（54.78%）提升了 12.18%；有 11 所高等学校公开了部分院系的 2015 年度硕士生拟录取名单，占测评总数的 9.57%；没有公开任何相关信息的高校有 19 所，占测评总数的 16.52%，这一比例比 2014 年度相同指标的统计结果（22.61%）下降了 6.09%；此外，相关内容链接无效的高等学校有 5 所，需要输入登录密码查询的高等学校有 3 所（见图 4-12）。

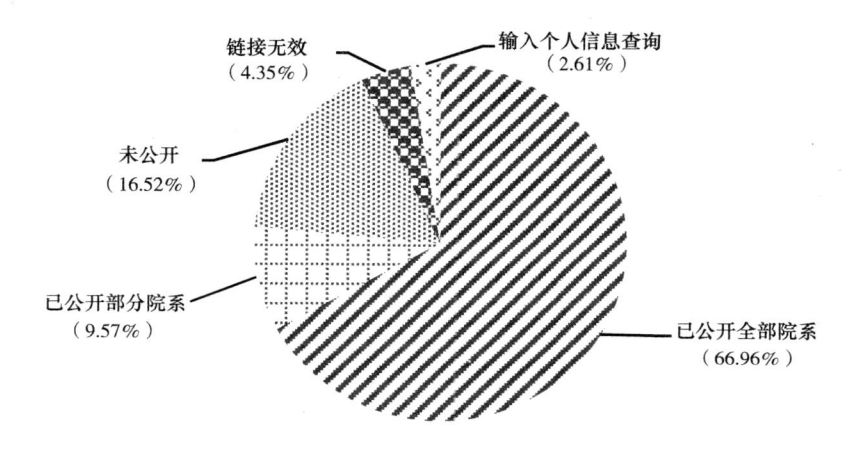

图 4-12　2015 年度硕士生拟录取名单公开情况

其次，相比上述硕士研究生复试信息的公开情况，2015 年度博士研究生复试信息，尤其是博士复试考生名单和复试成绩的公开情况不十分理想。测评发现，只有 24 所高等学校公开了全部院系的 2015 年度博士研究生考生名单，占测评总数的 20.87%；有 23 所高等学校公开了部分院系的 2015 年度博士研究生考生名单，占测评总数的 20.00%；而没有公开相关信息的高等学校达到 68 所，占测评总数的 59.13%（见图 4-13）。

只有 27 所高等学校公开了全部院系的 2015 年度博士研究生复试成绩，占测评总数的 23.48%；有 13 所高等学校公开了部分院系的 2015 年度博士研究生复试成绩，占测评总数的 11.30%；没有公开相关内容的高等学校达到 64 所，占测评总数的 55.65%；需要输入考生身份信息进行

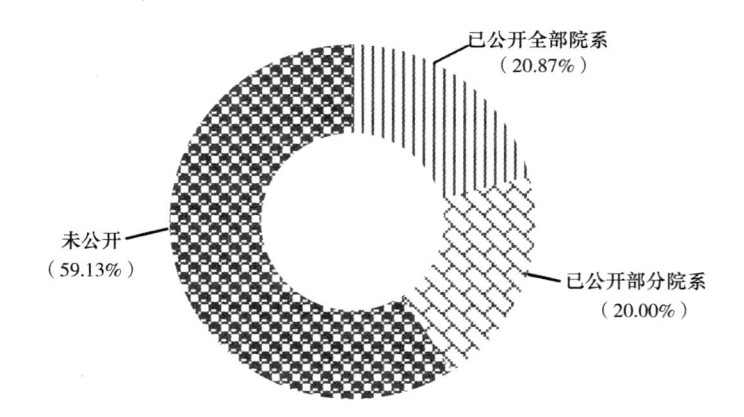

图 4-13 2015 年度博士研究生考生名单的公开情况

查询的高等学校有 9 所，占测评总数的 7.83%；另有 2 所高等学校提供的相关链接无效（见图 4-14）。

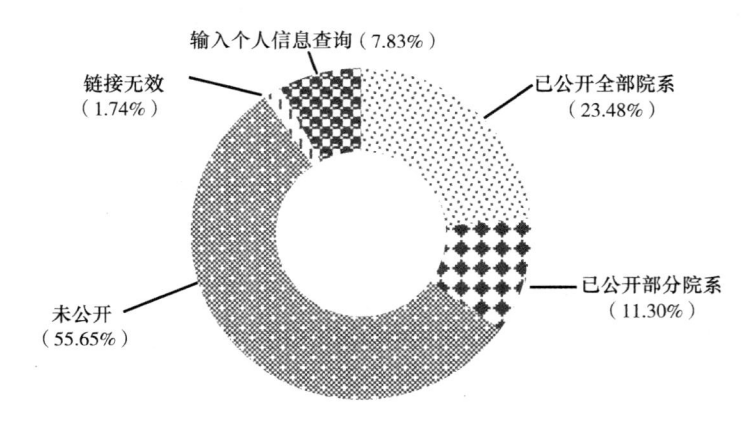

图 4-14 2015 年度博士研究生复试成绩的公开情况

有 72 所高等学校公开了全部院系的 2015 年度博士研究生拟录取名单，占测评总数的 62.61%；有 11 所高等学校公开了部分院系的 2015 年度博士研究生拟录取名单，占测评总数的 9.57%；没有公开相关信息的高等学校有 25 所，占测评总数的 21.74%；此外，需要输入考生信息进行查询的高等学校有 3 所，相关信息链接无效的高等学校有 4 所，共占测评总数的 6.09%（见图 4-15）。

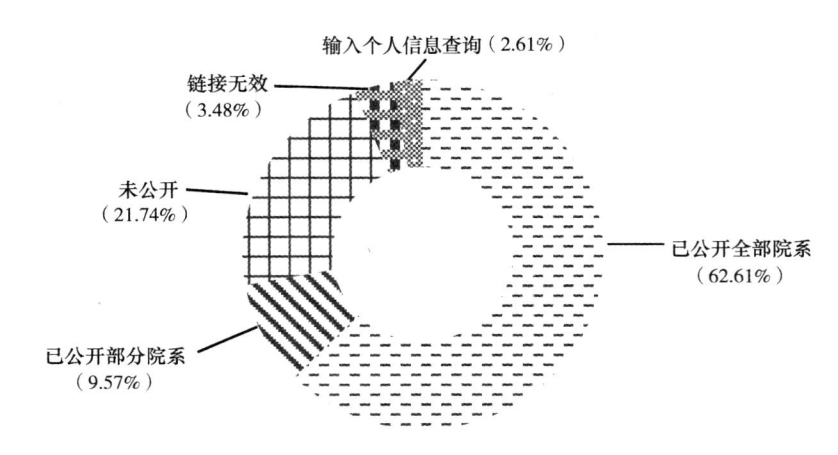

输入个人信息查询（2.61%）
链接无效（3.48%）
未公开（21.74%）
已公开部分院系（9.57%）
已公开全部院系（62.61%）

图 4-15　2015 年博士研究生拟录取名单的公开情况

最后，研究生招考申诉处理程序的公开情况要优于本科生招考层面的相同指标，即只有占测评总数 33.91% 的高等学校没有公开研究生的申诉处理程序或办法。

（三）财务信息：学校受捐赠财产信息更新不及时

本次测评的对象全部是国家兴办的具有社会公益性、服务性的公立高等学校。因此，向社会公开学校的资金收入、支出和预算等财务信息是其应尽的义务。此外，国务院在《2015 年政府信息公开工作要点》中强调推进公共服务信息公开，尤其是推动高等学校制定财务公开制度，加大高等学校财务公开力度。进而言之，高等学校做好财务信息公开工作不但有助于监督其经费收支的合法性和规范其资金使用范围，而且也是向公众履行其说明义务的重要体现。本板块的测评内容包括财务管理栏目设置、财务资产、管理制度、受捐赠财产的使用与管理、校办企业资产信息、采购招投标信息、预算信息、决算信息和收费信息等公开情况。本板块的测评时间为 2015 年 8 月 27 日至 2015 年 9 月 15 日。

1. **财务管理栏目设置**

财务管理栏目是高等学校的门户网站或其信息公开专栏（或网页）集中发布其财务信息的基本渠道，也是公众了解和监督其财务管理和资金使用情况的重要窗口。2015 年，有 104 所高等学校设置了财务管理相关专栏或网页,占测评总数的90.43%,比2014年相同指标统计得出的103所高等学校无显著提高。

2. 财务、资产管理制度

财务、资产管理制度的规范性和公开性是高等学校财务透明度建设的重要内容,有助于社会公众对高等学校的财务流程等事项实施监督,并在此基础上进行咨询、投诉和提出建议等。2015年,共有101所高等学校公开了本校的财务和资产管理制度,占测评总数的87.83%,这一比例较2014年相同指标的统计结果(76.52%)高出11.31%。

3. 受捐赠财产的使用与管理

高等学校受捐赠财产的使用与管理的透明化,对于监督捐赠财产用途,确保实现捐赠人意愿,进而促进高等学校良性治理具有积极意义。项目组主要考察了高等学校公开接受捐赠财产以及使用捐赠财产的情况。具体来看,有80所高等学校公开了接受捐赠财产的情况,占测评总数的69.57%,其中51所高等学校公开了发生时间在一年内的捐赠财产的信息,占测评总数的44.35%,比2014年相同指标的统计数字(61.74%)下降了17.39%;另有29所高等学校只公开了发生时间在一年以前以及发生时间不明确的接受捐赠财产信息,占测评总数的25.22%。另外,公开了接受捐赠财产的使用信息的高等学校有63所,占测评总数的54.78%,其中有40所高等学校公开了发生时间在一年内的接受捐赠财产的使用信息,占34.78%,比2014年相同指标的统计数字(45.22%)降低了10.44%。

4. 校办企业资产信息

高等学校的校办企业是学校自身创办或控股的具有营利性的企业法人单位,它凭借高等学校自身的影响力而获得巨大的有形无形资产。因此,校办企业的资产信息公开工作是高等学校信息公开的重要一环。项目组对校办企业的栏目设置、校办企业的资产和负债信息、国有资产保值增值信息等方面进行了考察。首先,有76所高等学校设置了校办企业的信息公开栏目(或网页),占测评总数的66.09%。其次,有33所高等学校一年之内更新了校办企业资产信息,占测评总数的28.70%,比2014年相同指标的统计数字(23.48%)略有提高。再次,有27所高等学校一年之内更新了校办企业资产信息,占测评总数的23.48%,比2014

相同指标的统计数字（20.87%）略有提高。最后，只有 25 所高等学校公开了一年内更新的校办企业国有资产保值增值情况，占测评总数的 21.74%，与 2014 年相同指标的统计数字没有任何变化。

5. 采购招投标信息

高等学校的采购及招标工作是其基础建设的核心内容，若在监管上发生疏漏，则很容易滋生暗箱操作和经济腐败问题，严重影响其社会声誉，因此需加强相关信息的公开力度，更广泛地接受社会公众的监督。项目组为此重点考察了高等学校的仪器设备采购制度规范以及 2015 年度相关采购信息的公开情况。有 96 所高等学校公开了仪器设备采购制度规范，占测评总数的 83.48%，比 2014 年相同指标的统计数字（74.78%）提高了 8.7%；有 93 所高等学校公开了发生时间在一年内的仪器设备采购信息，占测评总数的 80.87%，比 2014 年相同指标的统计数字（73.04%）提高了 7.83%。

6. 预算信息和决算信息

高等学校公开收支预算（决算）总表、收支预算（决算）表、财政拨款预算（决算）表等信息，不但是当代公共财政管理的基本要求，也是社会公众了解高等学校接受国家财政拨款和经费收支情况的基本依据。项目组针对高等学校公开上述财务报表的情况进行了详细测评：首先，在公开预算报表的信息方面，有 78 所高等学校公开了 2015 年度的收支预算总表，占测评总数的 67.83%，这一比例和 2014 年相同指标的统计数字相比没有发生变化；有 74 所高等学校公开了 2015 年度的收入预算表，占测评总数的 64.35%；有 76 所高等学校公开了 2015 年度的支出预算表，占测评总数的 66.09%；有 73 所高等学校公开了 2015 年度的财政拨款支出预算表，占测评总数的 63.48%。其次，有 74 所高等学校分别公开了 2014 年度的收支决算总表、收入决算表、支出决算表和财政拨款支出决算表，占测评总数的 64.35%。

7. 收费信息

收费信息的公开有助于加强对高等学校收费情况的监督，推进其收费工作的规范化改革，从而切实维护师生的经济利益。项目组考察了高等学校的收费项目、收费依据和标准等内容的公开情况。有 91 所高等学校公开了本校收费项目、收费标准和依据，占测评总数的 79.13%，比 2014 年相同指标的统计数字（65.22%）提升了 13.91%。

（四）管理与教学信息：教学质量信息公开较差

管理与教学信息板块的测评内容包括学风建设、教学质量、就业质量、奖学金与助学金发放以及奖惩制度及申诉办法的公开情况等。本板块的测评时间为 2015 年 9 月 1 日至 2015 年 9 月 21 日。

1. 学风建设

学风建设是高等学校开展校风建设的核心内容，高等学校的学风是否优良，直接关系到其教学质量。进而言之，学风不仅是建立良好校风的前提条件，也是大学生思想品德、学术精神与综合素质的重要体现，是学生成长和学校科研发展的基础和前提。然而，近年来高等学校频发的学术不端事件的负面影响较大，成为舆论焦点。针对上述情况，教育部在 2011 年就制定了《教育部关于切实加强和改进高等学校学风建设的实施意见》（教技〔2011〕1 号），要求加强学风建设，建立学风建设工作体系和学术规范教育制度，加强完备的科研管理制度等长效机制建设，并且通过公开学术不端行为事实和处理结果等信息以发挥社会公众的外部监督作用。因此，项目组围绕高等学校的学风建设机构和相关制度建设情况进行测评，发现目前有 25 所高等学校完全没有公开关于学风建设（或学术道德建设）机构和相关制度方面的任何信息，占测评总数的 21.74%；另有 6 所高等学校的相关内容链接无效，占测评总数的 5.22%。值得肯定的是，有 84 所高等学校不但通过信息公开专栏或相关专题栏目等公开了相关机构和机制信息，而且基本上都单独开辟了学风建设专栏，并将公开的内容细分为"学风建设机构""学术规范制度"和"学术不端行为查处机制"等二级或三级栏目。

2. 教学质量

教学质量的信息公开情况主要考察了 2015 年度高等学校公开主讲本科课程的教授占学校所有教授人数的比例和教授讲授本科课程占课程总数的比例。项目组考察了高等学校对上述内容的统计数据的公开情况，发现在测评期内仅有 19 所高等学校公开了 2014—2015 学年度主讲本科课程的教授占教授总数的比例和教授讲授本科课程占课程总数的比例，占测评总数的 16.52%；而有高达 96 所高等学校没有公开相关内容且提供了无效的内容链接，占测评总数的 83.48%（见图 4-16）。

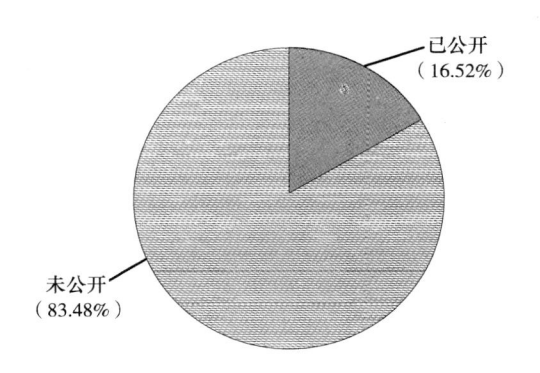

图 4-16　2015 年度高等学校主讲本科课程的教授占学校所有教授人数的比例和教授讲授本科课程占课程总数的比例的公开情况

3. 就业质量

就业质量年度报告不仅能够反映高等学校毕业生的就业率，而且能够提供就业去向、就业结构等重要情报信息，可供高等学校就业管理部门分析就业形势以规划促进就业方案，并且能为在校生做好就业规划和考生选择专业、学校等提供必要的信息参考来源。测评发现，有 84 所高等学校提供了 2015 年度毕业生就业质量年度报告，占测评总数的 73.04%；有 7 所高等学校提供的链接无效，占测评总数的 6.09%；有 24 所高等学校无相关内容，占测评总数的 20.87%。

4. 奖学金与助学金发放

奖学金制度和助学金制度对于激励大学生勤奋学习、积极进取以及帮扶困难学生继续学业、树立自立自强精神具有重要意义和作用。首先，在 2015 年度的学生奖学金信息公开方面，有 107 所高等学校在门户网站设立了奖学金与助学金相关栏目或网页，占测评总数的 93.04%，比 2014 年相同指标的统计结果（88.70%）略有进步；有 67 所高等学校在公开奖学金申请管理规定的同时公开了一年内申请获批的动态信息，占测评总数的 58.26%；而公开了奖学金申请管理规定但未公开一年内申请获批信息的高等学校有35所，占测评总数的30.43%；有8所高等学校没有公开奖学金申请管理规定但有一年内申请获批的信息，占测评总数的6.96%；还有6所高等学校没有公开任何相关信息，占测评总数的5.22%。其次，在2015年度的学生助学金信息公开方面，有48所高等学校既公开了助学金申请管理规定又公开了一年内申请获批的动态信息，占测评总数的41.74%；而只公开了助学金申请管理规定但未公开一年内申请获批信息的高等学校有52所，占测评总数的45.22%。有7所高等学校没有公开助学金申请管理规定但有一年内申请获批的信息，占测评总数的6.09%；没有公开任何相关信息的高等学校有8所，占测评总数的6.96%。

5. 奖惩制度及申诉办法

高等学校制定的学生奖惩制度规范以及相应的申诉处理办法，直接关系到学生的基本权利义务，通常受到学生乃至社会的广泛关注。测评结果显示，有95所高等学校开设了学生奖励处罚制度规范的相关栏目，并且内容链接有效，占测评总数的82.61%。此外，有98所高等学校公开了学生申诉办法等制度规范，占测评总数的85.22%，比2014年相同指标的统计结果（76.52%）提高了8.7；而没有公开相关内容的17所高等学校只占测评总数的14.78%。

（五）人事师资信息：干部任免信息公开有待加强

高等学校是智力型人才密集的场所，其人事师资管理工作的成效好坏，会直接影响人才效益发挥的大小和知识向社会效益转化的程度。高等学校的人事师资管理工作还是推动和促进科研创新和教学质量发展的关键力量。进而言之，高等学校人事师资管理水平的提高离不开相关的信息公开工作，高等学校不但应通过公开人事师资信息来接受公众的监督，而且能通过这种监督作用找出人事管理中的问题，进而推动相关工作的改革和完善。项目组根据《高等学校信息公开办法》和《中共教育部党组关于进一步加强直属高等学校领导班子建设的若干意见》（教党〔2013〕39号）等文件，设置了"人事师资信息"测评指标板块。该板块的测评内容主要包括人事师资栏目、教职工争议解决办法、岗位管理制度规范、人事聘用任免信息、校领导信息。本板块的测评时间为2015年9月24日至

2015 年 10 月 25 日。

1. 人事师资栏目

在人事师资栏目的设置方面，有 105 所高等学校开设了相关人事师资的信息公开栏目，具体形式包括在信息公开目录中设置相关栏目链接或在门户网站开辟人事部门的专栏网页等，占测评总数的 91.30%；没有开设相关栏目的只有 3 所，占测评总数的 2.61%，另有 7 所的相关内容链接无效，占测评总数的 6.09%。

2. 教职工争议解决办法

高等学校的教职工争议解决办法是当代高校人事管理信息公开的重要内容。随着高等学校人事关系制度的改革，高等学校劳动人事关系争议逐渐增多、矛盾愈发突出。高等学校针对这一问题提出和制订了本校教职工争议解决办法，旨在通过制度手段依法及时化解矛盾，维护教职工的合法权益，减少劳动人事关系争议的成本，创新高等学校调解高智力人才劳动争议路径，为构建和谐校园奠定不可或缺的人事制度基础条件。项目组在测评中发现，有 62 所高等学校公开了教职工争议的解决办法，占测评总数的 53.91%；有 9 所高等学校虽然有相关信息公开主题，但链接无效，占测评总数的 7.83%；另有 44 所高等学校没有公开任何相关内容，占测评总数的 38.26%（见图 4-17）。

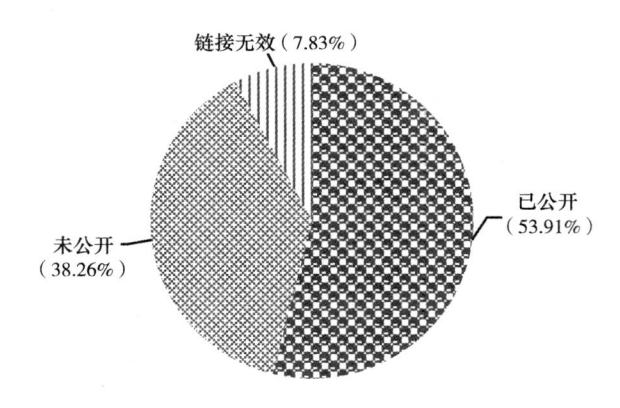

图 4-17 2015 年高等学校教职工争议解决办法的公开情况

3. 岗位管理制度规范

在人事工作建设的制度规范方面，有 100 所高等学校公开了岗位设置管理与聘用办法等相关内容，占测评总数的 86.96%；只有 5 所高等学校没有公开相关内容，占测评总数的 4.35%；还有 10 所高等学校提供的相关信息的链接无效，占测评总数的 8.69%（见图 4-18）。

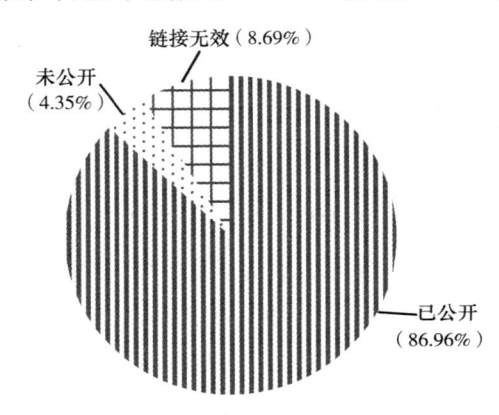

图 4-18　2015 年岗位设置管理与聘用办法的公开情况

4. 人事聘用任免信息

在校内中层干部的任免方面，有 58 所高等学校公开了 2015 年度的中层干部任免信息，占测评总数的 50.43%；另有 34 所高等学校仅公开了 2015 年之前的中层干部任免信息，占测评总数的 29.57%；有 16 所高等学校没有公开任何相关内容，占测评总数的 13.91%；有 7 所高等学校提供的相关信息的链接无效，占测评总数的 6.09%（见图 4-19）。

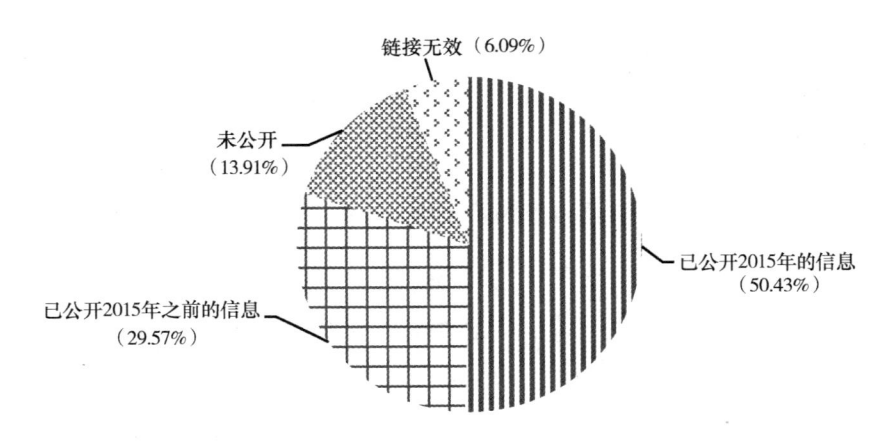

图 4-19　2015 年度高等学校中层干部任免的公开情况

在高等学校人才招聘方面，有 90 所高等学校公开了 2015 年度的师资招聘信息，占测评总数的 78.26%；有 11 所高等学校虽明确说明 2015 年度有招聘计划但实际未列明师资招聘的具体信息，占测评总数的 9.57%；没有公开任何相关内容的高等学校有 12 所，占测评总数的 10.43%；另有 2 所高等学校提供的相关信息链接无效，占测评总数的 1.74%。

5. 校领导信息

在校级领导的社会兼职方面，高等学校应加强党员领导干部的兼职管理，按照有利于提高教学科研质量、有利于产学研相结合、有利于服务经济社会发展的原则，健全校领导社会兼职的管理制度，防止校级领导因社会兼职引发利益冲突、滋生腐败事件。教育部在 2015 年 12 月 1 日曾通报了对外经济贸易大学党委常委、副校长和其国际商学院原院长违规社会兼职取酬等问题。可见，加强对校级领导社会兼职行为的监督势在必行。因此，通过公开校级领导社会兼职信息接受社会监督的意义重大。测评结果显示，2015 年度有 80 所高等学校公开了全部校级领导的社会兼职情况，占测评总数的 69.57%，与 2014 年相同指标的统计结果（63.48%）比较，没有很显著的提高。

在校级领导的因公出国（境）方面，有 44 所高等学校公开了校级领导 2015 年度的因公出国（境）情况，占测评总数的 38.26%；有 30 所高等学校虽然没有公开 2015 年度的相关信息，但列明了 2014 年或更早年份的相关信息，占测评总数的 26.09%；另有 3 所高等学校提供的相关信息链接无效，占测评总数的 2.61%；有 38 所高等学校没有公开任何相关信息，占测评总数的 33.04%，比 2014 年相同指标的统计数字（43.48%）下降了 10.44%。

（六）信息公开专栏：建设水平不高，依申请公开问题较多

根据《高等学校信息公开办法》的规定，高等学校应根据实际情况，利用学校网站、校报校刊、校内广播等校内媒体和报纸、杂志、广播、电视等校外媒体以及新闻发布会、年鉴、会议纪要或者简报等方式公开信息，尤其是应当在学校的门户网站上设置信息公开专栏、建立有效链接，编制信息公开指南和目录等，并及时更新信息。从信息访问者的角度看，高等学校通过建设信息公开专栏履行主动公开和依申请公开的义务，可以为社会公众提供非常便利的信息访问、获取的平台，并且具有良好的可操作性。

从信息公开专栏的总体测评结果上看，高等学校通过信息公开专栏开展信息公开工作的路径模式正在逐步形成和完善。这一板块的测评内容主要包括信息公开栏目的设置情况、信息公开制度、信息公开指南、信息公开目录、依申请公开、网站检索功能以及信息公开年度报告等。本板块的测评时间为2015年6月30日至2015年8月5日。

1. 信息公开专栏设置

信息公开专栏是高等学校面向公众发布信息最集中的平台。此次测评中，高校信息公开专栏的设置情况整体良好，有102所高等学校的网站主页设置了信息公开专栏的快速链接，占测评总数的88.70%，同2014年相同指标的统计数字（87.83%）相比没有显著提高；只有11所高等学校未设置信息公开专栏或网页，占测评总数的9.57%；另有1所高等学校（四川农业大学）在其门户网页（包括新版和旧版）上虽然设有信息公开的栏目标题，但提供的链接无效。

值得注意的是，目前高等学校的信息公开专栏缺乏统一的栏目位置规范，在栏目访问的友好性方面有很大的改进空间。中国矿业大学和中国海洋大学等高等学校将信息公开专栏置于主页导航栏，这种栏目设置形式一目了然，比较便于公众访问。而其他部分高等学校则没有将信息公开专栏设为"一级栏目"：像中国传媒大学、大连海事大学、中国农业大学等将信息公开专栏设在"学校概况"的下级菜单；中国科学技术大学的信息公开专栏设在旧版主页的"公共服务"栏目下；天津大学的信息公开专栏设在"访客版"主页的"生活服务"栏目下；清华大学将信息公开专栏放在"走进清华"栏目中的"实用信息"下的三级栏目；中央民族大学的信息公开专栏则"隐藏"在"管理机构"栏目中的"党委办公室、校长办公室"栏目下。上述栏目设置形式对于公众而言缺乏访问便利性，初次访问者通常需要借助搜索引擎才能找到相应栏目。此外，北京理工大学信息公开专栏中的项目设置未严格参照《高等学校信息公开办法》要求，只设置"数据发布"和"工作报告"两个子栏目，并且内容"简陋",信息发布缺乏条理。

2. 信息公开制度

有84所高等学校公开了信息公开管理制度或相关文件,占测评总数的73.04%,同2014年相同指标的统计数字一致;有31所高等学校没有公开相关内容,占测评总数的27.00%。值得注意的是,部分院校仅公开了《政府信息公开条例》与《高等学校信息公开办法》,而没有根据本校具体情况有针对性地制定本校相应的管理制度文件,如苏州大学、中央音乐学院、东华大学、贵州大学、新疆大学、北京中医药大学等。

3. 信息公开指南

高等学校制订的信息公开指南是社会公众了解和获取高等学校信息的向导。在《高等学校信息公开办法》中就明确规定:"信息公开指南应当明确信息公开工作机构,信息的分类、编排体系和获取方式,依申请公开的处理和答复流程等。"测评结果显示,有85所高等学校公开了本校信息公开指南,占测评总数的73.91%,同2014年相同指标的统计数字一致;仍有30所高等学校未公开本校信息公开指南,占到测评总数的26.09%。公开相关信息的高等学校基本落实了《高等学校信息公开办法》对信息公开指南的规定,内容基本涉及信息公开工作机构、信息的分类,编排体系和高校信息获取方式的介绍等。

4. 信息公开目录

信息公开目录是公众查询高等学校公开信息的快捷通道,层次分明、设置合理的信息公开目录能够方便公众获取信息。在《高等学校信息公开办法》中明确规定高等学校的信息公开目录应当包括"信息的索引、名称、生成日期、责任部门等"内容。有86所高等学校公开了符合要求的信息公开目录,并且点击目录能够有效链接到具体内容,占测评总数的74.78%,比2014年度相同指标的统计数字(66.09%)提高了8.69%;值得注意的是,有10所大学虽然公开了信息公开目录,但仅以表格的形式列举了公开事项名称和责任单位,点击后无法进一步链接到具体内容,占测评总数的8.70%;另有19所大学没有提供信息公开目录或提供的相关标题栏目链接无效,占测评总数的17.00%。

5. 依申请公开

依申请公开制度允许公众向高等学校提出申请，以获取自己需要的信息，在保障公众知情权方面是信息公开制度的核心；而在信息获取方式方面则是信息主动公开形式的有力补充。对高等学校依申请公开情况的测评内容包括高等学校信息公开执行部门受理、答复校内外申请人的信息公开申请的情况和相关收费、减免的规定和统计数据等。

首先，在开通依申请公开渠道方面，共有 96 所高等学校开通了依申请公开渠道，占测评总数的 83.48%，比 2014 年相同指标的统计数字（75.65%）提高了 7.83%。在上述开通依申请公开的高等学校中，有 60 所高等学校同时提供了当面申请、电子邮件申请、邮寄（包括电报、传真）等至少 3 种依申请渠道，占测评总数的 52.17%；有 36 所高等学校只提供了 1—2 种申请渠道，占测评总数的 31.30%；除 1 所高等学校提供的相关链接无效外，还有 18 所高等学校不接受信息公开申请，也未开通信息公开申请的任何渠道，占测评总数的 15.65%（见图 4-20）。

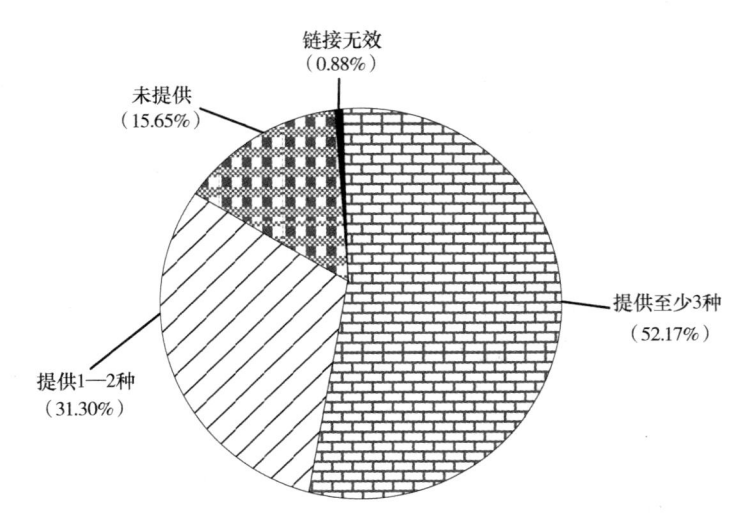

图 4-20　高等学校开通的依申请公开渠道的情况

其次，在高等学校开通的依申请公开程序方面，有 87 所高等学校公开了依申请公开程序，占测评总数的 75.65%，比 2014 年相同指标的统计结果（70.43%）提高了 5.22%；另有 28 所高等学校未公开本校的依申请公开申请程序，占测评总数的 25.00%。

再次，项目组为了验证依申请公开渠道的有效性和答复的规范性，于 2015 年 6 月 30 日至 2015 年 11 月 9 日期间，对所有提供依申请公开渠道的高等学校进行了实际验证。其中，一是以"高等学校毕业生就业情况"为申请内容，向提供了电子邮箱或网络平台的 88 所大学发送了电子申请；二是以"校领导社会兼职情况"为申请内容，用挂号信方式向提供了邮寄申请方式的 91 所高等学校发送了信息公开申请，并为全部被测高等学校预留了足够长的回复时间。从验证结果的总体情况看，依申请公开网络平台和邮寄渠道的回复率和规范性方面均存在着不容忽视的问题。

一是对于通过电子邮箱发出的申请回复率不高。虽然有 83 所高等学校开通了依申请公开的电子邮箱渠道，但是测评人员在验证期间发现南京大学、北京语言大学、中央戏剧学院、东南大学、北京体育大学、华中师范大学 6 所高等学校提供的电子邮箱地址无效，电子邮件无法送达。在显示发送成功的高等学校中，邮件回复情况也不乐观，电子邮箱渠道的依申请回复率很低，实际回复的高等学校仅有 42 家。此外，中央美术学院、电子科技大学、西南财经大学 3 所高等学校虽然提供了依申请公开的专门电子邮箱，但是仅供咨询依申请公开的进度信息，并不接受通过电子邮箱方式发出的信息公开申请。

二是高等学校利用网络平台提供依申请公开服务的情况不十分理想。例如，测评人员在验证期间发现华东师范大学的网上平台无法成功提交信息公开申请；陕西师范大学只提供网络平台一种申请方式，并且未能在验证预留的回复期内对申请的信息给予回复。

三是通过邮寄途径提交的申请的回复率也较低。项目组在验证期间内发现提供了邮寄申请方式的 91 所高等学校中，除了北京师范大学提供的邮寄地址无效外，信件送达的 90 所高等学校中仅有 45 所作出了回复。其中，值得肯定的是，中国传媒大学和华中农业大学，它们在通过电子邮件方式给予回复后，还以电话方式确认了回复邮件是否送达，以确保信息申请人能够及时收到回复信息。

当然，信息公开申请回复的规范性问题也应加以重视。仅有中国传媒大学和复旦大学回复了加盖公章的 PDF 文档，答复程序较严谨，回复格式较规范。

在依申请公开的回复形式方面，除了多数通过电子邮件进行回复的高等学校外，东北师范大学、中国科学技术大学、北京体育大学、北京化工大学、西北农林科技大学、河海大学等少数高等学校以电话形式进行了回复。另外，东北农业大学等个别高等学校通过短信方式进行了简短回复。

在依申请公开的回复内容方面，多数高等学校提供了所申请信息的具体网址链接并附上了简短的说明文字。然而，南开大学在回复中所提供的网站链接无法检索到所申请的信息。北京中医药大学、天津医科大学等部分高校只在电子邮件中告知请自行到学校信息公开网上查询，而没有进一步说明申请信息的具体位置。

在依申请公开的受理时间方面，某些高等学校的相关回复工作因学校假期影响而存在严重的延滞现象。例如，四川大学在电话回复测评人员的依申请公开时告知因相关负责人员休假，建议9月初开学重新进行申请。

需要指出的是，目前一些高等学校的依申请公开工作部门并没有很好贯彻"公开是常态、不公开是例外"的原则。在实际验证过程中，尽管测评人员已按照被测高等学校要求，线上填写或提供了详细的身份证明材料和信息用途说明，并且为降低对方的"回复难度"，特地将本次测评的信息申请内容选定为《高等学校信息公开事项清单》中规定的应主动公开的信息内容。但是，仍有如暨南大学、浙江大学、厦门大学和北京体育大学等高等学校在答复中要求提供"更详细"的信息用途证明材料和申请人的工作单位证明材料。其中，西北农林科技大学的相关人员在电话回复中反复追问测评人员的身份来历，并要"申请人"到学校信息公开网上自行查询，在测评人员坚持之下才勉强告知相关信息的网页链接。

6. 网站检索功能

高等学校的门户网站检索功能是社会公众检索高等学校相关信息最便捷、最直接的渠道之一，不但可以方便公众在海量信息中高效查询所需内容，而且能够在一定程度上弥补信息主动公开路径建设不完善之处。项目组在测评中发现，高等学校门户网站检索功能设置情况不尽理想。有70所高等学校在其主页上提供了有效的搜索引擎，占测评总数的60.87%，其中，有19所高等学校提供了有效的组合检索，占测评总数的16.52%，相比 2014 年只有 6 所高等学校提供有效组合检索的情况有明显进步；提供了有效的简单检索的高等学校有 51 所，占测评总数的 44.35%；还有 25 所高等学校虽然在主页设置了搜索引擎，但检索链接无效，占测评总数的 21.74%；另有 20 所高等学校主页没有设置搜索引擎，占测评总数的 17.39%。

总之，高等学校在信息公开专栏的网页位置设计、公开形式的规范性、依申请公开渠道的有效性和主页搜索引擎的功能设置等方面，还亟须进一步改进和完善。

（七）年度报告：按时发布率低，表述内容略显空洞

由于教育部 2015 年专门发文要求加大信息公开年度报告的发布工作，本年度的报告特专门对各高等学校发布本校年度报告的情况进行分析。高等学校信息公开工作的年度报告（以下简称"年度报告"），既是向本校师生和社会公众递交的一份年度信息公开工作的成绩单，也是其总结工作经验、反省工作问题，进而提出相关改进意见的信息公开工作的方法，对于深入、规范和有序推进高校的信息公开工作而言至关重要。因此，各个高等学校应认真和及时地做好本校信息公开工作年度报告的编制与发布工作。

根据教办厅函〔2015〕48 号文的具体要求，对高等学校 2014—2015 年度信息公开报告的测评内容包括信息公开年度报告栏目设置情况（或可链接标题的设置）、报告按时发布和公开格式情况说明、工作开展的总体情况说明、主动公开的形式说明、清单所列事项说明、重点公开事项说明、依申请公开的数量和分类情况说明、依申请公开的答复情况说明、不予公开的理由说明、依申请公开的收费及减免说明、对信息公开工作的评议情况说明、因信息公开工作受举报情况说明、信息公开工作的经验、问题和改进措施的说明。该部分的测评时间为 2015 年 10 月 26 日至 2015 年 11 月 9 日。

1. 信息公开年度报告栏目

在学校门户网站设置信息公开年度报告的相关栏目有助于集中发布报告，方便公众查询。实际上，超过半数的高等学校在其信息公开专栏的醒

目位置开辟了相关的子栏目。项目组在测评中发现有 80 所高等学校专门开设了年度信息公开报告栏目（或设置相应的链接标题）并且链接有效，占测评总数的 69.56%；但仍然有 33 所高等学校没有设置相关栏目，占测评总数的 28.70%。这些学校通常只是在年度报告发布期间将报告置于信息公开专栏的信息发布窗口中，如果公众想在非发布期间查找特定年度的信息公开年度报告就只有通过搜索引擎或依申请公开途径，这似乎反映出该校在信息公开年度报告方面接受公众监督的"友好性不够"。此外，有 2 所高等学校虽然设置了相关栏目（或设置链接标题）但在测评期间链接无效，占测评总数的 1.74%。以上情况说明高等学校的信息公开年度报告的栏目建设还不完善，应引起重视。

2. 按时发布及公开格式情况

根据教办厅函〔2015〕48 号文的要求，高等学校应于 2015 年 10 月 31 日前在本校门户网站的相关栏目上公开 2014—2015 学年度信息公开年度报告。然而，尽管项目组将测评期限在教育部通知的发布截止期限基础上延长了一周时间，但高等学校的按时发布情况并不理想。根据项目组测评统计，仅有 55 所高等学校于 10 月 31 日前在其门户网站公布了年度报告，总体比例不足测评总数的一半，仅占 43%；其余高等学校均未在教育部规定期限内及时发布报告，截止到 2015 年 11 月 9 日，总共有 84 所高等学校公开了 2014—2015 年度信息公开报告。需要指出的是，在规定期限内发布了年度报告的 55 所高等学校当中，有 43 所高等学校标明了其报告数据的统计起止时间，即符合教办厅函〔2015〕48 号文规定的自 2014 年 9 月 1 日至 2015 年 8 月 31 日的统计期间。

从测评结果看，年度报告的发布格式主要有三种：网页浏览（html）格式、PDF 格式和 WORD 格式。其中，有 19 所高等学校为方便社会公众阅读和下载报告，同时提供了网页浏览（html）和其他下载格式（PDF 格式和 WORD 格式），占测评总数的 16.52%；有 55 所高等学校提供了基本的网页浏览格式，占测评总数的 47.83%；还有包括中国地质大学（北京）、湖南大学、华南师范大学等在内的 10 所高等学校只提供了 PDF 或 WORD 等下载格式，占测评总数的 8.70%。

3. 工作开展的总体情况说明

按照教办厅函〔2015〕48号文要求，年度报告的开篇概述部分应当反映本学年度信息公开工作开展的总体情况，包括推动清单落实情况、完善制度机制情况、开展宣教培训情况，等等。测评结果显示，有73所高等学校比较系统地说明了2015年度信息公开工作开展的总体情况，占测评总数的63.48%。各高等学校实际公布的年度报告的概述部分主要有以下几种说明形式：一是围绕推动清单落实和制度机制完善情况进行说明；二是从本年度信息公开工作建设出发，对清单落实情况、完善机制情况、宣讲培训情况均有陈述；三是仅强调完善信息公开制度的情况，缺少对清单项目落实和相关宣讲培训工作的说明等。总之，各高等学校对年度信息公开工作总体开展情况的说明还缺乏相对统一的格式规范。

4. 主动公开的形式说明

教办厅函〔2015〕48号文要求各高等学校应当在年度报告中说明其通过学校网站、校报校刊、新闻发布会、微博、微信等形式主动向校内和社会公开相关信息的情况及统计数据。有75所高等学校不但说明了本校通过网站、校报校刊、微博、微信等形式的主动公开情况，并且附上了具体的统计数据，占测评总数的65.22%；而说明本校通过校网站、微博、微信等形式主动公开情况但缺乏具体统计数据的高等学校只有5所，占测评总数的4.35%；完全没有说明主动公开形式和相关统计数据的高等学校也只有4所，占测评总数的3.48%。上述测评结果说明，超过半数的高等学校正在逐步通过多种形式手段开展信息的主动公开工作，当代前沿的自媒体平台和移动网络平台等都将成为高校今后信息主动公开工作的重要形式。

5. 清单所列事项说明

根据教办厅函〔2015〕48号文的要求，项目组考察了发布本年度信息公开报告的高等学校是否逐项说明了公开清单所列事项的情况以及是否附上了相关链接。测评结果显示，有43所高等学校在逐项说明了信息公开专栏清单所列事项的同时附上了相关链接，占测评总数的37.39%；有11所高等学校虽然逐项说明了信息公开清单所列的事项，但没有提供链接或提供了无效的链接，占测评总数的9.57%；此外，包括西南交通大学在内的 21 所高等学校，仅说明了信息公开清单所列的部分事项，占测评总数的 18.26%；另有 9 所高等学校没有关于清单所列事项的任何说明，占测评总数的 7.83%。值得肯定的是，包括中国海洋大学在内的部分高等学校在报告正文后面单独附有详细完整的信息公开清单，并且所列项目的链接迅速有效，查询效果很好。因此，高等学校关于逐项说明清单所列事项的落实情况参差不齐，今后需要进一步明确这一内容的公开标准，进一步细化说明项目。

6. 重点公开事项说明

根据教办厅函〔2015〕48 号文要求，项目组考察了高等学校在招生、财务等人民群众广泛关注的重点领域信息公开的说明情况和特色做法。测评结果显示，有 36 所高等学校说明了招生、财务等重点领域的信息公开情况和特色做法，占测评总数的 31.30%；有 34 所高等学校虽然在报告中提及招生、财务等重点领域的公开情况，但没有突出说明特色做法，占测评总数的 29.57%；有 14 所高等学校没有说明重点领域的公开情况和特色做法，占测评总数的 12.17%。需要指出的是，上述高等学校关于重点领域公开事项的特色做法的说明存在一定程度的雷同现象。当然，也有部分高等学校说明的重点领域公开办法确实具有创新特色，如复旦大学在说明招考信息公开事项的特色做法时提出，其在研究生考试命题中实行"飞行检查"和在面试环节中实行面试巡视制度，还有浙江大学在财务信息公开领域说明中提出了"预算、决算进行文字说明，方便公众阅读辨识"的特色做法，等等。

7. 依申请公开情况说明

首先，在说明依申请公开的数量和分类情况方面，有 75 所高等学校说明了依申请公开的数量，占测评总数的 65.22%；有 52 所高等学校还进一步按照申请主体、内容和方式等对本校的依申请公开进行了具体的分类统计，占测评总数的 45.22%。

其次，在说明依申请公开的答复情况方面，测评结果显示，共有 73 所高等学校说明了依申请公开的答复情况，占测评总数的 63.48%。值得注意的是，在上述高等学校中普遍存在着对答复情况的说明过于简单的问题，例如在报告中会使用"依申请信息均已答复"这样的表述语言，并未针对具体的依申请公开事项进行分类说明，也没有公开答复结果的具体情况。当然，也有一些高等学校对相关答复情况的说明比较具体清晰，例如上海财经大学虽然在 2014—2015 学年度收到信息公开申请较少，但该校通过统计表格将申请内容、处理结果一一列出，说明清晰。此外，中国政法大学在收到的信息公开申请相对较多的条件下，按照"公开/已主动公开/不属于本校公开范围"的分类方式通过图表详细说明了答复情况，内容具体，形式严谨。

再次，在说明不予公开的理由方面，存在不予公开情况的 23 所高等学校中，有 16 所明确说明了不予公开的理由，占测评总数的 13.91%。需要强调的是，很多高等学校在说明如何答复信息公开申请时，往往过于笼统，如使用"已全部答复"等表述，没有严格规范地说明"没有不予公开的情况"。尤其是部分高等学校会使用"有效申请共 X 封（电子邮件或信函等），已全部答复"的表述形式，这实际上省略了表述中"隐含"的关于"无效申请"的说明，即省略了"判定 XX 为无效申请或拒绝 XX 申请"的理由的说明。

最后，在说明依申请公开收费、减免情况方面，有 57 所高等学校说明了依申请公开的收费和减免情况，占测评总数的 49.57%；还有 27 所高等学校没有关于收费、减免情况的任何说明，如中国人民大学、吉林大学、中央戏剧学院、陕西师范大学等，占测评总数的 23.48%。还需指出的是，上述给予相关说明的高等学校在具体表述形式上过于简单化，欠缺严谨性和规范性，即通常使用诸如"本年度信息公开申请均免费"或"本年度无信息公开收费、减免情况"等表述形式。

8. 信息公开工作评议和受举报情况的说明

在说明高等学校信息公开工作的评议情况方面，共有 63 所高等学校在报告中对本校信息公开的评议情况作了说明，占测评总数的 54.78%。其中，只有 22 所高等学校详细说明了校内师生和社会公众对本校信息公开工作的评价情况，说明内容涉及本校开展相关评议工作的调查对象、具体工作途径和开展过的评议活动等，占测评总数的 19.13%；另外 41 所高等学校虽有相关评价情况的说明，但在表述上往往几语带过，非常笼统，占测评总数的 35.65%。此外，除有 2 所高等学校仅指出"未收到评价"外，完全没有说明相关评价情况的高等学校有 19 所，占测评总数的 16.52%。在因信息公开工作受举报情况说明方面，在测评期间内发布了年度报告的高等学校当中，有 80 所对信息公开工作是否受到举报的情况做出了说明，占测评总数的 69.57%。

值得注意的是，各高等学校对其信息公开工作接受社会公众和校内师生评议情况的说明存在一定程度的形式主义问题，表述笼统，缺乏具体内容。例如，一些缺乏相关情况说明的高等学校试图以说明信息公开制度建设做法来代替接受公众评议情况，如使用"学校积极组织自查、优化网站内容、全面监督"等表述形式，或者反复强调"全民参与、领导带头、征求社会公众意见"等口号式话语，却找不到任何关于本校评议活动的开展情况以及收集归纳出的批评意见和工作建议等。

9. 主要经验、存在的问题和改进措施说明

根据教办厅函〔2015〕48 号文的要求，高等学校应当在年度报告中总结本年度信息公开工作的主要经验，并在此基础上发现问题，并且提出相应的改进措施。项目组在测评过程中发现，在测评期内发布了年度报告的 84 所高等学校中，只有 20 所高等学校说明了信息公开的主要工作经验，占测评总数的 17.39%；有 70 所高等学校说明了本校信息公开工作的主要问题，占测评总数的 60.87%；有 76 所高等学校说明了本校信息公开工作的改进措施，占测评总数的 66.09%。

需要指出的是，很多高等学校对信息公开工作中存在的问题的表述过于抽象笼统，提出的改进措施也缺乏问题针对性和可操作性，对此，前文已作介绍。当然，也有一些高等学校在报告中所说明的问题和改进措施具体清晰，具有针对性和可操作性。例如，西南大学指出其信息公开工作中存在的问题之一是"二级单位缺乏专职工作人员全力投入该项工作"且"兼职工作人员业务水平有待提高"等，并且有针对性地提出措施——"成立学校信息科。推进校级信息公开工作人员专职化等"以及"安排信息公开工作人员赴其他高校学习先进经验和做法，邀请相关领导和专家开展全校性业务培训"，等等。

五　问题的深层诱因

上述在测评过程中暴露出的种种问题有着深层根源。毋庸讳言，当前的中国高等学校在履行信息公开义务、推进信息公开工作中的动力，大部分来自教育行政主管部门的行政推动，而其自身的内在动力往往不足，尤其是对高等教育信息公开工作的重要意义理解不深，缺乏在发展和建设世界一流大学和一流学科的总目标下贯彻履行信息公开义务的正确观念。如果我们进一步剖析这种观念缺失的根源，那么就会得到如下"病理分析"。

（一）某些"名校"没有意识到教育透明度的重要性

某些高等学校（尤其是国家重点扶持的所谓"名校"或"大户"）没有充分认识到"教育透明度"实际上是建设国际高水平大学的一项重要无形资产。实际上，一所高等学校的信息公开工作水平和教育透明度的高低，能有效折射出其内部治理结构优劣、领导班子的廉洁性、学风建设情况以及整体学科建设发展水平等核心要素，而这些要素恰恰是高等学校建设世界一流大学的引擎的基本组成部分。

进而言之，高等学校信息公开工作水平的高低和教育透明度的好坏，不但直接关系到它在社会公众心目中的形象、地位和影响力，而且直接关系到它对包括智力资源在内的广泛社会资源的吸引力和凝聚力。因为，具有积极正能量的社会资源很难流向一所信息不透明、缺乏基本"资信"预期的"暗箱式高校"。然而，某些所谓的"研究型名校"似乎只把注意力集中在学科建设、科研实力发展和学生就业率等方面，以迎合当代中国评价高等学校发展水平的"硬指标"——学术科研成果、师资力量、国内和国际影响力等。尤其是某些高校在其办学理念中仅仅将发展高端学术成果、提升高考录取提档分数排名和扩大社会影响力等作为目标，殊不知信息公开工作和教育透明度在扩大社会影响力中的基础性地位。

某些高等学校即使作为教育资源"大户"，拥有最好的科研设施条件、最好的生源和智力资源，无论是从逻辑上还是从实际情况上看，也都不必然意味着其学生培养也是最好的,更不代表其可以不做好信息公开工作。反之,如果教育资源"大户"始终不重视自身信息公开工作的建设,不屑于提高其教育透明度,那么长此以往必然会失去公众对它的信任,其社会影响力和吸引力也会随之下降,继而导致其相关资源流入减少,最终它拥有的所谓"天然优势"或"既得有利条件"也将会被其他竞争者所超越。

(二) 高等学校评价机制中缺少信息公开维度

部分高等学校对信息公开工作重视不够,并且缺乏推进相关工作的内在动力,究其根源还在于目前的高等学校评价机制中恰恰缺乏高等教育透明度或高校信息公开工作的维度。抓好信息公开工作、提升高等教育透明度是提升高等学校内部治理质量和自身治理能力的关键路径。进而言之,为创建世界一流大学和建设一流学科努力推进依法治校,促进学术自由,提升教学科研水平,必须转变传统的、封闭的"小圈子"管理理念与"暗箱"管理方式,要大力提升和尊重学校师生的主人翁地位,切实保障社会公众对高等学校办学过程的知情权。高等学校同政府、法院等公权力机关在推进信息公开工作、加强自身透明度的层面上拥有相同的地位,《政府信息公开条例》第三十七条中规定:包括教育等与人民群众利益密切相关的公共企事业单位在提供社会公共服务过程中制作、获取的信息的公开,应参照本条例执行。并且,教育部制定的《高等学校信息公开办法》和《高等学校信息公开事项清单》已经为高等学校信息公开工作提供了具体的行动路线和细化的任务目标。这些恰恰为将高等教育透明度或信息公开工作纳入高等学校建设水平的评价机制提供了基础性的制度准备。因此,如果中国高等学校在争创世界一流大学和世界一流学科的总体方案下,不能将透明度建设或信息公开工作纳入自身的评价机制和绩效考评体系,那么就将错失一种对于完善自身治理体系、提升管理方式而言的重要机制性保障,继而也就意味着中国高等学校有可能失去实现上述总体方案目标的核心竞争力。

（三）部分高等学校缺乏清晰明确的信息公开流程规范

部分高等学校缺乏明确的信息公开工作的流程规范，其内部各部门之间的权责界定不够清晰以及缺少牵头部门等问题，导致了信息公开上网工作推动无力。从高等学校目前信息公开的实践来看，校园信息上网工作需要具备如下程序环节：一是高等学校相关业务部门对信息公开内容的制作（包括拟订、撰写信息和相关数据统计等）；二是高等学校的相关负责人对信息公开内容的合法性、规范性进行审核；三是高等学校的门户网站运行部门根据信息公开内容发布到相应的栏目。然而，在部分高等学校信息公开的实际工作当中，《高等学校信息公开事项清单》所规定的事项没有完全对应于相关业务部门，甚至缺少信息公开的牵头部门，这就严重影响了高等学校信息公开工作的推进步伐。因此，建立和完善程序规范、权责清晰明确的高校信息公开的流程机制，将是确保《高等学校信息公开事项清单》中规定的内容能够及时、准确地向社会公布的前提条件。

六　措施建议

（一）将透明度纳入高等学校建设的核心绩效考核指标

建议教育行政主管部门将高等教育透明度作为评估高等学校建设水平的核心绩效指标，探索建立高等学校透明度分级认证体系。《统筹推进世界一流大学和一流学科建设总体方案的通知》给予我们的一个重要启发是，它尤其突出"以绩效为杠杆"的导向，即通过建立健全绩效评价机制，动态调整对高等学校的支持力度，不断完善政府、社会、学校相结合的共建机制，形成多元化投入、合力支持的格局。当然，这种共建机制或社会参与机制的题中应有之义就是公众对高等教育透明度的诉求，也意味着高等学校信息公开工作必将作为高等学校整体绩效考核的关键要素。换言之，在政府、社会和学校多元评价机制的基础上，通过把高等学校信息公开工作纳入对高等学校整体建设水平的绩效考核的核心项中，根据各高等学校信息公开工作绩效的优劣，动态调整对其资源支持的力度。因此，教育行政主管部门可以协同第三方评估机构，按照《高等学校信息公开办法》《高等学校信息公开事项清单》以及相关法规依据的要求，对高等学校的信息公开工作进行考评和定级，并可尝试采取根据考评定级结果在高校网站上"挂标"的形式。

（二）进一步细化高等学校信息公开的工作标准

建议进一步细化高等学校信息公开的工作标准，加强规范信息公开平台或渠道口径。针对当前高等学校信息公开口径缺乏统一规范、客观造成公众访问友好性差等问题，建议教育行政主管部门根据实际情况出台更细化的相关工作标准，统一信息公开栏目规范。进而言之，这种工作标准和栏目规范应当以资源整合、服务便利和标准统一为基本原则，并将其用于指导《高等学校信息公开事项清单》所列具体事项的公开办法上，对各项公开内容的开放渠道或栏目进行科学合理的归类，最终形成以《高等学校信息公开办法》为主干的各高等学校统一的"高校信息公开树形结构图"。需要指出的是，在形成这样一种标准化规范的过程中，需要建立高等学校之间的"信息公开工作建设对话机制"或"高校信息公开共建网络"——这种对话机制或共建网络可以推动高等学校就不同信息开放标准、信息公开路径差异、信息公开数据安全、依申请公开实践困难等问题进行讨论交流和对策磋商。在此基础上，建议教育行政主管部门应尽快推出诸如"高等学校信息公开专栏建设标准规范"等信息公开栏目的平台样本，以指导和统一各高等学校信息公开专栏的建设步伐，提升相关专栏建设的规范化程度。

（三）构建高等学校信息公开的动态监管机制和绩效考核平台

建议教育行政管理部门和各高等学校共同探索构建高校信息公开的动态监管机制以及高等学校信息公开的绩效考核平台。针对某些高等学校对信息公开工作不重视、发布信息（如年度报告等内容）延时以及推动平台建设不积极等问题，建议教育行政主管部门探索设立针对高等学校信息公开的动态监管机制和绩效考核平台。这种动态的监督、监管机制可以采取"二轨并行，双重监管"的形式：一是高等学校自身建立信息公开工作的自查机制,对本校信息公开的日常工作,尤其是对重点信息公开领域和依申请公开领域的信息发布,实施动态检查;二是教育行政主管部门采用大数据等前沿信息化手段,对高等学校的信息公开工作进行定期、定主题和定范围的动态监督,逐步增强信息公开监管的力度。总之,通过建立针对高等学校信息公开情况的动态监管机制,不但能推动高等学校重视自身信息公开工作的建设水平,而且能通过对高等学校相关工作绩效的评估促使其产生内在的工作动力,不断提升服务公众的意识,最终达到高等学校信息公开的"一站式服务"水平。

(四) 建立高等学校信息公开的经验交流机制

建议教育行政主管部门牵头建立高等学校信息公开经验交流机制,推动发达地区和欠发达地区高等学校的信息公开建设同步发展。针对目前发达地区(直辖市和东部沿海地区)和欠发达地区(西部及边远地区)高等学校信息公开栏目建设水平和业务工作水平的差异情况,建议教育行政主管部门牵头建立地区间高等学校的信息公开经验交流机制。高等学校信息公开经验交流机制可包含两个层面:一是由教育行政主管部门牵头组织高等学校信息公开负责人开展相关管理经验交流论坛;二是高等学校推选本校从事信息公开工作的业务骨干(包括相关行政服务和技术骨干)到其他信息公开工作先进高校或单位进行挂职锻炼和短期培训。总之,定期组织开展高等学校信息公开工作的研讨和交流活动,在相关活动中促进高校间相互学习先进、典型和优秀做法,逐步推动信息公开的工作水平。

(五) 建立健全信息公开业务培训和考核体系

建议教育行政主管部门和高等学校相关行政管理部门应加强对高等学校信息公开工作的培训力度,探索建立系统的信息公开业务培训和相应工作人员的考核机制。具体内容可包括定期组织高等学校相关负责人和业务骨干参加信息公开业务培训班,可以邀请信息公开领域的法律、技术方面的专家、政府信息公开工作人员、高等学校信息公开先进示范单位等,从各自不同领域或角度讲授信息公开管理技术、培训相关业务知识和信息公开平台建设方法,等等。此外,针对高等学校信息公开网络平台建设水平低的问题，通过开设"信息公开＋网络技术"等主题培训，逐步推动高等学校相关网站的建设水平以及相关人员的技术水平和业务能力。

（六）倚重高等学校网络平台推进信息公开工作

高等学校门户网站应作为高等教育信息公开的主要平台和基本渠道，因此高等学校应进一步加强信息公开专栏等载体建设，提升主动公开和依申请公开的工作服务质量。诚然，如果参考《政府信息公开条例》中第十五条关于行政机关主动公开政府信息的形式的规定，则高等学校通过自身门户网站、校报校刊、校园广播或电视以及召开新闻发布会等方式公开信息，都是其信息公开工作的题中应有之义。但是，高等学校习惯于使用校报、校园广播或校园电视等信息公开载体，不利于广大校外的社会公众进行访问查询，也不利于对相关信息进行网络转载以扩大公众监督面。另外，随着移动互联网技术的发展，微博、微信等新媒体（或自媒体）形式已被社会公众广泛接受和使用，高等学校通过微博、微信主动公开信息的方式受到在校青年学生的欢迎。虽然微博、微信在信息传播速度和界面友好性上具有一定优势，但其往往囿于自身信息碎片化的特质，并不利于全面系统地展现信息公开的内容。与上述传统媒体方式和新媒体方式相比，高等学校的门户网站和其信息公开栏目则具有体系化、专题突出、展现形式灵活、转载方式便利等特点，特别是其信息整合优势非常突出，便于社会公众即时访问、查询系统的信息公开内容。一言以蔽之，各高等学校在今后的信息公开工作中，均应把门户网站和信息公开专栏作为最主要的信息公开路径。

第五篇

中国法院信息化第三方评估报告

摘要：法院信息化是国家信息化的重要组成部分，是新时期人民法院维护社会公平正义、满足人民群众司法需求的关键。法院信息化建设不仅是审判方式和管理模式的转变，而且是助力审判体系和审判能力现代化的系统工程。中国社会科学院法学研究所从落实司法为民、推动司法公开、规范司法权运行、提升司法能力、服务国家治理等方面对中国法院信息化发展状况进行了第三方评估。总体来看，中国法院基本建成了以互联互通为主要特征的人民法院信息化2.0版，形成了以五大网络为纽带的信息基础设施和支持司法服务、审判执行和司法管理的十类应用，实现了对审判执行、司法人事和司法政务三类数据的集中管理。当前，人民法院信息化建设还存在理念思维、均衡发展、规划实施、应用水平、管理机制、人才队伍等方面的问题。更好地服务人民群众、服务审判执行、服务司法管理是建设法院信息化3.0版的重点努力方向。

关键词：法院信息化　司法为民　司法公开　审判体系　审判能力

Abstract: Informatization of courts is an important component of state informatization and the key to upholding social fairness and justice and satisfying people's judicial needs. Informatization of courts means not only the transition of the trial mode and management mode, but also the system engineering aimed at modernizing the trial system and trial capability. The CASS Law Institute has conducted a third party evaluation of the situation of informatization of courts in China from the perspectives of implementing people-oriented administration of justice, promoting judicial transparency, regulating the exercise of judicial power, building judicial capacity, and servicing state governance. Generally speaking, Chinese courts have basically upgraded the System of Informatization of People's Courts from Version 1.0 to Version 2.0, thereby forming an information infrastructure that takes five major networks as linkages and consists of ten categories of applications that support judicial services, execution of judgments, and judicial administration, and realizing centralized management of three types of data, namely the data on execution of judgments, judicial personnel, and judicial administration. Currently the system of informatization of people's courts in China is still faced with some problems with respect to ideas and thinking, balanced development, plan implementation, level of application, management mechanism, and quality of personnel. In the construction of Version 3.0 of the system, more efforts should be focused on better servicing the people, the execution of judgment, and judicial administration.

Key Words: Informatization of Courts; People-oriented Administration of Justice; Judicial Openness; Trial System; Trial Capability

20世纪90年代以来，全球科技进步日新月异，互联网、大数据成为时代发展的重要方向，也是全球经济社会发展最显著的时代特征，推动信息化发展成为国家高度关注的主题，也对法院信息化工作提出了越来越高的要求。法院信息化是指人民法院利用信息技术，开发应用各类信息系统，收集、处理、保存、共享、运用法院在审判工作过程中产生的各类信息，对外增强司法透明度，落实司法为民宗旨，对内规范司法权力运行，提高法院各项工作质效，以实现提升司法公信力、维护司法公正目的的行为与过程。法院信息化是国家信息化的重要组成部分，是人民法院一场深刻的自我革命。法院信息化不仅是审判方式和管理模式的转变，而且是提升司法能力和优化司法体系的重要路径，是构建新的审判方式的重要组成部分，也是提高便民服务水平、实现司法为民目标的重要手段。推进法院信息化是新时代解决人民法院如何更好地维护社会公平正义、满足人民群众司法需求等一系列深层次问题的关键，也是司法体制改革的重要内容。

近年来，中国法院围绕全面推进依法治国战略部署，按照"大数据、大格局、大服务"理念，以服务人民群众、服务审判执行、服务司法管理为主线，推进人民法院信息化建设，在推动司法公开、深化司法为民、提升审判质效、规范司法管理方面取得了显著成效。

习近平总书记指出："没有信息化就没有现代化。"为了解中国法院的信息化状况，中国社会科学院法学研究所对人民法院信息化在规范司法权运行、提升司法能力、落实司法为民方面的工作进行了第三方评估，总结人民法院信息化的成就，分析面临的困难，探究人民法院信息化的发展方向。

从人民法院信息化发展来看，1996年5月，最高人民法院在江苏召开"全国法院通信及计算机工作会议"，部署全国法院计算机网络建设工作，确定北京、上海、江苏、辽宁、河南、海南、广东、福建八个高级人民法院及其所辖法院作为全国法院计算机网络系统建设的试点单位，制定了《全国法院计算机信息网络系统建设规划》和《全国法院计算机信息网络建设管理暂行规定（试行）》。这标志着人民法院信息化工作的起步。

2002—2012年，法院信息化进入普遍推进阶段。最高人民法院于2002年在山东召开全国信息化工作会议，成立了信息化建设工作领导小组，加强了对信息化工作的领导。2007年6月，最高人民法院印发《最高人民法院关于全面加强人民法院信息化工作的决定》，明确了人民法院信息化工作的指导思想和原则，具体安排了人民法院信息化工作保障机制。在此阶段，最高人民法院还印发了一系列关于人民法院信息网络系统建设的规定、规划、技术规范、基本要求和实施方案等，并将其作为人民法院改革的主要任务。各级人民法院更加注重硬件和软件相结合。硬件投入从传统的数据库、服务器等常规设备，向多元化的庭审设备、视频设备等转变。在加大硬件投入的同时，更加重视案件管理、司法统计、决策支持、案例管理、法官管理等业务软件的开发和应用；更加注重建设和应用相结合，以建设带动应用，以应用促进建设，在加强建设的同时，将应用提到越来越重要的位置；更加注重信息化对提高审判效率、加强审判监督、促进审判公开等方面的作用。

党的十八大，尤其是十八届四中全会提出全面推进依法治国，人民法院工作的目标是努力让人民群众在每一个司法案件中感受到公平正义，人民法院信息化步入战略发展的新时期，面临新的机遇和挑战。最高人民法院高度重视法院信息化的基础性、全局性、战略性作用，将其作为人民法院工作的重中之重。最高人民法院提出，没有信息化就没有人民法院工作的现代化，就没有审判体系和审判能力的现代化，就不可能让人民群众在每一个司法案件中感受到公平正义。各级人民法院应不断满足人民群众日益多元的司法需求，将信息化技术应用到司法审判执行、司法管理的全过程；要依靠信息化技术，把握司法工作规律，提高审判能力；通过信息化与审判工作的高度融合，实现审判执行流程再造，推进审判方式的变革，做到全程留痕、实时监督，促进司法行为规范化。

一直以来，最高人民法院重视信息化在人民法院工作中的地位与作用，发布了一系列法院信息化建设的规定和文件，确定了主要的技术规范和标准，并在实践中大力推进，取得了良好成效。各级人民法院都充分认识到法院信息化对司法工作的重要性，并加快了信息化建设的步伐。

2013年12月，最高人民法院出台《人民法院信息化建设五年发展规划（2013—2017）》，2015年先后编制完成《人民法院信息化建设五年发展规划（2016—2020）》《最高人民法院信息化建设五年发展规划（2016—2020）》，明确了各级人民法院今后五年信息化发展的指导思想、基本原则、发展思路、建设目标、重点任务和保障机制。作为司法改革的纲领性文件，《最高人民法院关于全面深化人民法院改革的意见——人民法院第四个五年改革纲要（2014—2018）》（法发〔2015〕3号）（以下简称《四五改革纲要》）也要求各级人民法院要依托现代信息技术实现司法改革的各项目标，65项改革任务中有35项不同程度地依赖于信息技术手段。"推动人民法院信息化建设"既是人民法院深化司法改革的重要内容之一，也是全面深化司法改革的重要引擎和强大动力。要求加快"天平工程"① 建设，着力整合现有资源，推动以服务法院工作和公众需求的各类信息化应用；高级人民法院主要业务信息化覆盖率应达到100%，中级人民法院和基层人民法院应分别达到95%和85%以上。另外，《四五改革纲要》要求依托现代信息化手段建立起审判权与监督权行使的全程留痕、相互监督、相互制约机制，探索推广信息化条件下的电子送达方式。在司法统计改革方面，《四五改革纲要》还明确提出建立"全国法院司法信息大数据中心"。另外，《最高人民法院关于进一步加强新形势下人民法庭工作的若干意见》（法发〔2014〕21号），也将"推动信息化建设"作为加强人民法庭工作的重要内容。

2015年，中国法院已经建成以互联互通为特征的人民法院信息化2.0版，基础设施建设基本完成，核心应用系统日益成熟，司法信息资源的搜集整合及管理使用初见成效，信息化保障体系不断完善，基本实现了网上立案、网上办案、网上办公，实现了全国3500多家法院的全覆盖，数据的实时统计、实时更新，信息化与各项审判业务的良性互动格局初步形成，大大提升了司法为民、公正司法水平，由全国四级法院编织的信息化网络在国家治理体系中发挥着越来越重要的作用。

2013—2015年，最高人民法院每年举行一次全国法院信息化工作会议，以明确人民法院信息化工作的指导思想和工作任务。2015年7月全国高级法院院长座谈会提出，司法改革和信息化建设是人民司法事业发展的车之两轮、鸟之双翼，要求各级人民法院充分认识大数据时代法院信息化建设的重要性，进一步增强责任感、使命感、紧迫感，强力推进信息化建设转型升级，建设具有中国特色的人民法院信息化3.0版。

---

① "天平工程"是"国家司法审判信息系统工程"的简称，是最高人民法院向国家发展和改革委员会申报、全国各级人民法院协同建设的电子政务工程，其主要内容包括制定规范化标准，开发应用软件，完善网络和存储环境，提供庭审支持、门户监管、系统安全等保障措施，建设全国统一的司法数据库等。

一 人民法院信息化的理论基础和现实意义

（一）人民法院信息化的理论基础

人类社会的诸项事务皆凭借信息沟通机制才能得以运转。历史上，信息沟通机制和方式经历了四次转型，分别为口头沟通、文字沟通、印刷沟通和电子沟通。技术革命是推动上述沟通机制变迁的主要动力。凭借电子技术的发展，电子沟通机制的转型推动了整个社会进入信息时代。在信息时代，信息与土地、劳动力、资本一样，也是极为重要的生产要素。为了应对信息时代的挑战，中共中央办公厅、国务院办公厅于2006年联合下发了《2006—2020年国家信息化发展战略》，提出了中国信息化发展的战略，要求充分运用信息技术，开发利用信息资源，促进信息交流和知识共享，提高经济增长质量，推动经济社会发展转型。在信息时代的浪潮中，法院信息化已成为国家信息化战略的重要组成部分，首要目标是促进审判体系和审判能力现代化，以实现司法公正、提升司法公信力。

法院信息化并非简单的审判方式和管理模式的转型，而是涉及司法审判、司法人事和司法政务等一系列有关司法工作的系统性工程，应关注设施需求、服务方向、建设成本、系统风险、外部环境五方面。

1. 法院信息化的设施需求

法院信息化建设由网络及其基础设施、系统软件和应用软件、数据资源硬件终端等设施设备组成，这些构成信息化工程的基础架构。在网络及其基础设施建设方面，法院信息化应当合理建构法院业务网、外部互联网与政务网的逻辑关系，从信息安全的角度来设计各网络之间的信息传输方式与存储安全保障。在软件方面，法院信息化应当根据信息技术的发展和司法工作的现代化进程不断更新升级，以更好地服务于司法审判工作。硬件终端是连接司法人员与计算机数据中心的关键环节，而法院信息化的主要对象是在司法工作过程中产生的各类信息资源，包括数据、文字、图像、音视频等。因此，法院信息化的硬件终端应当根据不同的信息特性进行适当的匹配。在适应信息数据的多样性时，应当注意保持信息数据的统一性。计算机、摄像头、扫描仪等多元化的终端设备在收集与转化信息数据时应当采用统一的格式标准，从而使得信息数据在各设备之间、各网络之间能够顺利传输，并且保持相互兼容，形成可供分析利用的大数据资源库，避免信息的碎片化与"信息孤岛"的出现。

2. 法院信息化的服务方向

随着改革的深入，社会也发生了剧烈的变迁，人民群众对司法的需求日益增加。法院信息化的核心目标是落实司法为民，满足人民群众日益多元化的需求。中国法院信息化要切实发挥功效，回应人民群众的需求，就必须将法院的管理体系与法院的审判业务紧密联系，实现审判管理信息化与审判信息化有机统一。

法院信息化的进一步推进，会降低社会沟通的成本，适应当今信息时代的需求，根据社会需求作出积极反应，提升法院信息获取与处理能力，优化审判流程、提升审判水平，使得法律与改革之间形成良性的匹配关系。

3. 法院信息化的建设成本

法院信息化建设承担的主体是法院本身，因此，应结合法院实际来考察法院信息化建设的情况。对于大多数法院来说，其管理体系以及信息技术实力在不同地方和不同层级之间存在着差异，因而在实施信息化建设层面上所需的成本有一定的差别。法院在实施信息化前应对法院自身技术实力以及法院整体情况进行成本评估，制订合理的信息化系统建设规划。

法院信息化建设是一个长期的投入过程，应嵌入现有的、成熟的组织管理体系中，并不断进行融合、升级、改造，因此，信息化建设过程必然消耗一定的成本。例如，原有记载于纸面上的审判执行信息转换为电子信息，就需要投入专门的人员进行系统改造，并进行信息载体的转换与存储，这些都是信息化初期必须付出的成本。

4. 法院信息化的系统风险

先进的技术是法院信息化成功的前提条件。但是，技术之外，成熟高效的管理体系也是保障法院信息化得以成功的基础性因素。由此，法院信息化的"软硬件"都不可偏废。在"软件"建设方面，法院信息化面临着法院与法官的观念转变、法官的信息技术能力提升、法院内部组织机构的配合等系统风险，是信息化建设不可忽视的要素。例如，法院日常的信息处理与决策程序都或多或少地与法院的行政管理与保障体系相联系。因而，当法院信息化触及审判管理改革、司法政务改革等领域时，难免会产生相应的"排异性"，从而给信息化建设带来风险。

5. 法院信息化的外部环境

作为一项系统工程，法院信息化不能闭门造车，需要外部环境的支持。无论是中央政策、司法改革等制度软环境的支持，还是财政投入、人员配备、设施供应等物质硬环境的支持，都是法院信息化顺利推进过程中缺一不可的。故此，外部环境应当与法院信息化的内部环境相互协调、相互促进，共同形成信息建设的良好氛围。这就要求法院在信息化建设过程中主动公开信息化的成果，凸显信息化的效用，与其他政府部门的信息数据共享互通，形成良性循环，推动信息化建设快步向前。

（二）人民法院信息化的现实意义

近年来，全国法院以开创精神加快了信息化建设的步伐。最高人民法院颁布了一系列文件，明确了人民法院信息化的总体目标和基本方向。2015年，最高人民法院再次强调要紧紧围绕全面推进依法治国战略部署，以《四五改革纲要》为指导，以实现审判体系和审判能力现代化为目标，加快建成以大数据为核心的人民法院信息化3.0版。经过多年建设，法院信息化逐步体现出以下现实价值。

1. 服务人民群众、维护司法公正

法院信息化推动了人民法院工作的现代化，司法为民的宗旨获得了突出体现。换言之，人民群众的需求是法院信息化建设的关键导向。一方面，法院信息系统有利于降低人民群众的诉讼成本。政务网站、移动终端等互联网平台的开通有效地提高了审判执行信息的传播能力，方便了人民群众获取信息，最大限度地保障了人民群众知情权、参与权、表达权、监督权。另一方面，人民法院借助信息化手段所收集的海量司法数据为正确认识和把握审判规律提供了支撑，可以有效地提高司法水平，防范冤假错案，维护司法公正。信息化使全国的案件信息数据实现有效共享，在此基础上，各地法院可以就某一类案件进行数据交换、共同研讨、集中分析，从而逐步实现"类案同判"的司法公正目标。在最高人民法院探索案例指导性制度的同时，上下级法院也可以利用信息数据库实现案例的指导与反馈，从而保障司法统一和司法公正。

2. 增强司法透明、规范权力运行

法院信息化建设中的诸多公开机制共同筑造了"阳光法院"的大门。审判流程信息公开可以使案件当事人及时了解案件审判进度，掌握法院审判动态，了解自身案件的办理进展，判断自己的权利义务与面临的法律风险。庭审直播、录播，尤其是依托微博等新媒体技术开展的庭审直播可以满足广大人民群众旁听案件的需求，加快司法公开的进程，拓展司法公开的广度与深度。裁判文书上网发布成了司法公开的重要突破口，为进一步加强文书说理、规范司法权运行奠定了基础。加大执行信息公开力度，向案件当事人尤其是申请执行人公开执行流程节点信息等，向公众公开拒不履行生效判决当事人信息，并采取网络拍卖等方式提升拍卖环节透明度，减少人为操纵拍卖，最大限度压缩案件执行过程中的自由裁量权。加大减刑假释案件公开力度，确保减刑假释案件公开透明。随着信息化建设在法院系统各个环节逐步推广，必将进一步推动立案公开、庭审公开、执行公开、听证公开、文书公开和审务公开。

3. 优化审判管理、提升审判质效

随着经济社会的快速发展、广大人民群众权利意识的提升及维权观念的转变，法院受理的案件数量日益激增，各级人民法院普遍面临着案多人少的困境。与此同时，法院作为维护公平正义的最后一道防线，对每个案件的公正性都不得有丝毫放松。这就要求法院必须不断提升审判服务能力，以跟上时代发展。

法院的司法审判工作犹如一条生产流水线，不同部门履行各自的职能，协作分工，共同完成对案件的审理。信息化有助于案件信息在审判执行的流水线上流通与分享。由此，法院信息化根据流程分工也分为审判信息化、执行信息化、人事信息化、办公信息化、政务信息化、法庭信息化等。法院的信息化技术在一定程度上能够实现向科技要生产力，帮助法官提升审判质效、帮助法院提升管理水平，并提高每一个案件的裁判质量。

4. 适应社会变迁、服务国家战略

信息化对社会变迁具有极大的推动作用，根本原因在于全社会的信息产生、流通、分享量增加，加快了知识普及和思想传播的速度，促进了观念更新与社会进步。法院信息化建设的目标之一是增强法院的信息吸纳与处理能力。对于法院而言，其掌握的信息主要来源于传统案件中的档案、公文等，以及信息数据收集形成的数据库。通过信息化，将传统的信息资源转变为电子数据，并对这些电子化数据进行分类、整理与分析，从而生产出更有价值的司法信息。正是基于数据化的司法信息与数据分析，法院信息化建设可以推动法院向自动化、网络化、智能化的方向发展，以适应社会变迁。

中国的崛起不仅是经济与军事实力的增强，更体现为国家软实力的提升以及对话语权与规则制定权的把握。近年来，党和国家提出了深化改革、扩大开放、国家大数据、创新驱动发展等一系列国家发展战略。信息化是实现国家战略的重要路径。随着信息技术的发展，互联网正在成为社会管理、生产生活必不可少的因素，连接着全社会各方面要素。互联网的特征之一是以信息数据为核心的各类资源打破时间、地域的阻隔，实现全球范围内信息的互联互通。法院信息化也意味着司法活动和司法资源的互联化与全球化。在全球知识经济和信息化高速发展的今天，信息化是提升法院工作成效的关键因素，也是法院实现跨地区、跨行业、跨国家沟通司法审判经验、推广中国司法模式的重要路径。中国正处在发展的最好时代，中国要做好自己的事，形成鲜明的中国法院理论、中国法院实践、中国法院经验、中国法院道路，为人类司法文明做出自己的贡献。

二 人民法院信息化的发展成效

"十二五"期间，特别是党的十八大以来，在最高人民法院的强力推动下，各级人民法院依托"天平工程"等建设项目，基本建成了以互联互通为主要特征的人民法院信息化2.0版。其主要内容是，以办公内网、法院专网、外部专网、互联网和涉密内网为纽带，形成了网内互联互通、类型较为齐全的信息基础设施；十类业务应用为司法服务、审判执行和司法管理提供直接支持；以审判执行为主体、包括司法人事和司法政务信息

的三类信息资源粗具规模，数据集中管理实现突破；法院信息化服务于司法为民的宗旨更加明确，人权的司法保障水平显著提升。

（一）法院网络建设突飞猛进，基本实现全覆盖

人民法院启动信息化建设以来，法院网络及其基础设施建设成就突出。截至 2015 年年底，人民法院基本实现了四级法院专网全覆盖，即全国 3512 家法院已经通过法院专网实现了互联互通，为人民法院各项全国性业务应用奠定了坚实的网络基础。

1. 最高人民法院建成各类审判、管理信息网

在信息化过程中，最高人民法院搭建了一系列审判、管理领域的信息网，包括全国统一的中国审判流程信息公开网、中国裁判文书网、中国执行信息公开网、中国法院庭审直播网等，这是法院信息化成果的直接体现。

审判流程信息公开网投入运行。审判流程公开是法院司法公开的关键，是方便人民群众参与诉讼、保障当事人诉讼权利、实现人民群众知情权的重要途径。2014 年 8 月，中国审判流程信息公开网投入运行。该网以审判流程信息公开网站为核心，以手机短信、电话语音系统、微信、微博、手机 APP 等方式为辅助，向当事人及诉讼代理人及时推送案件流程的八类节点信息，案件信息一有更新，自动推送提醒短信，实现"一条龙"服务。

"中国裁判文书网"上线并改版。裁判文书是法院审判工作的最终产品，是法院认定事实、适用法律、作出裁断的重要文件，是承载全部诉讼活动、实现定纷止争、体现裁判水平的重要载体。裁判文书上网公开是深化司法公开、展现司法文明、保障司法公正的重要举措。裁判文书不仅要向案件当事人公开，还需要向社会公开，接受社会监督，统一司法裁判标准，提升司法水平，真正在每个案件中实现公平正义。以往，裁判文书公开渠道单一，裁判文书难找，人们往往需要去案件审理法院查询，耗费大量时间和精力。2013 年 11 月，最高人民法院开通"中国裁判文书网"，集中统一发布全国法院的生效裁判文书，该裁判文书数据库成为司法大数据的重要组成部分。2015 年年底，为了提升网站友好性，最高人民法院

对"中国裁判文书网"进行了优化改版,增设了一键智能查询、关联文书查询、个性化服务等功能,开设了少数民族语言文书公开板块。裁判文书上网公开之后,一方面方便了人民群众查阅和开展研究;另一方面形成了倒逼机制,督促法官加强说理提高文书质量和司法水平。

建成全国法院网络执行查控系统。近年来,法院"执行难"问题日益严重,被执行人难找、被执行财产难寻、协助执行人难求、应执行财产难动等问题普遍存在,干预、阻碍、抗拒执行的情况时有发生,严重制约了执行工作的开展。2014年12月24日,最高人民法院开通执行指挥系统,以信息化为基础,以执行联动机制为核心,统一对全国法院执行案件进行管理。为形成全国范围内的网络查控,最高人民法院与部级执行联动部门建立"总对总"查控系统,各高级人民法院与省级执行联动部门建立"点对点"查控系统,在全国范围内通过网络实现对被执行人和被执行人财产的查找和控制。截至2015年12月底,最高人民法院陆续为3172家地方各级人民法院开通使用"总对总"网络执行查控系统,共查询案件113万余件,涉及130万余个被执行人,累计查询到银行存款超过1.9万亿元、成功冻结363亿余元,最大限度地保障了申请执行人的合法权益,维护了法院的司法权威。

建成中国法院庭审直播网。中国法院庭审直播网为全国各地法院搭建便捷的庭审直播平台,是配合审判流程公开、裁判文书公开和执行信息公开三大平台建设的一项重要的司法公开举措。中国法院庭审直播网现设"庭审直播""直播预告"和"直播回顾"等栏目,全国各高级、中级和基层人民法院均可通过该平台在网上直播案件庭审,已直播庭审13万次,人民群众也可通过"直播回顾"栏目查看以往的庭审实况。网站提供的视频查询功能还可以方便人民群众查找到自己所关注案件的庭审视频。发展至今,中国法院庭审直播已走向常态化,能够让广大人民群众更好地实现对法院审理案件过程的知情权、参与权和监督权,同时也能够更有力地规范法官在庭审中的一言一行,达到司法公开立体化及促进司法公正的目的。

建成律师服务平台。为向律师提供便捷、高效的诉讼服务,方便其履行职责,最高人民法院建立了律师服务平台,开发了全国律师信息库系统。该平台为律师提供网上立案、网上阅卷、案件信息查询、电子送达及联系法官等服务。截至2016年2月，已经收集律师事务所信息21846家，录入律师信息77428条。开通律师服务平台，有利于方便律师办案以及律师与法官之间的沟通，在保障律师权益方面成效显著。

建成全国法院司法协助管理平台。2016年1月1日全国法院司法协助管理平台建成上线，该平台不仅提升全国法院涉港澳台、涉外司法协助案件办理质效，也有利于促进国际司法合作。在全球化背景下，犯罪呈现国际化的特点，民商事纠纷的跨国性日渐突出，开展国际司法协助是国际司法合作的大趋势，因此，需要各国开展广泛的司法协助与合作。该平台的建成能够与其他国家和地区建立广泛的司法联系，延伸法院工作的触角，扩大法院工作的空间，能够有效地满足国际司法协助和合作的需求。截至2016年2月20日，司法协助平台已办理港澳台调查取证案件51件，涉外调查取证案件2件，港澳台送达文书1213件，涉外送达文书455件。

建成人民法院申诉信访管理系统。为进一步加强和改进涉诉信访工作，方便群众诉讼，最高人民法院建成了网上申诉信访平台和信访管理系统，该系统具有来信、来访、网上申诉信访、远程视频接访、数据共享等功能。2014年5月，最高人民法院开通远程视频接访系统，这是最高人民法院深化信访工作机制改革，实现上访群众在当地与最高人民法院法官面对面沟通的重要举措。最高人民法院用17套远程接访系统与地方法院的远程视频接访联通，实现了最高人民法院与一审法院和信访人之间的三方沟通交流。申诉信访人可向案件一审法院或其住所地的基层人民法院提出申请，提交申诉材料。法院认为有必要的，也可主动通知当事人到当地法院进行远程视频接访。四级法院远程视频联动接访，对减少涉诉进京访、破解信访难题发挥了积极作用。在社会利益分化、社会矛盾突出、司法公信力遭质疑的复杂社会背景下，法院申诉信访管理系统和远程视频接访系统的建成，有效地缓解了涉诉信访压力。

建设人民法院办公和办案平台。依托信息化建设，全国四级法院专网初步实现了权威发布、业务交流和应用整合。办公和办案平台升级融合与应用的拓展，实现了工作桌面统一，并与信访、科技法庭等系统全面贯通，强化了法律法规和典型案例推送、常见文书材料自动生成、裁判文书自动排版、自动纠错及上网公开前自动隐名技术处理、审判流程信息自动同步公开、文书生效后一键点击上网公布等辅助办案功能，进一步优化了流程审批、审限管控、绩效展示等功能模块。

建成人事信息管理系统。传统上，法院人事信息管理各自为政，人员变动信息更新滞后，管理效能较低。依托法院信息化，人事信息管理系统实现了全院人员信息管理，并启动了全国法院人事信息管理系统建设，实现对全国法官录用、调入、转入管理，工作业绩、岗位遴选、表彰奖励管理，以及转任调任管理等全司法职业生涯管理，实现对全国法官情况的整体掌握和分析。

开通微平台。随着"宽带中国""智慧城市"建设以及微博、微信、新闻客户端等新媒体的发展和应用，社会进入"人人都有麦克风、个个都带摄像机"的时代。法院充分利用新媒体即时互动、实时参与的优势，拓展公众参与的渠道和力度，广泛地听取群众意见，更好地接受群众监督，及时地传递正义心声，准确地把握群众关切。为此，最高人民法院开通了微博、微信，利用新媒体信息传播快、受众广泛等优势，及时权威发布法院工作信息。通过立体化、全方位、一站式、互动性的公开、沟通和服务，发出好声音，传递正能量，塑造好形象，让社会大众在参与互动中增强对司法的信心，有效提升司法公信力。最高人民法院还创办了中国法院手机电视，通过手机实时发布信息。全国近 3300 个法院已开通官方微博，形成了"国家队 + 地方队"的微博格局。截至 2016 年 2 月 29 日，最高人民法院微博粉丝总数突破 2947 万人，发布微博 18239 条，共被转发 160 余万次；最高人民法院发布官方微信 822 期，包括各类信息 4918 条，关注人数达 30 万余人；中国法院手机电视已上架视频 4005 条，总时长达 24560 分钟，总用户数约为 65.6 万人。

2. 地方人民法院建成或接入信息管理平台

地方各级人民法院的信息化建设也如火如荼。全国 99% 的法院建成办公网并接入法院专网，网络设备、计算设备、存储设备、系统软件等网络基础环境建设基本完善；47% 的高级人民法院建成非涉密数据隔离交换设备或系统，实现法院专网与外部专网、互联网之间的跨网数据交换；视频会议系统实现全面覆盖，科技法庭、远程提讯、远程接访等系统基本覆盖全国法院，部分法院建成标准化机房和数字化会议系统；21 个高级人民法院建成执行指挥中心，17个高级人民法院建成信息管理中心。

截至 2015 年年底，全国各地人民法院均建成统一的审判流程信息公开平台，并实现与中国审判流程信息公开网的联通。各级人民法院审判流程信息公开以来，基本满足了当事人及其诉讼代理人查询审判流程信息的需求，改变了以往这些信息只有经办法官和书记员才清楚、当事人想方设法到处托人打听的局面。

全国法院均建成或接入上级法院政务网站、司法公开平台，一些地区互联网应用已经迁移到公有云平台，互联网及其移动应用蓬勃发展，为各级人民法院服务人民群众提供了强有力的技术支撑。截至 2016 年 2 月，全国所有的高级人民法院、358 个中级人民法院、2747 个基层人民法院建成了政务网站。

各高级人民法院利用专线或本地政务网络建立了与国管、国资、财政、检察和公安等部门的连接，初步满足信息报送、信息共享、执行查控和信用惩戒等业务协同需要。福建、广东、浙江等高级人民法院搭建"点对点"司法查控系统，通过与公安、工商、国土等信息数据库的对接，使被执行人的存款、房产和车辆等财产信息的获取立体化、集中化，从而缓解了执行难问题。

上海市高级人民法院于 2015 年年初开通律师服务平台，上海市 1325 个律师事务所近 17000 名律师均可享受到"足不出所即可立案"的快捷服务。有律师认为，该平台"不仅仅可以方便律师来办好案子，更重要的是，可以推动法官与律师达成共识。作为法律工作者，律师与法官虽然在大学里学同样的教科书，但身处不同角色中，对一件事情的认识有时是不同的。现在平台的资源共享可以将法官、律师局限的思维扩大化，用案件的资料库来完善彼此的认识，非常有意义"①。

北京、上海等地法官信息已经与案件信息关联，在人民法院数据集中管理平台，能够为每个干警生成业绩档案，法官每年办多少案件，案件的发回改判情况如何，在网上都可以看得一清二楚。建立在信息基础上的业

---

① 《上海法院律师服务平台启动　律师可足不出所网上立案》，http://www.chinanews.com/fz/2015/01-05/6938108.shtml，最后访问日期：2016 年 2 月 21 日。

务评价，更加客观，更加真实，也更有说服力。

（二）创新司法便民利民措施，着力服务人民群众

人民法院信息化建设对满足人民群众日益多元的司法需求、适应社会的变化，具有重要意义。在信息技术的支持下，法院开辟了司法为民的新领域和新窗口，更好地服务于民众。实践中，许多法院建设了集诉讼服务大厅、诉讼服务网和12368诉讼服务热线"三位一体"诉讼服务中心，为公众提供网上立案、电子送达、庭审直播、文书查询、诉讼档案查询等司法服务。很多法院基本做到了重要信息主动告知、即时查询和有问必复，初步形成线上线下、庭上庭下多样化司法服务格局，让人民群众获取更便捷、更廉价、更个性化的诉讼服务，使司法更加贴近人民群众。

1. 让群众"少跑路少花钱少受累"

诉讼服务大厅是法院建立的为公众提供与诉讼相关服务的实体场所。该大厅为诉讼参与人提供诉讼引导、立案登记、立案调解、收费退费、查询咨询、材料收转、判后答疑等服务。诉讼服务大厅一般设有导诉区、书写区、等候区、立案区，配备诉讼流程图和《诉讼指南》等指导材料。

2014年12月，最高人民法院在"立案信访窗口"建设基础上，建成多渠道、一站式、综合性的"三位一体"诉讼服务中心，具备再审立案、申诉接待、信息查询、卷宗查阅等功能。诉讼参与人可以通过诉讼服务中心大厅的触摸屏、电脑等设备，自助查询相关案件信息和电子卷宗。

2014年12月，最高人民法院开通的"诉讼服务网"，具有网上立案、案件查询、电子送达、网上阅卷、监督建议等功能。当事人可以在线提交民事申请再审材料，诉讼参与人可以登录查询案件进展信息。"诉讼服务网"还以短信、微信、微博等方式及时向案件当事人、代理人和辩护人推送案件的流程节点信息。

2015年9月6日，北京法院诉讼服务自助平台全面启动。自助诉讼平台为当事人提供包括预约阅卷、文书打印、材料上传、视频留言等涵盖诉讼各个环节的一站式服务。与传统功能性系统不同，诉讼服务自助平台在设计上凸显个性化和人性化。平台内嵌智能识别系统，当事人只需在自助机上轻刷身份证，即可快速识别，显示案件的开庭时间、审理法官、裁判

文书等信息。更具特色的是,依托全市统一的审判信息资源库,自助机实现了跨行政区划服务功能,当事人可在家门口打印自己在其他法院打官司的裁判文书,还能查询到北京任意一家法院承办的案件信息和各类审务信息,当事人能够及时跟踪了解所申请案件的处理情况,并能进行视频或语音留言,法院和法官可以实时接收到当事人的反馈信息,进行互动式沟通。截至2016年1月底,北京市高级人民法院已在全市23个法院和63个人民法庭设置了108台诉讼服务自助终端,实现了人民法庭的全覆盖和全市辖区的全覆盖。2015年9月至2016年1月底,北京市累计使用人数已达2.5万人次,其中跨区域服务5000余人次,应用效果显著,得到了群众的一致称赞。

北京市大兴区人民法院在审理一起旅游服务合同纠纷案时,需要原告出示旅游服务过程中交通事故的责任认定书,原告一时无法提供。承办法官得知北京市密云区人民法院已开庭审理过缘于此次事故的运输合同纠纷案,即通过诉讼服务联系到密云区人民法院,共享了该证据材料,证据材料调取仅花了数分钟时间,节省了当事人的时间。当事人表示:"一站式"服务带来的"一堂清"效果实在太好了![1]

2012年,南京市中级人民法院依托互联网,在全省率先建成网上诉讼服务中心,将实体诉讼服务中心的职能延伸到南京法院审判网上。人民群众登录网上诉讼服务中心,不但能够像到法院实体诉讼服务中心一样,进行网上立案、签收法律文书、递交证据材料、约见法官、判后答疑等与诉讼相关的活动,而且在案件进入审判、执行程序后能够及时查询到案件主要流程节点的各项诉讼信息,有特殊原因还可以申请网上远程开庭、视频接访,初步具备了网上法院的功能。截至2015年年底,网页浏览量达21.4万人次,提供各类法律服务32182人次。

截至2015年11月,地方法院建设诉讼服务中心1740个,开通诉讼服务网841个。可以说,信息化搭建起了法院、法官与人民群众之间沟通的桥梁,为民众提供了质量高、花费少的诉讼服务,特别是减轻了偏远地

---

[1] 参见《切实减轻当事人和律师的负担 北京大兴全力打造"指尖上的服务"》,《人民法院报》2015年11月29日第4版。

区当事人往返法院的讼累，尽量做到让群众少跑路、少花钱、少受累。

2. 纾解"门难进""人难见"张力

法院难进、法官难找是诉讼人遇到的最大难题之一。法官承担案件多，业务量大，对各个案件当事人而言，不可能做到"随找随到"。为了畅通群众与法院之间的联系渠道，缓解法院难进、法官难找的紧张局面，同时为提升司法服务的科技化信息化水平，全国25个高级人民法院开通辖区法院12368诉讼服务系统，通过电话语音形式为当事人提供司法服务，其后又延伸到为公众提供诸如咨询等服务。12368诉讼服务平台是集诉讼咨询、案件查询、信访投诉、联系法官等多项功能于一体的综合性诉讼便民服务平台。12368诉讼服务平台的建成，在缓解法官的压力、帮助诉讼人了解案件进程、为公众提供司法服务方面发挥了积极的作用。

2014年1月，上海市法院开通12368诉讼服务平台，其主要功能包括：帮助当事人、代理人以及其他诉讼参与人通过电话联系立案法官、审理法官、执行法官或提供留言服务；当事人凭案件查询密码查询包括案件受理与否、案号、案件审理或执行进程、开庭日期、承办法官、工作电话、诉讼材料送达等依法可予公开的信息；为公众提供包括各级人民法院案件管辖规定、法院案件立案条件、诉讼费收费规定、法院案件审理期限、司法救助等常见程序性法律问题的咨询；接听并记录信访投诉，并转入信访投诉系统及时处理；接听记录当事人或社会公众对法院或法官提出的意见、建议等，并及时反馈；根据12368诉讼服务平台中来电意见建议、信访投诉，对各法院、各法官进行内部考核。

浙江省的12368司法服务热线集诉讼咨询、案件查询、信访投诉、联系法官等多项功能于一体，实行全省三级法院"一号对外、分级部署、各院联动、限时办理"的工作机制。法院有专门的热线坐席员，负责接听处理人民群众的来电。

3. 畅通利益诉求意见表达渠道

涉法涉诉信访在信访中占有相当大的比例，为了方便公众表达意见，2014年2月，最高人民法院开通了网上申诉信访平台，受理属于依法处理的案件，包括当事人对刑事、行政、国家赔偿案件的生效判决、裁定、决定不服，已向高级人民法院提出申诉，且高级人民法院已作出书面复查

（审查）或再审结论的案件，以及请求督促执行法院尽快执行的、请求纠正执行行为的申诉信访案件。平台采取外网受理、内网办理、外网答复的模式，当事人填写申诉信访信息，提交相应材料，完成网上申诉信访。提交成功后，当事人可以随时查询申诉信访办理进程和反馈结果。

为了让人民群众会用、用好"网上申诉信访平台"，最高人民法院制作了网上申诉信访指南以及动画宣传片，详细讲解如何在该平台上进行操作。此外，在该平台上加大了涉诉信访典型案例公开力度。"网上申诉信访平台"拓宽了申诉信访渠道，创新了司法便民措施。与"网上申诉信访平台"同步建设的还有远程视频接访系统。自2014年5月投入使用到2016年2月，已完成接谈8900余件。由于国家信访政策的重大调整和改变，以及远程接访系统和网上申诉平台投入使用，涉诉进京访批次和人次同比下降超过30%。

地方各级人民法院也积极推进网络信访工作。大部分法院均建设了远程视频接访系统、互联网申诉平台，为人民群众申诉信访提供了便利。例如甘肃法院坚持"互联网+接访"，推行远程视频接访，全省107个法院设置了远程视频接访室。截至2015年7月，甘肃省高级人民法院视频接访群众560余人次，其中有来自云南、湖南、陕西等地的信访群众。

2014年，新疆生产建设兵团各级人民法院通过远程信访系统接访当事人达300余人次，占信访总量的35%以上，远程接访释法析理使30%的当事人息诉罢访。远程视频接访系统建成之后，空间距离不再成为阻碍，减轻了人民群众的奔波之苦，提高了法院的信访处置效能。

4. "送到家门口的法律服务"

随着法院信息化水平的逐渐提升，各级人民法院践行司法为民，通过信息手段，采取打造流动法庭车等方式，为人民群众提供便捷高效的法律服务。

流动法庭车是法院专门为人民法庭定制的巡回审判用车，其本质上是一个具有移动性、配有高科技装备的数字法庭，目的是方便边远地区公众诉讼、就地开庭审理、调解邻里纠纷、接受法律咨询、开展法制宣传。流动法庭车极大地拓展了法庭工作空间，延伸了司法治理的杠杆。流动法庭车的主要配置有：警灯警报及音响宣传系统；电源系统，提供外接式电接口、UPS 不间断电源、车载逆变电源，保证了法庭审判车不会因为供电不足而影响审判工作的正常进行；现场录像的录取和传送系统；审判工作桌；等等。

流动法庭车在老少边穷地区有着极大用武之地。例如，宁夏法院有 63 个人民法庭，有近一半地处山大沟深、交通不便的南部山区和中部干旱带。为了解决诉讼难的问题，2013 年，宁夏在全国法院系统中率先普及了"便民服务流动法庭"，全区 63 个人民法庭都配发了便民服务流动法庭车，让群众足不出户就能享受到方便快捷的司法服务。

流动法庭车的功能在实践中得到了拓展。重庆市江津区人民法院借助现代科技，率先在全国研发成功集诉讼服务、巡回审判、法制宣传、执行指挥、远程接访等功能为一体的多功能、全天候流动车载法庭，主要执行巡回审判、诉讼服务、法制宣传、现场指挥等任务，并于 2013 年 10 月 15 日投入使用。

流动车载法庭秉承"好传统＋高科技"理念，将诉讼服务、巡回审判、法制宣传、视频接访等功能融为一体，是现代版、升级版"马锡五式"审判服务方式，被群众亲切地称为"送到家门口的法律服务"。

5. 借助新媒体与人民群众"微"距离

依靠新媒体缩短法院与公众的距离，是近年来法院创新公众沟通的新方式和新渠道。各地法院利用手机 APP、微博、微信、微视等新媒体即时互动、实时参与的优势，使当事人和法院之间实现即时互动，按需获取信息，随时参与沟通。

2013 年年底，最高人民法院在新浪微博、腾讯微博、全国法院微博发布厅等国内主流微博平台全面入驻，多个有重大社会影响力的庭审过程通过法院微博在线直播，以案释法，传播法治文化，弘扬法治精神，发挥司法对社会的教育、引导和规制作用，自觉接受社会各界监督，迫使审判人员加强能力建设，提升审判质量。

最高人民法院开设官方微信和手机电视 APP，集成各种司法公开渠道，为订阅用户提供了一站式的司法公开和民意沟通服务。2015 年 2 月底开通的"中国法院手机电视 APP"，第一时间向用户推送法院重点新闻和重要案件庭审情况等司法信息。

信息技术的广泛应用和创新司法便民利民措施,进一步节约了司法成本,使人民群众可以更加真切地感受到公平正义就在身边,实现了法院与公众"微"距离。

(三) 信息化助力审判能力现代化

审判能力是法院能力的关键体现,是法院依法公正裁判案件、有效维护公平正义的能力,直接关系到社会公正能否实现。审判体系和审判能力现代化体现在司法权力运行规范化、监督管理制度具体化、信息技术保障科学化等方面。审判能力现代化的最终目的是服务法院的审判执行和司法管理,适应法院的司法需要;服务人民群众,满足人民群众的司法需求。法院提升审判能力必须遵循司法规律,建立以审判为中心的审判权力运行体系,建立以法官责任制为中心的审判监督管理体系,追求司法的确定性、规范性和公正性。在法院审判体系和审判能力现代化推进过程中,法院信息化具有不可或缺的作用,因为法院信息化可以有效防范和减少不确定性,使司法权的运行符合司法规律,降低运行成本,确保社会公正得以实现。

审判是人民法院的中心工作,也是人民群众关注的重点领域。人民群众对审判活动的需求是希望法院裁判最大限度的公平,这与法院的司法能力之间存在较大张力,而法院信息化则可以在一定程度上化解这种矛盾。信息化技术使审判方式发生了极大的变革,大大提高了审判能力与效率。案件信息管理系统实现了审判活动主要流程节点信息和卷宗的数字化管理,使审判工作实现程序化的运作,有助于规范和监督审判执行权力的运行。审判支持系统则为法官提供法规查询、案例指导、量刑参考、一键排版、智能纠错等服务,使法官办案更加方便、高效,很大程度上提升了审判工作质效。电子签章、远程庭审等系统,极大方便了法官和人民群众,降低了当事人的诉讼成本和法院的司法成本。可以说,信息化已经成为审判能力的重要组成部分。全国超过99%的法院建成案件信息管理系统,实现了网上办案。科技法庭建设、远程视频建设、电子法院建设也成效显著。

1. 科技法庭建设

各地法院大力加强科技法庭建设,实行庭审活动全程同步录音录像,并以数据形式集中存储、定期备份、长期或按要求时限保存。截至2015年年底，全国法院建成科技法庭1.8万个。在提高科技法庭覆盖面工作方面，一些法院成效明显。江苏法院实行开庭审理案件全程同步录音录像、同步记录、同步显示庭审记录，全省法院建成2279个科技法庭。浙江省1783个审判法庭全部建成科技法庭，实现每庭必录。广西壮族自治区293个人民法庭实现了科技法庭全覆盖，全部接入广西法院音视频管理平台，并实现了庭审同步录音录像。新疆维吾尔自治区共建成具有远程提讯功能的科技法庭115个，实现每个法院都有一个远程提讯科技法庭。

各级人民法院使用科技法庭，通过多媒体证据展示、质证留痕、庭审笔录等技术手段，强化庭审举证、质证、认证等过程，实现诉讼证据举证在法庭、诉辩意见发表在法庭、是非曲直辨明在法庭、案件事实查清在法庭、裁判理由形成在法庭，确保庭审不走过场。实时记录的庭审音视频还为案件合议、审委会讨论、上诉审再现庭审实况，为有关部门和社会公众观摩关注案件提供支持和保障。

通过全程同步录音录像，使庭审"可定格""可再现""可复制"，加强了对案件的全过程监督和全方位管理，促进庭审规范化，提升一次庭审成功率。黑龙江省鸡西市鸡冠区人民法院的一次庭审成功率在2013年6月至2015年12月有显著提升，民事案件由70%提升至86%，刑事案件由89%提升至95%，行政案件由86%提升至94%。

全程同步录音录像，以其客观记录真实再现法官和诉讼参与人在庭审过程中的言行举止，一方面能够有效地监督法官的司法活动，规范庭审，促进法官依法办案，保障诉讼参与人的权利；另一方面，约束原被告等诉讼参与人的行为，为认定破坏庭审秩序提供证据，这也是对司法人员的一种保护。近年来，当事人在法庭上的过激行为时有发生，冲击法庭、辱骂法官、毁损证据等破坏庭审秩序的行为有所增多，法官人身安全受到威胁，但是对这些行为进行处罚的却相对较少，其中一个原因就是缺乏认定破坏庭审秩序行为的证据。而庭审全程录像则弥补了传统笔录和电脑录入的不足，定格、再现人民法院法庭活动，为认定破坏庭审秩序行为提供有力证据。全程同步录音录像是一把双刃剑，既保障权利，也规范行为；既监督法官，也约束当事人。

2. 远程实时视频

远程庭审、远程提讯得到了广泛应用，并在不断深化创新。截至2015年年底，最高人民法院建成10套、地方法院建成2154套远程提讯系统，实现了最高人民法院与各高级人民法院、中级人民法院、绝大部分基层人民法院以及部分看守所的远程提讯。

全国首次跨省远程审理的案件中，原告在辽宁省高级人民法院参加庭审，被告在贵州省遵义市中级人民法院出庭。这一次远程庭审为原告节约吃、住、行等费用一万多元。事后，原告说："远程案件审理节省了我的时间和精力，不用大老远地跑到贵州维权了。"

浙江省丽水市青田县人民法院探索设立涉侨网络法庭，实行视频审理，借助远程视频技术，将海外当事人的远程画面接入高清数字法庭，当事人只需在电脑或者手机上安装软件即可参与庭审。由此解决了华侨身在海外，无法回国参加庭审的难题。2014年以来，浙江省温岭市人民法院审结的3763件刑事案件中，其中简易程序刑事案件2984件，运用远程视频庭审的就有1542件，简易刑事案件的远程庭审比例达51.7%，视频庭审平均开庭时间缩短为15分钟，当庭宣判率95.6%。相比常规押解和值庭，节约警力1600余人次。

远程庭审是司法便民的重要创新举措，避免了当事人的奔波之苦，减轻了当事人讼累，同时缩短了审判周期，提高了审判效率，降低了司法成本。

3. 电子法院上线

电子法院代表了法院信息化发展的努力方向。2015年，吉林电子法院正式开通上线，实现了民事一审和二审案件、行政案件、执行和非诉类案件的全流程网上办理。吉林电子法院还建有法官办案辅助平台，减轻法官的工作量，降低法官同案不同判的风险，保障了司法公正。此外，吉林电子法院开发了审判管理应用系统，对法官审判活动和案件审判质效进行实时评估。其中，案件流程管理系统对全省每个法院、每个法官的立案办案情况进行实时显示，使审判质效评估系统对全省每个法院、每个法官的办案质效进行实时评估。

电子法院大大缩短了案件审理的平均期限，法官的收案、办案效率明显提升。首先，确保在法定期限内立案。诉讼各方在线上进行材料收转、网上诉讼费缴纳、电子送达等，结合12368短信实时提醒功能，当事人无须来院立案，避免往返多次补充材料，确保案件能够在法定期限内完成立案。其次，缩短了案件开庭时间。诉讼各方使用网上证据交换与质证、云会议平台、审诉辩平台、网上开庭等功能，单个案件的有效审理时间更长，双方当事人庭前准备和意见发表的时间更多，能更快地确定案件争议焦点，并围绕焦点进行审理和调解，使案件能够在法定正常期限内结案。如吉林省蛟河市人民法院审理的一起民事案件，原、被告双方通过第三方平台上传了31份证据，经过网上质证，双方当事人共对其中6份证据持有异议，合议庭在开庭审理时仅对这6份证据进行了审核，以往此类案件庭审至少需要半天时间，而该案庭审只用了不到30分钟。再次，审判质效得到显著提升。由于案件审理全流程公开透明，案件争议焦点明确，通过云会议进行远程调解，案件调解率、撤诉率、一审服判息诉率得到了提升，调解后申请执行的案件量降低，审判质效得到显著提升。最后，保障律师各项权利的实现。电子法院平台还为律师提供个人代理案件办理窗口、律师动态令牌，极大地方便了律师参与案件审理。

4. 法院电子签章

每个案件从立案到结案平均需要制作十余份各类法律文书。而设立于乡镇的人民法庭一般离基层人民法院有十几千米甚至几十千米的路途，一直以来存在"盖章难"问题。人民法庭的法律文书必须由法庭派专人、专车前往法院盖章，当事人需要按指定通知时间到法庭领取。这不仅要花费大量的人力、物力，加重当事人负担，而且影响了办案效率。

依靠信息技术，使用电子签章，可以从根本上解决基层人民法院和人民法庭急需解决的"盖章难"问题。使用电子签章，调解和撤诉后即送达调解书和裁定书。当庭宣判的案件，裁判文书"立等可取"，显著提高了办案效率，减少了当事人往返法庭的诉累，降低了当事人的诉讼成本。按每个案件当事人往返法院次数减少2次、节省1天时间计，每个案件的诉讼成本平均减少80元以上。按每个案件法庭工作人员往返法院次数减少5次、节省半天时间计，每个案件的司法成本平均减少100元以上。而其中的社会效益和法律效益更大于这些可以用数字表示的经济效益。四川省泸州市合江县人民法院将主审法官责任制与电子签章相结合，以往法官需要几天时间来完成的法律文书审批和盖章工作,现在承办法官制作完裁判文书后,可立即申请电子签章、打印法律文书,能在第一时间交到当事人手中。

电子签章还广泛用于人民法院办公办案工作。启用电子签名系统实现网络协同办公,有效地缩短了办案期限、提高了办案效率、降低了司法成本。人民法院在向信息化、网络化、科技化的不断迈进过程中,在促进司法为民、公正司法,提高人民满意度,树立法院公信力等方面已经初见成效。

(四) 法院执行能力明显增强,信用惩戒措施有效

执行工作是法院的重要工作,是落实生效法律文书所规定的权利义务的重要一环,是当事人权益得到保障的"最后一公里",不仅关系到社会公平正义的实现,也关系到司法裁判的权威,是提升司法公信力的关键。现实中,由于各种原因,不少判决难以实现,"执行难"对司法权威造成较大的损害。造成"执行难"的因素有很多,财产难查、人员难找是重要原因。传统的两个法官一台车、跋山涉水查人找物的方式远远不能适应新时期执行工作的需求。执行工作必须改变思路,延伸执行的触角,创新执行的手段,而法院信息化则顺应了这一要求。近年来,全国法院建立了执行信息应用系统,覆盖了核心执行业务的流程,如执行指挥系统、执行信息管理系统、失信人惩戒措施等。

1. 最高人民法院执行信息管理系统建设及应用情况

2014年12月,最高人民法院建成覆盖全国的法院执行指挥系统,实现了全国四级法院间的执行网络纵向互联,同时还与部分中央国家机关、商业银行总行网络横向对接。最高人民法院、多数高级人民法院、部分中级人民法院和基层人民法院建成了执行指挥、执行查控和信用惩戒系统,形成了四级法院上下一体、内外联动的执行指挥体系。

执行信息管理系统具有网络查控、信息公开、信用惩戒、远程指挥、监督管理和决策分析六大功能。通过网络查控,实现对被执行人在全国3000多个银行网点的存款信息的查询,效率大大提高。通过执行指挥系统查询,被执行人有多少财产、是否隐瞒拒不执行,"一键了然"。全国四级法院的执行人员都可以通过网络在全国范围内对债务人身份和财产信

息进行查询和控制。

最高人民法院还在网上公布了被执行人失信"黑名单",有力震慑了失信行为。

借助信息化手段,执行法官从根本上改变了过去的工作方式,提高了工作效率,但风险也随之增加。为了防止"公权力滥用"和避免公民隐私泄露,法院建立多项制度保障机制。例如,法院的协助执行函件必须经过法院和银行双重审核,确保查控符合法律规定;查控所获取的信息也仅限于法院执行使用;执行指挥系统还实现了"全程留痕",法官是否积极查控、有无不当行为,系统都会自动记录和提醒等。

2. 地方各级人民法院执行信息系统建设及应用情况

地方各级人民法院也在利用信息化手段拓展执行深度和广度方面进行了有益的探索。北京市高级人民法院建成全市法院一体化的执行办案和指挥管理体系,用信息技术把执行工作在程序、期限等方面的规范要求植入办案平台,对提示提醒、审批管理、监督督促、程序控制4大类130余个节点进行有效监管。北京的指挥系统将案件区分为有财产案件和无财产案件,对于有财产案件,进行流程化运行和节点化控制;对于无财产案件,由单独的数据库进行动态管理。北京还建立了集约化查询模式,实现了对全部在京86家银行的全覆盖查询、9家商业银行的查冻一体化和对房产、户籍、车辆的自动查询,大大提高了执行工作的效率和效果。2015年,全市法院执行结案122929件,执行结案案件数同比增长19%;执结标的金额607.4亿元,同比增长96%。北京还建设全市三级法院统一的执行案款管理系统,使执行案款的收发从各院分散管理变为高院集中、统一管理,施行"一案一账号"的精细化管理。这解决了执行工作中执行款项不明和发还不及时的问题,降低了执行法官的廉政风险。另外,建成执行工作可视化展现平台,该平台设置了5400余项分析指标,为各级人民法院执行指挥部门提供多层级、多视角、立体化的执行工作动态信息,为优化执行工作规范、创新执行管理模式提供更具针对性的决策参考。

浙江法院建设了执行远程指挥管理系统,与法院专网执行办案系统的案件信息关联,实时回传执行法官采集的移动办案信息到执行部门的远程可视化指挥调度平台。执行指挥系统可以通过指挥车、单兵、执法记录仪等载体，把一线执行干警、各院执行指挥办公室整合成一体，提高法院协同执行、快速反应的能力。浙江法院还建有统一的执行业务远程会商系统，为各级指挥中心或基层人民法院执行指挥办公室搭建可视化业务交流平台，通过法院专网实时开展多方业务会商。

深圳市中级人民法院依托信息技术创建鹰眼查控网，通过网络与联动协助单位联通互动，对被执行人及其财产进行查询和控制。鹰眼查控网的主要功能是查询和控制被执行人的存款、房产、车辆、股权和股票。全市各个法院执行法官将查控请求统一上传至鹰眼查控网，鹰眼查控网以"点对点"的模式将请求内容发送至协助单位，协助单位办理完相关事项后将结果反馈。鹰眼查控系统具有以下优势。一是节约了大量的人力。过去深圳市两级法院由54人完成的查控工作，现在仅需5人即可完成。二是节省了大量设备设施。深圳两级法院原来用于外出办理查控工作的车辆需要20台以上，现在通过网络将查控请求发送至协助单位即可。三是缩短了执行周期。原来需要15个工作日完成的查控工作，现在2天即可完成。四是增加了财产查控种类。对被执行人财产信息的查控种类由原来的4项扩展到28项。五是大大拓展了财产查找的范围。通过与广东省高级人民法院执行指挥中心的对接，对被执行人财产信息的查找范围由原来的深圳市扩展到整个广东省，银行账户开户信息、股票基金信息已扩展到全国。

（五）审判管理精准化，动态掌握工作态势

审判管理是审判工作的重要组成部分，包括流程管理、质量监督、绩效考核三个要素。流程管理是对审判程序节点信息的管理。传统上，人民法院的案件管理长期靠手工记录台账和司法统计报表的方式进行，难以保证数据的客观准确，无法及时反映审判动态，不利于及时发现和改进审判过程中存在的质量、效率问题。特别是近几年来，人民法院收案数量呈现爆炸式增长，审判执行任务日益繁重，人民群众司法需求不断增长，社会公众对审判效果的评价日趋多元，以司法统计报表为主要手段的传统审判管理方式的弊端日趋突出。现实状况和人民群众的需求呼唤采用新技术和新方式，用大数据的理念和方法管理法院审判执行信息的机制应运而生，成为法院信息化的重要任务之一。

1. 提升法院审判执行质效

审判执行质效是公正司法的基础，信息化技术在审判管理、提升质效方面大有作为。各级人民法院的信息网络系统、诉讼服务平台是网上办公、网上立案、网上办案、网上查询、网上申诉的重要载体，是法院审判执行的技术支撑。以法院审判结案的情况为例，全国不少法院存在年度办案"前松后紧"、年底收案"急刹车"的现象。2015 年，受经济下行、立案登记制改革、民事诉讼法司法解释出台和行政诉讼法修改等因素影响，全国法院新收案件数量迅速增长。为了解决这个问题，最高人民法院下发了《关于进一步加强执法办案工作的紧急通知》，要求各级人民法院聚焦审判执行中心工作。同时，最高人民法院依托数据系统，加强对审判运行态势的研判，适时通报工作情况，强化跟踪督促，并根据各审判业务部门工作量分流案件，均衡办案任务。2015 年年初，最高人民法院作出了 2014 年度全院审判工作总结，之后每季度制作《审判运行态势分析报告》，为各部门和法官掌握整体情况、明确问题与差距、积极推进工作提供数据支撑。

不少地方法院也建成了工作质效评估系统。如北京法院成立了专门的审判管理办公室，承担信息收集、问题研判、决策建议参考、流程监控等 10 项工作职责，通过定期收集、分析和发布反映案件审判质效的评估数据，定期编发审判管理通报，为各级领导决策提供参考。同时通过建立 4 级 35 项指标组成的覆盖各法院、各审判业务庭、各法官和全部案件的审判质量考核体系，让全市各院、各庭、各法官都主动围绕指标找问题，并积极采取对策。

浙江法院依靠信息化技术建立了全省法院审判、执行两个质量效率评估体系，经数据中心自动采集运算全程同步即时录入的案件信息，在全国各省区率先自动实时生成 26 项办案评估指标，让各级人民法院看清本院办案工作的强项和弱项，看清自身各项工作在全省法院所处的位置和差距，极大地提升了信息化办案管理水平。评估系统还具备灵活的信息数据跟踪监测、预警、检索、统计等功能，能自动提示并防止案件信息的漏录、错录等问题，追溯具体案件直至每一个办案节点的流程信息，实现对各个法院、每名法官直至每个案件的科学量化管理，增强评估工作的针对性、客观性和权威性。

重庆市第四中级人民法院依托"网上办案系统",自主设计研发了"审判管理综合系统软件",内容包括"法官业绩评估""法官质效评估""案件评查管理""案件信息管理"和"部门工作评估"五部分。该软件不仅能够通过信息化手段量化法官的审判工作业绩,管理者通过数据对审判资源进行结构性调整,优化配置审判资源,还能够为院庭长行使审判管理权和审判监督权提供平台,改变了法院内部传统的管理方式。可视化的全程监督管理排除了不良因素对审判活动的干扰,使院庭长的监督管理全程留痕,便于落实司法责任制及错案追究制度。此外,审判数据采集自动化,提升了法院审判管理集约化、精细化水平。

2. 为法官提供智能化服务

信息化为法官查询、参考同类案件提供了技术支撑,确保法官查明事实,正确适用法律,减少司法裁判和司法决策过程中的不确定性和主观性,促进统一裁判标准。信息化为辅助分案、案由调整、专业合议庭等动态管理提供了支撑,使法官办案更加方便、高效,当事人诉讼更加便利,司法更加接近人民群众。

上海法院开发了"法官办案智能辅助""裁判文书智能分析""移动智能终端办案 APP""法律文书自动生成"和"办公办案一键通"等 35 个系统,实现了法官办案智能化。法官办案智能辅助系统利用大数据分析技术实现关联案件、参考案例、法律法规等信息的主动推送服务,为法官办案提供个性化、精细化、智能化服务。裁判文书智能分析系统对文书中 61 项质量要素进行大数据分析判别,发现人工评查不易查出的逻辑缺陷、遗漏诉讼请求等实体性问题,提醒法官甄别修正。该系统已累计分析近 130 万篇裁判文书。移动智能终端办案 APP 方便法官利用手机等智能终端处理办案事务、提醒办案事项、查询案件信息、查阅审判文件等,使办案更加便捷高效。法官办案智能化辅助系统的广泛应用,大大提升了审判工作质效。2015 年,全市法院全年共受理各类案件 62.29 万件,审结 61.45 万件,在全市法院受理案件上升 13.2% 的情况下,审结率实现了大幅上升,同比上升了 12.7%。

天津市第一中级人民法院研发了新一代法院工作平台,将法院业务流、信息流和管理汇于一体,向全体干警提供智能化、个性化的公共信息服务、岗位功能服务和交流互动服务，实现了管理内嵌、服务创新、智慧共享。一是自动提供智能化、个性化信息服务，推送个案参考信息，自动识别法官身份和具体案件，主动将相关的法律条文、指导案例、涉案舆情等信息经过抓取、筛选、整合后，推送给法官作办案参考。提供审判流程信息，将待开庭、待续保、临近审限等12项重点流程信息以12个带数字的模块集中置顶在首页，提醒法官把握进度，统筹安排工作。二是督促规范司法行为。平台整合了案件管理系统、科技法庭系统、文书纠错系统、电子档案系统、办案助手系统，将审判执行工作流程各节点的工作规范与标准内嵌，寓审判管理于服务之中，对法官的审判工作进行规范和指引。法官在每个节点上都可以发起沟通，讨论案件，使案件从开庭提醒到结案归档的整个过程在平台上全流转，并实现实时可视、行为留痕、支持倒查，提升执法规范化水平。三是共建共享法官群智慧。开辟"明正典刑""民无小事""疑难杂症"等涉及各审判领域的法官论坛，法官自由参与，分享实践经验，开展学术讨论，互相启发，共同提高。法官个体知识经验逐渐汇聚为法院集体司法智慧，带动了法官整体司法能力的提高，推进了法院信息资产的积累、共享和可持续发展。四是提升司法行政工作效能。平台整合行政办公系统，集中了公文、信息、车辆管理、设备保修、考勤管理、即时通信等行政办公子系统，实现一键登录，提升工作效能。

江苏省南京市中级人民法院研发的"审务通"移动办案平台，于2015年11月底正式投入使用。群众可以通过手机随时查询诉讼案件办理情况，向法官提交材料、咨询问题、进行催办联络。法官也可以运用"审务通"，在手机、平板电脑上直接办案，即时接收处理当事人提交的材料、回答当事人的问题等，法官可以随时随地全天候办案。

3. 优化再造审判执行流程

信息化改变了传统形式，促进了审判管理的科学化。信息技术对审判执行流程进行再造，实现了案件信息的同步采集。审判、执行人员在完成每一项工作的同时，将产生的诉讼材料第一时间采集进系统，所有信息在工作完成当天采集完毕，系统自动记录采集时间。对于起诉状、送达回证、证据等纸质材料，采用扫描方式采集；对庭审笔录、法律文书等电子文档，形成的同时上传到系统。同时，庭审、鉴定、评估、拍卖、保全等司法活动也被纳入采集范围，所有庭审实现了实时监控、全程录像。

2015年，最高人民法院以规范审判管理为导向，优化、完善机关办案平台，丰富办案平台辅助、便利法官办案的相关功能。该平台能做到审判流程信息自动同步公开、文书生效后一键点击上网公布、流程审批、审限管控、绩效展示等强大功能，基本实现了法官办案中形成的各种文书材料，包括阅卷笔录、审理报告、庭审笔录、合议笔录、裁判文书等在办案平台上完成或及时同步上传办案系统的目标，在以现代化科技手段提升执法办案工作效率的同时，案件网上流转、网上审批、全程同步监管、全程留痕等新的工作机制初步成形。

北京法院建立了完善的案件流程制度化体系，制定了在信息化条件下的流程管理、审限管理、开庭管理、归档管理等十几项审判管理规范性文件，并通过优化案件流程、细化管理节点，保证对立案、审判、执行、信访等各个环节均实现有效监控。

江苏省高级人民法院开发数字审理支持系统，整合各类软件应用，实现统一的用户管理、单点登录、数据共享和业务联动，打造成数字化法院。一是工作流程个性化设置。新开发的数字审理支持系统，可以根据法官、司法辅助人员的角色定位与职责分工，设置个性化专门页面，由法官承担撰写审理报告、裁判文书等核心事务，司法辅助人员承担其他信息录入等事务性工作，有效提高了工作效率。二是减少审判流程管理节点。江苏省高级人民法院转变观念，变"流程管控"为"流程服务"，流程管理节点由42个减少到6个（包括立案、分案、审限变更、结案、归档、上诉案件移送），其他节点信息由计算机软件自动抓取。阅卷、庭审、评议、文书撰写、文书送达、结案归档、文书上网等全部在一个界面完成，所有文书一键生成。审判信息智能推送。江苏省高级人民法院还建成审判资源数据库，整合司法文件、裁判文书、典型案例、类案审理指南等信息资源。法官在审理案件时，系统即可自动推送与案件相关的法律法规、司法解释、典型案例和文书模板等，并实现了关联检索、快速定位、效率提升。三是开发移动办案系统。通过4G专网，法官可以随时随地用手机、笔记本电脑等移动设备接收当事人网传材料、办理审限变更、审签法律文书、查看庭审视频、查询收结案情况、办理案件报结手续等，提升了审判执行工作效率。

上海法院开发"审判执行流程管理""审判综合管理""文秘管理""人事管理"等 45 个系统。审判执行流程管理系统对立案、分案、开庭、结案、执行等 450 个关键环节录音录像和日志记录，采用电子签章及电子签名技术，实现了案件管理全程可视、办案操作全程留痕。代管款管理系统实现了对执行代管款收、发、退全流程可视化记录。截至 2015 年 5 月底，全市法院共收到代管款 1289 亿元，共发放 1203 亿元，涉及 603981 个案件，做到款项信息一目了然。这些系统实现了法院管理可视化，堵塞了管理漏洞。

4. 掌握态势服务审判执行

司法统计数据的准确性具有基础性作用。为提升司法统计数据准确性，完成传统人工填报司法统计报表向系统自动生成转移，最高人民法院向全国高级人民法院下发《司法统计数据来源调查表》，并选取北京、上海等 10 个高级人民法院作为 2015 年司法统计信息化试点单位。截至 2015 年 10 月 15 日，有 13 个高级人民法院实现司法统计自动生成。

司法数据管理和专题分析服务初见成效。截至 2015 年年底，最高人民法院数据集中管理平台汇聚了全国法院近 5 年 7000 万件案件数据，目前最高人民法院数据集中管理平台已经实现从全国 31 个高级人民法院自动提取案件数据，每 5 分钟自动提取一次，并可动态展现收案情况。数据具有以下两方面的作用。一是法院借助信息化手段，可以从纷繁复杂的海量司法数据中正确认识和把握审判规律，确保准确查明事实、正确适用法律，以最大限度减少司法裁判和司法决策形成过程中的不确定性和主观性，提高司法水平，防范冤假错案。二是法院对收结存、审判质效、热点案件、特定类型案件等进行挖掘、关联、分析，掌握审判动态、发展趋势和内在规律，更好地服务司法决策和审判管理。

山东法院建成"山东法院数据服务云中心"，对各类数据进行集中存储、开发应用。各项主要业务数据实时生成，一分钟一更新，自动生成三级法院 6 大类 59 套基础表、汇总表，与司法统计报表定期比对，为审判执行工作进行"动态体检"。数据运行态势分析系统完成 8 大类专题分析，制作 1.8 万组分析图表，定期研判审判运行态势。

(六) 深化司法公开,助力法院公信力提升

"正义不仅要实现,还要以看得见的方式实现。"随着法治建设进程的加快,人民群众对司法公开透明的期待更加强烈。2009 年 12 月,最高人民法院出台了《关于司法公开的六项规定》,要求各级人民法院在审判工作中落实立案公开、庭审公开、执行公开、听证公开、文书公开、审务公开。近年来,司法公开的内容不断丰富,方式不断创新,机制不断完善。2013 年 11 月,《中共中央关于全面深化改革若干重大问题的决定》历史性地写入了司法公开的内容:"推进审判公开、检务公开,录制并保留全程庭审资料。增强法律文书说理性,推动公开法院生效裁判文书。"党的十八届四中全会提出要深化司法公开,构建开放、动态、透明、便民的阳光司法机制。2013 年 11 月 28 日,最高人民法院发布《关于推进司法公开三大平台建设的若干意见》,要求推进审判流程、裁判文书、执行信息三方面的公开。

最高人民法院建设了审判流程信息公开、裁判文书公开和执行信息公开三大平台,各级人民法院丰富网站、微博、微信和手机电视等新媒体和移动服务渠道。依托司法公开三大平台和法院新媒体,全国法院统筹谋划,同步推进司法公开,拓展了司法公开的深度和广度,满足了人民群众多元化司法需求,保障了人民群众知情权、参与权、表达权、监督权,让人民群众掌握更加真实、全面的信息,感受到司法信息公开的好处,以实现办案社会效果和法律效果的有机统一。

1. 信息化推动审判流程公开

审判流程公开是司法公开的重要内容,是有效解决案件当事人因无法及时获悉案件审理进程、容易对案件审判公正性提出质疑的有效方法,也是让人民群众在每一个司法案件中都感受到公平正义的重要途径。最高人民法院"中国审判流程信息公开网"向当事人及代理人及时推送以下几方面信息:一是法院、人员基本信息以及立案条件、诉讼费收取标准;二是立案相关的案件名称、案号、立案日期、管辖权异议、财产保全、先予执行信息;三是庭审人员相关的合议庭成员、书记员、办公电话、法官等级等信息;四是庭审相关的传票、开庭公告、听证、庭审笔录、询问笔录等信息;五是评估鉴定类的相关信息,如中介机构名称等;六是审判指导类

相关信息，如指导性案例、参考性案例等信息；七是裁判相关信息，如裁判文书开始送达时间、完成送达时间、送达方式等信息；八是裁判文书公开类信息，如裁判文书、公布时间、查询方式等信息。截至 2016 年 2 月 20 日，中国审判流程信息公开平台共公布最高人民法院开庭公告 2520 个、审判信息项目 25.8 万个，总访问量为 88.85 万次，成功推送短信 27387 条。

各级人民法院也大力推进审判流程信息公开平台建设，各高级人民法院均已建成辖区统一的审判流程信息公开平台并与中国审判流程信息公开网链接。各地审判流程信息公开网建成以来，基本满足了当事人及其诉讼代理人查询案件信息的需求。2014 年 7 月 1 日起，当事人可在北京法院审判信息网实时查询立案、审理、执行、审限、结案 5 大类 93 项信息。[①]还可在手机 APP 程序上实时查询案件的进展情况。重庆法院在立案通知书、案件受理通知书中印制了二维码，当事人扫描二维码就可以实时查询案件流程节点信息。

南京市中级人民法院 2015 年建成了网上预约旁听庭审制度，将未来一周每天的庭审安排在互联网上公布，让人民群众自主选择案件，并通过网络预约旁听。自活动开展以来，除自行进入法院旁听的群众之外，全市法院共邀请群众 250768 人，旁听各类案件 40058 件，征集意见建议 4388 条。其中，有 15000 余人次通过网络预约旁听庭审。

各级人民法院审判流程信息公开平台建设基本满足了当事人及其诉讼代理人查询审判流程信息的需求。现在案件由谁来办、进展到什么程度，网上都能查到，短信都可自动推送给当事人。从立案开始，到作出裁判，审判活动均在阳光下运行，保障了当事人的知情权，增强了审判工作的透明度。

2. 信息化助力裁判文书公开

裁判文书是整个审判活动的集中反映和最终结晶，是法院查明案件事实、决定适用法律的最终结果，是决定当事人权利义务分配的关键文书。依法准确、全面、及时、有效地公开裁判文书，让诉讼参加人、社会公众信服裁判结果，是以看得见的方式实现司法公正、倒逼法院提高司法审判水平的必然要求。最高人民法院建立全国统一的裁判文书公开平台后，全

---

① 最高人民法院司法改革办公室：《中国法院的司法公开》，人民法院出版社 2015 年版。

国各级人民法院的生效裁判文书陆续通过"中国裁判文书网"向社会公布。截至2016年2月29日，各级人民法院已经公布生效裁判文书1570.7万余篇，每天新增近4万篇，其中包含维吾尔语、蒙古语、藏语、朝鲜语、哈萨克语5种民族语言的裁判文书，总访问量达4.78亿人次，日均访问量达58万人次。裁判文书上网实现了"全国所有法院、所有案件类型全覆盖"（见图5-1），"中国裁判文书网"已经成为全球最大的裁判

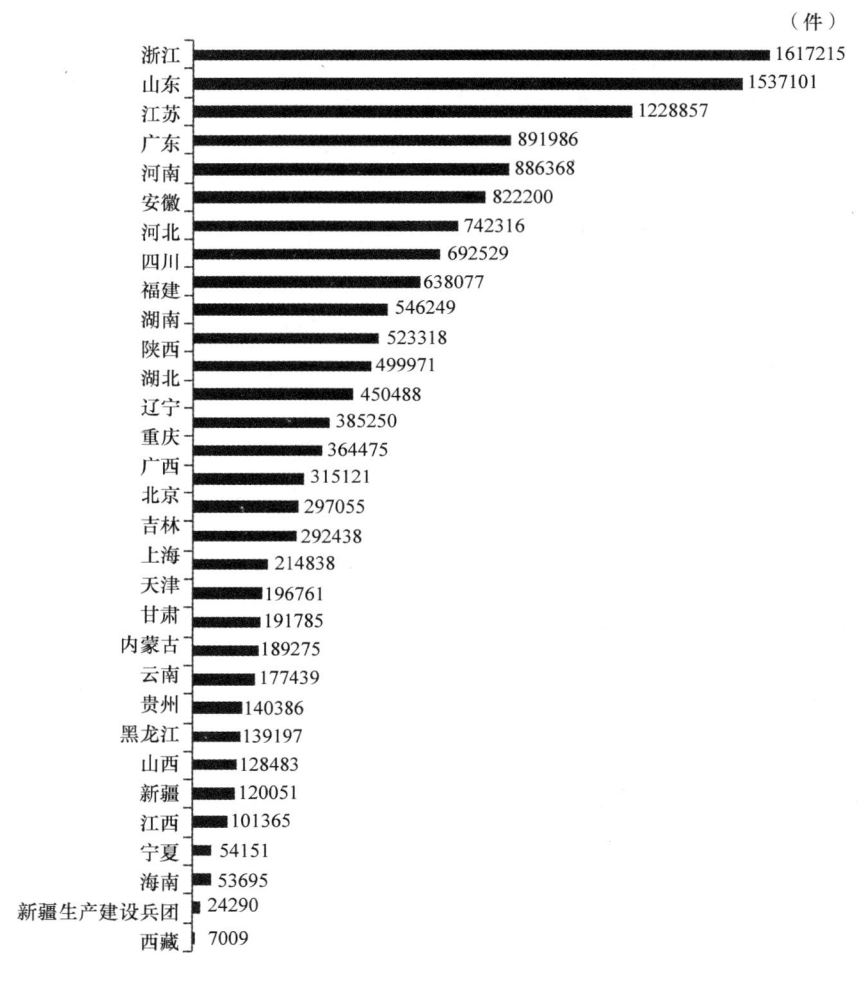

省市区	数量（件）
浙江	1617215
山东	1537101
江苏	1228857
广东	891986
河南	886368
安徽	822200
河北	742316
四川	692529
福建	638077
湖南	546249
陕西	523318
湖北	499971
辽宁	450488
重庆	385250
广西	364475
北京	315121
吉林	297055
上海	292438
天津	214838
甘肃	196761
内蒙古	191785
云南	189275
贵州	177439
黑龙江	140386
山西	139197
新疆	128483
江西	120051
宁夏	101365
海南	54151
新疆生产建设兵团	53695
西藏	24290
	7009

图 5-1 各省市区法院裁判文书上网数量

数据来源：中国裁判文书网，数据截至2016年2月22日。

文书公开网。随着各级人民法院的生效裁判文书陆续上网，群众再也无须到案件审理法院查询文书，直接登录"中国裁判文书网"即可轻松找到。该系统的高级检索功能、快速检索联想、分裂引导树、目录、一键分享、手机扫码阅读等功能更是受到好评。①

在推动裁判文书公开方面，最高人民法院专门发布相关规定，明确不上网公开的裁判文书种类范围，强化不上网审批管理，要求所有公开的裁判文书都必须做相应的技术处理，信息化在提升文书处理效率、保护公民隐私权方面也发挥了重要作用。

3. 信息化深化执行信息公开

法院执行工作是法院依照法律规定，依当事人申请，将法院生效法律文书所确定的内容付诸实现的活动。执行是确保司法裁判得以落实、当事人权益得以保障的最后一道关口，是提升司法公信力的关键。

执行公开是法院司法公开的重要内容。最高人民法院建成"中国执行信息公开网"，向当事人和公众公开与执行案件有关的各类信息，主动接受社会和当事人的监督。"中国执行信息公开网"主要公布全国法院执行案件流程信息、失信被执行人名单、被执行人信息、执行裁判文书四类执行相关信息。

执行当事人可以凭证件号码和密码从"中国执行信息公开网"上获取执行立案、执行人员、执行程序变更、执行措施、执行财产处置、执行裁决、执行结案、执行款项分配、暂缓执行、中止执行、终结执行等信息。社会公众也可以通过该平台查询执行案件的立案标准、执行财产处置、拍卖公告等信息。截至2015年年底，有3766万余人次通过该平台查询执行案件信息。

最高人民法院建立了公布失信被执行人名单制度，开通"全国法院失信被执行人名单信息公布与查询"平台，在微博、微信开设"失信被执行人曝光台"，与人民网联合推出"失信被执行人排行榜"，扩大失信被执行人信息传播范围，形成强大的信用惩戒威慑，促使被执行人主动履行

---

① 《裁判文书网智能大升级，四大亮点新鲜实测 | iCourt》，http://chuansong.me/n/2042740，最后访问日期：2016年2月23日。

义务。2014年12月，最高人民法院还开通指挥系统，统一对全国法院执行案件进行管理，对被执行人和被执行人财产进行查找控制，对失信被执行人予以惩戒。

各级人民法院也利用信息平台公开并依法与有关部门共享失信被执行人名单信息，限制出境、限制招投标、限制高消费的被执行人信息等。在此过程中，各级人民法院积极参与推进社会征信体系建设，推动建立覆盖全国的失信被执行人信息网络查控体系，加速推进信用惩戒机制建设，将失信被执行人名单信息通报给相关部门，限制失信被执行人购买列车软卧车票、飞机票和申请贷款、办理信用卡，禁止担任企业法定代表人、高级管理人员等，促使被执行人主动履行执行义务。截至2016年2月29日，公布失信被执行人302万人，失信信息查询4011万人次。对失信被执行人实施限制出境、乘坐飞机、贷款置业等联合信用惩戒，民航限制购票388万余人次，铁路限制购票78万人次，联合信用惩戒的部门和行业已由初期的中航信、中铁总公司等8家扩展到人民银行征信中心等19个部门，惩戒的范围从现实的社会活动扩展到网络虚拟空间。

（七）司法改革借力信息技术如虎添翼

法院信息化不仅是整合资源、提高效率、减轻司法工作人员工作量的有效途径，也是推动司法改革的重要举措。推动人民法院信息化建设是人民法院深化司法改革的基本内容之一，现代信息技术可以帮助法院破解工作面临的现实问题和发展难题。

最高人民法院2015年2月4日发布的《四五改革纲要》明确了7个方面65项司法改革举措，其核心是：建立行政区划适当分离的司法管辖制度，建立以审判为中心的诉讼制度，优化人民法院内部职权配置，健全审判权力运行机制，构建开放、动态、透明、便民的阳光司法机制，推进法院人员的正规化、专业化、职业化建设，确保人民法院依法独立公正行使审判权。上述7个方面所包含的65项改革至少有35项改革直接依赖于信息技术手段，大致可分为以下两类。

1. 信息化推进审判执行改革

《四五改革纲要》对审判执行业务改革方面提出的多项措施均与法院

信息化建设息息相关，如建立庭审全程录音录像机制、改革案件受理制度、完善分案制度、完善审级制度、完善案件质量评估体系、深化司法统计改革、深化执行体制改革、推动裁判文书说理改革等。

"建立庭审全程录音录像机制"要求法院建立庭审录音录像机制，并对庭审录像的规范性操作设置了更高标准。庭审录像的规范化管理建立在健全的庭审录像机制的基础之上，法院信息化建设是推进庭审全程录音录像机制举措最重要的前提条件和实施保障。推进庭审全程录音录像机制，一方面要提高科技法庭的覆盖面，提升庭审全程录音录像率，确保庭审内容全程留痕、全程公开；另一方面要提高录音录像的清晰度，不仅要全程录音录像，还需要高质量的录音录像。因为庭审全程录音录像机制不仅为司法公开服务，还能服务于法院自身的工作。例如浙江等地的庭审记录方式改革，依托信息化手段，探索依靠全程录音录像记录和固化庭审过程，不再使用书记员现场制作庭审笔录，极大地节约了时间和人力成本。

"完善案件受理制度"要求变立案审查制为立案登记制，并加大立案信息的网上公开力度，此项举措关系到法院公开网站建设的完整性和准确性。完善案件受理制度还要求健全配套机制，包括健全多元化纠纷解决机制、建立完善庭前准备程序以及强化立案服务措施。其中强化立案措施关系到人民法院诉讼服务中心及其信息化建设。推行网上立案、预约立案、巡回立案，可为当事人行使诉权提供便利。2015年，江苏省全省法院通过网上立案登记系统接收立案登记申请25779件，登记立案19939件，立案登记率达到77.35%。

"完善分案制度"强调对案件的随机分配。"完善案件质量评估体系"中提出"依托审判流程公开、裁判文书公开和执行信息公开三大平台，发挥案件质量评估体系对人民法院公正司法的服务、研判和导向作用"。

在执行业务方面，《四五改革纲要》提出"执行体制改革"的要求，强调建立失信被执行人信用监督、威慑和惩戒法律制度，加大司法拍卖方式改革力度，重点推行网络司法拍卖模式。目前，司法网拍在中国主要有两种模式：一是与淘宝网合作，在其司法拍卖网络平台上开展司法拍卖业务；二是通过人民法院诉讼资产网进行司法拍卖网上竞价。司法网拍引入第三方交易平台，采取全网络化的电子竞价方式，可以物理隔离利益关联，让司法拍卖在阳光下操作。司法网拍模式的改革直接依赖于法院信息化的建设水平，并督促法院在信息化建设的过程中不断探索、完善现有模式。

送达制度改革的重点是探索电子化送达方式，提高送达的效率及准确率。全国大部分法院都在探索短信、电子邮件等电子化送达模式，在浙江、广东等地已经开始推行，不仅方便了当事人，节约了司法资源，更提高了送达效率。

上述相关举措均要以法院信息化平台的建设和有效运行为基础和保障来展开，法院信息化程度越高，对司法改革的助力作用就越大。

2. 信息化推进司法管理改革

司法改革不仅要使司法活动更加公平公正、公开透明，还要使司法管理更加科学高效，这是节约司法资源、提高司法效率的重要途径。为此，法院内部的管理决策、行政管理、档案管理、人事管理、纪检监察和信息化管理方面都有必要进行科学化的改革。《四五改革纲要》提出的"推动法院人员分类管理制度改革""健全院、庭长审判管理机制""健全院、庭长审判监督机制""健全审判管理制度""推动法院人员分类管理制度改革""推动省级以下法院人员统一管理改革""理顺法院司法行政事务管理关系""建立法官员额制度""完善法官业绩评价体系"和"完善法官在职培训机制"等司法管理方面的举措都与法院信息化密切相关。

"健全院、庭长审判管理机制"主要是依托现代信息化手段，建立主审法官、合议庭行使审判权与院、庭长的内部监督制约机制。"建立法官员额制度""推动法院人员分类管理制度改革""推动省级以下法院人员统一管理改革"则旨在科学规范人员管理，合理配置司法资源。上海、广东、湖北等地已就此展开试点。人员的合理分配及科学管理离不开法院信息化建设，法院人事信息管理系统的建设可以全面掌握每位法官的动态，并使法官信息和案件信息相关联，有利于整合内部管理、落实司法责任。

"理顺法院司法行政事务管理关系"要求依托信息化科学设置人民法院的司法行政事务管理平台，规范和统一管理职责，尽可能减少繁杂行政事务对司法资源的消耗。"完善法官在职培训机制"要求建立中国法官教育培训网，推广网络教学，依托信息化手段实现资源共享。"完善法官业绩评价体系"要依托信息化平台进行，法官业绩评价体系的建立离不开法院信息网络的有效运行。

信息化技术助力司法人事管理和行政办公水平提升。截至 2015 年年底，全国 90% 以上的法院建成了人事管理系统，50% 以上的法院建成行政办公系统和内部网站；司法改革试点地区还开始探索建设支撑人财物统一管理、人民陪审员管理和法官遴选等工作的信息系统。这些司法辅助管理系统的运用对法院人员管理、工作绩效的考核等都有很大的帮助。如南京法院的审判管理信息平台，包括审判执行考核、信访考核、队伍建设考核等多个模块。每一个法官和书记员的审判质效数据、案件信访情况、工作创新成果以及廉洁守纪情况等 20 多项信息内容一览无余，管理部门可依据这些数据进行综合考评。

总体来看，《四五改革纲要》中 7 个方面 65 项司法改革举措中有 35 项措施与法院信息化建设直接相关或以之为支撑，涵盖了服务人民群众、服务审判执行、服务司法管理三大法院业务范围，囊括了法院业务的 20 多个方面。推进法院信息化建设，必将对法院改革起到至关重要的支撑、助力作用。

（八）大数据集中应用，提升治理能力

数据是国家的基础资源，也是国家的竞争力所在。数据的价值在于应用，在于用大数据和大数据技术支持决策、服务管理。党的十八届五中全会提出实施网络强国战略，实施"互联网＋"行动计划。国务院常务会议通过了《促进大数据发展的行动纲要》，提出推动公共数据资源开放共享，将大数据应用提到了基础性战略地位的高度。

信息化不仅生产数据，还要管理、利用好数据。人民法院信息化的重要内容之一就是四级法院建设数据集中管理平台，实现全国法院案件信息全覆盖、实现法院人事政务管理全覆盖。同时，基于数据集中存储的优势，应运用先进的模型分析大数据，发挥数据的效用，为司法审判、政府决策与社会经济建设服务。善于运用司法大数据，首先要做到司法数据的集中。司法过程中的每个环节都会产生大量的数据，而这些数据在传统的司法管理模式下分散于不同层级、不同地方与不同部门，形成许多的"信息孤岛"。针对数据碎片化的问题,数据管理平台应当采取一定的组织架构集中各类数据。数据的集中并非简单的物理意义上的集中存储,而是数据的初步加工、分析的过程。审判数据在集中的过程中应按照审判执行工作的特点、时间、类型等进行分类存储,服务于大数据的深入挖掘与分析。

大数据的深入挖掘不仅有利于提升司法工作的效率,推进司法公正,还有利于党政决策与社会治理。当司法数据与外部数据形成联动、综合分析,许多司法工作难题和社会管理的难点都将得到解决。例如,司法公正内在要求的"类案同判"就有赖于大数据提供的各地同类案件的审判数据支持。执行难问题也可以通过司法数据与其他部门数据的综合分析运用而得以有效缓解。司法审判直面社会矛盾,是社会管理运行状况的侧面反馈。由此,及时总结司法审判特点,案件多发的类型就有助于研判社会治理中存在的问题。甚至,基于历史审判数据的分析与社会变迁的考量,司法大数据的某些指标还可以为分析预测经济形势的走向提供依据,为党政决策提供量化指标。

1. 司法信息集中管理成效斐然

首先,人民法院审判数据中心建设取得良好成效,汇集海量司法数据。2014 年 6 月,最高人民法院数据集中管理平台建成并投入使用,首次实现了对全国法院司法信息资源的汇聚、管理、分析。平台的数据均来自各级人民法院的案件信息管理系统,在不影响既有软件使用习惯、不增加法官工作量的前提下,自动抓取、自动汇聚,将案件数据实时汇聚到平台集中管理。

全国各级法院数据实现全覆盖。到 2015 年 6 月,最高人民法院数据集中管理平台已经实现对全国 3512 个法院的完全覆盖。最高人民法院的数据管理平台基于法院专网实现了法院案件信息的传输和交换。高级人民法院已经建设数据传输交换系统,各省实现本辖区中级、基层人民法院的数据上传和交换,全国法院案件信息开始向最高人民法院逐级汇总。截至 2015 年年底,数据集中管理平台实现了全国 3512 个人民法院全部案件数据的集中管理和部分法院人事数据的融合;数据传输、更新和维护机制基本建立,98.4%的法院实现案件数据实时报送,全部法院的立案、分案、开庭、流程转换、结案等信息已实现每日更新，各省平均案件数据质量合格率提升到99.3%，法院全覆盖工作全面完成，这是一个历史性突破。通过建立全自动数据更新、全过程数据核查、全方位数据反馈、高标准数据确认四项保障机制，集中完成两库数据差异的手工比对，突破实现两库数据的自动比对，实现案件数据全覆盖，圆满完成了2015年收结存数据确认。

全国四级法院积极建设法院信息数据集中共享、业务处理科学高效的审判数据中心，审判数据中心实时动态更新、开放共享，为审判流程管理、案件质量评查、审判质效评估、审判运行态势分析和法官业绩考核、司法公开等工作提供了强有力的数据支撑。

其次，实现数据开发应用，开展审判执行数据分析服务。数据管理平台为全国3512个法院提供新收、旧存、已结、未结数据服务。数据集中管理平台对当年1900多万件案件进行了近15万组图表的比对计算。在上述数据管理基础上，还规划司法数据资源目录体系，梳理出法院数据资源目录的总体框架；同时，提供法院目录服务，展现全国3512个法院层级及相关信息。此外，还针对当前的重点审判专题开展数据分析与专题研究，2015年共开展了包括非法集资与民间借贷专题在内的15项专题分析服务。数据开发应用为把握法院审判趋势提供了有力的支持和技术保障。

最后，地方法院数据集中管理建设创新层出不穷。北京市高级人民法院建成"信息球"立体运行模式，该平台可通过逻辑计算每天形成160万组数据分析图表，全面分析审判业务运行态势，为全市三级法院提供动态业务数据分析服务。

2008年，浙江省高级人民法院启动实施案件数据大集中工程，以高级人民法院、中级人民法院、基层人民法院各设数据总中心、数据分中心和数据子中心为总体框架，形成互为备份、提供个性化管理应用的战略布局，完成了全省三级法院审判业务系统的数据集中。截至2015年下半年，数据中心已汇总全省1000万个案件的数据、200万余件案件的庭审录音录像、1800万册合计11.4亿页的电子档案资料，使司法管理质效上了一个台阶。

重庆市高级人民法院建立了司法信息资源库。利用云计算、大数据等技术手段,建成全市法院数据云中心,汇聚全市法院审判、政务、队伍等应用系统信息及其他关联数据,通过分析、对比、统计等方式进行深度挖掘、综合应用,为法院工作提供大数据智能分析、精准研判、动态监控管理等功能。截至2015年8月,完成档案、庭审、文书等专业资源库建设,"云中心"已汇聚案件197万余件、13万余个庭审音像资料、725万余册法律文书、546万余册档案。

2. 大数据服务于经济社会建设

大数据不仅服务于法院内部系统,更需与其他政府部门及社会组织进行广泛共享、有效联动,服务经济社会建设。当前,法院司法数据专题分析和服务已初见成效,最高人民法院初步开展对全国法院审判数据的整合、挖掘,提供司法统计、审判质效、专项分析、信息搜索等分析服务;探索对社会热点、关注度较高的案件进行深度分析,用于预判苗头性、倾向性问题。

法院信息化可以推进审判数据与公安、社保、医疗、教育等部门数据的共享共用,为党政决策提供审判态势分析报告,其中包括案件数据分析,分析被告人的基本信息和裁判结果,为社会治安的网格化、精细化管理提供信息支撑。传统的社会治理采取了网格化模式,对社区、街道采取网格划分。网格化促使治理方式精细化的同时,也产生了大量的"人、地、事、物、组织"等信息。公安、司法、计生、房管、民宗等部门提供的数据就有助于社会管理的立体化、精准化,使得网格化的社会治理模式通过"互联网+"拥有了虚拟的数据形态。随着政府部门数据的公开、开放,公众与政府的关系也进一步转变。传统的公民参与通过大数据的形式进入政府决策中,而传统的政府汲取民意的渠道也因为大数据而更为丰富。

部分高级人民法院开始利用审判信息分析为当地党委政府提供决策支持服务。如四川法院研发审判业务条线管理系统,并通过运用审判大数据分析,积极向党委政府提出工作建议。近年来,先后对全省毒品犯罪,涉金融、民间借贷案件的审判数据进行了深度分析,提出了治安突出问题整治、经济运行风险防控、民生权益保护等工作建议,形成报告供省委领导和相关部门决策参考。四川省高级人民法院要求以审判大数据为依据,确定调研重点,有力促进了调研工作的质量提升。如通过数据分析,针对建设工程施工合同纠纷二审案件明显增加的情况，于 2015 年出台了《四川省高级人民法院关于审理建设工程施工合同纠纷案件若干疑难问题的解答》，促进统一这类案件的裁判标准、提升案件质量。2014 年，山东省高级人民法院针对涉金融纠纷高发多发的问题，运用大数据进行专项分析，提出了强化金融监管、规范金融秩序的司法建议，得到了山东省政府的采纳。

（九）助力法院廉政建设，监督司法权力运行

近年来，法院廉政建设虽然取得显著成效，但是还存在廉政制度不落实、监督不到位、不严格按程序办事，甚至违纪违法现象，因此，借助信息化加强法院廉政建设十分必要。

1. 建成纪检监察应用系统

十八届四中全会指出，明确司法机关内部各层级权限，健全内部监督制约机制，司法机关内部人员不得违反规定干预其他人员正在办理的案件，建立司法机关内部人员过问案件的记录制度和责任追究制度。据此，《四五改革纲要》提出，改进和加强司法巡查、审务督察和廉政监察员工作；建立上级纪委和上级法院为主、下级法院协同配合的违纪案件查处机制，实现纪检监察程序与法官惩戒程序的有序衔接；建立人民法院内部人员过问案件的记录制度和责任追究制度；依法规范法院人员与当事人、律师、特殊关系人、中介组织的接触、交往行为。最高人民法院依托信息化建设开发出纪检监察应用系统，该系统具有领导干部和法院内部人员过问案件登记、查询和导出等功能，在反腐败、防止非法干预案件等方面发挥了重要作用。

2. 便捷人民群众投诉举报

全国法院开通网络举报平台，方便人民群众行使宪法赋予的神圣权利。举报平台采用先进的软硬件技术，利用信息化的科技优势，发挥网络化效应，具有便利、互动、监督、高效、安全的特点，不仅使全国四级法院在网络举报受理核查工作中形成了合力，同时便于上级法院对下级法院网络举报受理核查工作的指导监督。

举报平台采用统一的标准，分为举报前台和办信后台。举报前台设在

互联网上，收集人民群众举报，并向举报人反馈办理情况，人民群众可以通过最高人民法院举报中心网站（http://jubao.court.gov.cn）访问各个法院的举报网站。办信后台设在法院系统内网，负责分析和处理举报的相关信息。为了防止举报信息泄露，保护举报人的权利，举报前台和办信后台都具备相应的保密措施。

全国四级法院举报网站联网开通，是人民法院落实党风廉政建设主体责任、进一步拓宽群众举报渠道、深入惩治司法领域腐败现象的重要举措，是上级法院对下级法院举报受理工作加强监督的有效方式。四级法院举报网站联网开通，不仅使人民法院提高了发现违纪违法线索和查办违纪违法案件的能力，拓宽监督举报渠道，积极回应人民群众关切，让群众更加便捷地行使举报监督权利，而且能使公众更真切、更直接地感受到司法的公平公正。

3. 完善内部监督监控系统

全国四级法院借助信息化强化内部监督，将案件的运行情况始终置于严密的监控之中，实现对审判过程结果和质量效率的全面、动态、及时的监督；将审判执行信息置于阳光之下，让社会和群众进行外部监督，以确保司法公正。可以说，信息化实现了对法院庭审活动全程监控，办案过程公开透明、有痕有迹，案件运行情况"看得见、摸得着、管得住、说得清"。

为了保证司法规范化，许多法院公用车辆安装 GPS 定位系统，记录保存驾驶员每天出车的次数、里程、线路、油耗等数据信息，防止公车私用等现象。为外出执行干警配备"执法记录仪"，对执行过程进行全程录音摄像，既监督规范司法过程，又方便在出现纠纷时随时取证。

为加强廉政风险的有效防控，法院普遍在办公区域、过道、法庭、调解接待室等处安装了监控设备，对当事人与干警交往接触情况、开庭情况和办案法官言行举止、工作态度进行多角度监控，有效防止不正当交往现象。

（十）信息化建设稳步推进，保障机制不断完善

1. 组织领导和队伍建设

信息化人才队伍是司法辅助队伍的重要组成部分。2015 年 6 月最高人民法院出台《关于人民法院信息化人才队伍建设的意见》，明确要求信息化人才应纳入司法辅助队伍，并对机构和专业结构配置提出了要求。各级人民法院均成立了信息化建设领导小组，最高人民法院成立信息中心，高级人民法院均已设置信息技术机构，部分中级、基层人民法院设置了专门机构或在办公室等部门配置了专业技术人员。

目前，全国法院已经建成一支约7200人的专业技术队伍，包括5300多名在编人员和1900多名聘用人员，并通过技术培训、异地交流、专项讲座、专题研讨、专题调研等多种方式不断提高技术人才的业务素质。

2. 运维保障和信息安全

人民法院信息化保障建设稳步推进，运维保障体系基本形成。外包服务是基础设施运维的主要模式，各级人民法院每年运维经费投入约1.68亿元，常驻运维外包技术人员达1400余人。多数高级人民法院在基础设施运维和应用运维方面较为规范。运维工作向数据和安全运维延伸。50%的高级人民法院采用自行或外包方式开展数据运维，北京等少数法院采用外包方式开展安全运维。可视化运维成为管控信息系统运行状况的有效手段。50%的高级人民法院实现对基础设施的可视化运维，通过对各类设备动态监控，提前发现问题、解决问题，保障信息系统稳定运行。

信息系统等级保护工作稳步推进。78%的法院开展等级保护工作，28%的高级人民法院已开展专网重要信息系统整改和测评工作，16%的高级人民法院已开展互联网重要信息系统整改和测评工作，19%的高级人民法院在进行外部专网重要信息系统整改和测评工作。

三 人民法院信息化的努力方向

中共中央办公厅、国务院办公厅印发的《2006—2020年国家信息化发展战略》明确指出，信息化是当今世界发展的大趋势，是推动经济社会变革的重要力量，大力推进信息化，是覆盖中国现代化建设全局的战略举措，是贯彻落实科学发展观、全面建设小康社会、构建社会主义和谐社会和建设创新型国家的迫切需要和必然选择。《中华人民共和国国民经济和社会发展第十三个五年规划纲要》提出，深化司法体制改革，尊重司法规律，促进司法公正，完善对权利的司法保障、对权力的司法监督，还进一步要求，促进经济社会协调发展，促进新型工业化、信息化、城镇化、农业现代化同步发展，在增强国家硬实力的同时注重提升国家软实力，不断增强发展整体性。在全面依法治国的背景下，信息化服务人民法院司法改革的任务更加繁重，服务人民群众司法需求的使命更加艰巨，为法院科学发展提供的机遇更加难得。因此，2015年，最高人民法院提出建设信息化3.0版，以《四五改革纲要》和《人民法院信息化建设五年发展规划（2016—2020）》为指导，以促进审判体系和审判能力现代化为目标，不断强化需求导向，积极运用新兴技术，坚持服务人民群众、服务审判执行、服务司法管理，全面推进人民法院信息化建设转型升级，为人民法院工作科学发展提供坚实的信息科技保障。

人民法院信息化3.0版的建设目标是促进审判体系和审判能力现代化，形成支持全业务互联网诉讼、全流程审判执行要素依法公开、面向用户按需提供全方位集成式司法审判信息资源服务和辅助决策支持的智慧法院。

《人民法院信息化建设五年发展规划（2016—2020）》还勾勒了人民法院信息化3.0版的六个特征。

一是全面覆盖。各级人民法院要以"天平工程"为引领，加强整体规划和顶层设计，充分运用网络和云计算等技术，实现全国四级法院网络联通全覆盖，司法审判、司法人事、司法政务业务与流程全覆盖，实现四级法院和人民法庭固定和移动网络的"全覆盖"，各类司法信息资源全覆盖，以及诉讼当事人、社会公众和相关政务部门多元化司法需求全覆盖。形成互联互通、畅通无阻、资源共享的法院信息化工作网络。

二是移动互联。各级人民法院充分运用网络和移动应用技术，探索办公业务向移动终端拓展。积极开发面向公众的移动应用，最大限度地为当事人、律师和社会公众实时提供司法公开和诉讼服务。最大限度地为法官办公办案提供便利，推进巡回审判、执行或送达、人民法庭专网接入等移动应用，稳步推进办公办案等移动终端应用。

三是跨界融合。各级人民法院充分运用云计算、共享交换等技术，整合与拓展各类基础设施、应用系统和信息资源，实现法院内部各领域的融合贯通，以及法院与外部特别是相关部门网络的横向接入，促进末端处理与前端治理相结合，使信息化建设更好地服务人民群众、服务审判执行、服务司法管理。

四是深度应用。各级人民法院要坚持数据驱动，充分利用人民法院丰富的案例资源，加强对大数据、云计算技术的运用，准确把握新形势下审判执行工作的运行态势、特点和规律，积极拓展案件实证分析，分析新形势下审判执行工作的运行态势、特点和规律，为法院自身建设、国家和社会治理提供准确的信息决策服务。

五是透明便民。各级人民法院充分运用互联网技术，使司法公开三大平台信息资源覆盖全国法院所有应该公开的内容，进一步拓展司法公开的广度和深度，提升司法公信力；创新司法便民利民举措，为诉讼当事人提供形式多样、方便快捷、更加人性化的线上线下诉讼服务。

六是安全可控。各级人民法院充分运用先进的信息安全技术，提高信息安全意识，完善信息安全保障机制，建立权责明晰的网络安全责任制，提高基础信息网络和重要信息系统的安全保护水平，落实等级保护和分级保护要求，提升基础信息网络和重要信息系统的安全风险防控能力，确保信息安全与信息化建设同步发展。

当前，最高人民法院提出，加快建设"智慧法院"，通过信息化实现审判执行全程留痕，规范司法行为，力争到 2017 年年底建成全面覆盖、移动互联、透明便民、安全可靠的智能化信息系统；完善司法公开三大平台和数据集中管理平台，加强大数据分析，统一裁判尺度，促进类案同判和量刑规范化；针对审判数据反映的问题，及时提出司法建议，促进社会治理；推进诉讼档案电子化、诉讼文书电子送达，解决调卷难、送达难等问题。人民法院信息化建设还存在着理念思维、均衡发展、规划实施、应用水平、管理机制、人才队伍等方面不相适应的问题。要实现法院信息化 3.0 版的建设要求，还应将如下几方面的工作作为重点。

（一）提升观念认识，将信息化作为法院工作的自我革命

法院信息化建设首先要使法院全体干警转变观念，充分认识到信息化对法院司法工作的重要意义。在最高人民法院的要求和督促下，各级人民法院普遍较为重视法院信息化的工作，但是也存在一些认识上的误区。一些干警认为法院信息化与己无关，是信息化部门的事，是管理部门的事，在法院信息化过程中，不积极、不主动、不学习、不支持的情况并不少见。对于不熟悉信息化技术的法官及有关工作人员而言，信息化可能会增加其工作量，甚至是给其添麻烦。这部分人员对信息化的态度模棱两可，得过且过，不善于运用信息化技术服务审判执行工作，以至于出现个别方面网上办公和网上办案覆盖率不高、裁判文书上网还不够及时全面等问题。

信息化对推动人民法院工作改革发展意义深远。法院信息化建设对法院而言是一场革命，颠覆了法院传统的工作模式，颠覆了其与外界沟通的方式，颠覆了其封闭神秘的形象，并对审判执行权力运行形成了无形制约。在信息化时代，司法机关不可能置身事外，只有顺应发展，善用信息化手段，方能立于不败之地。表面上看，信息化虽不是法院的核心业务，但是信息化却能有效地促进法院核心业务的开展，是推动法院各项工作的利器。传统的审判数据处理主要依托样本抽取方式，研究分析的是局部、不全面的信息。在"互联网+"时代，审判数据处理技术发生了翻天覆地的变化，实现了全面收集案件数据，进行全数据分析，从审判全貌入手，精确性大大提高。信息化的结果必然要求法院各类信息公开透明，要求审判执行各流程环环相扣，要求法官廉洁奉公、要求自身业务能力过硬。

各级人民法院应充分认识到信息化建设的重要性，将信息化融入法院的各项工作之中，使之为审判执行服务，为人民群众服务，为法院管理服务。在社会利益分化、矛盾突出的新时期，用信息化手段提升司法公信力，维护司法权威，保障人民利益，不辱使命。

（二）做好顶层设计，全面整体统筹推进法院信息化建设

法院信息化建设起步早、发展快、地方创新多，对法院的各项工作起到一定的促进作用。但中国是一个发展中的大国，各地法院的信息化基础差别较大，信息化建设所需的人员、资金的支持与配备也各不相同。由此，法院信息化建设首先需要做好顶层的规划设计，避免"一刀切"，而应因地制宜，分类、分步骤推进信息化建设，争取将改革的成本降至最低。目前，法院信息化存在顶层设计不够、发展规划对建设的指导作用相对薄弱的情况；法院政务网站及各类信息系统平台重复建设，信息化建设缺乏统一技术标准，软件系统不能互通，生成的信息资源不能有效共享使用；尚未制定信息化建设效能评估指标体系，缺乏有针对性的核心技术和关键技术预先研究；尚未形成全面完整的信息化建设管理运行机制；电子送达等应用缺乏相关法律支撑；法院专网未实现所有派出人民法庭全面覆盖，各地专网不同程度存在网络带宽不足问题；法院数据管理平台的计算和存储设备难以满足日益增长的法院业务需求，音视频系统互通共享困难；外部专网与相关部门互联还存在空白；网间信息交换效率较低，还不能全面充分支持业务协同；法院信息化建设成果推广应用渠道分散、覆盖范围不广、针对性较欠缺，"重建设、轻应用"的现象仍较普遍；缺少评价信息化建设成效的思路和手段，尚未建立有效的应用成效评估、通报和改进机制等。

为了推动一些信息在全国范围内集中公开，最高人民法院建有不少专项信息公开平台，地方法院平台建设也十分复杂（见表5-1）。以法院政务网站建设为例，不少法院在政务网站上开通了司法公开平台、诉讼服务网，平台之间功能交叉、叠加。不少法院还在政务网站之外建立新的司法公开平台。2014年以后，各地法院纷纷建立网上诉讼平台或司法服务网，有的司法服务网建在商业网站下，公众很难从网址上判断其是否法院的官方信息。由于功能上的交叉重叠，同一项司法信息，需要上传到不同的平台，不仅增加信息公开的成本，也不利于公众快速查询信息。此外，政务网站与专项平台缺乏整合，全国专项司法平台林立，地方与全国平台的链接也不理想。

表 5-1　　　　　　　　　　部分法院平台一览

评估对象	政务网	中国法院网地方频道	司法公开平台	诉讼服务平台	地方专项平台
最高人民法院	www.court.gov.cn		www.court.gov.cn/zgsplcxxgkw		111.205.123.169:8080/ssfww
北京市高级人民法院	www.bjcourt.gov.cn	bjgy.chinacourt.org/index.shtml	www.bjcourt.gov.cn	www.bjcourt.gov.cn	bjfyzb.chinac-ourt.org
天津市高级人民法院		tjfy.chinacourt.org			
河北省高级人民法院	www.hebeic-ourt.gov.cn	hbfy.chinacourt.org	hbgy.hbsfgk.org	hbgy.hbsfgk.org	hbdzfy.gov.cn http://121.28.48.74
山西省高级人民法院		shanxify.chinacourt.org/index.shtml		gy.shanxify.gov.cn	
内蒙古自治区高级人民法院		nmgfy.chinacourt.org/index.shtml	nmgy.susong51.com	nmgy.susong51.com	
辽宁省高级人民法院		lnfy.chinacourt.org	www.lnsfy.gov.cn		
吉林省高级人民法院	courts.jl.gov.cn/jgsz/jlgy	jlfy.chinacourt.org	www.jlsfy.gov.cn		www.e-court.gov.cn
黑龙江省高级人民法院	www.hljcourt.gov.cn		www.hljcourt.gov.cn/sfgk	hljgy.susong51.com	tv.hljcourt.gov.cn
上海市高级人民法院	www.hshfy.sh.cn/shfy/gweb/index.html	shfy.chinacourt.org/index.shtml	www.hshfy.sh.cn/shfy/gweb/index_dh.jsp		
江苏省高级人民法院	www.jsfy.gov.cn		221.226.175.76:8038/webapp/area/jsgy/wsgk/wsgk.jsp	ssfw.jsfy.gov.cn	
浙江省高级人民法院	www.zjcourt.cn		www.zjsfgkw.cn		www.zjcourt.cn www.zjwsft.gov.cn lsfpt.zjsfgkw.cn
安徽省高级人民法院	www.ahcourt.gov.cn		www.ahgyss.cn	www.ahgyss.cn	www.ahcourt.gov.cn:7000

续表

评估对象	政务网	中国法院网地方频道	司法公开平台	诉讼服务平台	地方专项平台
福建省高级人民法院	www.fjcourt.gov.cn	fjfy.chinacourt.org/index.shtml	www.fjcourt.gov.cn	http://ssfw.fjcourt.gov.cn	www.fjcourt.gov.cn/page/court/Tszb
江西省高级人民法院		jxfy.chinacourt.org	www.jxfy.gov.cn/web/root/index.jsp#news		
山东省高级人民法院	www.sdcourt.gov.cn/sdfy/349727/index.html	sdfy.chinacourt.org/index.shtml	www.sdcourt.gov.cn		123.233.248.122
河南省高级人民法院	www.hncourt.gov.cn	hnfy.chinacourt.org/	ssfw.hncourt.gov.cn/	ssfw.hncourt.gov.cn/	ts.hncourt.gov.cn
湖北省高级人民法院	www.hbfy.gov.cn	hubeigy.chinacourt.org			
湖南省高级人民法院		hunanfy.chinacourt.org/			
广东省高级人民法院	www.gdcourts.gov.cn		http://www.gdcourts.gov.cn/gdgy/s		gd.xinshiyun.com
广西壮族自治区高级人民法院	www.gxcourt.gov.cn	gxfy.chinacourt.org	yggx.gxcourt.gov.cn		171.106.48.55：18898
海南省高级人民法院	www.hicourt.gov.cn		http://ssfw.hicourt.gov.cn	http://ssfw.hicourt.gov.cn	
重庆市高级人民法院		cqfy.chinacourt.org/index.shtml	www.cqfygzfw.gov.cn	www.cqfygzfw.gov.cn	
四川省高级人民法院	www.sccourt.gov.cn		sfgk.sccourt.gov.cn		zxgk.sccourt.gov.cn
贵州省高级人民法院	www.guizhoucourt.cn		http://www.guizhoucourt.cn/splcgk/index.jhtml	http://www.guizhoucourt.cn/gzfwpt/index.jhtml#	http://58.16.65.95：8080/rdapp/pcuserrd/login.do http://lxxt.guizhoucourt.cn/loginAction/phoneInit.htm?login_role=5&fy=3250

续表

评估对象	政务网	中国法院网地方频道	司法公开平台	诉讼服务平台	地方专项平台
云南省高级人民法院	www.gy.yn.gov.cn		www.ynfy.gov.cn	yngy.ynfy.gov.cn	
西藏自治区高级人民法院			xzgy.susong51.net		
陕西省高级人民法院		sxfy.chinacourt.org	www.sxgaofa.cn	www.sxgaofa.cn	www.sxgaofa.cn/ts/today
甘肃省高级人民法院	www.chinagscourt.gov.cn		gsgf.gssfgk.com		61.178.55.5：8081/ssxf/index.jsp
宁夏回族自治区高级人民法院	www.nxfy.gov.cn				
青海省高级人民法院		qhfy.chinacourt.org	www.qhcourt.gov.cn		
新疆维吾尔自治区高级人民法院	www.xjcourt.org				
大同市中级人民法院		dtzy.chinacourt.org/index.shtml	dtzy.shanxify.gov.cn		
大连市中级人民法院		www.court.dl.gov.cn			
广州市中级人民法院	www.gzcourt.org.cn				
太原市中级人民法院		tyzy.chinacourt.org/	tyzy.shanxify.gov.cn		
无锡市中级人民法院		wxzy.chinacourt.org			
长沙市中级人民法院		cszy.chinacourt.org			
长春市中级人民法院	cczy.chinacourt.org	courts.jl.gov.cn/jgsz/cczy	cczy.jlsfy.gov.cn		

续表

评估对象	政务网	中国法院网地方频道	司法公开平台	诉讼服务平台	地方专项平台
兰州市中级人民法院	www. chinagscourt. gov. cn/zy. htm? site = lanzhou		www. lzcourt. org：8090	lzcourt. org：8091/lzssfw	lzcourt. org：8092/lztszb
宁波市中级人民法院	www. nbcourt. gov. cn				
本溪市中级人民法院	bxzy. chinacourt. org/index. shtml		bxzy. lnsfy. gov. cn		221. 203. 113. 182/netvod/vodIndex/index. html
石家庄市中级人民法院	sjzzy. hebeicourt. gov. cn		sjzzy. hbsfgk. org		www. sfyzx. com
合肥市中级人民法院	court. hefei. gov. cn				
吉林市中级人民法院		jlzy. chinacourt. org	jlzy. jlsfy. gov. cn		
成都市中级人民法院		cdfy. chinacourt. org	sfgk. cdfy12368. gov. cn：153		118. 114. 244. 67：150/index
汕头市中级人民法院	www. stcourts. gov. cn				
西宁市中级人民法院		xnzy. chinacourt. org			
西安市中级人民法院	xazyold. chinacourt. org	xazy. chinacourt. org			
齐齐哈尔市中级人民法院	qqherzy. hljcourt. gov. cn		qqhezy. susong51. com		
抚顺市中级人民法院		fszy. chinacourt. org	fszy. lnsfy. gov. cn		
沈阳市中级人民法院		syzy. chinacourt. org	syzy. lnsfy. gov. cn		
苏州市中级人民法院	www. szzjrmfy. gov. cn		61. 155. 211. 18/szssfw		

续表

评估对象	政务网	中国法院网地方频道	司法公开平台	诉讼服务平台	地方专项平台
邯郸市中级人民法院	www.hdzy.gov.cn		hdzy.hbsfgk.org		
昆明市中级人民法院	kmzy.ynfy.gov.cn	kmzy.chinacourt.org			
杭州市中级人民法院	www.hzcourt.cn				
郑州市中级人民法院	zzfy.hncourt.gov.cn				
武汉市中级人民法院	www.whzy.hbfy.gov.cn		www.wuhancourt.gov.cn/webapp/area/wh/index.jsp		
青岛市中级人民法院	qdzy.sdcourt.gov.cn				
南京市中级人民法院	www.njfy.gov.cn			221.231.143.7/ssfwzx/webapp/area/nj/index.jsp	nj.sifayun.com
南昌市中级人民法院		nczy.chinacourt.org/index.shtml			
哈尔滨市中级人民法院	hebzy.hljcourt.gov.cn		hrbzy.susong51.com		
洛阳市中级人民法院	hnlyzy.hncourt.gov.cn		lyfy.susong51.com		
济南市中级人民法院	www.jnfyw.gov.cn/jnzyinfoplat	jinanzy.sdcourt.gov.cn/jinanzy/376200/index.html	jinanzy.sdcourt.gov.cn/jinanzy/376241/index.html		www.jnfyw.gov.cn/jnzyinfoplat/platformData/infoplat/pub/jnfy_2632/include_page/wsfy.jsp
贵阳市中级人民法院	www.gycourt.gov.cn	gyzy.guizhoucourt.cn	gyzy.guizhoucourt.cn/sfgk/index.jhtml	gyzy.guizhoucourt.cn/gzfwpt/index.jhtml	

续表

评估对象	政务网	中国法院网地方频道	司法公开平台	诉讼服务平台	地方专项平台
唐山市中级人民法院	tszy.hebeicourt.gov.cn		tszy.hbsfgk.org		
徐州市中级人民法院	xzzy.chinacourt.org	xzzy.chinacourt.org/old/fyjj	221.229.255.26:8080/ssfwzx		
海口市中级人民法院	www.hkfy.gov.cn				
珠海市中级人民法院	www.zhcourt.gov.cn				www.hizh.cn/court
淄博市中级人民法院	zbzy.sdcourt.gov.cn				
淮南市中级人民法院		hnzy.chinacourt.org			
深圳市中级人民法院	www.szcourt.gov.cn		ssfw.szcourt.gov.cn		
厦门市中级人民法院	www.xmcourt.gov.cn				
福州市中级人民法院		fzszy.chinacourt.org			
鞍山市中级人民法院		aszy.chinacourt.org			
乌鲁木齐市中级人民法院	www.urumqicourt.org		221.181.38.141:8003/wlmqssfwzz		
南宁市中级人民法院	nnzy.chinacourt.org/index.shtml	nnzy.gxcourt.gov.cn/index.htm	ygnn.gxcourt.gov.cn		
银川市中级人民法院	yczy.nxfy.gov.cn				
呼和浩特市中级人民法院		hhhtzy.chinacourt.org/index.shtml			
拉萨市中级人民法院			xzgy.susong51.net		
包头市中级人民法院		btzy.chinacourt.org/index.shtml	btfy.susong51.com		

针对法院信息化建设统筹规划和顶层设计较为薄弱的普遍问题，最高人民法院和地方各级人民法院需要进一步加强信息化建设发展规划、总体技术方案、技术标准、评价指标体系、管理机制和科技创新等顶层设计工作，为信息化建设提供科学的指导依据。各级人民法院应当根据顶层设计，因地制宜，发展适合本地的法院信息化体系，避免重复建设、资源浪费。同时，顶层设计时要进行充分的调查研究，要符合中国的实际，切不可盲人摸象，只见树木不见森林。

（三）把握司法规律，促进信息技术与法院业务深度融合

信息化作为一项系统工程，在原有的组织建构上推进，新旧系统之间的协调与过渡是法院信息化建设必然要跨过的门槛。各级人民法院虽然建设了一些平台，开发了一些系统和软件，但是其不适应业务快速发展需要的现象明显。最突出的是，众多应用系统功能多样但兼容性不佳；法院内部工作平台与外部服务应用不能高效协同；诉讼服务缺乏统一入口和服务整合；案件信息管理系统不符合《四五改革纲要》对审判执行工作的要求；对上下级法院、跨辖区法院、法院同相关政法部门之间业务协作支持能力不足；审判支持系统服务法官辅助办案能力欠缺，不能有力化解基层人民法院案多人少的矛盾；移动办公办案、电子公文交换和档案管理能力亟待提高；传统人事管理系统难以充分满足司法改革对人财物统一管理、法官员额动态调节等需求；行政事务管理应用系统建设发展不均衡，不能适应各类业务部门需要，不少法院仍存空白；诉讼服务对各类参与人"一站式"支持能力尚有欠缺；审判执行应用系统在"可用"基础上距"易用""好用"还有一定的差距；部分应用系统一定程度上甚至加重了法官负担等。

习近平总书记强调："司法活动具有特殊的性质和规律，司法权是对案件事实和法律的判断权和裁决权。"司法审判追求的是准确查明事实、正确适用法律，追求的是确定性。信息化本质上是运用信息技术，使司法运行更科学、更合理，有效防范和减少不确定性，降低运行成本，实现利益最大化、损失最小化，与司法工作规律是相契合的。因此，各级人民法院在研发系统和软件时应充分考虑司法活动的规律，考虑司法活动的宗

旨，以满足司法活动的要求，而不可剑走偏锋，率性而为。

把握司法规律应做到如下几点。一是借助信息化实现审判执行流程再造，全程留痕、实时监督。二是依托信息化管理平台，促进审判管理模式的变革，使案件信息实现从一线干警到院庭长的点到点即时传递，使人民法院各项工作向制度化、法治化、扁平化管理转变，提高司法管理效能。三是运用信息技术手段，实现对审判执行活动的动态监控，加强对审判权、执行权运行中每个环节、每个节点、每个岗位、每个人员的监督制约。四是通过信息集控平台，及时准确地捕捉人民群众的司法需求和各类案件的变化情况，科学研判审判运行态势，调整优化司法政策和措施，提高决策的时效性和针对性。五是通过信息管理系统，对人民法院各类人员信息进行统计分析，提高人员管理效率，让管理者和决策者能够通过数字化、可视化方式了解干警情况，促进提高干部管理工作水平，同时让法官实时掌握自身办案情况，促进法官实现自我约束、自我评估、自我管理。六是开发信息化支撑法院业务系统，实现信息化与法院业务充分融合，拓展信息基础设施，整合业务应用系统、信息资源管理和服务系统，服务审判、服务审判管理。

（四）平衡供给需求，助力审判执行工作、服务人民群众

信息化的系统效用在于发挥司法审判的功能，服务人民群众的司法需求，也是信息化改革的最终目的。但目前看，信息化的供给与不断增长的需求之间还存在一定的差距。目前，各级法院普遍存在案多人少的现象，司法人员迫切需要通过信息化提升工作效率和质量。但各地法院不同程度存在司法信息数据标准不统一、共享困难、人工录入量大、录入信息不准确、节点不完整、系统友好性不佳等问题，无法适应法官的工作需求。司法信息化的纵深发展，要求法院信息化与司法审判、管理活动有机融合，尽量减少不必要的信息填报，提升办案效率，优化审理流程，确保实体公正。

信息化的发展还应该以当事人、代理人和公众的需求为导向，提供便捷、高效、实时的服务。目前，司法平台分散重复建设，给公众准确快捷查询信息带来不便。政务网站是人民法院对外公开信息、方便公众

办事的重要平台,但法院政务网站的建设水平仍然参差不齐,影响信息化的效果。

项目组利用技术手段对政务网站建设情况进行了监测。监测范围为全国 31 个高级人民法院、412 个中级人民法院、3168 个基层人民法院的政务网站。部分法院同时开设了两个以上网站,均对其进行了监测。此外,有 69 个法院的网站域名未被检索到,而且,开设网站的法院域名中带有"chinacourt"的网站,由于网站防护机制导致大部分无法监测,本次测评只监测了部分此类网站,因此,实际监测了高级人民法院 49 个网站、355 个中级人民法院的 492 个网站、2037 个基层人民法院的 2040 个网站。具体监测指标包括网站不可用率、首页栏目更新情况、网站被搜索引擎收录情况、首页不可用链接情况、其他页面不可用链接情况、附件不可下载情况、网页出现严重错别字情况(具体指标定义、监测周期、频率见表 5 - 2)。

表 5 - 2　　　　　　　　　法院政务网站监测指标

监测指标	指标定义	监测周期	监测频率
网站不可用率	监测网站首页,首页在 15 秒内不可打开的次数占监测总次数的比例	一周	每 5 分钟监测一次
首页栏目信息是否更新	监测时间点前 2 周内首页信息是否更新	一周	每天监测一次
网站是否被搜索引擎收录	是否可以在百度、搜狗等搜索引擎中查找到网站首页	一周	每天监测一次
首页不可用链接	网站首页上不能正常访问的链接个数	一周	每天监测一次
其他页面不可用链接	除首页外,网站上所有页面内不能正常访问的链接总数	一周	每天监测一次
附件不可下载个数	网站内已提供链接附件中不可成功下载或打开的附件数量	一周	每天监测一次
严重错别字个数	引发公众媒体关注,有可能造成恶劣影响的错别字。如:写错国名、国家机构名称,以及党和国家领导人姓名(示例:将"中华人民共和国"错写成"中华人名共和国");错误信息背离社会主义核心价值观(示例:将"祖国万岁"错写成"祖国万死")	一周	每天监测一次
网页内容是否可复制	网页内容是否可人工复制粘贴	一周	每天监测一次

监测显示，49个高级人民法院网站中，网站不可用率为0的有14个，占28.57%；小于1%的有18个，占36.73%；大于等于1%的有17个，占34.69%。492个中级人民法院网站中，网站不可用率为0的有143个，占29.07%；小于1%的有157个，占31.91%；大于等于1%的有192个，占39.02%。2040个基层人民法院网站中，网站不可用率为0的有581个，占28.48%；小于1%的有657个，占32.21%；大于等于1%的有802个，占39.31%。

首页栏目信息更新方面，40个高级人民法院网站、350个中级人民法院网站、462个基层人民法院网站有更新，分别占81.63%、71.14%、22.65%，数据表明高级人民法院和中级人民法院网站信息及时发布情况较好。

被搜索引擎收录有助于人民群众查询法院网站。监测显示，48个高级人民法院网站、483个中级人民法院网站、799个基层人民法院网站的域名被搜索引擎收录，占比分别为97.96%、98.17%、39.17%。其中，基层人民法院的被收录情况较不理想。

首页不可用链接数方面，无不可用链接的有24个高级人民法院网站、255个中级人民法院网站、1095个基层人民法院网站，分别占48.98%、51.83%、53.68%；不可用链接数不超过10条的，有20个高级人民法院网站、207个中级人民法院网站、903个基层人民法院网站，分别占40.82%、42.07%、44.26%；不可用链接数超过10条的，有5个高级人民法院网站、29个中级人民法院网站、41个基层人民法院网站，分别占10.20%、5.89%、2.01%；各有1个中级人民法院和1个基层人民法院网站无法访问。

其他页面存在不可用链接的情况，无不可用链接的有20个高级人民法院网站、216个中级人民法院网站、1037个基层人民法院网站，分别占40.82%、43.90%、50.83%；不可用链接数不超过10条的，有18个高级人民法院网站、182个中级人民法院网站、799个基层人民法院网站，分别占36.73%、36.99%、39.17%；不可用链接数超过10条的，有11个高级人民法院网站、93个中级人民法院网站、203个基层人民法院网站，分别占22.45%、18.90%、9.95%；各有1个中级人民法院和1个基层人民法院网站无法访问。

网站内附件均可下载的有41个高级人民法院网站、468个中级人民法院网站和1990个基层人民法院网站，分别占83.67%、95.12%、97.55%。

分别有40个高级人民法院、438个中级人民法院和1933个基层人民法院的政务网站未检出有严重错别字，占比分别为81.63%、89.02%、94.75%。

此外，所有高级人民法院、489个中级人民法院和2032个基层人民法院的政务网站未限制用户对信息内容进行复制，分别占100%、99.39%、99.61%。

从上述指标监测情况看，地方三级法院政务网站建设和运行总体情况较好，但也存在运行不稳定、信息链接无效等问题，不利于满足服务人民群众的要求。

因此，推进法院信息化应以需求为导向，使法院信息化建设更好地服务审判执行、服务司法管理、服务人民群众。以信息化推动审判体系和审判能力的现代化，需要从以下三方面入手。

一是服务审判执行。依靠信息网络系统、诉讼服务平台，让信息化成为网上办公、网上立案、网上办案、网上查询、网上申诉的重要载体，使法官办案更加方便、高效。以提升审判质效、保障公正司法为目的，通过审判业务、执行业务、申诉信访、审判管理和审判支持等信息化建设，为广大法官和干警提供"使用便捷化、业务协同化、服务智能化"的审判执行应用，促进提升审判执行和审判支持服务能力。

二是服务司法管理。以"大数据、大格局、大服务"理念为指导，积极将信息化运用拓展到行政事务、档案管理、人事管理、纪检监察、财务管理和后勤装备等管理领域，为各级领导及内外部管理部门提供"数据集中化、流程可视化、管理精细化"的辅助管理手段，切实提高司法决策和管理科学化水平。

三是服务人民群众。通过提升信息化水平，使各项工作更好地适应人民群众多元司法需求，使当事人参加诉讼更加便利，让司法更加贴近人民群众，让人民群众感受到公平正义。以"互联网+"行动计划益民服务要求为驱动，通过司法公开、诉讼服务、法制宣传、监督建议等信息化渠道，为广大人民群众提供"司法公开日常化、诉讼服务一体化、法制宣传多样化"的司法服务。依靠司法公开三大平台和人民法院新媒体建立便捷沟通渠道，可以使信息更加真实、对称，法院和当事人之间及时互动，掌握人民群众多元司法需求，使司法的"总供给"和群众的"总需求"实现基本平衡，最大限度保障人民群众知情权、参与权、表达权、监督权，实现办案法律效果和社会效果有机统一。

（五）提高数据分析运用能力，更好服务于经济社会发展

司法大数据的运用有助于构建现代化的国家治理体系，提升国家治理能力。实践中，各级人民法院的数据集中管理平台的运行管理能力不足，数据集中范围参差不齐，数据质量不高。这一点从法院公开的信息就可窥其一斑。首先，公开的信息未及时更新。以诉讼指南为例，随着法律文件的修改，诉讼指南应该及时更新，但是，项目组发现不少法院的诉讼指南未及时更新，仍然使用修改前已失效的法律规定。项目组通过对 31 个高级人民法院和 49 个中级人民法院政务网站进行比对，发现有 49 个法院公开的诉讼指南未对行政诉讼相关信息进行更新，占 61.25%。其次，信息录入不准确。以案件节点信息为例，信息准确的前提是系统中存在相应的信息，在信息化不到位的情况下，案件的节点信息主要依赖人工录入，难免会出现错误而导致节点信息录入的不准确，进而影响到信息的质量。

上下级法院之间、法院和其他单位之间、不同网络之间的数据共享交换体系尚未全面建立，"数据孤岛"现象较为突出。大数据应用水平有待提升，数据资源整合和服务能力尚处起步阶段，尚不能为人民群众参与诉讼、向人民群众普及法律知识、高效调配司法资源、服务社会管理和公共决策提供全方位、高水平的智能分析服务。数据管理没有形成规范的体系，数据开发、数据服务、数据安全等方面的机制还亟待完善。"大数据、云技术"还未跨入服务业务实质阶段。

特别是在社会各领域逐步迈入大数据时代之际，如果法院无法紧跟时代的步伐，社会各系统之间无法共享数据与平台，那么，法院工作就难以

适应经济社会发展的需要。

法院信息化的目的是为审判执行服务、为司法管理服务、为人民群众服务，最终提升司法公信力，维护司法权威。对司法审判与管理过程中收集的大数据资源进行合理的开发利用，可以更好地实现上述三项服务目标，最终服务于社会经济发展。在司法管理上，大数据的运用可以更好地塑造法院的扁平化管理，重构审判组织架构，提高审判效率，破解"案多人少"难题。在司法审判上，司法大数据的发掘有助于从历史上精确把握司法审判活动的特点、规律与运行状况，帮助党政机关了解当前社会矛盾的特点，为社会治理的政策研判提供数据支持。另外，司法大数据与社会经济发展中产生的数据相结合，配合特定的数学模型与分析运用，可以发掘案件数量、矛盾类型与社会经济发展之间的关系。由此，司法大数据成为构成社会经济晴雨表的一部分，服务于社会经济领域。

为此，各级人民法院应当利用信息技术，提升法院审判执行及管理保障信息的生成和采集能力，提高各类信息和数据的准确性和标准化程度，并引入外部力量，共同研发司法大数据的挖掘、分析方法，提升数据产出效果。

（六）加强队伍建设，做好法院信息化专门人才培养交流

人民法院虽然建成了一支信息化队伍，但人才队伍建设仍然存在短板，不能满足信息时代审判业务发展的需要。一些法院信息化建设人才匮乏，不能适应法院信息化、大数据时代的要求。普遍存在的现象是，信息技术人员不懂司法业务，司法人员不懂信息技术，业务需求与系统研发之间容易出现脱节，研发出来的系统、软件与司法业务的契合度低，修改难度大，不能更好地满足法院业务的需要。更有甚者，由于信息技术与审判业务之间的知识障碍，法院信息化建设中常常出现审判业务与司法管理之间不同步的现象，使得信息化的系统效用难以显现，甚至出现一些负面现象，阻碍信息化改革的推进。

加强法院信息化队伍建设，使法院信息化真正发挥作用、实现其目的，需要从以下几个方面入手。

一是健全信息化组织保障机制。任务确定了，领导机制是否得力非常

关键。各级人民法院要充分发挥各级人民法院信息化领导小组作用,加大统筹协调指导力度,使信息化工作领导坚强有力,方向明确。形成"一把手"负总责、分管领导具体抓、各部门分工负责的工作机制,层层传导责任和压力,确保各项任务落到实处。

二是形成专业化管理和技术人才队伍。各级人民法院应配齐配强各类专业人员,要完善专业技术人员晋级晋升通道,强化实践锻炼培养,形成人才培养的良性机制。

三是培养一支对专业技术和司法业务都精通的队伍,使技术和业务最大限度地实现融合,系统运转良好畅通。既要注重从具备一定法律知识、了解审判执行业务又精通信息技术的人员中选择优秀人才,充实到信息化管理和技术人才队伍中,又要打通人才交流渠道,鼓励在各类科研院所、知名企业中任职的优秀人才到法院从事信息化工作,还要加强信息化管理,加大技术人才与法院审判执行业务部门的联系,使其了解审判执行业务,熟知法院业务部门的实际需求。

四是加强信息化技术的专门培训。法院信息化工作能否跟得上信息化发展潮流是决定法院信息化发展水平的关键,有必要加强信息化技术的专门培训,用最前沿的理念、最尖端的知识武装法院信息化队伍。

五是借助外脑,建立一支专家咨询队伍。利用社会力量提供信息技术支持,精准进行法院信息化建设,少走或不走弯路。

结　语

法院信息化是关于司法审判、司法人事和司法政务等一系列有关司法工作的系统性工程。司法改革和信息化建设是人民司法事业发展的车之两轮、鸟之双翼。推动人民法院信息化建设既是人民法院深化司法改革的重要内容之一,也是全面深化司法改革的重要引擎和强大动力。最高人民法院高度重视法院信息化的基础性、全局性、战略性作用,将其作为提升司法能力和优化司法体系的重要路径,作为促进审判体系和审判能力现代化的技术支撑,作为提高便民服务水平、实现司法为民目标的重要手段。

前述对中国各级法院信息化建设的分析结果显示，经过多年努力，人民法院信息化在实施、成效、应用等方面进步显著。发展至今，中国法院已经建成以互联互通为特征的人民法院信息化2.0版，由全国四级法院编织的信息化网络在国家治理体系中发挥着越来越重要的作用。具体表现包括：各级法院信息化的基础设施建设基本完成，核心应用系统日益成熟，网络建设突飞猛进，已基本实现全覆盖；创新各类便民利民措施，服务能力明显提升，让人民群众少跑路、少花钱、少受累；推进科技法庭、远程视频庭审、电子法院等制度机制，信息化与各项审判业务的良性互动格局初步形成；通过执行信息系统的建设，提升司法执行的能力与震慑力；为法官提供智能服务，实现流程优化再造等，推动审判管理精准化，并有助于动态、全面掌握司法工作态势；以信息化促使司法公开实质化，推动司法改革向纵深迈进；司法大数据集中应用，实现全国司法数据的实时统计、实时更新，治理能力得到提升，法院信息化保障体系机制不断完善；等等。

当前，中国法院正致力于建设具有中国特色的人民法院信息化3.0版，针对理念思维、均衡发展、规划实施、应用水平、管理机制、人才队伍等方面不相适应的问题，应从以下方面加以改进：提升观念认识，进一步增强责任感、使命感、紧迫感，强力推进信息化建设转型升级，将信息化作为法院工作的自我革命；做好顶层设计，全面整体统筹推进；把握司法规律，促进信息技术与法院各项业务管理有机融合；突出需求导向，进一步提升服务人民群众、服务审判执行管理的能力；加强队伍建设，做好信息化的专门队伍建设与人才培养。通过上述制度建设和机制措施，最终实现"全面覆盖、移动互联、跨界融合、深度应用、透明便民、安全可控"的目标，更好、更深度、更有效地服务人民群众、服务审判执行、服务司法管理。

第六篇

基本解决执行难评估报告
——以深圳市中级人民法院为样本

摘要： 本报告系中国社会科学院法学研究所与深圳市律师协会共同对《深圳市中级人民法院关于基本解决执行难问题的实施标准》的科学性、可行性以及深圳市中级人民法院的执行工作成效所进行第三方评估的分析报告。评估结果显示，该实施标准严格界定了执行难范畴、建立了执行行业标准、完善了执行管理制度体系、强化了执行审查监督、确立了客观可量化的实体指标，并取得了良好的施行效果，申请人的知情权得到有效保障，强制执行力度大幅提升，终本案件恢复执行程序畅通，执行活动透明规范廉洁，执行效益效果实现双重提升。报告也指出深圳市中级人民法院仍须进一步加强执行惩戒措施和精细化管理，强化被执行人知情权保障以及完善终本结案机制。深圳经验对全国执行工作有一定的借鉴意义，就全国层面而言，要解决执行难，应进一步理顺体制、确立标准、推动立法、加强信息化、完善联动机制、发挥律师作用，以完善司法执行的顶层设计。

关键词： 基本解决执行难　执行体制改革　执行联动机制

Abstract: This report is a third-party assessment of the scientificity and the feasibility Of the Standard on the Implementation of the Plan for Basically Overcoming the Difficulties in the Enforcement of Judgments, adopted by the intermediate people's court of Shenzhen City, and of the results of the implementation of this standard by the court. The assessment is jointly conducted by the law institute of Chinese Academy of Social Sciences and Shenzhen Lawyers' Association. The assessment shows that the implementation standard is scientific, as it clearly defines the scope of the difficulties in the enforcement of judgments, establishes the professional standard on enforcement, improves the enforcement management system, strengthens the examination of and supervision over enforcement, and provides for objective and quantifiable substantive indices. As such, it has achieved satisfactory results, as evidenced by the effective safeguarding of the applicant's right to know, a significant increase in the efforts on enforcement, a smooth procedure for the resumption of execution of judgment in cases concluded with the termination of the execution procedure, transparent, standardized, clean and honest enforcement activities, and the improvement of both the efficiency and the effect of enforcement, etc. Despite the above achievements, the court still needs to further strengthen the disciplinary measures for and fine management of enforcement, safeguard the right to know of persons subject to enforcement, and improve the mechanism for the conclusion of cases with the termination of the execution procedure. The Shenzhen experience is of certain reference significance to the improvement of enforcement work at the national level. In order to overcome the difficulties in the enforcement of judgments and to perfect the top level design of judicial enforcement mechanism, China needs to further rationalize institutions, establish standards, promote legislation, strengthen informatization, improve linkage mechanisms and give full play to the role of lawyers.

Key Words: The Objective of Basically Overcoming the Difficulties in the Enforcement of Judgments; Reform of the Enforcement System; Enforcement Linkage Mechanisms

党的十八届三中、四中全会对深化司法体制改革作了全面部署，进一步明确了深化司法体制改革的具体要求。深化司法体制改革的重要目标是要维护司法公正、提升司法公信力。司法是实现公平正义的最后一道防线，而执行则是确保司法裁判得以落实、当事人权益得以保障的最后一道关口，直接关系到社会公平正义的实现，关系到司法审判的权威，是提升司法公信力的关键环节。因此，司法体制改革的一个关键问题是如何有效化解执行难。十八届四中全会专门就"切实解决执行难""依法保障胜诉当事人及时实现权益"提出了具体要求，如进行审判权与执行权相分离体制改革，"制定强制执行法，规范查封、扣押、冻结、处理涉案财物的司法程序"，"加快建立失信被执行人信用监督、威慑和惩戒法律制度"，等等。为此，研究总结司法执行工作的经验做法与成效，分析其存在的问题和面临的困难，为中央进行顶层制度设计提供参考，非常有必要。深圳市中级人民法院（以下简称"深圳中院"）创新实践，在化解执行难方面进行了大量探索，并于2011年提出"基本解决执行难"的目标。为实现该目标，深圳中院进行了多方面的尝试，并以信息化和标准化为抓手，于2014年出台了《深圳市中级人民法院关于基本解决执行难问题的实施标准》（以下简称《实施标准》）。为了考察《实施标准》的科学性、可行性及成效，中国社会科学院法学研究所与深圳市律师协会组成联合课题组，在梳理已有执行改革实践经验的基础上，对深圳中院的执行标准及工作进行了第三方评估，为全国层面解决执行难提供对策和路径参考。

一 评估背景

通俗地讲，执行难是指民商事案件的生效法律文书得不到执行或难以执行。"执行难"是中国司法实践中的顽疾，其不仅直接影响当事人通过司法途径实现其合法权益，还损害公平正义，降低司法公信力，侵蚀法治权威。执行难的成因颇为复杂，跟经济发展水平有关，跟社会交易诚信体系健全程度有关，也跟当事人的法律意识有待提升有关。为破解执行难，各级法院在中央部署下，从体制到机制、从方法到手段等各个方面进行了努力与尝试。

（一）最高法院的部署与举措

1. 启动执行体制改革

权力运行得好坏，很大程度上取决于是否有一套科学合理的体制。执行体制主要包括执行机构的组建与执行人员的组成、执行机构的管理体制、执行机构的上下级关系等。为了探索与执行权运行相适应的执行体制，最高人民法院不断提出构想、方案，并进行试点，逐步积累执行体制改革的经验。

1999年，中共中央下发《关于转发〈中共最高人民法院党组关于解决人民法院"执行难"问题的报告〉的通知》（以下简称"中共中央11号文件"），拉开了执行体制改革的序幕。最高人民法院1999年10月发布《人民法院五年改革纲要》，提出了改革执行体制的总体构想，即"在全国建立起对执行机构统一领导、监督，配合得力，运转高效的执行工作体制"。2000年11月，最高人民法院在广州召开全国法院执行工作座谈会，部署执行工作四个方面改革，其中一项是执行权运行机制改革。2001年4月，最高人民法院确定浙江省绍兴市中级人民法院和福建省厦门市中级人民法院为全国执行机构和执行工作体制改革试点法院，试点结果是改执行庭模式为执行局模式，在领导体制上强调上下级的领导关系。2009年3月，最高人民法院发布了《人民法院第三个五年改革纲要（2009—2013）》，明确提出建立执行裁决权和执行实施权分权制约的执行体制。2009年7月，最高人民法院制定了《关于进一步加强和规范执行工作的若干意见》，要求科学界定执行审查权和执行实施权，由不同的内设机构或者人员行使。党的十八大之后，最高人民法院制定了《最高人民法院关于切实践行司法为民　大力加强公正司法　不断提高司法公信力的若干意见》（法发〔2013〕9号），提出深化执行制度机制改革，"建立统一管理、统一协调、分权制约的执行模式，完善执行联动机制"。2015年2月，最高人民法院发布《关于全面深化人民法院改革的意见》（即《人民法院第四个五年改革纲要（2014—2018）》），提出"深化执行体制改革"，"推动实行审判权和执行权相分离的体制改革试点"。

2. 推进执行查控信息化

解决执行难的关键是查找被执行人及其财产，这单靠法院是无法完成的，需要由各级党委牵头，协调各部门，建立执行联动机制，依托信息化手段对债务人及其财产进行查控。执行联动机制是人民法院为解决执行难而探索和推动的一项工作机制。具体做法是，人民法院联合公安、税务、工商、海关、金融、出入境管理、房地产管理、工程招投标管理、车辆管理等部门，对拒不履行生效裁判确定的给付财产义务的被执行人，通过严格限制其市场交易行为、行政许可与行业准入审批、社会交往活动等办法，促使其自动履行生效裁判。

2010 年 7 月，中央 19 个单位联合发布《关于建立和完善执行联动机制若干问题的意见》（法发〔2010〕15 号），要求检察机关、公安机关、人民银行等单位积极配合执行工作。2010 年 7 月，最高人民法院和中国人民银行联合发布《关于人民法院查询和人民银行协助查询被执行人人民币银行结算账户、开户银行名称的联合通知》（法发〔2010〕27 号）。2014 年，最高人民法院成立了执行指挥办公室，建成以网络查控为核心，具备远程指挥、信息公开、信用惩戒、监督管理、决策分析等主要功能的覆盖全国法院的执行指挥系统。最高人民法院与 20 家全国性银行建立"总对总"网络查控体系（即最高人民法院通过中国银行业监督管理委员会金融专网通道与各银行业金融机构总行网络对接），各级人民法院可以通过该系统对被执行人在全国 20 家银行 3000 多个网点的财产进行查询与控制，实现了执行查控方式的变革。2015 年，随着人民法院信息化建设步入 3.0 时代，法院执行工作的信息化将进一步得到强化。

3. 推动执行信息公开

司法公开对于满足公众的知情权、保障当事人合法权益、监督司法权运行、避免暗箱操作、提高司法水平和司法公信力具有重要意义。为了强化对执行工作的监督，最高人民法院出台了一系列文件推动执行公开。2006 年，最高人民法院出台了执行公开专项规定，即《最高人民法院关于人民法院执行公开的若干规定》（法发〔2006〕35 号）。2013 年，最高人民法院出台了《最高人民法院关于推进司法公开三大平台建设的若干意见》（法发〔2013〕13 号），将执行公开作为三大公开平台之一加以推进。2014 年,最高人民法院又出台了《最高人民法院关于人民法院执行流程公开的若干意见》,确立执行流程信息"以公开为原则、不公开为例外"的原则,全面推进阳光执行,实现执行案件办理过程全公开、节点全告知、程序全对接、文书全上网的目标。2015 年,最高人民法院在《人民法院第四个五年纲要(2014—2018)》中提出"完善执行信息公开平台",包括"整合各类执行信息,推动实现全国法院在同一平台统一公开执行信息,方便当事人在线了解执行工作进展","加强失信被执行人名单信息公布力度,充分发挥其信用惩戒作用,促使被执行人自动履行生效法律文书","完善被执行人信息公开系统建设,方便公众了解执行工作,主动接受社会监督"。

4. 健全信用惩戒机制

信用惩戒机制是监管主体通过共享的失信企业或个人信息,对不良主体予以处罚、限制或禁止的制度。建立信用惩戒机制是构建诚信社会的必然要求,也是破解执行难的有效途径之一。党的十八届三中全会《中共中央关于全面深化改革若干重大问题的决定》明确提出,推进部门信息共享、建立健全社会征信体系,褒扬诚信,惩戒失信。

2013 年,最高人民法院发布《关于公布失信被执行人名单信息的若干规定》,通过门户网站公布失信被执行人名单,并与工商银行、农业银行、中国银行、建设银行、交通银行、民生银行、中信银行、光大银行、华夏银行、广发银行等商业银行以及中国人民银行征信中心,签订信用惩戒协议。2013 年 5 月,国家发展和改革委员会、中国人民银行、中央机构编制委员会办公室联合印发《关于在行政管理事项中使用信用记录和信用报告的若干意见》,要求各部门加强协同配合,建立健全全社会守信激励和失信惩戒联动机制。2014 年 1 月,中央文明办、最高人民法院、公安部、国务院国资委、国家工商总局、中国银监会、中国民用航空局、中国铁路总公司八部门会签了《"构建诚信、惩戒失信"合作备忘录》,并首次就限制失信被执行人高消费行为和采取其他信用惩戒措施召开了"构建诚信惩戒失信"发布会。根据《人民法院工作年度报告(2014)》发布的统计数据,最高人民法院网站公布失信被执行人 89.4 万例,其中自然人 77.6 万名,法人及其他组织 11.8 万个;与有关部门联合对失信被执行人开展信用惩戒，共限制失信被执行人乘坐列车软卧 5.6 万人次，限制乘坐飞机 105.5 万人次，限制办理贷款和信用卡 10 万人次，有效地震慑了失信被执行人。为强化对被执行人进行信用惩戒，2015 年 7 月，最高人民法院修改 2010 年《关于限制被执行人高消费的若干规定》，发布了《最高人民法院关于限制被执行人高消费及有关消费的若干规定》，进一步明确并扩大了限制高消费的范围。

5. 强化执行威慑措施

执行威慑机制是指通过对被执行人涉案信息的共享，国家有关职能部门和社会公众共同对被执行人进行惩罚和制约，以促进被执行人自觉履行义务、全社会遵法守信的一种社会运行机制的形成。2009 年 3 月，最高人民法院在《人民法院第三个五年改革纲要（2009—2013）》中提出，制裁规避执行的行为，建立健全执行威慑机制，依法明确有关部门和单位协助执行的法律义务，完善惩戒妨碍人民法院执行公务、拒不执行人民法院做出的生效裁判等违法犯罪行为的制度。

2010 年 7 月，最高人民法院《关于建立和完善执行联动机制若干问题的意见》（法发〔2010〕15 号）加大了执行惩戒措施的实施力度，要求"检察机关应当对拒不执行法院判决、裁定以及其他妨害执行构成犯罪的人员，及时依法从严进行追诉"（第 5 条）；"公安机关应当依法严厉打击拒不执行法院判决、裁定和其他妨害执行的违法犯罪行为"，"协助人民法院查询被执行人户籍信息、下落，在履行职责过程中发现人民法院需要拘留、拘传的被执行人的，及时向人民法院通报情况"，"协助限制被执行人出境"（第 6 条）。2011 年，最高人民法院又发布了《关于依法制裁规避执行行为的若干意见》（法〔2011〕195 号），提出"强化财产报告和财产调查，多渠道查明被执行人财产"，具体包括"落实财产报告制度"，"强化申请执行人提供财产线索的责任"，"加强人民法院依职权调查财产的力度"，"适当运用审计方法调查被执行人财产"，"建立财产举报机制"等；提出要"加强与公安、检察机关的沟通协调"，"充分运用民事和刑事制裁手段，依法加强对规避执行行为的刑事处罚力度"。为落实十八大精神，最高人民法院于 2013 年制定了《最高人民法院关于切实践行司法为民　大力加强公正司法　不断提高司法公信力的若干意见》

（法发〔2013〕9号），提出"强化落实被执行人财产申报制度，用足用好强制执行措施，有效运用各种手段制裁抗拒执行或规避执行的行为"。2015年《人民法院第四个五年纲要（2014—2018）》提出要"建立失信被执行人信用监督、威慑和惩戒法律制度"，"加大司法拍卖方式改革力度，重点推行网络司法拍卖模式"。

（二）广东高院的探索与努力

1. 深入推行审执分离

执行权运行机制改革于2000年试点启动之后，各地法院逐步改变了执行庭设置模式，普遍建立了执行局，涉及执行的事项均由执行法官负责，实现审判事项与执行事项在法院内部的初步分离。然而，执行程序仍然会涉及对实体权利的审查事项，如对债权人申请追加、变更被执行人的事项的审查，如果均由执行法官负责，那么其既是执行官又是裁判官，会难以实现真正意义上的审执分离。

2009年3月，广东省高级人民法院（以下简称"广东高院"）在调研论证的基础上，制定并下发了《关于办理当事人申请不予执行仲裁裁决案件的若干规定（试行）》和《关于办理执行程序中追加、变更被执行人案件的暂行规定》两个规范性文件，正式推行将执行程序中的实体裁决权交由审判部门行使的改革。通过执行实体审查模式改革，执行程序中涉及实体权利的审查事项统一交由审判部门负责，执行部门只能执行审判部门的裁决结果，实现进一步的"审执分离"。

2. 首创执行指挥中心

广东的执行信息化建设起步较早，广东高院在全国率先建成以省法院执行指挥中心为核心、三级法院联网同步实施的执行指挥与查控体系。广东高院充分发挥执行联动机制作用，积极参与社会诚信体系建设。2008年，广东高院与省委办公厅、省政府办公厅联合转发省委、政法委等部门《关于联合建立执行联动机制的意见》，与检察院、公安机关、发展改革部门、国有资产监管部门、国土资源部门、建设管理部门、工商行政管理部门、地方税务局、人民银行、银行监督管理部门十个部门和单位共同加强执行联动，明确执行联动的适用范围，完善社会协助执行体系，建成全国第一家执行指挥中心,切实提高执行工作效率。

3. 尝试推进主动执行机制

执行难的原因很多,法院在一定程度上的消极被动甚至不作为是原因之一。为了有效推进执行工作,适应最高人民法院提出的能动司法的要求,广东高院尝试由"被动执行"改为"主动执行",并于2008年年底启动主动执行制度改革,并确立了一系列试点法院。2009年,广东高院在全面总结试点经验的基础上下发了《关于在全省各级法院全面实行主动执行制度的通知》和《关于在全省法院实行主动执行制度的若干规定(试行)》,在全省正式推行主动执行制度。广东高院推行的主动执行制度是指法院对已经发生法律效力且超过履行期限的相关判决、裁定和调解书,不需经当事人申请,由人民法院直接移送立案执行的制度。主动执行是通过主动征询、主动立案、主动推进三个环节,保障债权人债权的实现。执行程序启动后,法院将主动对被执行人采取相应执行措施,快速调查、控制、处分被执行人的财产,目前广东已经建立较为完善的快速主动执行机制。

(三)深圳中院分权集约改革

深圳作为中国对外开放的桥头堡和对内改革的排头兵、试验田,不仅经济建设发展迅速,在法治建设、公正司法方面先行先试,同样取得丰硕成果。深圳法院早期围绕执行工作的探索包括:改革执行权运行机制,全面落实执行与立案分离、执行人员与评估拍卖事务分离、执行机构与执行款项分离等制度;改变执行组织形式,将过去的执行员"个人执行制"改为"合议庭执行制";创新执行方式,率先推出财产申报、新闻曝光、悬赏举报、限制债务人高消费等强制措施;推动建立协助执行联动制度,将房地产权登记中心的查封、解封办文窗口引入法院,与在深圳的内资银行签订《统一办理司法协助公约》,建立起统一查询、统一冻结、统一扣划机制等;强化执行威慑机制,装备执行防暴车、执行指挥车、执行运兵车和相关通信、取证、防爆设备;建立高效的应急反应机制,资源装备共享,人力物力协调联动;将执行信息录入征信系统;改善执行环境,在电视和公交上发布执行公益广告,在报纸登载执行故事进行法律宣传;完善执行立法,推动深圳出台全国第一部执行工作地方性法规《关于加强人民法院民事执行工作若干问题的决定》，对《中华人民共和国民事诉讼法》执行程序的修订完善起到了重要的探索和借鉴作用；推行执行公开，建设执行案件管理系统，实行执行公开听证制度等。上述改革措施起到一定程度的缓解效果，但是执行体制机制并未彻底理顺，基本解决执行难的目标尚未实现。

自 2011 年起，深圳的执行工作主要围绕执行分权—集约改革展开，对执行权力进行科学化配置，并依靠网络技术和大数据，提升执行力度和执行效率。执行权重塑包括两个方面，一是分权，二是集约。所谓"分权"，就是将执行权分为实施裁决权、实施事务权和审查监督权，分别由执行局的裁决处、实施处和监督处行使，实现权力配置科学化。所谓"集约"，是指在执行分权的基础上，将不具有决定权的各类执行事务剥离出来集中交由执行实施处的查控组、集约行动组和综合信息组等各个专业工作组，由其通过鹰网查控系统和极光集约系统办理，依托信息化提高执行效率。

1. 执行分权

法院强制执行权的性质比较特殊，兼具司法权和行政权的特点，既有对执行依据和执行异议的判断与裁判，本身又主要是通过强制手段实施对法律文书的执行。传统的执行模式未对执行权进行细分，主要有一人包案和分段执行两种模式，各有利弊。一人包案模式是指执行法官负责每一个案件的财产查找、控制、处分、异议审查、裁定决定、信访维稳、结案归档全部流程，其优势在于责任明确、效率高，但弊端是权力过于集中，缺乏监督制约；分段执行模式是指执行案件的财产查控、处分等环节分别由不同部门、不同法官负责办理，其优势是各个环节执行的专业性强，但弊端是需要各部门无缝对接和密切配合，如果执行案件在各个环节之间流转不畅会导致整体的效率低下。

2010 年，深圳中院在最高人民法院《关于执行权合理配置和科学运行的若干意见》将执行权分为执行实施权和执行审查权的基础上，对执行实施权予以细分，将该权力再分为由法官行使的实施裁决权和由辅助人员行使的实施事务权，并制定《关于加强和规范执行工作的实施意见》，建立分权—集约模式的执行权运行机制。2011 年年初，深圳中院在执行局内部进行机构改革，构建执行权分权运行机制，设立执行裁决处、执行实施处和执行监督处（见图6-1），分别行使上述实施裁决权、实施事务权和审查监督权。为了明确各内设机构相关工作规程及人员分工，确保机构职能调整后执行机制运行有法可依、有章可循，深圳中院执行局于2011年5月制定了《分权集约执行规程》，2013年11月进行了修订。

```
                    执行局
                   （执行权）
          ┌──────────┼──────────┐
      执行裁决处    执行实施处    执行监督处
     （实施裁决权） （实施事务权） （审查监督权）
          │            │            │
      决定、命令    落实执行命令    监督、指导
```

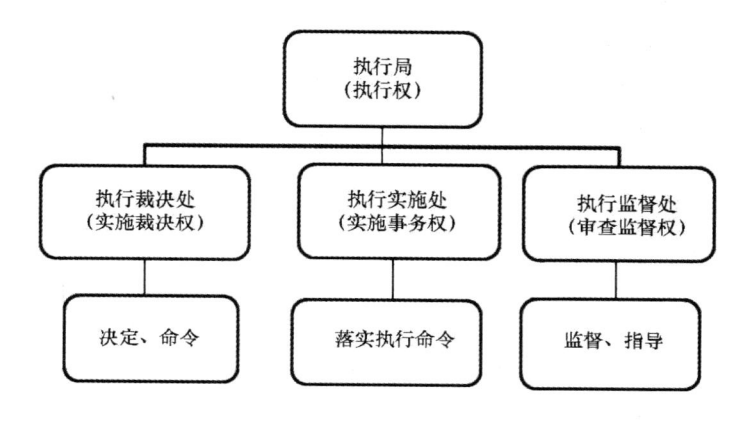

图6-1 深圳中院执行局组织框架

（1）实施裁决权

实施裁决权是执行法官的决定权，主要是指查控措施（查封、扣押、冻结、扣划等）、处分措施（组织评估、拍卖被执行财产，决定、制作分配方案）、处罚措施（罚款、拘留等）、执行结案（中止、暂缓、终本）等重大执行事项的权力。实施裁决权是执行权的核心权能，直接决定执行案件办理程序的启动、推进和终结，直接决定执行案件当事人的实体权益，直接决定对被执行人和义务协助人的人身和财产的司法处罚。实施裁决权主要体现在执行法官制发查封、扣押、冻结及划拨执行裁定书和拍卖裁定书、搬迁公告、拘留决定书、财产分配表、结案裁定书等方面。

（2）实施事务权

实施事务权是执行事务办理权，主要是指落实执行法官的决定和命令，开展执行事务性工作，包括执行案件的现场查封、扣押、拘留、搜查及诉前和诉讼保全、组织重大执行活动、调配本地执行力量、处理突发事件、协调维稳工作及协助其他地区法院执行等工作。实施事务权是对执行

法官已经做出决定的事项的贯彻落实，是执行事务性工作的具体经办。

（3）审查监督权

审查监督权是监督实施裁决权和实施事务权的权力，主要包括执行异议审查权，申诉信访审查、督促权、恢复执行、结案审查权等。执行监督处的主要职能包括：对执行行为异议、复议、案外人异议、变更申请执行主体、执行申诉和信访等案件进行审查；恢复执行审查；沟通协调重大执行案件、向上级法院请示、督促下级法院执行、对下级法院执行进行指导；组织调研、制定规范性指导意见。在运行流程上，以执行裁决机构的法官为中心，执行裁决机构的法官发出任务指令后，由执行实施机构的工作人员具体办理；当事人或利害关系人对执行行为提出异议时，移交执行监督机构进行审查。

2. 执行集约

执行事务性工作本身具有可分类、可集约的属性。执行集约就是通过信息化手段和科学化的流程管理，按照执行事务的类别和流程集中办理执行事务，解决因执行分权可能引起的效率降低问题。执行分权解决的是权力配置和有效运行的问题，执行集约是通过资源优化整合解决执行效率问题。

深圳中院在执行分权基础上，将不具有决定权属性的各类执行事务剥离出来，按照事务类别和外出地点，交由执行实施处的查控组、集约行动组等各个专业工作组集约办理。执行事务集约化是通过鹰眼查控系统和极光集约系统两大工作平台完成的。查控组配置了13人，专门负责鹰眼查控网的运行，将执行裁决处决定提起的"五查"（查询被执行人存款、房产、车辆、股权和股票）作信息化处理；集约行动组配置了12人，通过极光集约系统将两级法院的拘留、清场、送达等任务进行分类、统筹集约处理。

（1）鹰眼查控系统

鹰眼查控网是深圳法院首创的通过网络与联动协助单位联通互动，对被执行人及其财产进行查询和控制的信息化工作平台，其主要功能是查询和控制被执行人的存款、房产、车辆、股权和股票。鹰眼查控网的运行模式为：全市各个法院执行法官将查控请求统一上传至鹰眼查控网，鹰眼查控网以"点对点"的模式将请求内容发送至协助单位，协助单位办理完相关事项后将结果反馈。

鹰眼查控系统具有以下优势：第一，节约人力。过去深圳市两级法院由 54 人完成的查控工作，现在仅需 5 人即可完成。第二，节省设备。深圳两级法院原来用于外出办理查控工作的车辆需要 20 台以上，现在通过网络将查控请求发送至协助单位即可。第三，缩短周期。执行案件的查控周期原来需要 15 个工作日，现在 2 天即可。第四，丰富财产查控种类。对被执行人财产的查控种类由原先的 4 项扩展到现在的 28 项。第五，拓展查找范围。通过与广东省法院执行指挥中心的对接，对被执行人财产的查找范围也由原来的深圳市扩展到整个广东省，部分财产如银行账户开户信息、股票基金信息已扩展到全国。

（2）极光集约系统

极光集约系统是深圳法院联通办案法官、各区法院外勤执行员、当事人、代理人的终端平台，是实现司法事务网络化、集约化办理的综合信息流转系统。极光集约系统是深圳法院执行工作改革和发展的产物，是深圳法院事务集约化管理改革的机制创新。极光集约系统作为司法事务集约化办理的新模式，是执行事务集约化管理发展的结果，有助于办案法官、助理和当事人、代理人及时、高效处理各类司法事务。

极光集约系统具有院内集约、跨辖区集约、网络送达三大功能。院内集约是将深圳中院各审判执行业务部门的诉前、诉讼保全、执行外勤任务通过极光集约系统汇总，并按照任务地点指派人员合并执行。截至 2014 年 12 月 31 日，该系统运作已经集约办理深圳中院的诉前、诉讼保全、执行外勤任务共计 25129 次。跨辖区集约是汇总全市法院的跨辖区（含市外）任务，经过统筹后发送到各辖区法院执行局在辖区内处理。例如，全市各区法院如有需在宝安区执行的任务，各区法院将任务上传至极光集约系统后，系统自动将任务汇总并发送至宝安区法院，由宝安区法院的集约部门派员完成并反馈结果。截至 2014 年 12 月 31 日，极光集约系统已完成深圳跨区送达任务 414 宗，完成深圳市外送达任务 198 宗。网络送达是将适用电子送达的法律文书通过网络发送给诉讼当事人，并自动生成电子送达回证，由执行法官打印入档。2013 年 5 月至 2015 年 11 月，深圳法院通过网络专线方式连接了全市 20 家较大律师事务所、7家商业银行,电子送达1131次。

极光集约系统将制度与科技进行有机结合,对司法事务进行合理分类、筛选、合并,对工作程序进行科学解构、简化、重组,将全市法院所有常规司法事务全部集中到一个集约部门。极光集约系统凭借统一的信息化平台最大限度地发挥人力资源的利用率和能动性,最大限度地节约司法资源,以两级法院执行实施力量垂直管理为效率保障核心,减少管理冗余层次,实现了扩大管理幅度的扁平化管理。极光集约系统通过对深圳市两级法院所有司法事务的集约管理、统一办理,实现了优化资源配置、降低司法成本、提升司法效率的功能。

(四) 基本解决执行难目标的提出

从执行难问题的出现到执行难的缓解,再到基本解决执行难,最后到根本解决执行难,这是一个执行难问题从出现到根本解决的完整路径。最高人民法院、广东高院以及深圳中院的执行改革与创新在一定程度上缓解了执行难。立足于前期执行改革实践经验,深圳中院积极进行资源整合、机制创新,于2011年提出基本解决执行难的目标。2011年5月,深圳市委在全市执行工作领导小组会议暨执行联动联席会议上提出,深圳要争取基本解决执行难,并将"基本解决执行难"确定为市委政法重点工作。深圳中院党组据此制订了实现该目标的三年规划——2012年为开局之年,2013年为奋进之年,2014年为基本实现年。为科学评价深圳法院执行案件办理水平,准确评估执行难问题解决情况,2014年,深圳中院在总结近几年的实践经验与做法的基础上发布了《实施标准》,作为基本解决执行难的衡量尺度。深圳中院《实施标准》的提出和实践,是其在解决执行难问题道路上向前迈出的坚实一步。

"基本解决执行难"是指法院通过信息查控系统、协助执行体系和信用惩戒体系,穷尽执行措施,对被执行人及其财产进行查询、控制、处置,使有财产可供处置的执行案件得到全部处置,无财产可供执行或虽有财产但无法处置的执行案件则予以终结本次执行程序的一种状态。"根本解决执行难"是指依托国家层面包括财产及人员登记管理制度的完善、信用体系的完备、破产制度的健全等,从而使生效法律文书得到切实落实,这一"落实"包括当事人自动履行，有财产案件完全执行完毕和无财产案件则通过破产完全退出市场。之所以要区分"基本解决执行难"和"根本解决执行难"，是因为相当一部分案件无财产可供执行或虽有财产但无法处置，对于这部分案件，在现阶段法律框架下通过法院采取法律措施是无法实现债权的，必须依靠从国家层面上进一步完备信用体系、健全破产制度和完善财产及人员的登记管理制度等，从而形成有财产皆可处置、无财产亦可退出这样完整的法律解决路径。

无论是"基本解决执行难"还是"根本解决执行难"，均是法律意义上解决执行难，与人民群众认为的"凡是没完全实现债权就是执行难"的朴素理解有一定的距离。人民群众理解的解决执行难包括无财产可供执行的"执行不能"案件，而事实上，无论法院执行能力再强、社会联动机制和征信体系再完备、破产制度再完善，都无法实现"执行不能"案件的债权。要让人民群众理解和接受"执行不能"不属于法院所要解决的执行难范畴，需要提升公众对交易风险的自我控制和防范能力，也需要加强法治理念的宣传和引导，这将是一个漫长的过程，需要社会各界的多方、长期努力。

二 评估主体、对象与方法

（一）评估主体

《中共中央关于全面深化改革若干重大问题的决定》提出要"建立科学的法治建设指标体系和考核标准"。为了确保评估结果的客观公正和评估本身的公信力，中国社会科学院法学研究所和深圳市律师协会组成联合课题组，对深圳中院的《实施标准》的科学性和可行性以及深圳中院是否实现了基本解决执行难目标进行评估。此外，2015 年 5 月，深圳市律师协会牵头组织成立第三方评估团，广泛邀请社会各界人士参与，第三方评估团成员有 40 人，由国家机关工作人员、专家学者、媒体人士、企业法务、律师界代表及港澳人士等组成，具有广泛代表性。

学术团体和律师协会对法院执行工作难进行第三方评估，是积极贯彻落实党中央、国务院关于深化司法体制改革以及"让社会力量对政府工作进行评估、监督"等精神的重大创新举措，有利于改变法院工作及评价"自弹自唱""闭门造车"的工作模式，在全国开创了对执行难工作第三方评估的先河。中国社会科学院法学研究所和深圳市律师协会共同推进实施的深圳中院执行工作评估，由法学学者、律师对司法实务部门的具体工作进行量化评估，是法律职业共同体推动法治实践的一次重要尝试。

（二）评估对象

深圳中院2014年出台的《实施标准》的科学性和可行性是评估的主要对象。《实施标准》是深圳中院对近年来执行工作的总结和提炼，包括《深圳市中级人民法院关于基本解决执行难目标的程序规范》和《深圳市中级人民法院关于基本解决执行难目标的实体指标》两部分。深圳中院将执行程序分为执行准备、财产及人员查控、财产处分、执行监督、结案、执行案件退出机制六部分，每个部分都有着相应的规范。执行准备的主要流程包括将被执行人的信息录入信用征信系统、送达执行法律文书、询问被执行人等。财产及人员查控的主要流程包括通过深圳法院"鹰眼查控网"对被执行人名下财产进行"五查"，采取控制性措施，送达查封、扣押、冻结法律文书。财产处分的主要流程包括调查被执行财产现状、对被执行财产采取控制性措施、对被执行财产委托评估、处分财产首选拍卖方式。执行监督的主要流程包括对执行异议、案外人异议的处理，重大敏感案件的执行听证。结案的主要流程为执行款划付、结案文书的制作、终结本次执行程序案件查证结果通知书的制发。执行退出机制的流程分为两种：被执行人为企业法人的，引导申请执行人或者其他债权人提出破产清算申请，或者依职权移送破产；被执行人为自然人的，限制其基本生活之外的高消费。

在《实施标准》中，深圳中院设置了三类指标，即公正指标、效率指标和效果指标。公正指标包括执行公开率、执行行为撤改率、国家赔偿率；效率指标包括法定（正常）审限内结案率、平均执行周期、执行措施采取率；效果指标包括执行完毕率、部分执行率、信访投诉率。课题组对此类指标的实施情况也进行观察、分析。

此外，深圳中院以及基层法院依据标准化解决执行难的状况也是课题组评价的重要内容。

（三）评估方法

课题组采取了文献分析、问卷调查、案卷评查以及访谈、座谈等多种研究方法。

1. 文献分析

课题组在对全国法院执行工作规定、文献等进行全面系统梳理的基础上，重点收集了深圳中院乃至广东高院 2011—2015 年有关执行工作的制度文件、工作总结和统计数据，对这些文献进行梳理、比较、分析和挖掘。深圳中院出台的文件涉及执行主体变更、财产处分、执行联动、终本执行程序、文书处理等执行活动的各个环节，以及指引执行法官的行为规范。工作总结包括执行工作阶段性、年度性小结以及执行体制、机制改革和执行工作创新方面的总结性材料。司法统计数据主要来源于广东省法院的综合业务系统。

2. 问卷调查

课题组以深圳律师、其他地区律师和深圳法官为对象设计了三套调查问卷。与一般的满意度调查不同，课题组所设计的三套问卷强调问题的客观性，目的在于了解律师和法官对法院执行工作的看法以及在办案过程中实际发生的情况。问卷辅助以开放性题目，收集调查对象对完善执行制度的意见、建议。

法官问卷共计发放了 317 份，回收 317 份。调查对象包括深圳中院及各基层法院的法官，除了 6 份问卷未回答所属法院之外，深圳中院的法官有 190 名，基层法院的法官有 121 名。被调查的法官具有本科以上学历的，有 290 人，超过 90%。在已回收的 317 份问卷中，回答办理过执行案件的有 187 人，占 59%。

律师问卷分为深圳律师和其他地区律师两套，深圳律师的调查问卷由深圳市律师协会负责发放，其他地区律师的调查问卷由深圳市律师协会委托其他地区的律师协会及律师事务所发放。深圳律师问卷发放了 1500 份，回收有效问卷 1465 份，其他地区律师问卷发放了 2100 份，回收有效问卷 1933

份。回收的有效调查问卷中，调查对象具有本科以上学历的占大多数，其中，深圳律师有1295人，占88%；其他地区律师有1673人，占87%。1933份有效的其他地区律师的调查问卷显示，除了11人未填写主要执业地点之外，所调查的其他地区律师的主要执业地点遍布上海、山东、山西、广东（不含深圳）、天津、云南、内蒙古、北京、宁夏、辽宁、吉林、江苏、河北、河南、重庆、浙江、海南、湖北、湖南、新疆、福建，其中以湖南、重庆、广东、浙江四地的律师占多数，分别为341人、311人、292人、234人，分别占比17.7%、16.2%、15.2%、12.2%（见图6-2）。数据统计显示，1465份深圳律师问卷中，有128份问卷的调查对象未代理过执行案件（占8.7%），有1337份问卷的调查对象代理过执行案件（占91.3%）；1933份其他地区律师问卷中，有219份问卷的调查对象未代理过执行案件（占11.3%），有1714份问卷的调查对象代理过执行案件（占88.7%）。

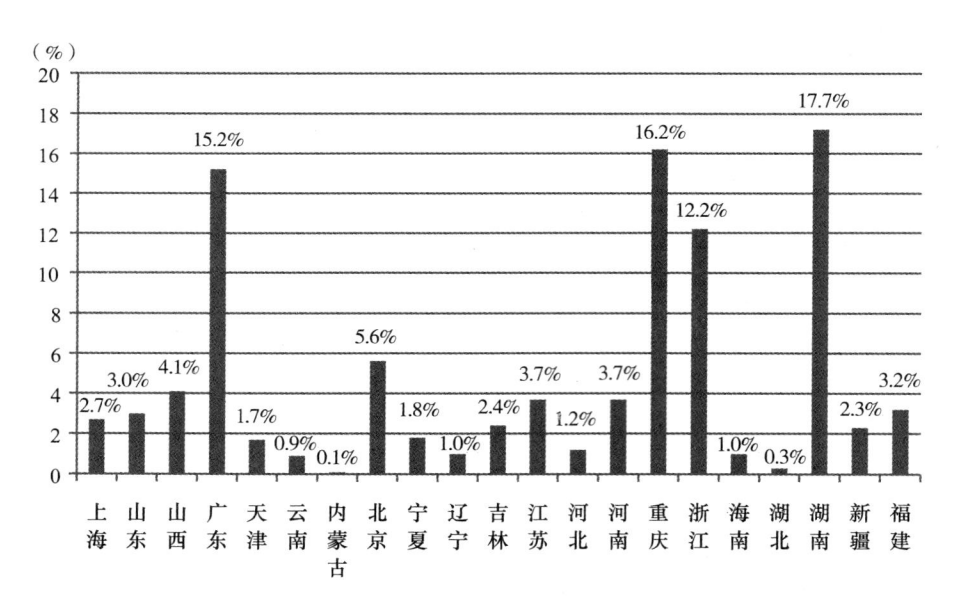

图 6-2 其他地区律师的主要执业地点分布

3. 案卷评查

课题组对深圳中院的执行案卷进行评查，评估深圳中院在执行信息的归档、当事人权利义务保护、执行行为规范度等方面的情况。为此，课题组在深入研究司法执行相关制度的基础上，设计了一套案卷评查指标体系作为案件评查的依据。该体系通过多种方式听取了法学专家、实务工作者的意见，进行了修订完善。该指标内容涵盖案卷的结案方式、执行费的收取、"五查"情况、当事人权利义务告知和重大事项告知、执行款项发放，以及以终结本次执行程序结案的理由、程序等方面。

课题组从深圳中院2011—2014年结案的执行案件中，每年随机抽取50份案卷，共选取了200个案卷，并于2015年5月赴深圳中院调取了所需的案卷。课题组按照结案方式对200份案卷进行归类，其中以驳回执行申请结案的有18份（占9.0%），部分执行完毕的5份（占2.5%），全部执行完毕的99份（占49.5%），以终结本次执行程序结案的69份（占34.5%），终结执行的4份（占2%），还有5份是其他结案方式（占2.5%）。课题组根据预先设定的案卷抽查指标体系，对所抽取的案卷的执行费收取的规范性、采取"五查"措施的情况、当事人知情权的保障情况、执行款项的收取与发还情况、终本结案程序等进行了评查。

4. 访谈

为进一步了解执行工作亲历者对执行工作的态度和看法，课题组对相关企业和执行法官进行了访谈。2015年1月28日，课题组与平安银行总行特殊资产管理中心、招商银行总行资产保全部的负责人进行座谈，了解执行相关人对深圳中院执行工作的认识和感受。之所以选取银行企业作为调查对象，是因为这些企业曾经以申请执行人、执行协助单位等身份参与过执行，对深圳法院的执行工作非常了解，也有着参与其他地区执行工作的经历，对不同地方的执行工作有比较。2015年4月，课题组走访深圳中院执行局，听取一线执行人员关于执行案件办理的体会和建议。

三 《实施标准》的外部优势

深圳中院《实施标准》的出台是基于深圳中院所拥有的政治、法律、环境等方面的优势，最大限度利用改革红利的结果。首先，深圳中院执行工作得到党委和政府的大力支持。司法执行工作是一项系统的社会工程，不仅需要充分挖掘法院的执行能力，还需要各方面的理解、支持和配合，深圳市委和政府积极支持司法执行工作,为执行工作的顺利推进扫清了障碍。其次,深圳的地方性立法和特区立法地位为深圳中院执行改革创新实践提供了法治保障。任何一项改革都需要在法律轨道上推进,其改革成果也需要立法予以固定。最后,深圳《实施标准》是在深圳建设一流法治城市的背景下推出的,基本解决执行难是建设一流法治城市的必然要求。

(一) 政治保障:党委政府大力支持

深圳中院之所以有勇气提出于十二五期间"基本解决执行难"目标,除了基于前期执行工作积累的丰富经验和奠定的坚实基础,与党委政府的大力支持是分不开的。

深圳市党委、政法委积极协调深圳法院执行工作。2010年,深圳市执行工作领导小组正式宣布成立,由市委副书记、政法委书记担任组长,党委领导的执行组织机构进一步建立健全。深圳市执行工作领导小组每年召开执行联动联席会议,有针对性地解决执行联动工作中存在的问题。比如深圳市委政法委转发深圳中院《关于加强和规范执行工作的实施意见》,并出台了《关于完善法院执行工作纳入社会治安综合治理目标责任考核方案的意见》,将"支持、配合、协助人民法院执行"作为对执行工作领导小组成员单位、执行联动单位、协助执行部门进行综治考核的项目,对不按时反馈鹰眼查控网查控信息的联动协助单位,将以执行工作领导小组的名义通报。

深圳市政府及相关部门不断加大对深圳法院执行工作的支持力度。2007年8月,深圳市政府常务会议正式决定将执行案件特困群体救助准备金政府承担部分纳入深圳中院年度预算。深圳法院建立司法救助制度,为刑事附带民事案件受害人或其家属提供一定金额的司法救助。深圳法院的执行工作得到深圳市编制机关的支持,2011年6月,深圳市编办批复同意设立"深圳市中级人民法院执行指挥中心",将深圳法院执行干警在全市法官员额中的比例提升至16%,极大地促进了深圳法院的执行工作。

(二) 法律护航:地方立法勇于创新

深圳善用地方立法权和特区立法权,为执行工作提供法律支持。2007

年 3 月，深圳市人民代表大会常务委员会在总结和吸纳深圳法院执行工作经验的基础上，颁布实施《深圳市人民代表大会常务委员会关于加强人民法院民事执行工作若干问题的决定》，以地方立法的形式将深圳中院在执行威慑、执行联动、执行监督、执行公开、执行保障、执行宣传等方面的做法固定下来，并赋予法院诸多新的执行手段和权能，提出了实现"执行工作有较大突破、执行难状况有较大缓解"的明确要求。该决定的出台实施，为深圳法院执行工作提供了强有力的法律武器，深圳中院关于执行工作的一系列探索与尝试都是在此法律框架下展开的。该地方性法规还受到国家立法机关的关注，《民事诉讼法》的修订吸纳了其中诸多条款。

深圳的地方立法权将执行工作的一些重要做法固定下来，可以保障工作的制度化和连续性。例如，一般情况下，相关协助单位的协助义务主要记载于会议纪要中，为了保障协助义务的刚性，深圳以地方立法的形式要求各个单位出台相关的落实措施，报人大常委会备案。另外，深圳作为经济特区有权在"遵循宪法的规定以及法律和行政法规的基本原则"的前提下对现有的法律制度进行创新。深圳中院在执行工作中的先进做法和经验，如执行退出的工作思路和方法，在经过一段时间的实践检验后，将来可以通过特区立法的形式固定下来，创建执行退出的法律制度，为全国解决执行难总结经验。随着执行案件办理的规范化、执行事务集约化的提高，《实施标准》的相关规定会做相应的修改和完善，最终可通过地方性立法进行制度化和推广。

（三）环境优化：争创一流法治城市

经过多年的发展积累，深圳深刻地认识到，市场经济就是信用经济和法治经济，良好的法治环境对于经济腾飞、社会发展至关重要，因而建设法治城市是深圳发展的重要目标。2013 年 11 月 28 日，深圳市委常委会审议通过了《深圳市加快建设一流法治城市工作实施方案》，并在 12 月 3 日召开的全市加快建设一流法治城市工作会议上明确提出把建设一流法治作为全面深化改革的"突破口"。深圳市委提出要营造法治化国际化营商环境，让一流的法治成为深圳新时期显著的城市特质，成为深圳最具竞争力的创新创业环境，以及深圳建设现代化、国际化先进城市的坚强保障。

法治城市建设包括诸多方面，司法公正是最基本的元素和要求。司法公正不仅体现在审判环节的公平正义，还体现在公正的裁判能够得到有效执行。审判是通过"判断"形成市场秩序，执行则是通过"行动"形成市场秩序，唯有公正的判决得到有效执行才能营造诚实信用的社会氛围。司法保障水平是衡量一个地方投资环境的重要标尺，生效裁判得不到执行，商品交易安全难以实现，经营交易成本上升，将会严重破坏社会主义市场经济秩序，阻碍经济社会持续健康发展。解决执行难是体现司法公正，提升司法权威，在全社会树立诚实信用、规则意识和对法律的信仰，构建法治城市的关键环节和必然要求。深圳市委正是因为认识到执行工作的重要性，才将切实维护司法权威、提高生效案件执行率作为深圳社会建设的重要内容。2011 年 1 月 1 日，深圳市委出台了《关于加强社会建设的决定》，深圳市委还制定了《深圳市社会建设考核指标体系》作为配套性文件，其中，"生效案件执行率"是针对法院的一项重要考核指标。

四　《实施标准》的科学性

如前所述，执行难有法律意义上的执行难和社会意义上的执行难之分，深圳中院的《实施标准》对社会上普遍认为的执行难案件进行了标准化区分。对于有财产可供执行的案件，《实施标准》为法院的执行工作确立了行业标准，强化法院的执行力度；对于无财产可供执行的案件，《实施标准》规定了执行案件的退出机制。为了提升执行工作的规范性，深圳中院针对执行工作的各个阶段出台完备的制度文件，实现对执行工作的全覆盖和精细化管理。执行工作离不开监督，深圳中院将执行监督工作统一交给执行局的监督处，依托执行审查专管化强化执行监督力度，凸显执行监督的专业性。对于是否实现基本解决执行难目标，《实施标准》不仅从程序规范的角度确立了评判标准，还将执行公开率、执行行为撤改率、国家赔偿率、法定（正常）审限内结案率、平均执行周期、执行措施采取率、执行完毕率、部分执行率、信访投诉率等客观数据确立为实体性指标，用于评判执行工作是否公正及其效率和效果。

（一）科学界定执行难之范畴

执行难是指已经发生法律效力的法律文书，由于各类障碍因素的存在，无法实现或难以实现的现象。执行难的原因很多，有主观原因也有客观原因。前者是指被执行人有履行能力但主观上不愿意履行义务而逃避执行或拒不执行；后者是指客观上被执行人没有财产也没有履行能力，或虽有财产但无法处置，导致生效的法律文书不能落实的情况。前者才是法院所要解决的执行难问题。

被执行人没有财产也无履行能力的情况较为容易理解。被执行人虽有财产但无法处置的情况则比较复杂，一般存在以下几种情况：①被执行财产未经登记，不具有市场流通价值。如小产权房、军产房等，因这类资产没有取得正式的房屋产权证明，不能自由上市交易，法院处置困难。②有些财产虽然取得房屋产权证明，但由于行政机关登记的文件中没有房屋的"四至"（房屋坐落处东南西北四个方向具体位置），无法确定房屋产权证明与实物的一一对应关系，从而无法就涉案房产进行评估，导致该案无法执行。③被执行财产有在先查封，财产被在先查封的案件处置后无剩余价值的。如李某与丁某民间借贷纠纷一案，罗湖法院在强制执行过程中，发现丁某名下的房产已经有四家法院的在先查封记录，罗湖法院的查封为第四位轮候查封，后因无法就轮候查封的财产进行处置，该案终结本次执行程序。④被执行人具有双重或多重身份，其财产无法处置，如被执行人陈某既有大陆身份证，也有香港身份证，经深圳中院调查，陈某的大陆身份证名下没有任何财产，但有多达上千万的欠款，并被多个法院列为被执行人，而香港身份证的名下则有多套房产，银行信用良好。由于陈某的大陆身份证和香港身份证的名字、身份证号截然不同，法院无法处置其香港身份名下的资产。⑤在执行过程中，有的被执行人持有公司股权，但该公司已停业，其股权无法进行评估处置。⑥在部分执行案件中，虽然法院查封了被执行人名下车辆，但由于法院的查封是在车辆管理部门进行档案查封登记，并交由交警实施路面查控，在公安机关实际查控到车辆前无法就该车辆进行处分。⑦由于历史、政策等原因一些财产无法处置。如一些被执行人为国有企业，被执行人名下有多套自建住宅，但这些房产大部分已分配给职工购买和居住，只是由于历史、政策的原因未能办理房产过户登记手续，这类财产就无法处置。⑧一些财产基于社会伦理、道德考量的原因无法处置。例如，深圳中院曾强制执行一宗银行抵押借款案件，经法院查证，被执行人赵某名下财产仅有这套抵押房产，虽然依据法律规定，被执行人名下设定抵押的房产并不必然影响法院依法处置财产，但被执行人赵某以69岁高龄且身体不好为由多次在申请执行人某银行的办公地点闹访，声称"如果拍卖我的房子我就死在银行"，申请执行人某银行被迫无奈向法院提交申请书，请求终结本次执行程序，暂不处分房产。

生效裁判文书确定的债权不能落实，除了上述被执行人无财产、无履行能力或虽有财产但无法处置的情形等客观原因之外，还包含一些当事人在市场交易对象的选择、交易活动的进行和交易风险的预测等方面缺乏充分的注意，使得债权无法实现的情况，其实质是客观上的"执行不能"，这与法律意义上的"执行难"概念存在一定的差距。以深圳中院为例，在2011—2014年新收民商事执行案件中，无财产可供执行的占42%。这些执行不能案件就属于当事人必须面对的交易风险。

为了科学界定执行难，深圳中院的《实施标准》引入"执行不能"的概念，将之与被执行人隐匿、转移财产等造成的"执行难"进行区分，并首次建立了执行不能案件退出机制。根据《实施标准》第38条，执行不能案件是指经"五查"（存款、不动产、车辆、证券和股权）未发现被执行人有可供执行的财产，或者查控财产被依法处置后无其他可供执行财产的案件。将执行不能案件从执行难中剥离出来，不仅可以缓解人民法院所面临的舆论压力，更重要的是有助于司法机关排除各种干扰和阻力，集中精力解决那些依法应当执行、被执行人有偿付能力而因为种种原因没有执行的案件。对当事人有能力履行法院判决而拖延或拒绝履行的案件，人民法院通过采取相应的执行措施提升执行的积极性和主动性，使得部分难以执行的案件得到执行。对于执行不能案件，《实施标准》第39条规定了退出机制，以避免司法资源的浪费。

深圳中院对无财产可供执行案件有严格的界定。案件有无财产可供执行，直接关系到当事人权利能否实现，因此，只有在积极采取法律赋予的各种调查手段，穷尽对被执行人财产状况的相关调查措施之后，才可以将其认定为无财产可供执行的案件，并接受社会监督。《实施标准》第 39 条、第 40 条根据被执行人主体性质（自然人或者企业法人）的不同，规定了不同的执行不能退出路径，并对相应的主体采取限制其高消费等措施。

当然，执行难和执行不能在一定条件下会相互转换，当客观上发生法律文书所确定的权益无法实现时，执行难案件就转化为执行不能案件，应及时启动退出机制，但是，这类案件的退出只是一种法律上的拟制，一旦出现被执行人有财产可供执行的情形，法院应主动或依申请人的申请恢复执行程序。

关于执行难，当事人、公众与司法机关有着不同的视角和认识。法官倾向于对执行难与执行不能加以区分，律师群体则不倾向于区分执行难和执行不能。针对深圳律师和其他地区律师的问卷调查显示，对经过法院向有关职能部门查询后，未发现被执行人可供执行的财产，是否应认定为执行不能而非法律意义上的执行难这一问题，1465 名深圳律师中除了 10 人拒答之外，有 476 人认为这一做法合理，占作答总人数的 32.7%；有 979 人认为这一做法不合理，占 67.3%。1933 名其他地区律师中除了 26 人拒答之外，616 人认为这一做法合理，占 32.3%；1291 人认为这一做法不合理，占 67.7%。上述数据表明，多数律师不认同关于执行不能的观点，律师的观点在一定程度上代表了社会公众的看法。公众有这样的看法也不难理解，毕竟对于申请执行人和公众而言，无论是执行难还是执行不能，都意味着法律文书所确定的权益未得到实现。要让社会公众接受执行难与执行不能的划分是当前普法的重要任务，应加大宣传力度，纾解固化在公众脑中既定的执行难印象，界定法院的相关执行责任。同时，法院要严格无财产可供执行案件的界定标准，并简化恢复执行机制的程序。

（二）尝试构建执行行业标准

2001 年国家标准化管理委员会成立，中国的标准化事业得到快速发展，已经基本形成覆盖第一、第二、第三产业和社会事业各领域的标准体系。2015 年 11 月，最高人民法院沈德咏副院长在全国法院贯彻案号和案件信息标准电视电话会上强调"加快推进人民法院标准化建设"，"将标准化的触角遍及审判工作各个方面、各个环节,才能合理规范法官行使自由裁量权的边界和尺度"。为了明确法院的执行责任,方便社会评判法院的执行质量与效果,深圳中院尝试通过《实施标准》,为执行工作确立一个行业标准。首先,优化执行工作流程。根据《实施标准》,执行工作分为执行准备、财产及人员查控、财产处分、执行监督、结案、执行案件退出机制六项流程。其次,各个流程有相应的规程指引,执行人员必须遵循指引完成规定动作,将自由裁量权压缩到最小。最后,借助信息化实现执行权运行标准化。深圳中院利用信息化手段,通过鹰眼查控网和极光集约系统实现财产查控和文书送达的标准化。另外,深圳中院的《实施标准》保持一定的开放度,可在执行实践中不断完善和提升,标准可复制、可推广。

1. 查控标准化

(1) 主动"五查"

所谓"五查",是指查明被执行人的存款、不动产、车辆、证券和股权投资五项财产状况。查明被执行人可供执行的财产是做好执行工作的基础,也是执行的难点之一。法院掌握被执行人财产状况的途径主要有三种:法院查询、申请人提供财产线索和被执行人主动申报。实践中,申请人获悉被执行人财产的能力有限,被执行人也很少主动真实申报财产,因此,被执行人财产的查明主要依赖于法院。为了能够及时查到财产,深圳中院依托"鹰眼查控网"实施及时、主动查询。执行案件虽然是由当事人申请才启动的,但是一旦启动,法院就将积极主动采取财产查控措施。《实施标准》第8条规定,执行案件一经立案,执行法官便立即通过深圳法院"鹰眼查控网"主动查询及控制被执行人名下存款、不动产、车辆、证券和股权投资五项财产状况。

(2) 扩大财产查控范围

为了保证执行有力,2011—2014年,深圳中院执行局通过签署协议或会议纪要的方式,与相关单位建立信息共享机制,这些单位包括深圳市人民检察院、深圳市交通运输委员会港航和货运交通管理局、深圳市交警局、深圳市银行业协会、汇丰银行(中国)有限公司深圳分行、深圳联合产权交易所、深圳市燃气集团股份有限公司、深圳市社会保险基金管理局、深圳市水务(集团)有限公司、腾讯计算机系统有限公司、深圳市住房公积金管理中心、深圳市规划与国土资源委员会、深圳市地税局、深圳市公安局刑事侦查局等。发展至今，深圳中院对财产的查控已经不限于"五查"范围。《实施标准》第 9 条对深圳中院鹰眼查控网的财产查控范围也做了进一步明确，执行法官可以通过深圳法院鹰眼查控网对被执行人的住房公积金、社保登记、托管股权、港航货运信息等财产信息进行查询。实际操作中，执行法官还可以委托被执行人户籍地法院、被执行人服刑场所调查被执行人财产。

（3）财产查控一体化

《实施标准》第 10 条规定了财产查控一体化，即深圳法院在对被执行人的财产进行查询的同时，对被执行人可供执行的财产采取控制性措施。查控一体化意味着一旦查到财产，则同步采取控制措施，不给被执行人转移财产的时间和机会，大大提升了执行的强度和效率。

鹰眼查控网的查控一体化功能突出表现在两个方面。首先，对商业银行存款余额实行查封、冻结、扣押（即"查冻扣"）一体化的机制。目前，鹰眼查控网在 20 家商业银行实现了"查冻扣"的功能。截至 2015 年 11 月 30 日，鹰眼查控网实际冻结银行账户金额 52 亿元，扣划 30 亿元。其次，鹰眼查控网实现车辆的实物查扣与档案查封一体化。2013 年 8 月，深圳中院执行局与深圳市交警局就路面查控车辆事宜达成意向；12 月 27 日，双方签署全国首创的路面车辆查控工作纪要。由此，深圳法院对于被执行人的车辆，不仅可以实行档案查封，还能够进行路面实物的查扣。

（4）强化人员查控

"人难找"是执行难的重要原因，被执行人为逃避履行义务往往"玩失踪"，找不到被执行人就很难查找到财产线索，也无法启动执行威慑机制。随着实名制的推广，公民从事日常生产生活活动都会在相应的政府部门、企业组织留有实名信息，这为法院全力查找被执行人行踪提供了线索。信息技术是深圳法院查找被执行人的重要手段。《实施标准》第 13 条规定，深圳法院可以根据申请执行人的申请或者依职权通过"鹰眼查控网"请求协助执行人查询被执行人的各种信息，如居住证件信息、常住人口信息、租房信息、边境证件信息、出入境记录、狱政信息、通信记录、酒店住宿信息、乘机记录、法定代表人身份信息等。

2. 财产处分标准化

财产处分包括评估、拍卖和变卖财产、强制搬迁等。《民事诉讼法》和最高人民法院《关于人民法院民事执行中拍卖、变卖财产的规定》《关于人民法院委托评估、拍卖工作的若干规定》（法释〔2011〕21号）对拍卖、变卖财产等事项作了明确规定。为了加强对司法委托中介机构的规范和管理，广东高院出台了《广东省司法委托中介机构诚信管理细则》，规定了投诉处理程序。2009—2011年，深圳中院先后出台了一系列关于财产处置的规范，如《关于机器设备强制执行的工作规程（试行）》（〔2009〕深中法执他字第10号）、《深圳市中级人民法院关于民事执行中变卖财产的规定（试行）》（〔2010〕深中法执他字第2号）和《关于规范执行评估工作若干问题的指导意见（试行）》（〔2011〕深中法执他字第5号）等。

按照《实施标准》和《执行案件办案流程》的规定，申请执行人主张对被执行人财产进行处分的，应当提出申请；法院必须对被执行人财产采取控制性措施后才能进行处分；执行法官应当对拟处分财产的权属状况，占有、使用、抵押、查封等情况进行调查；对被执行人财产进行处分的，法院一般应当委托评估机构对拟处分财产进行评估；法院向申请执行人、被执行人或者其他利害关系人发送评估报告后，申请执行人、被执行人或者其他利害关系人对评估报告有异议的，可以在收到评估报告之日起十日内以书面形式提出异议；对已采取控制性措施的财产进行变价处理时，应当首先采取拍卖的方式，法律、司法解释另有规定的除外。

3. 划付标准化

执行款到账或者其他标的物执行到位后，应当在一个月内将相关款项或者标的物给付申请执行人。为规范执行款的管理，明确职责，依法收支执行款，保障执行款的安全，切实维护当事人的合法权益，2012年深圳中院根据最高人民法院和广东高院有关执行款管理的规定出台了《执行款管理规程》和《关于划付执行款的流程规定》。执行款划付实行执行专管员制度。执行人员负责发起具体案件的执行款退款、划款申请，依法履行对相关当事人的告知义务，以及将履行告知义务、款项往来等情况录入执行日志，归入案件档案。所有执行款项均应划入以本院名义开立的执行款专户，执行款的划付均应采取转账方式划付至以收款人的名义开设的银行账户中。

执行款原则上仅限于支付给申请执行人。严禁使用、截留、挪用、侵吞和私分执行款，违反者按照最高人民法院《人民法院工作人员处分条例》及其他有关规定追究责任。执行款能够由被执行人直接交付或划付给申请执行人的，由执行人员责成被执行人向申请执行人直接交付或者划付并记录交付情况，由双方当事人签名确认或者根据汇款凭证确认。执行人员不应转交亦不应出具收据。执行款专管员应当自接到财务部门转交的收款收据后7个工作日内办理费用结算，包括依法扣除案件受理费、申请执行费、执行中实际支出费用和其他应支付的费用，并将结算结果告知执行人员。收款收据第二、第四联应及时交执行人员，由执行人员告知付款人领取收款收据。向申请执行人付款应以申请执行人出具的书面申请和收款收据为凭据。申请执行人是法人或其他组织的，应通知其出具合法有效的收款凭证；申请执行人是自然人的，应通知其提交本人有效身份证件的复印件并出具本人亲笔签名或有本人捺印的收款收据；申请执行人是境外企业、自然人的，可通知其直接向法院提供以其名义开设的境外银行账号。确需指定境内企业、律师或居民代收执行款，未能在执行法院直接办理委托手续的，应通知其提交由所在国公证机构公证，并经中国驻该国使领馆认证及转递的特别授权委托书原件；申请执行人是香港企业或居民，可通知其直接向法院提供以其名义开设的香港银行账号。确需指定境内企业、律师或居民代收执行款，未能在执行法院直接办理委托手续的，应通知其提交由司法部指定的香港律师公证，并经中国法律（香港）服务公司加章转递的特别授权委托书原件。开户银行应在支付执行款次日将执行款支付凭证复印件交深圳中院财务部门，财务部门应在收到执行款支付凭证复印件当天交执行款专管员附卷存档。执行费上缴财政后，财务人员应将财政收据交执行款专管员附卷存档。

4. 终本标准化

终结本次执行程序是法院为了结案需要而采取的一种折中措施。2009年，中央政法委和最高人民法院联合印发了《关于规范集中清理执行积案结案标准的通知》（法发〔2009〕15号），首次将终结本次执行作为一种结案方式适用（简称终本案件）。终本案件毕竟还未实现或者未完全实现执行目的，因此应慎重适用。

深圳中院对以终结本次执行程序结案有严格的标准。拟终结本次执行程序的，执行法官应严格按照《关于规范以终结本次执行程序方式结案的规定》，对无财产可供执行或有财产但不足以清偿债务的案件，除申请执行人同意延期执行外，均要对被执行人（被执行人为企业法人或其他组织的，对其法定代表人或负责人）实施限制出境、限制乘飞机、限制高消费、限制工商登记事项的变更、纳入失信被执行人名单等强制措施，经执行局监督处法官审查符合终结本次执行程序的条件且同意作终结本次执行程序处理后，方能终结本次执行程序。通过严格终结本次执行程序的条件、标准及审查，可以有效防止执行法官滥用终结本次执行程序，防止案件反复立案反复执行，保护当事人的合法权益，消除当事人的疑虑。

2014年年底，最高人民法院通过了《关于执行案件立案、结案若干问题的意见》，明确了因暂无可供执行的财产而适用终本程序的要求，包括申请执行人书面同意、人民法院穷尽财产调查措施、经过合议庭合议。该规定在一定程度上吸纳了深圳中院终本结案的做法，但查询财产的范围比深圳中院稍窄，仅规定了"四查"（查询银行存款、房地产登记、股权、车辆）。

(1)"五查"为必经程序

按照《实施标准》的规定，"五查"是终本案件的必经程序。经过"五查"，未发现被执行人有可供执行财产，或者可供执行财产执行完毕后，申请执行人债权无法全部实现的，法院应当向申请执行人发出查证结果通知书。查证结果通知书应当告知申请执行人的信息包括：对被执行人财产进行查证、处置的过程和结果；在指定的期限内提供被执行人可供执行的财产或财产线索；可以申请法院对被执行人或者其主要负责人、直接责任人采取限制出境、限制高消费等措施。送达查证结果通知书后，申请执行人在指定期限内未能提供被执行人可供执行财产或财产线索的，法院可以依法裁定终结本次执行程序。

(2) 实施严格限制措施

申请执行人在指定期限内申请对被执行人或者其主要负责人、直接责任人采取限制出境、限制高消费、限制商事登记事项变更等措施的，在采取前述措施后，法院可以依法终结本次执行程序。终结本次执行程序的案件，法院依职权曝光被执行人或者其主要负责人、直接责任人的信息，并采取限制出境、限制高消费等措施。被执行人为法人或者其他组织的终结本次执行程序的执行案件，法院还应当对被执行人的商事登记事项（名称、住所地或者经营场所、类型、负责人、出资总额、营业期限、投资人姓名或者名称及其出资额等）作变更限制。

（3）全面纳入征信系统

《实施标准》规定，被执行人拒不履行生效法律文书确定的义务的，应当依照《最高人民法院关于公布失信被执行人名单信息的若干规定》将其纳入失信被执行人名单，对其进行信用惩戒。深圳中院将所有执行案件被执行人相关信息定期上传至中国人民银行征信系统、深圳市信用网和全国法院执行信息管理系统。深圳中院在立案后会向被执行人送达执行令，提示被执行人其基本信息已录入深圳信用网和中国人民银行的征信系统。录入企业或者个人信用征信系统的被执行人及其法定代表人或者负责人，在履行义务前，政府及有关部门不得受理其在经营方面的评优评先申请；不得授予其相关荣誉称号；不得给予其享受深圳市有关优惠政策，已经享有的优惠政策，应当予以终止。深圳法院将被执行人的信息在深圳市公安局、深圳市市场监督管理局、深圳市规划和国土资源委员会、人民银行深圳中心支行锁定，限制被执行人在深圳办理出入境手续、经办企业、购买房产、贷款等，使其不能有市场经营行为，事实上退出市场主体地位，陷入准破产状态。

（4）酌情予以司法惩戒

《实施标准》规定，被执行人未按要求履行义务或者申报财产、虚假申报财产、实施妨害执行行为的，法院可以视情节轻重对被执行人或者其主要负责人、直接责任人予以罚款、拘留；构成犯罪的，依法追究刑事责任。

（5）发现财产须恢复执行

《实施标准》规定了终本案件的"回路"机制。对于无财产可供执行案件，予以终结本次执行程序，相当于按下一个"暂停键"，待查找到被执行人名下可供执行财产，则恢复执行，是为"回路"。《实施标准》明确了恢复执行的条件和程序，即对于终结本次执行程序的执行案件，申请执行人发现被执行人有可供执行的财产或者财产线索的，可以向法院申请恢复执行；法院也可以依职权恢复执行。

5. 退出标准化

对于执行不能案件，法院不是不作为而是无法作为。为了避免浪费司法资源、损害法院司法权威，深圳中院创新性地建立了执行不能案件的退出机制。2012 年，深圳中院颁布《深圳市中级人民法院关于执行不能案件移送破产程序的若干意见》，规定了执行不能案件的执行程序与破产程序的衔接制度机制。2014 年年底，深圳中院着手修订《深圳市中级人民法院关于执行不能案件移送破产程序的若干规定》（目前尚在修改中）。《实施标准》根据被执行人主体性质（自然人或者企业法人）的不同，进一步明确了不同的执行退出路径。

对于执行不能案件的被执行人为企业法人的，法院引导申请执行人或者其他债权人提出破产清算申请进入破产清算程序，使被执行人完全退出市场。在破产清算案件受理前，法院可以根据申请执行人的申请限制被执行人及其法定代表人、主要负责人、影响债务履行的直接责任人以企业法人的财产进行高消费。

执行不能案件的被执行人为自然人的，法院引导申请执行人申请限制其高消费，"限高令"在深圳信用网公示，在被执行人住所及所在社区、被执行人户籍所在地张贴，同时向被执行人所在单位、街道办事处、户籍所在公安派出所送达，告知公众如发现其有高消费行为，可向法院举报，予以司法拘留甚至追究其刑事责任。在限制高消费的同时，被执行人的信息还要在深圳公安、市场监管、规划和国土、银行等联动部门锁定，限制被执行人在深圳办理出入境手续、经办企业、购买房产、贷款等，使其不能有市场经营行为，陷入准破产的境地。

（三）完善执行管理制度体系

为规范执行行为、提升执行力度，深圳中院将执行程序进行了分解，制定出台较为全面完整的制度文件（见表 6-1），每一个节点都有相应的文件加以规范，形成强有力的制度保障体系，实现了执行工作的常态化、制度化和精细化。

表 6-1　　深圳中院及执行局出台的执行相关文件

规范事项	文件名称
综合事项	《关于加强和规范执行工作的实施意见》（深中法〔2011〕55号）
执行联动	《关于我局与外省市法院执行局建立协助执行机制的通知》（〔2010〕深中法执他字第15号）
	《关于请求公安机关协助查控被执行人若干问题的规定（试行）》（〔2010〕深中法执他字第10号）
	《关于使用法院查控网查证功能的规定（试行）》（〔2012〕深中法执他字第6号）
	与深圳市规划和国土资源委员会《关于协助人民法院执行的工作纪要》（深中法发〔2013〕5号）
	《关于重新规范办理限制出境手续的通知》（〔2012〕深中法执他字第31号）
	《关于执行案件中股权冻结相关问题的通知》（〔2013〕深中法执他字第13号）
	《关于查控网开通港运业务限制功能的通知》（〔2012〕深中法执他字第34号）
	《关于查询被执行人通讯信息工作的通知》（〔2012〕深中法执他字第40号）
	《机场限制乘飞机规定》（〔2012〕深中法执他字第36号）
	《关于安居房、保障性住房司法强制执行的会议纪要》（〔2013〕深中法执他字第15号）
	《关于住房公积金司法强制执行的意见》（〔2013〕深中法执他字第20号）
	《关于规范执行过程中涉及拘留相关事项的通知》（〔2013〕深中法执他字第19号）
	《关于在执行工作中落实住房限购政策的通知》（〔2014〕深中法执他字第9号）
	《关于与部分中（高）院执行局建立跨区域协助执行机制的通知》（〔2014〕深中法执他字第11号）
	《关于与外地法院签订跨区域协助协议的补充通知》（〔2014〕深中法执他字第32号）
	《深圳市中级人民法院执行局深圳市交通警察局关于查封、限制被执行人机动车财产权工作纪要》（〔2014〕深中法执他字第33号）
	《住房公积金协助执行工作的会议纪要》（〔2014〕深中法执他字第34号）
	《关于小汽车增量调控涉司法小汽车过户有关事项的通知》（〔2015〕深中法执他字第8号）

续表

规范事项	文件名称
财产处分	《关于委托评估、拍卖信息发布的实施细则（试行）》（深中法〔2013〕60号）
	《关于进一步规范委托评估、拍卖工作并进行备案的通知》（〔2013〕深中法执他字第22号）
	《关于规范全民所有制非公司企业法人投资权益冻结问题的通知》（〔2012〕深中法执他字第24号）
	《摇珠选择评估拍卖机构、拍卖应通知所有执行当事人到场，评估报告应发送所有执行当事人》（〔2014〕深中法执他字第4号）
	《关于规范民事执行中查封、扣押、冻结、处分被执行人财产的若干指引（试行）》（〔2014〕深中法执他字第10号）
	《关于被处置抵押物解封及过户应同步进行的通知》（〔2014〕深中法执他字第21号）
	《关于规范机动车评估、拍卖相关事项的通知》（〔2015〕深中法执他字第9号）
主体变更	《关于在执行金融不良债权转让案件中变更申请执行主体有关问题的规定》（〔2009〕深中法执他字第7号）
	《〈关于在执行金融不良债权转让案件中变更申请执行主体有关问题的规定〉的补充规定》（〔2012〕深中法执他字第15号）
	《关于执行程序中追加、变更被执行人的若干规定》（〔2014〕深中法发字第10号）
文书处理	《深圳市中级人民法院执行局文书审签规定（试行）》（〔2009〕深中法执他字第9号）
	《关于适用公告送达若干问题的通知》（〔2013〕深中法执他字第6号）
	《关于执行程序中适用公告送达法律文书的若干规定（试行）》（〔2013〕深中法执他字第18号）
	《关于规范填写适用〈执行异议、案外人异议案件移送审批表〉的通知》（〔2012〕深中法执他字第29号）
	《关于修改限制出境对象通知书及有关要求的通知》（〔2013〕深中法执他字第21号）
	《深圳市中级人民法院执行局文书审签与事项审批规定》（〔2015〕深中法执他字第1号）
终结本次执行程序	《关于规范以终结本次执行程序方式结案的规定（试行）》（〔2013〕深中法执他字第27号）
	《关于终本审批权限的通知》（〔2013〕深中法执他字第8号）
	《关于执行不能案件移送破产程序的若干意见》（深中法发〔2013〕6号）

续表

规范事项	文件名称
执行款管理	《关于查询被执行人通讯信息工作的通知》（〔2012〕深中法执他字第40号）
	《深圳市中级人民法院执行款管理规程》（深中法发〔2012〕3号）
	《执行款划付流程》（〔2014〕深中法执他字第5号）
	《关于为困难当事人申请司法救助金的通知》（〔2011〕深中法执他字第30号）
	《关于规范司法救助申请流程及标准的通知》（〔2012〕深中法执他字第20号）
行为规范	《深圳市中级人民法院执行局关于推行执行工作月报制度的通知》（〔2011〕深中法执他字第2号）
	《关于执行案件信息录入系统的暂行规定》（〔2012〕深中法执他字第26号）
	《关于在综合业务管理系统中及时录入执行日志的通知》（〔2012〕深中法执他字第16号）
	《执行局出差办案管理规定》（〔2013〕深中法执他字第23号）
	《鹰眼查控网授权使用人员操作规范指引》（〔2014〕深中法执他字第15号）
	《深圳市中级人民法院执行局（执行指挥中心）网络查控工作规程》（〔2014〕深中法执他字第35号）
	《关于规范集中清理一年以上未结案件的若干指引》（〔2014〕深中法执他字第30号）
	《查控组保密守则》
	《关于严格遵守保密规定、不得告知当事人查控网财产查控情况的通知》（〔2012〕深中法执他字第32号）
	《关于规范公布失信被执行人名单信息相关工作的通知》（〔2014〕深中法执他字第12号）
	《异议案件立案审查规定》（〔2014〕深中法执他字第14号）
	《关于公布失信被执行人名单信息规程》（〔2015〕深中法执他字第2号）

（四） 强化执行程序审查监督

执行案件的审查监督权是监督实施裁决权和实施事务权运行的权力，主要包括执行异议审查权、申诉信访审查权、督促权、恢复执行权、结案审查权等。深圳中院设立执行监督处对执行案件实行执行审查专管，并建立了较为完善的内部监督体系。执行监督处通过执行异议、复议案件的审查，对每一个执行行为的合法性进行监督；通过对来人访、来信访等执行信访案件的立案办理，实现对消极执行、拖延执行、瑕疵执行和不当执行的监督。深圳中院通过"四化"实现执行审查专管。

1. 监督机构"专门化"

深圳中院在执行局内设置执行监督处，其主要职能包括：对执行行为异议、复议、案外人异议、变更申请执行主体、执行申诉和信访等案件进行审查；恢复执行审查；沟通协调重大执行案件、向上级法院请示、督促下级法院执行、对下级法院执行进行指导；组织调研、制定规范性指导意见。在运行流程上，以执行裁决处法官为中心，执行裁决处法官发出任务指令后，由执行实施处工作人员具体办理；当事人或利害关系人对执行行为提出异议的，移交执行监督处进行审查。

2. 申诉信访"专管化"

深圳中院执行监督处引导当事人依法解决信访诉求，将执行申诉信访案件分类立案，指定专人跟案处理，做到"有访必复，有案必处"。执行监督处针对不同的执行情形分类处理执行信访案件，实现专项监督。例如，执督字案件针对消极执行、拖延执行情形实施监督；执监字案件针对瑕疵执行、违法执行、衍生信访情形实施监督；执信字案件针对不当执行情形实施监督。

3. 法官接访"日常化"

《实施标准》规定，执行过程中，申请执行人、被执行人或者利害关系人认为执行行为违反法律规定的，可以依照民事诉讼法的规定，向法院提出书面异议，法院应当依法处理。为方便群众，深圳中院信访大厅设执行信访专门窗口，全体执行法官周一到周五轮值接访；每周四下午固定由执行局、处领导接访，实现执行法官接访日常化。

4. 监督指导"专业化"

《实施标准》规定,上级法院可以根据申请执行人、被执行人或者利害关系人的申请对下级法院的案件执行进行执行监督,也可以依职权进行执行监督。深圳中院执行监督处将信访监督与业务指导有机结合,以信访监督发现的问题为导向对基层法院指导,使业务指导更有针对性;以日常业务指导规范执行行为,提前消除信访隐患。对于重大信访、涉及维稳等案件,执行法官应当组织申请执行人、被执行人及利害关系人进行执行听证。执行法官可以邀请人大代表、政协委员等见证执行。

(五)实体指标客观且可量化

《实施标准》由程序指标和实体指标组成,程序指标为深圳执行工作确立了流程性标准,实体指标则侧重于对执行结果的衡量。实体指标的指标项标识出指标的正负相关性,明确了目标值区间,列明核算公式及得分标准。执行案件的办理,只要程序上符合程序规范,所有结案实体上达到实体指标的达标值区间,即可视为基本完成执行工作。《实施标准》从公正、效率和效果三方面确立实体指标,抓住了执行工作的本质特征、核心价值和终极目标。

1. 执行工作的本质特征是公正

对于审判机关而言,公正是首要价值,执行工作也不例外。根据《实施标准》,公正指标由执行公开率、执行行为撤改率、国家赔偿率三项具体指标组成。首先,公正的执行工作应当是公开的,包括执行过程和执行结果的公开,具体要求是执行过程录入执行日志,失信被执行人纳入信用征信系统,承载执行结果的执行法律文书要在网上公开。根据《实施标准》,评判执行工作的一项指标就是执行公开率,即达到执行公开标准的执行案件数与执行案件结案总数的比率,其中的执行信息公开标准由执行监督部门根据《广东法院推进司法公开三大平台建设的工作方案》等文件的相关规定予以认定。其次,评判执行工作是否公正,执行行为撤改率和国家赔偿率也是两个重要的衡量指标。公正的执行意味着执行行为被撤销、改正或者被责令做出执行行为的案件数和因执行而导致国家赔偿的案件数,占执行案件结案总数的比率被控制在很低的区间。

2. 执行工作的核心价值是效率

与审判相比，执行更强调效率。《实施标准》的效率指标中的平均执行周期和执行措施采取率最能反映执行工作的力度与效率。为了尽快实现申请执行人的合法权益，彰显执行程序效率优先的价值理念，《实施标准》将平均结案周期作为衡量效率的指标，平均结案周期越短，执行效率越高。另外，执行效率有赖于执行力度的提升，为了提高执行效率，深圳中院强调穷尽执行措施，以提升执行措施采取率。根据《深圳市中级人民法院关于基本解决执行难目标的程序规范》，执行措施包括：①"五查"；②查询被执行人居住证件信息、常住人口信息、租房信息、边境证件信息、出入境记录、狱政信息、通信记录、酒店住宿信息、乘机记录、法定代表人身份信息等；③查询被执行人住房公积金、社保登记、托管股权、港行货运信息等；④制发查证结果通知书；⑤限制出境；⑥限制乘飞机；⑦限制高消费；⑧限制商事登记事项变更；⑨纳入失信被执行人名单；⑩委托被执行人户籍地法院调查被执行人财产；⑪委托被执行人服刑场所调查被执行人财产；⑫司法救助；⑬悬赏执行；⑭罚款；⑮拘留；⑯追究刑事责任。这些执行措施多管齐下，大大提高了执行效率。

3. 执行工作的终极目标是效果

评判执行工作最终是看执行效果，效果指标强调执行完毕率，提高部分执行率，同时考虑当事人的感受，设定信访投诉率。首先，衡量执行效果要看执行结案中多少案件能够得到执行。执行案件的办理，最终的检验标准是当事人的全部权益是否得到实现，当事人对人民法院执行工作是否理解和满意，所以案件是否执行完毕、当事人对人民法院的执行工作是否满意，是实施标准必须考量的因素。执行完毕、和解并履行完毕、终结执行、准许申请执行人撤回强制执行申请的案件，案结都能事了，将这类案件所占比例作为衡量解决执行难的指标，符合执行工作本身的要求。其次，衡量执行效果还要看在终本案件的总申请标的中执行到位的金额占比情况。另外，信访投诉也是影响执行效果的重要因素，《实施标准》用案访比来反映信访投诉率，具有一定的客观性。

五 《实施标准》的施行效果

2013年9月,最高人民法院提出执行工作的"一性两化"工作思路,即依法突出执行工作强制性,全力推进执行工作信息化,大力加强执行工作规范化。深圳中院自2011年以来围绕"基本解决执行难"目标开展的执行工作体现了最高人民法院所提出的"一性两化":通过加大执行强制措施的适用力度,突出执行强制性,树立司法权威;通过鹰眼查控网和极光集约系统,加大信息化建设,提升执行质效;通过流程再造和执行公开网,推进规范化建设,促进执行公正。深圳法院向科技要效率,向管理要效益,强力推进执行信息化建设,为实现基本解决执行难提供了坚实的保障。

问卷调查结果显示,深圳法官对近两年深圳法院的执行行为总体持正面评价。在回收的317份有效的深圳法官问卷中,除了2份拒答、2份多选作废之外,174人认为深圳两级法院在执行方面称职,在有效作答中占55.6%;104人认为基本称职,占33.2%;4人认为不称职,占1.3%;31人回答不清楚,占9.9%(见图6-3)。超过1/2的深圳律师认为深圳法院的执行好于其他地区。针对深圳律师的问卷调查显示,在1337个代理过执行案件的调查对象中,除了5人拒答、4人多选作废之外,有687人认为好于其他地区,占51.7%;251人认为和其他地区差不多,占18.9%;73人认为其他地区有的更好,占5.5%;317人认为不好评价,占23.9%(见图6-4)。

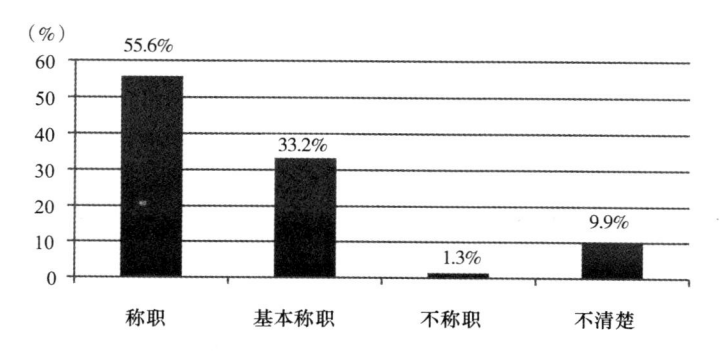

图6-3 深圳法官对深圳法院执行行为的评价

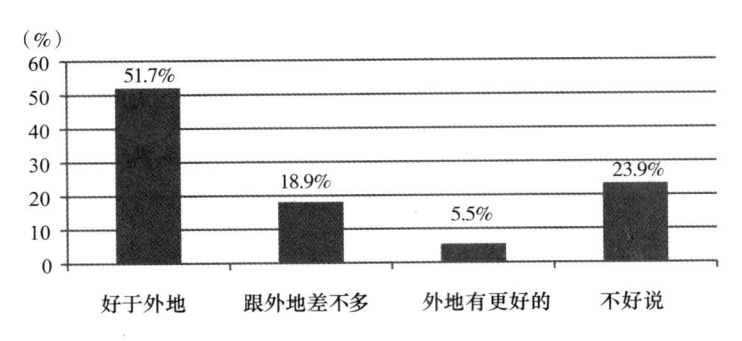

```
(%)
60 ┐ 51.7%
50
40
30        18.9%          23.9%
20                 5.5%
10
 0   好于外地  跟外地差不多  外地有更好的  不好说
```

图 6-4 深圳律师关于深圳法院与其他地区法院的执行行为的评价

（一）有效保障申请人知情权

执行案件由申请执行人提起，在办理过程中要保障申请执行人对案件进展情况的知情权。另外，法院对被执行人财产的查控和处分具有较强的对抗性，因此，保障被执行人对强制执行措施的知情权也非常重要。为此，《民事诉讼法》和最高人民法院的司法解释均对保障执行当事人的程序权利作了明确规定。《最高人民法院关于人民法院民事执行中查封、扣押、冻结财产的规定》第9条、第10条规定，查封不动产，要向不动产所有人和申请执行人送达执行裁定书和查封通知书。《民事诉讼法》第245条规定，人民法院查封、扣押财产时，被执行人是公民的，应当通知被执行人或者他的成年家属到场；被执行人是法人或者其他组织的，应当通知其法定代表人或者主要负责人到场。《最高人民法院关于人民法院执行工作若干问题的规定（试行）》第53条规定，冻结有限责任公司股权和非商事股份有限公司的股份，向被执行人送达执行裁定书和冻结通知书；查封动产，通知被执行人本人或成年亲属到场。

《实施标准》的重要任务是保护当事人的合法权益，让当事人在执行案件的每一个阶段感受到公平正义。课题组通过案卷评查和问卷调查两种方式分析深圳中院在执行过程中对当事人知情权的保障度，结果显示，深圳中院较为重视对申请执行人的知情权保障。

1. 告知立案信息

课题组对近两年深圳法院在接到执行申请后告知准予或不准予立

案的情况进行问卷调查。针对深圳律师的调查结果显示，在1337个代理过执行案件的调查对象中，除了5人拒答之外，有801人回答均告知，占60.1%；319人回答多数告知，占23.9%；回答少数告知或不告知的，只有193人，占14.5%；还有19人回答不清楚，占1.4%。其他地区律师的问卷调查结果显示，深圳法院对申请人是否立案的知情权的保障度略高于其他地区法院。在1714个代理过执行案件的其他地区律师中，除了17人拒答之外，有799人回答均告知，占47.1%，比深圳律师低13个百分点；469人回答多数告知，占27.6%，比深圳律师高近4个百分点；回答少数告知或从未告知的有395人，占23.3%，比深圳律师高约9个百分点；还有34人回答不清楚，占2.0%（见图6-5）。

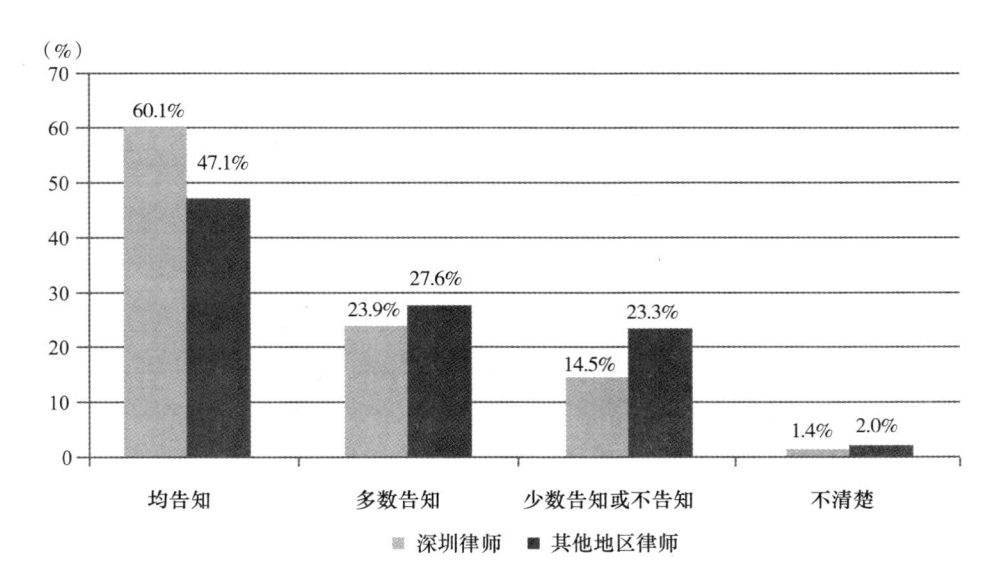

图6-5 深圳律师与其他地区律师收到法院告知立案信息的情况

2. 告知"五查"结果

法院在主动查询财产之后，未发现被执行人有可供执行财产，或者可供执行财产执行完毕后，申请执行人债权无法全部实现的，法院应当向申请执行人发出查证结果通知书。问卷调查显示，深圳法院告知申请人财产查询结果的情况好于其他地区。针对深圳律师的问卷调查显示，在1337个代理过执行案件的调查对象中，除了7人拒答之外，有266人表示均收到法院对被执行人财产查询结果的通知，占20.0%；404人表示多数收到，占30.4%；398人表示少数收到，占29.9%；255人表示从未收到过，占19.2%；7人表示不清楚，占0.5%。针对其他地区律师的问卷调查显示，在1714个代理过执行案件的调查对象中，除了15人拒答之外，有196人表示均收到法院对被执行人财产查询结果的通知，占11.5%，低于深圳律师8.5个百分点；378人表示多数收到，占22.2%，低于深圳律师8.2个百分点；442人表示少数收到，占26.0%，低于深圳律师3.9个百分点；654人表示从未收到过，占38.5%，高于深圳律师近20个百分点；29人表示不清楚，占1.7%（见图6-6）。

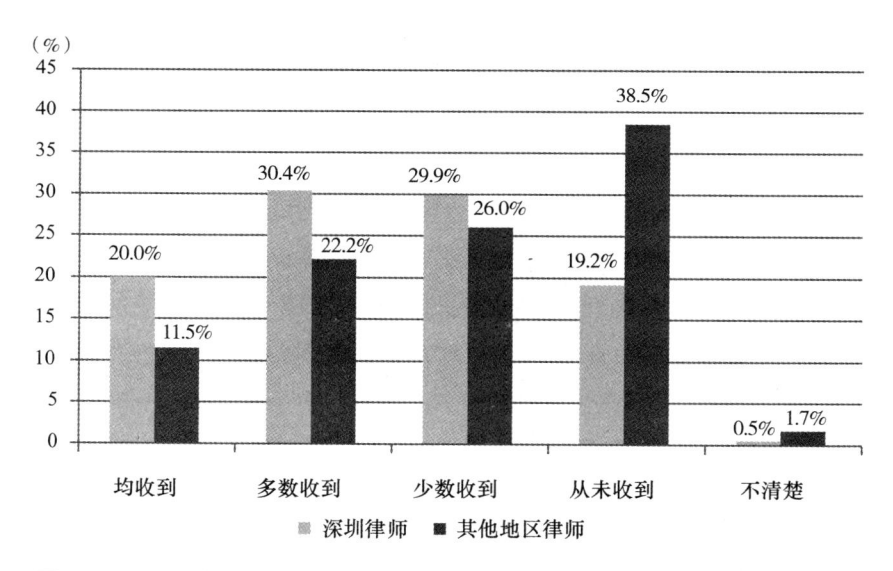

图6-6 深圳律师和其他地区律师收到法院告知申请人财产查询结果的情况

3. 告知执行措施

申请执行人需要了解执行的进展情况，深圳法院重视告知申请执行人采取执行措施的有关情况。深圳律师的问卷调查显示，深圳法院在采取强制措施后通常会告知申请人。在1337个代理过执行案件的调查对象中，除了 13 人拒答、1 人多选作废之外，有 398 人回答均被告知，占 30.1%；477 人回答多数被告知，占 36.1%；330 人回答少数被告知，占 24.9%；102 人回答均未被告知，占 7.7%；16 人回答不清楚，占 1.2%。针对其他地区律师的问卷调查显示，其他地区法院告知申请人采取执行措施的情况与深圳法院基本保持一致。在 1714 个代理过执行案件的调查对象中，除了 15 人拒答之外，有 484 人回答均被告知，占 28.5%；533 人回答多数被告知，占 31.4%；450 人回答少数被告知，占 26.5%；187 人回答均未被告知，占 11.0%；45 人回答不清楚，占 2.6%（见图 6-7）。

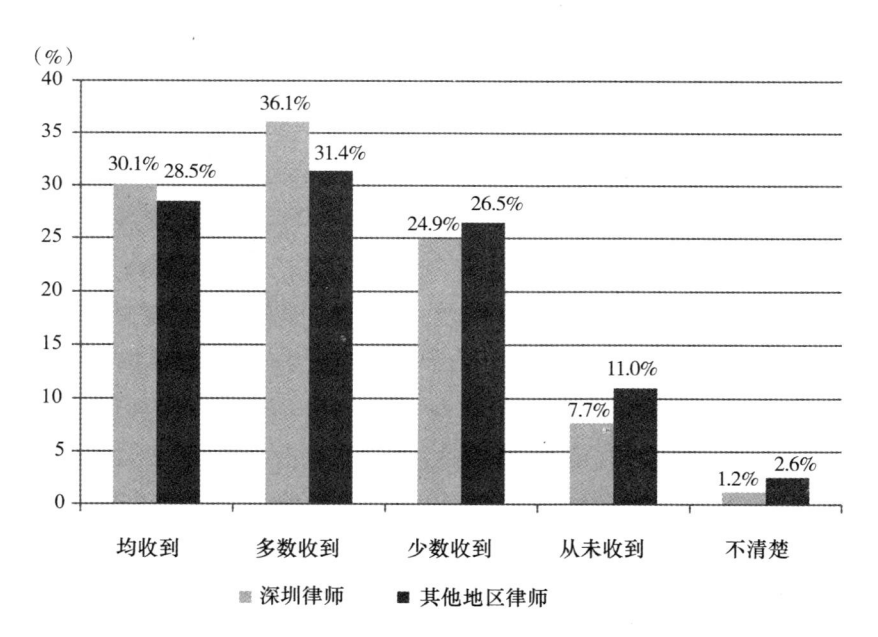

图 6-7 深圳律师和其他地区的律师收到法院告知采取执行措施的情况

4. 告知结案信息

生效法律文书确定的给付义务履行完毕，法院应当制作结案文书并送达申请执行人和被执行人。案卷评查结果表明，深圳中院的大多数案件都会向申请人送达执行中止、终结信息。在被抽查的 200 个案卷中，除了 75 个案件不适用之外，有 118 个案件送达了中止或终结文书，占 94.4%；

未送达的只有 7 个，占 5.6%。

(二) 强制执行力度大幅提升

强制执行是实现生效法律文书的重要途径，是维护社会和经济正常秩序、保护当事人合法权益的重要法律制度，是维护司法权威的内在要求。法院执行不作为、执行不力一直饱受诟病，被认为是执行难的重要因素。2005 年 12 月 26 日，中央政法委下发《中央政法委关于切实解决人民法院执行难问题的通知》（政法〔2005〕52 号），对执行难的性质、成因、特点进行了深入分析与科学定位，提出了以构建"执行威慑机制"为核心切实加大人民法院执行工作力度。《实施标准》在对执行难进行准确界定之后，确立执行标准，最大限度挖掘法院的执行空间。深圳中院通过加强财产查控力度、限制被执行人的活动自由度、加大执行惩戒措施以及处罚拒不履行协助义务的单位等措施，提升了深圳中院的执行力度。

1. 加大财产查控力度

鹰眼查控系统运行以来，深圳中院对被执行人的财产查控力度大为增强，主要表现为"五查"率高位运行、财产查控数量逐年上升、财产查控的种类与范围有所扩大、及时查控效果显著增强等方面。

第一，"五查"率高位运行。从案卷抽查结果来看，深圳中院执行案件的"五查"率非常高。在 200 份案卷中，除了 76 件不需要"五查"外，有 98 件经过了"五查"，"五查"率接近 80%，还有近 10% 的案件进行了部分查询，这意味着近 90% 的执行案件经过了财产查询（见图 6-8）。问卷调查结果显示，深圳法院立案后主动进行"五查"的做法得到绝大多数深圳律师的认同。针对深圳律师的问卷调查显示，除了 10 人未作答之外，1422 人认为有必要主动"五查"，占 97.7%；12 人认为没有必要，占 0.8%；21 人认为无所谓，占 1.4%。

第二，财产查控数量逐年上升。鹰眼查控系统数据显示，2012—2014 年三年间，执行案件的财产查控数据呈逐年上升趋势。根据 2012 年、2013 年、2014 年"鹰眼查控网"财产查询任务年度数据（见表 6-2），除了托管股权之外，深圳中院向车辆管理、房地产权、工商股权、银行账户、人民银行、证券登记等联动单位发送财产查询的数量以及查到的财产

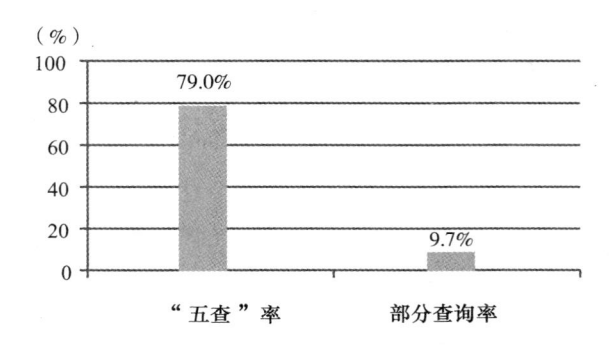

图 6-8　深圳中院执行案卷反映出来的"五查"率

数均逐年上升。根据 2012 年、2013 年、2014 年"鹰眼查控网"财产控制数据（见表 6-3），深圳中院向车辆管理、房地产权、工商股权、银行账户等联动单位发送财产控制的数量以及实控财产数也都呈现逐年上升趋势。从启动到 2015 年 11 月 30 日，通过"鹰眼查控网"实际冻结银行金额 52 亿元，实际扣划银行金额 30 亿元，查询到房产 585186 套，控制房产 27525 套，协助相关机关查询 28290 人次。

表 6-2　2012 年、2013 年、2014 年"鹰眼查控网"财产查询数据　单位：件、个

查询内容	2012 年		2013 年		2014 年	
	发送联动单位数量	查询到财产数	发送联动单位数量	查询到财产数	发送联动单位数量	查询到财产数
车辆管理	33224	74723	36480	115749	55972	162363
房地产权	34432	84884	40540	105195	56705	124477
工商股权	32876	58455	39206	63102	55512	88922
银行账户	81923	177596	138672	325802	204848	485496
托管股权	2734	2759	1247	1251	1597	1584
人民银行	35809	196177	41520	302536	57972	458037
证券登记	34096	41322	39999	49283	57401	83813
合计	255094	635916	337664	962918	490007	1404692

注：本报告所引用的司法统计数据除有特殊说明的均来自广东省法院的综合业务系统。

表 6-3　2012 年、2013 年、2014 年"鹰眼查控网"财产控制数据　　单位：件、个

财产类型	2012 年		2013 年		2014 年	
	发送联动单位	实控财产数	发送联动单位	实控财产数	发送联动单位	实控财产数
车辆管理	1976	3803	4084	6471	5964	9337
房地产权	1779	1690	3635	4693	5826	7625
工商股权	1617	1761	2951	3117	4339	4707
银行账户	11606	12277	32662	37896	48604	57797
合计	16978	19531	43332	52177	64733	79466

第三，财产查控范围不断扩大。鹰眼查控系统的数据显示，近年来，深圳中院对财产的查控种类和范围不断扩大：执行法官对被执行人财产的查控种类由原先的 4 项扩展到现在的 28 项；对被执行人财产的查找范围也由原来的仅限于深圳市扩展到广东省范围，部分财产如银行账户开户信息、股票基金信息扩展到全国范围。

第四，查控及时，效果显著。深圳中院受理执行案件后 3 日内主动查询被执行人财产，大量被执行人尚未来得及转移财产即被查控，大大降低了财产转移风险。深圳中院的一个案例非常典型。2012 年 9 月 10 日，厦门某软件开发有限公司向深圳中院提出执行申请，要求深圳市某创业投资有限公司返还投资资金本金人民币 3920 万元及相关利息、律师费、仲裁费等。承办法官按照《执行案件办案流程》于 9 月 12 日 8 点 50 分将被执行人财产查询上传至"鹰眼查控网"。9 月 17 日 9 点，深圳人民银行反馈信息：被执行人在民生银行、招商银行分别开户。9 月 17 日 9 点 19 分，"鹰眼查控网"分别向这两家银行发出商业银行存款余额查询指令。同日 16 点 32 分，招商银行查询信息反馈：被执行人有存款余额 22914869 元；9 月 18 日 17 点 28 分，民生银行反馈：没有开户信息。9 月 20 日，"鹰眼查控网"发出冻结指令，控制被执行人在招商银行的存款人民币 22914869 元，从而最大限度为申请执行人实现了执行权益。

2. 强化信用惩戒措施

深圳中院凸显执行工作强制性，加大对被执行人执行强制措施的应

用。统计数据显示,"鹰眼查控网"从启动到 2015 年 11 月 30 日,共进行人员查控 17919 人次。2012—2014 年,深圳中院采取限制出境、限制乘飞机等各种措施数量逐年上升。被执行人列入失信被执行人名单后,无法购买飞机票,也就无法对之采取限制乘飞机措施,因此,2015 年随着被执行人列入失信被执行人名单和比例逐渐增加,启动限制乘飞机措施的案件有所减少(见表 6-4)。

表 6-4 "鹰眼查控网"限制出境、限制乘飞机任务年度数据 单位:宗

年度	报送省高院	发送联动单位
2012	168	74
2013	373	381
2014	743	599
2015(截至 11 月 30 日)	730	118
合计	2014	1172

另外,深圳中院加强了执行曝光力度,通过深圳信用网发布的失信被执行人的数量从 2013 年开始有大幅度提升(见表 6-5)。

表 6-5 深圳中院通过深圳信用网发布的失信被执行人的数量 单位:人

年份	2012	2013	2014	2015(截至 11 月 30 日)
失信被执行人数量	2656	2621	3738	4018

3. 追究被执行人刑事责任

违法成本过低是被执行人逃避执行的重要原因,因此,增大违法成本、严厉制裁违法行为,是保障当事人合法权益、树立法律权威的必经之路。在执行实践中,被执行人擅自转移、处分被人民法院查封的财产(特别是机器设备等动产)的情况不时出现,对此类妨害法院强制执行的情形如何惩戒,以及在惩戒的同时如何顺利、有效地推进执行,是人民法院面临的现实问题。

深圳中院突出执行工作强制性，取得了良好效果，这里举一个典型案例。深圳中院于 2012 年 5 月 22 日依法对申请执行人某集团与被执行人郑某某、某实业公司及其分公司房屋租赁合同纠纷执行一案（申请执行标的为 1.1 亿元）立案执行后，多次向被执行人送达执行令及有关通知书，但被执行人拒不履行生效法律文书确定的义务。在执行过程中，深圳中院依法主动对被执行人的财产进行了查询，除依法强制扣划了该案审理过程中冻结的被执行人银行存款人民币 800 多万元外，未发现被执行人有其他可供执行的财产。被执行人自 2008 年 3 月 9 日使用涉案房屋以来未向申请执行人支付过任何租金及扣点提成等费用，该案所涉执行标的金额巨大、腾退房屋面积巨大，还涉及 1000 多名员工撤离的社会维稳问题，社会影响较大。为加大执行力度，2013 年 1 月，深圳中院通过深圳市政法委，组织法院、公安局、检察院、区政府、街道等相关部门多次召开了执行联动工作会议，确定了对被执行人郑某某实施司法拘留及对其涉嫌拒不执行法院生效判决罪进行刑事立案侦查的执行工作方案。在强大的执行措施压力下，被执行人于 2013 年 2 月 1 日向申请执行人主动清偿了人民币 3000 万元。之后，被执行人又不再履行剩余义务。2013 年 6 月 26 日，深圳中院依法对被执行人郑某某实施司法拘留。在该项措施的威慑下，被执行人郑某某于 2013 年 7 月 10 日委托被执行人某实业公司及其公司管理人员平稳清退了 1000 多名员工并同意交付涉案 13000 多平方米的房屋给申请执行人，该案执行工作再次取得突破性进展。一系列执行强制措施，使得被执行人感受到了强大的执行压力及威慑力，加大了自动履行的力度，有力地推动了执行工作。

4. 惩处不履行协助义务单位

在执行过程中，有些查封、冻结措施以及财产权证照办理转移手续等，需要有关单位配合才能完成人民法院的执行行为，当事人的权利才能得以保障和实现。因而，协助执行在法院执行工作中就显得尤为重要。如果协助执行义务单位拒不协助执行，人民法院可以采取司法制裁措施，以维护法律的权威，保障当事人合法权益的实现。深圳中院在执行实务中强化对违反协助义务者的制裁，对拒不协助人民法院执行的单位、个人，依法予以罚款、拘留。以下就是法院采取司法制裁措施促使相关单位履行了协助义务的两个典型案例。

案例一：深圳中院于 2011 年 3 月 14 日冻结了被执行人四川省某市人民政府所有的该市财政局名下在中国银行该市分行账户存款人民币 1064 万元。2011 年 9 月 7 日，深圳中院前往中国银行该市分行办理上述款项的续冻手续，在依照规定出示工作证件、送达协助执行通知书（续冻）及裁定书后，该银行工作人员以续行冻结须先行解除冻结，而深圳中院未送达解除冻结文书为由不予办理续行冻结手续。同时，该行工作人员向该市政府通风报信，市政府多名人员赶到银行，阻挠办案，不准深圳中院续冻，深圳中院只得留置送达后离开。深圳中院决定对中国银行该市分行罚款 30 万元。后因该分行派员到深圳中院承认错误，做出检讨并办理了续冻手续，深圳中院将罚款变更为 3 万元，该罚款已经执行。

案例二：1997 年 7 月 3 日，深圳中院查封了被执行人深圳某实业有限公司与北京市某房地产公司合作开发的"某花园"17 套住房。1998 年 8 月 12 日，深圳中院做出民事裁定，裁定深圳某实业股份有限公司代被执行人偿还 8754060 元给深圳平安银行股份有限公司，上述 17 套住房归深圳某实业股份有限公司所有。与此同时，法院向北京某区住房和城乡建设委员会发出民事裁定书和协助执行通知书，要求其协助办理产权转移登记手续。但北京某区住房和城乡建设委员会并未协助办理产权转移登记手续。2009 年 7 月 12 日，法院再次向北京市该区住房和城乡建设委员会发出相关民事裁定书和协助执行通知书，要求办理过户。2011 年 5 月，北京市该区住房和城乡建设委员会向法院发出《征询函》称被执行人与深圳某实业有限公司就合作开发花园房地产项目纠纷在北京市第二中级人民法院诉讼，询问是否进行履行协助义务。深圳中院于同年 5 月 25 日发出《关于协助办理某花园部分房产强制过户的复函》，认为北京市第二中级人民法院的诉讼并不影响本案的执行，北京市某区住房和城乡建设委员会应立即履行协助义务，办理相关房产的过户手续。但该单位仍然没有按照规定的期限履行协助义务。2011 年 8 月 10 日，深圳中院发出《罚款决定书》，决定对北京市某区住房和城乡建设委员会拒不协助履行的行为予以罚款 30 万元。同时，深圳中院向北京市某区人民政府、北京市住房和城乡建设委员会发出《司法建议书》，请其督促该区住房和城乡建设委员会在规定的期限内履行协助义务。之后，由于北京市某区住房和城乡建设委员会既没有履行协助义务，也没有缴纳罚款，深圳中院对罚款予以强制扣划。

（三）终本案件恢复执行程序畅通

1. 履行"五查"及严格的审批程序

课题组对深圳中院以终结本次执行程序结案的部分案件进行了卷宗评查，考察事项包括：是否经过了"五查"，确定未发现可供执行的财产或者可供执行的财产不足；是否有申请执行人的终本申请；是否经过合议庭审议；是否经过主管领导的审批。案卷评查结果显示，深圳中院在司法实践中对终本结案较为慎重，在53个以暂无财产而终本的案件中，除了9个案件不需要"五查"之外，经过"五查"的案件有41个，占93.2%；未经过"五查"的只有3个，占6.8%。所有终本案件均经过了合议庭的合议。200个案件中，除了124个案件不适用和19个案件不需要申请执行人申请之外，38个案件有申请执行人的申请，占66.7%；其中22个案件有终本申请书，占38.6%；8个案件有中止申请书，占14.0%；8个案件虽然无申请书，但是执行记录中显示有申请，占14.0%。200个案件，除了124个不适用之外，有68个经过了领导审批，审批率接近90%（见图6-9）。

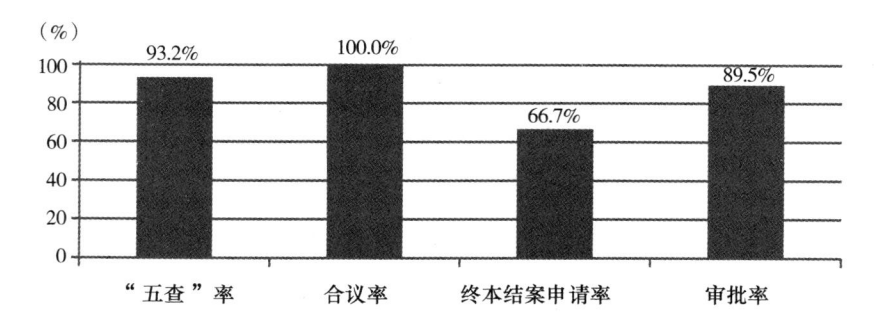

图6-9 案卷显示深圳中院终本结案标准高

2. 终本后仍持续采取强制措施

终本决定做出之后，执行程序终结，但是对被执行人（被执行人为企业法人或其他组织的，对其法定代表人或负责人）所采取的限制出境、限制高消费、限制工商登记事项的变更等强制措施并不随执行程序而终结。强制执行措施并不中断，这对被执行人产生持续影响，形成高压态势，促使被执行人履行义务。根据深圳中院的统计，在深圳两级法院的终本案件中，结案后因限制出境、限制乘飞机、列入失信被执行人名单等惩戒措施而恢复执行的，有2000件左右，约占终本案件的7%。以下为两个典型案例，一个是终本后通过限制出境促使被执行人履行义务；另一个是终本后通过锁定被执行人的工商信息促使被执行人主动履行义务。

案例一：申请执行人深圳市某服饰有限公司向深圳中院申请强制被执行人深圳某服饰有限公司、王某履行生效法律文书确定的义务。深圳中院经过"五查"没有发现被执行人有可供执行的财产，调查结果告知申请执行人后，申请执行人表示没有异议，也无法提供被执行人可供执行的财产线索。由于被执行人下落不明，暂无可供执行的财产线索，深圳中院遂以终结本次执行程序方式结案。终本结案前，深圳中院向深圳市公安局查询了被执行人王某和深圳某服饰有限公司法定代表人周某的出入境证件号码信息，并进行限制出境。2015年4月13日，周某在深圳湾口岸前往香港出境检查过程中被检查站截获，随后双方达成执行和解协议，被执行人支付了人民币3万元。2015年4月15日，申请执行人即向法院提交申请书，称本案双方已达成和解并履行完毕，申请解除对被执行人的拘留措施。

案例二：申请执行人许某与被执行人深圳某机械电气制造有限公司经济合同纠纷一案，深圳仲裁委员会发出的调解书已经发生法律效力。由于被执行人没有履行生效法律文书确定的内容，申请执行人于2013年9月29日向深圳中院申请强制执行，请求被执行人支付执行款本息共计人民币85986元。经"五查"，被执行人名下无可供执行财产，深圳中院以终结本次执行程序结案，并于2013年10月30日锁定了被执行人的工商登记信息，限制其商事变更登记。2014年11月25日，被执行人主动来到法院，表示愿意主动履行全部债务，请求法院尽快解除工商登记信息的锁定。同日，被执行人将执行款本息全额支付至深圳中院执行款专户，深圳中院将款项划付给申请执行人后执行结案。

(四) 执行活动透明规范廉洁

执行难的原因除了被执行人逃避或对抗执行之外,还有一种原因是执行乱,即执行机关的执行行为不规范、不及时,最终导致申请执行人的执行权益无法及时、全部实现。执行乱有多种表现形式,如评估拍卖环节不自律、截留执行款项以及接受被执行人贿赂而消极执行等。克服执行乱作为,需要提升职业道德和行为规范,强化执行公开和监督机制。2010年12月,最高人民法院先后修订发布了《法官职业道德基本准则》(法发〔2010〕53号)和《法官行为规范》(法发〔2010〕54号),提出"文明执行""避免乱作为"的要求。深圳中院主要通过对"执行款的收取、划付""委托评估、拍卖机构"以及司法人员的执行行为进行规范,并辅助以执行公开,以达到解决乱执行所带来的执行难问题。

1. 执行收费严格合规

(1) 严格按照规定不预收执行申请费

根据《诉讼费用交纳办法》第10条的规定,执行申请费执行后交纳,不需申请人预交。在抽查的200份案卷中,有192份案卷显示申请人没有预交执行费,占96%。

(2) 网上发布拍卖、悬赏公告免费

最高人民法院2010年《最高人民法院关于限制被执行人高消费的若干规定》,限制高消费令的公告费用由被执行人负担,申请执行人申请在媒体公告的,应当垫付公告费用。2014年最高人民法院《关于人民法院执行流程公开的若干意见》要求,各级人民法院通过互联网门户网站(政务网)向社会公众公开本院听证公告、悬赏公告、拍卖公告等。法院决定限制高消费的,应当向被执行人发出限制高消费令,限制高消费令可以向被执行人住所地、经常居住地居委会及其单位送达,也可以在前述地址相关媒体上进行公告,公告费用由被执行人负担。申请执行人申请在媒体公告的,应当垫付公告费用。综上,申请执行人申请在媒体上发布拍卖、悬赏公告的,须垫付公告费,但是法院通过互联网门户网站发布公告时,应免费。

问卷调查结果显示，深圳法院在网上发布限高、悬赏等公告时，一般不会向当事人收费，整体情况比其他地区的法院略为规范。针对深圳律师的问卷调查显示，在1337个代理过执行案件的调查对象中，除了11人拒答、1人多选作废、2人表示未遇到此种情况之外，有234人表示深圳法院在网上发布限高、悬赏等公告时从不收费，占17.7%；48人表示偶尔收费，占3.6%；13人表示均收费，占1.0%。针对其他地区律师的问卷调查显示，在1714个代理过执行案件的调查对象中，除了19人拒答、2人多选作废之外，有267人表示法院在网上发布限高、悬赏等公告时从不收费，占15.8%，比深圳法院低近2个百分点；123人表示偶有案件收费，占7.3%，比深圳法院高3.7个百分点；69人表示均收费，占4.1%，比深圳法院高3.1个百分点（见图6-10）。

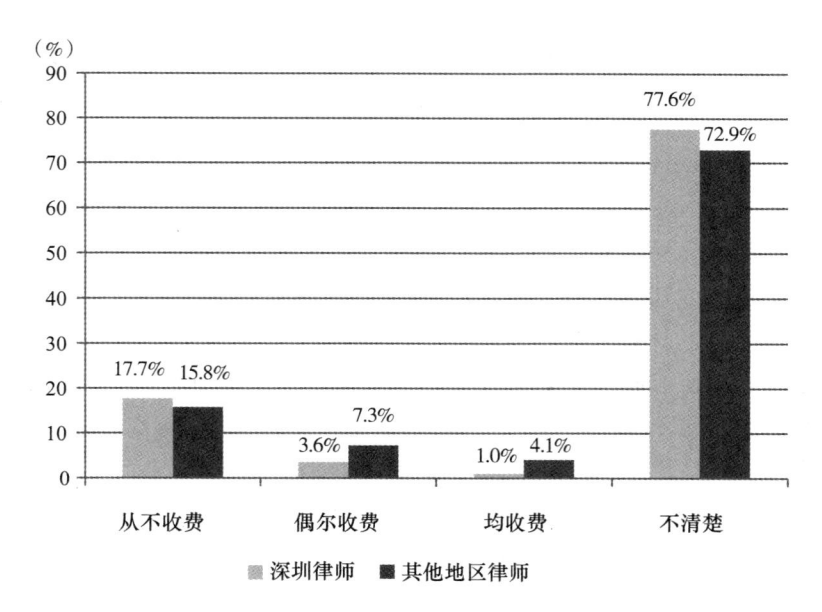

图6-10 深圳律师和其他地区的律师反映网上发布限高、悬赏公告法院收费情况

2. 拍卖机构选择规范

课题组通过问卷调查了解法官认为最容易发生司法腐败的环节，结果显示，拍卖环节最容易发生司法腐败。在回收的317份法官问卷中，除了4人未作答、19人多选作废之外，回答拍卖环节的有67人，占22.8%；

回答查封扣押冻结环节的有40人，占13.6%；回答执行款交付环节的有21人，占7.1%；回答其他的有10人，占3.4%；回答不清楚的有156人，占53.1%（见图6-11）。

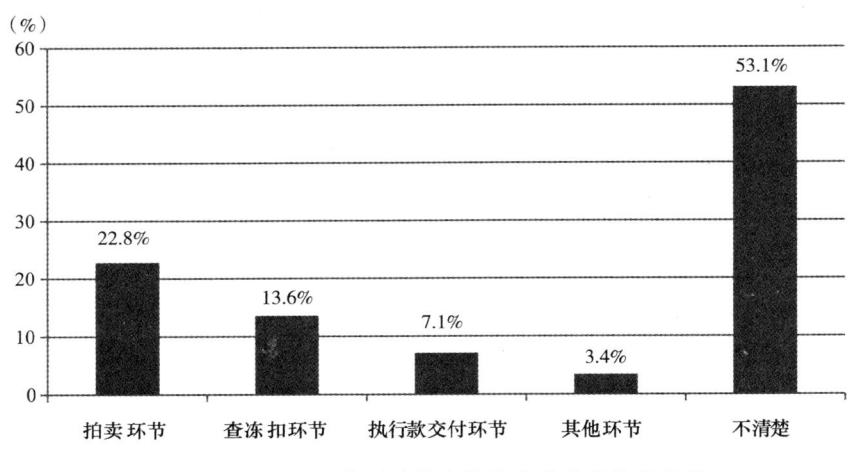

图6-11 深圳法官反映最容易发生腐败的执行环节

课题组向深圳律师了解拍卖机构的选择是否规范，问卷调查结果显示，无论是深圳律师还是其他地区律师，在评价当地法院选择拍卖机构是否规范时均认为比较规范。针对深圳律师的问卷调查显示，在1337个代理过执行案件的调查对象中，除了15人拒答、1人多选作废之外，有374人表示深圳法院在拍卖机构的选择方面普遍规范，占28.3%；249人表示个别不规范，占18.8%；59人表示普遍不规范，占4.5%；639人表示不好说，占48.4%。针对1933份其他地区律师的问卷调查显示，在1714个代理过执行案件的调查对象中，除了24人拒答之外，有487人表示法院在拍卖机构的选择方面普遍规范，占28.8%；357人表示个别不规范，占21.1%；109人表示普遍不规范，占6.4%；737人表示不好说，占43.6%（见图6-12）。

3. 款项发放情况良好

课题组通过问卷向律师了解办理执行案件过程中法院是否将划扣到的执行款（扣除法定执行费用后）全额发放，调查结果显示，深圳法院在执行款发放方面较为规范。针对深圳律师的问卷调查显示，在1337个代

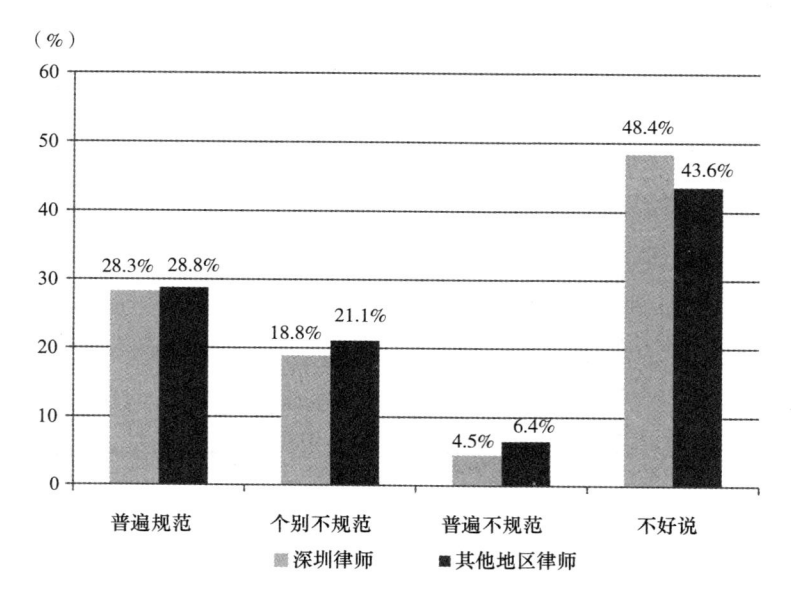

图 6-12　深圳律师和其他地区的律师关于法院选择拍卖机构是否规范的评价

理过执行案件的调查对象中，除了 10 人拒答、1 人多选作废之外，有 836 人表示深圳法院将划扣到的执行款（扣除法定执行费用后）均全额发放，占 63.0%；233 人表示多数全额发放，占 17.6%；39 人表示少数全额发放，占 2.9%；218 人回答不清楚，占 16.4%。针对其他地区律师的问卷调查显示，在 1714 个代理过执行案件的调查对象中，除了 22 人拒答之外，有 729 人表示法院会将划扣到的执行款（扣除法定执行费用后）均全额发放，占 43.1%，比深圳低近 20 个百分点；455 人表示多数全额发放，占 26.9%，比深圳高 9.3 个百分点；105 人表示少数全额发放，占 6.2%，比深圳高 3.3 个百分点；401 人表示不清楚，占 23.7%；还有 1 人表示未收到钱，1 人表示未及时发放（见图 6-13）。另外，案卷抽查结果显示，深圳中院发放执行款的程序较为规范。在被抽查的发生执行款收取的 97 个卷宗里，有 79 个卷宗有执行款收取的凭据，超过 80%。在 84 个发生执行款交付的案件中，有 70 个案件的案卷发现有执行款发还凭据，占 83.3%，其中 68 份有收款人签名。

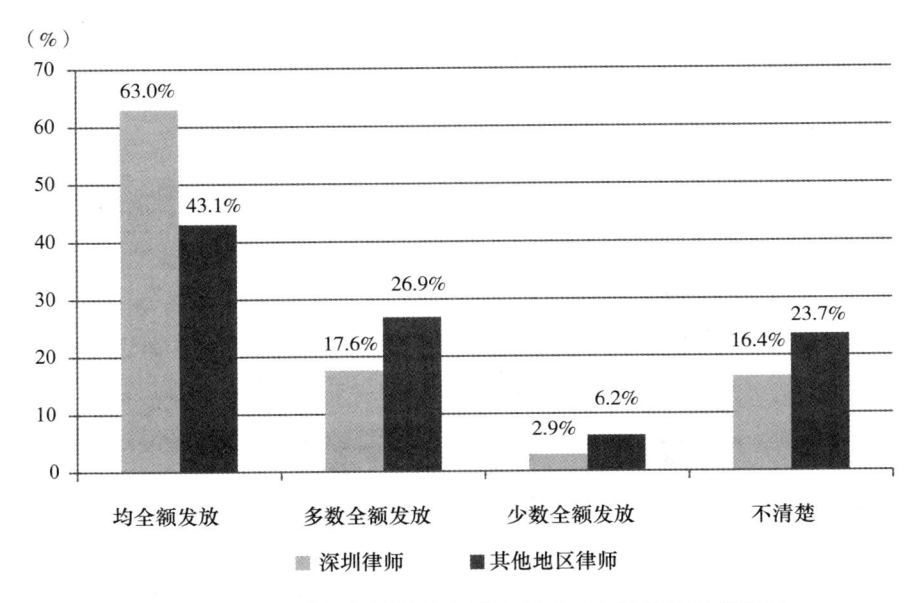

图 6-13　深圳律师和其他地区的律师反映执行款的发放情况

4. 执法人员廉洁自律

课题组通过问卷向律师了解办理执行案件过程中是否遇到执行人员"吃拿卡要"的情况。调查结果显示，深圳法院的执行人员的廉洁自律性高于其他地区。针对深圳律师的问卷调查显示，在 1337 个代理过执行案件的调查对象中，除了 9 人拒答、2 人多选作废之外，有 622 人表示从未遇到过执行人员"吃拿卡要"的情况，占 46.9%；284 人表示偶尔遇到，占 21.4%；43 人回答经常遇到，占 3.2%；376 人回答不好说，占 28.4%；还有 1 人回答执行人员拖延办理严重。针对其他地区律师的问卷调查显示，在 1714 个代理过执行案件的调查对象中，除了 20 人拒答、1 人多选作废之外，有 540 人表示从未遇到过执行人员"吃拿卡要"的情况，占 31.9%，比深圳低 15 个百分点；468 人表示偶尔遇到，占 27.6%，比深圳高 6.2 个百分点；144 人回答经常遇到，占 8.5%，比深圳高 5.3 个百分点；541 人回答不好说，占 32.0%，比深圳高 3.6 个百分点（见图 6-14）。

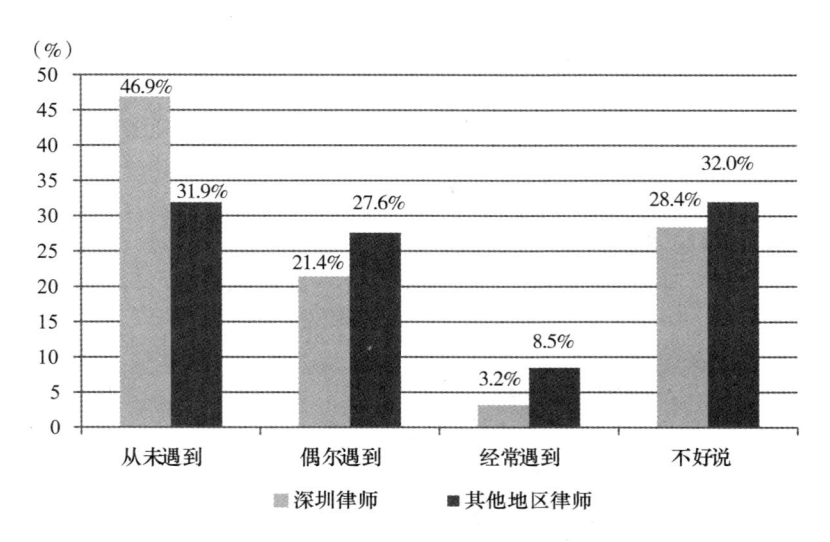

图 6-14 深圳律师和其他地区的律师反映遭遇执行人员"吃拿卡要"的情况

5. 执行公开率达到百分百

执行公开率是指达到执行公开标准案件数与结案总数的比率。深圳中院的执行公开率达到100%。基于保护当事人隐私和满足社会公众知情权的考量，深圳中院的执行案件信息是分层公开的：对于执行案件的基本信息，如执行案号、当事人、承办法官、立案时间、结案时间、案件状态等，是对社会公开的，这类信息公布在深圳法院网上，公众可随时查阅；对于案件的具体执行信息，如送达、摇珠、评估、拍卖等案件节点信息，是对当事人公开的，当事人必须登录深圳法院网上的当事人端口，才可以查询。

（五）执行效益效果双重提升

1. 执行成本大幅降低

执行集约管理系统的建立和运行，提高了执行工作效率，降低了执行工作成本。首先，人力成本下降。深圳中院执行实施工作原来由26人负责办理，现在仅需行动组7人即可集约完成。其次，办案经费下降。深圳中院执行实施工作每天需要的用车量节约了一半以上，外出办案的经费节约了约2/3。最后，时间成本下降。集约前每位法官承办案件的待办事务只能本人依次办理，周期较长，集约后执行待办事务剥离至指挥中心同步办理。原来接到机场、口岸查控电话后，通常需要四五个小时才能接控，现在指挥中心实行24小时备勤制度，全天候接警出警，实现了全市范围1小时到达全覆盖。

2. 执行期限不断缩短

深圳中院依托"鹰眼查控网"和极光集约系统，大大提高了执行效率，执行花费时间不断缩短。2011—2014年，深圳中院民商事执行案件的效率很高。从结案进度看，3个月以内（含3个月）的结案进度达到49.02%，接近一半；6个月以内（含6个月）的结案进度高达72.0%（见表6-6）。更值得一提的是，2011—2014年，深圳中院的执行结案期限整体上呈缩短趋势：3个月及以内结案的比例从2011年的37.4%上升到2014年的61.6%；6个月以内结案的比例从2011年的58.3%上升到2014年的87.3%；执行结案期限超6个月的案件比例从2011年的41.7%下降到2014年的12.7%（见图6-15）。全市法院人均办案数从2012年的110宗上升至2014年的230宗，人均结案数提高超过100%。

表6-6　　　　2011—2014年深圳中院民商事案件执行结案时间

结案时间	<1个月	1个月	2个月	3个月	4个月	5个月	6个月	6个月至1年	>1年
案件数量（宗）	139	402	419	318	229	218	152	451	279
所占比例（%）	5.33	15.42	16.07	12.20	8.78	8.36	5.83	17.30	10.70
结案进度（%）	5.33	20.75	36.82	49.02	57.81	66.17	72.00	89.30	100.00

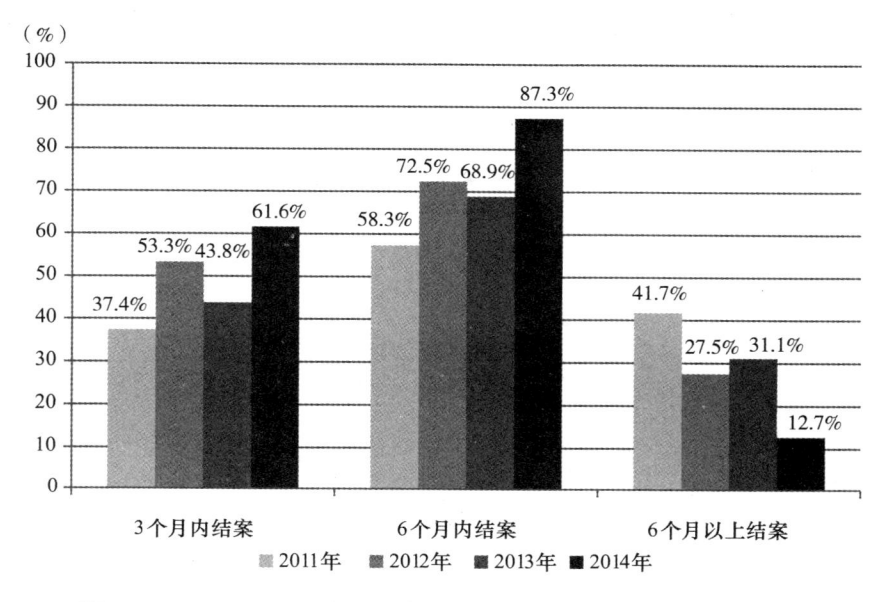

图 6-15　2011—2014 年深圳中院不同期限执结的案件所占的比例

3. 执行完毕率逐年提升

执行效果能够通过一些客观数据反映出来，如执行完毕率、部分执行率、执行到位率等。执行完毕率是指执行完毕、和解并履行完毕、终结执行、准许撤回执行申请等案件数与结案总数的比率。根据《实施标准》，执行完毕率的目标值是 40%—80%，深圳中院 2012 年、2013 年、2014 年的执行完毕率分别为 34%、45%、44%，根据得分标准，得分均在 10 分以上，且逐年提高。"部分执行率"是指终本案件的执行标的到位率（执行到位率是指执行到位金额占执行申请标的额的比率），是终本案件执行到位金额与终本案件总标的的比率。根据深圳中院提供的数据，2012—2014 年，深圳中院部分执行率分别为 23.88%、8.74%、11.12%。2012—2014 年，深圳中院新收民商事执行案件的执行到位率分别是 53.19%、53.98% 和 54.98%，呈上升趋势。需要指出的是，执行完毕率是衡量法院工作量和工作效果的核心指标，而部分执行率和执行到位率只能作为参考指标，因为这两项指标是基于执行标的额计算的，其高低与案件本身的客观情况有关，不能单独用来反映法院的工作量。

另外，法院的工作量还可以通过财产处置率反映。深圳中院 2011—

2014 年新收民商事案件中,无财产可供执行的约占 42%,有财产可供执行的案件约占 58%。在有财产可供执行的案件中,深圳中院按照财产形式进行处置,如扣划存款、变卖股票以及评估拍卖股权、房产和车辆等,约有 95% 的案件完成了财产处置,还有约 5% 的案件虽有财产,但无法处置,主要情形如当事人申请参与分配、未扣押到车辆、股权无法评估、房屋产权有瑕疵等。

4. 执行信访率显著下降

执行信访与当事人对执行效果的满意度密切相关。2012—2014 年,深圳中院执行信访案件的收案数逐年下降,分别是 581 件、579 件和 555 件,信访率逐年递减,分别是 0.33%、0.21% 和 0.15%。2012—2014 年,深圳地区赴省访案件信访率(赴省访案件信访率是指到广东省相关部门进行信访的案件数占该地区信访案件总数的比例)远低于广东省的平均值,化解率除了 2013 年略低于省平均值之外,2012 年、2014 年远高于省平均值(见表 6-7)。从赴京信访情况看,2012—2014 年深圳两级法院赴京访案件信访率(赴京访案件信访率是指到北京相关部门信访的案件数占该地区信访案件总数的比例)较低,且全部化解(见表 6-8)。

表 6-7　　2012—2014 年深圳赴省访案件信访率及化解率　　单位:%

年度	信访率		化解率	
	深圳地区	广东省平均值	深圳地区	广东省平均值
2012	0.33	0.68	91.67	47.21
2013	0.21	0.48	90.00	97.44
2014	0.15	0.37	100	27.26

表 6-8　　2012—2014 年深圳两级法院赴京信访情况　　单位:宗、%

年度	赴京访案件数	收案数	信访率	化解情况
2012	21	50109	0.04	全部化解
2013	28	47696	0.05	全部化解
2014	6	54374	0.01	全部化解

六 深圳执行面临的问题及建议

深圳中院在执行分权集约化改革的基础上出台《实施标准》，对执行难进行科学界定，通过信息化、标准化提升执行力度，探索无财产可供执行案件的退出机制，执行效率和效果得以双重提升，并最终实现了基本解决执行难的目标。尽管如此，深圳中院的执行工作仍存在一些问题与不足，有待进一步加以完善和提升。

（一）执行惩戒措施亟须常态化

长期以来，执行的强制性不足、震慑力不够，严重制约了执行工作的顺利开展。根据法律规定，对于拒不执行判决、裁定的被执行人，人民法院可以限制其一定范围内的民事行为及情况严重时追究其刑事责任；但是，实践中司法拘留和拒执罪的适用率非常低，拒执罪甚至成为《刑法》中适用率最低的条款之一。

课题组通过问卷的形式向深圳律师了解了深圳法院采取司法拘留措施的实际情况，结果显示，拘留强制措施的采取率仍很低。针对深圳律师的问卷调查显示，在 1337 个代理过执行案件的调查对象中，除了 13 人拒答、8 人多选作废、298 人所代理的案件无相关情况之外，有 175 人回答凡是符合法定要件的，深圳法院均会采取司法拘留措施，占 17.2%；461 人回答有些应该采取的，却没有采取，占 45.3%；382 人回答很少采取，占 37.5%。针对其他律师的问卷调查显示，在 1714 个代理过执行案件的调查对象中，除了 26 人拒答、8 人多选作废、430 人所代理的案件无相关情况之外，有 189 人回答凡是符合法定要件的，其他地区的法院均会采取司法拘留措施，占 15.1%；546 人回答有些应该采取的，并没有采取，占 43.7%；514 人回答很少采取，占 41.1%（见图 6-16）。上述调查数据表明，司法实践中执行惩戒措施的适用率低是全国普遍性现象。

2014 年 11 月至 2015 年 6 月，最高人民法院、最高人民检察院、公安部联合开展了专项行动，集中打击拒不执行法院判决、裁定等犯罪行为，在一定程度上遏制了逃避、抗拒、阻碍执行的不良现象。专项行动期间，

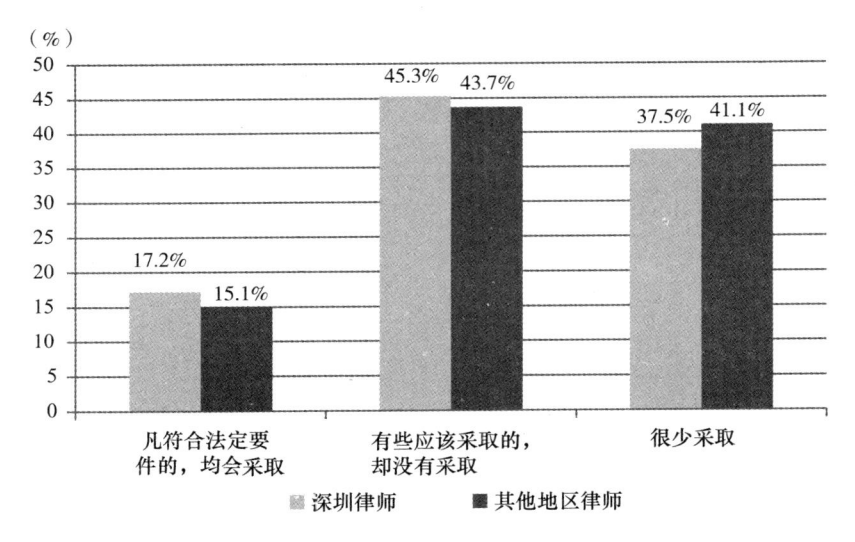

```
(%)
50
45                        45.3% 43.7%
40                                              37.5% 41.1%
35
30
25
20   17.2%
15        15.1%
10
 5
 0
   凡符合法定要      有些应该采取的,      很少采取
   件的,均会采取      却没有采取
        ■ 深圳律师        ■ 其他地区律师
```

图 6-16 深圳律师和其他地区的律师反映执行案件采取司法拘留的情况

深圳中院也强化对拒不执行判决、裁定的被执行人或相关人员采取司法拘留等惩戒措施。然而,上述活动作为专项行动,其效果是暂时的、阶段性的,要真正发挥对被执行人的威慑作用,还需要建立执行惩戒的常态化机制。2015 年 7 月,为了适用打击拒不执行判决、裁定犯罪的需要,最高人民法院出台《关于审理拒不执行判决、裁定刑事案件适用法律若干问题的解释》,明确了拒执罪的自诉程序。深圳中院应该以"拒执罪"的追究机制重构为契机,加大司法拘留和拒不执行判决、裁定罪的适用力度,将短期、临时的专项行动转化为长期性、常态化的工作机制。

(二) 被执行人知情权保障待强化

执行措施具有较强的对抗性,为保障被执行人的知情权,法院在对被执行人的财产采取查封、扣押、冻结、划拨等执行措施时,应当事后及时通知被执行人。调研发现,深圳中院在采取强制措施时对被执行人的知情权的保护力度不够。深圳中院执行局通常会在执行通知书中笼统地通知被执行人查到财产后将要采取执行措施,在具体采取措施后,不再单独送达查封、冻结、扣押裁定书。执行法官对此的解释是,法院一旦对被执行人的财产采取强制措施,即使不单独通知,被执行人也会及时知悉。不单独送达采取强制措施的裁定书,固然可以节约时间、提高效率,但是从尊重和保护财产所有人的知情权及确保执行程序的严肃性角度来讲,还是应该在采取强制措施之后,及时向被执行人送达相应的法律文书。当然,要保障被执行人的知情权的前提是找到被执行人。深圳中院在采取强制措施时对被执行人知情权的保障力度不够还有一个重要原因就是被执行人难找。深圳是移民城市,当事人经常更换联系方式,再加上有些当事人恶意躲避,导致法院无法联络到当事人。要保障被执行人的知情权,必须加大被执行人的查找力度。

（三）进一步完善终本结案机制

终结本次执行程序是为提升执行案件的结案率而规定的执行结案方式,虽然诉讼法没有明确规定,但是司法解释对之予以确认。2015年1月,最高人民法院出台《最高人民法院关于适用〈中华人民共和国民事诉讼法〉的解释》（法释〔2015〕5号）,规定:"经过财产调查未发现可供执行的财产,在申请执行人签字确认或者执行法院组成合议庭审查核实并经院长批准后,可以裁定终结本次执行程序。"深圳中院对终本案件的适用有着较高的结案标准,并适用严格程序,但是从统计数据来看,终本结案的比率仍较高。2011—2014年,每年新收民商事执行案件中以终本程序结案的案件占当年结案数的比例均高于50%（见表6-9）。

表6-9 深圳中院2011—2014年新收民商事执行案件中终本案件情况　单位:宗、%

年度	结案数	终本结案数	终本案件比率
2011	519	358	69
2012	641	393	61
2013	831	425	51
2014	616	339	55

终本案件主要针对被执行人完全没有可供执行的财产、有部分可供执行的财产不能全部清偿、和解并分期履行以及被执行人财产无法处置四种情形。终本案件并非都是无财产可供执行的案件,有些终本案件是部分执

行到位,但是数据显示,深圳中院绝大多数终本案件的执行标的到位率都非常低。2011—2014 年,分别有 88%、74%、78%、93% 的终本案件的执行到位率在 10% 以下(见表 6 - 10)。

表 6 - 10　　2011—2014 年达到某一执行到位率的终本案件数量及比率　单位:宗、%

执行到位率 历年终本案件数量	10% 以下		10%—30%		30%—50%		50% 以上	
2011 年（358 宗）	315	88	4	1	11	3	28	8
2012 年（393 宗）	289	74	14	4	21	5	69	17
2013 年（425 宗）	332	78	13	3	12	3	68	16
2014 年（339 宗）	316	93	14	4	2	1	7	2

终本案件大量存在且执行到位率普遍较低,意味着终本程序还存在进一步完善的空间。首先,法院应真正穷尽财产查控途径,因为未发现可供执行的财产和客观上没有财产可供执行还是有距离的,法院只有穷尽了所有手段还是无法发现被执行人财产的,才能认定属于"执行不能"。其次,应考虑赋予申请人代理律师在终本案件中的抗辩权或异议权。法院决定终本之前应书面通知申请人代理律师,申请人代理律师一旦提出抗辩,即应启动听证程序。再次,已经终本的案件,法院应建立定期或者系统自动适时"五查"机制,一旦发现财产线索则自动恢复执行。最后,完善终本案件的执行退出机制和配套机制(如执行案件困难群众救助机制)。穷尽了财产查控途径并履行严苛决定程序的终本案件,经过适当期限(建议三年)的筛查过滤,仍无财产可供执行,则可以认定为"执行不能"案件,启动执行退出机制。

(四) 数据的精细化管理须提高

《实施标准》规定了实体指标量化考核基准,有些数据比较容易获取,如执行公开率、执行行为撤改率以及执行案件国家赔偿率,然而还有些数据无法准确获取乃至无法获取,如效率指标中的"法定(正常)审限内结案率"和"平均执行周期"。数据无法获取或者无法准确获取,原因在于执行案件的信息化程度不够、节点信息未录入或录入不准确。以"法定（正常）审限内结案率"为例，执行期限要扣除执行案件中公告、评估、审计、拍卖等程序需要的期限，而评估、拍卖、审计的期限没有法定要求，根据实际发生的情况而定，由于办案系统本身的缺陷，法院至今不能对案件应扣除审限进行自动扣减，因此，法院工作人员在进行信息录入时，通常会标注在法定（正常）审限内结案。要准确获取该数据，须依靠人工翻阅案件，并由法官自行记录后汇总，由于工作量过大，数据容易出现偏差，也很难核实，因此，法定（正常）审限内结案率通常都是100%。一些实体指标数据难以准确获取，反映出深圳中院的执行案件信息化还有待进一步加强，每个节点都应该真实地录入信息化系统，并建立节点之间的关联，方便准确提取所需的数据。

（五）部分实体指标的设置待调整

《实施标准》的个别实体指标的选取不太科学，还有的指标的目标值区间设置不甚合理，有待调整。

首先，"有效信访率"指标的客观性不够。《实施标准》中有一项效果指标是"信访投诉率"，该指标包括"有效信访率"和"案访比"两项。"案访比"是指涉信访案件数与同期收案数的比率，该数据较为客观，以此评判信访投诉率较为合理和科学，但是"有效信访率"指标中的"有效"，没有一个客观的评判标准，因此，该指标本身缺少客观性，应予以撤销。

其次，"部分执行率"作为效果指标的合理性值得探讨。"部分执行率"是指终本案件的到位率。目前，部分执行率是按照执行标的额计算的，是终本案件执行到位金额与终本案件总标的之比率。这个"部分执行率"的高低具有偶然性，仅能体现出法院执行的实际情况，不能体现法院的执行工作量。要体现法院的执行工作量，"部分执行率"应该以财产个数为基数，而不是以财产价值为基数。因此，可以对该项指标进行调整，以财产处置率来体现法院的工作量。

最后，"执行行为撤改率"的目标值设置不甚合理。《实施标准》将"执行行为撤改率"的目标值设为2%—5%，根据评分标准，执行行为撤改率为 2%—3.9% 即可得 10 分。如果每 100 宗案件中法院的执行行为就错 2 次,这属于较为严重的管理失误情况,而事实上,深圳中院近三年的执行行为没有被撤改的,因此,建议调低这项指标的目标值。

七 从深圳经验看解决执行难的顶层设计

围绕基本解决执行难的目标,深圳中院在执行制度、执行机制和执行措施上展开多种创新和尝试,积累了丰富的经验,取得了良好的司法效果和社会效果。深圳中院在执行实践中同样遭遇了全国普遍存在的意识、制度、体制和社会等各个层面的瓶颈性问题。因此,要全面解决执行难,还需要顶层设计。顶层设计要从提升意识、完善体制、精细化管理、构建完善的社会诚信体系等方面着手,并深入剖析深圳中院的创新机制,从中总结提炼出可复制、可推广的经验。

(一) 提升认识,拒执对抗法律应严惩

认识是行为的先导和指引,有什么样的认识存在就会有什么样的行为。执行难之所以成为全社会关注的普遍现象和突出问题,与认识方面存在一定的偏差不无关系。

生效法律文书具有严肃性和权威性。判决裁定是国家审判机关以法律为依据并适用严谨的司法程序做出的具有法律效力的司法文件,如果只是个别情况下得不到执行,危害还仅限于小范围,但是如果普遍得不到执行,则危害性无异于法律得不到执行。换言之,司法机关依照法律做出的裁判得不到执行,不仅降低司法公信,也损害到法律权威。从这个意义上讲,拒不执行判决裁定与违反法律是一样的,应该受到国家公器主动追究和制裁。但是在实践中,无论是执行义务人,还是法院工作人员,乃至社会公众,对执行难的危害性认识不足,认为执行难影响的是申请执行人的权益,是申请执行人因为之前的民事行为和社会活动不审慎所承担的成本和付出的代价,尚未认识到判决或裁定得不到执行挑战的是整个国家法律的权威。

正是在这种观念的支配下,执行难的情况大量存在。第一,执行义

务人认为自己不履行法律文书，损害的只是申请执行人的利益乃至司法权威，没有意识到是在挑战法律权威和整个社会秩序，因此会采取各种手段隐匿和转移财产，逃避履行义务。第二，尽管法院也认为执行难的存在不仅损害申请执行人的利益，也会损害司法权威，但深层意识中还是认为裁判文书的执行是当事人之间的事情，没有认识到司法机关做出的法律文书具有国家强制力，司法机关有责任让做出的裁判文书所承载的权利义务的分配得到落实和执行，因此，有的法院在执行过程中执行力度不够，被动应付，较少积极主动采取措施。第三，有的地方政府无视法律文书的严肃性，为了地方维稳的需要牺牲个案，要求一些类型的案件暂缓或审慎执行，还有的无视社会主义法制的统一和尊严，本着地方保护主义和部门保护主义为执行工作设置障碍。第四，社会公众认为执行难损害的是当事人的权益和法院的权威，未认识到法律文书的执行与法律的执行一样关乎整个社会秩序的安定，因此面对强制执行案件不配合、不协助，也未能建立让失信被执行人无法立足的诚信体系，未能形成对失信被执行人的高压态势。

综上，要在全国层面化解执行难，前提是要提高认识，无论是当事人、司法机关还是社会公众，都要充分认识到执行难的危害性。执行绝不仅仅是当事人之间的事务，执行的客体是具体化到每个个案的法律，所有的社会主体都有义务力促法律文书得到遵守和执行，维护法律的权威和社会秩序的安定。有必要明确的是，执行工作最主要的责任主体还是法院，法院应主动执行，积极采取查询和执行强制措施，借助于社会联动机制和社会诚信体系，最终实现化解执行难的目标。

（二）改革体制，确保执行机构的强制力

执行体制是政治体制的组成部分，是由现行法律构建而成的实施执行行为、调整执行活动的制度综合体。执行体制主要包括执行机构的组建、执行人员的组成、执行机构的管理体制、执行机构的上下级关系、执行权的运行（执行流程）等，核心问题是执行机构的性质与归属。

执行权指的是国家采取强制措施保证生效法律文书所确定的内容得以落实的权力。执行权是国家权力的组成部分，派生于国家统治权。在国家通过司法权确定当事人的权利义务或法律责任后，就需要借助于执行权使之化为现实。执行权是司法权的保障又是司法权的落实，具有主动性、命令性、单向性和强制性等属性。然而执行过程不单单是执行权，还需要审判权处理诸如对生效法律文书的实体性审查、案外人异议、债务人异议，以及变更、追加被执行主体等事项。关于执行事项由谁行使，各国的做法大致有三种模式：审执合一模式，即在法院内设置执行机构，由法院的执行机构负责执行；审执分立模式，即法院专司审判，执行交给行政机关来实施，如美国的执行交给警察机关，俄罗斯的执行则由专门成立的司法警察机构来负责等；由法院和专门设置的执行人员共同负责执行模式。中国目前实行的是审执合一的模式，有学者将"执行难"的根本原因归结于这一模式，认为将民事执行机构隶属于法院内部的执行体制，存在着结构性的缺陷，应当建立独立的执行机构，实现国家执行权的统一化行使。但是，也有观点认为，执行与审判实行彻底分离也存在一定的弊端。首先，司法机关在行使审判权时不会考虑所做出裁判的后续可执行性；其次，执行过程中产生的各种审查事项属于司法权范畴，需要回到司法机关进行审查，导致效率降低。另外，执行交给行政机关，在依法行政尚未完全做到的情况下，执行的规范性更是问题。目前实务界还是普遍认同应在法院内部分离，深圳中院这种在执行局内部进行裁决权、事务权和监督权相分离的模式为国内多家执行局认可。但是，该模式也存在一定程度上的体制不畅。一方面，执行局强调上下级领导关系，突破了上下级法院的指导关系，形成审判权上的监督和被监督关系与执行权上的领导和被领导的关系并存。另一方面，执行局既受本级法院领导，又受上级法院执行局领导，容易造成执行管理体制的混乱。

在执行权何去何从问题上，课题组也调查了法官的态度，法官多倾向于在法院内部实施审判权与执行权的分离，但也有相当一部分法官支持将执行职能或者实施类的执行事项从法院剥离出去。在回收的317份法官问卷中，除了2人未作答、4人多选作废、32人回答不清楚之外，146人认为应在法院内部分离（即审判案件与执行案件由法院不同部门办理），占52.3%；71人认为应将执行职能从法院剥离，由其他政府部门负责，占25.4%；61人认为应将执行案件中涉及实施类的事项剥离给其他政府部门办理，占 21.9%（见图 6-17）；还有 1 人表示应当将一部分程序性事务交由律师办理，明确当事人、代理人和法院在工作上的分工和职责。之所以有相当比例的法官认为应该从法院分离出去，是因为他们更多从专注于审判活动、提升司法公信力的角度愿意让执行分出去，执行分出去之后，法院的工作更单纯，不需继续为执行难背书。

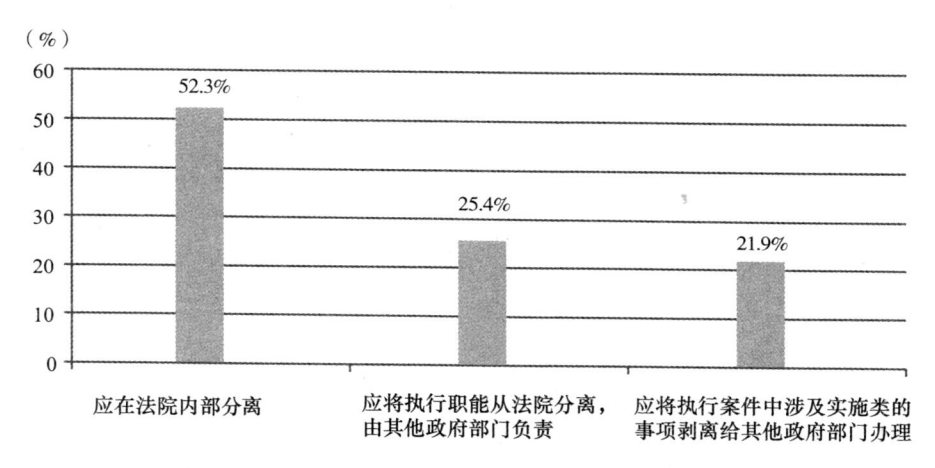

图 6-17 深圳法官关于审判权与执行权分离的看法

（应在法院内部分离：52.3%；应将执行职能从法院分离，由其他政府部门负责：25.4%；应将执行案件中涉及实施类的事项剥离给其他政府部门办理：21.9%）

党的十八届四中全会提出，优化司法职权配置，推动实行审判权和执行权相分离的体制改革试点工作。2015 年上半年，最高人民法院先后批准浙江、广西、河北等地审执分离体制改革试点方案，同意各地分别在执行警务化、设立专门执行裁判庭、强化执行实施机构上下级领导关系等方面开展深化内部分离试点工作。为贯彻落实党的十八届四中全会精神，深圳中院制定了进一步深化执行权运行机制改革的方案，在法院内部先行审判权和执行权相分离的改革探索工作，为在全国范围内实施审判权和执行权相分离的体制改革提供试点经验和实操案例。新的改革方案对现行的执行局进行重组，成立深圳法院强制执行局，由执行员、司法警察及其他司法辅助人员构成，统一办理两级法院的执行事务事项，将执行审查权和实施权中的决定权剥离出去，由新成立的执行裁决庭和执行决定庭行使，对执行员进行单序列管理。新的改革方案既贯彻了审判权与执行权相分离的原则，又保证上下级法院执行事项行使的统一性，还照顾到决定权与实施权在法院内部的协调，不失为一种较为周全稳妥的执行体制模式。

（三）确立标准，实现执行权运行规范化

近年来，最高人民法院非常重视法院工作标准化，明确指出推进法院标准化建设是一项打基础、利长远的工作，对于完善审判权运行机制、破解审判工作中的难题、统一司法裁判标准、提升司法能力和司法公信力，都具有积极的促进作用。

深圳中院在反复研究论证、结合深圳实际予以改革创新的基础上建立的《实施标准》，填补了解决执行难工作具体标准的空白，推动和规范了执行工作。深圳中院的《实施标准》，特别是程序标准，经过实践的检验，是科学可行的，值得复制和推广，最高人民法院应分析其确立为全国执行行业的行业标准的可能性。确立执行行业标准有四方面的优势。第一，执行行业标准，能够对执行进行准确定位和分类，确立执行难的范围。第二，执行行业标准能够有效规范执行人员的执行行为，压缩自由裁量权的空间并规范其行使。第三，执行行业标准能够最大限度挖掘法院的执行资源，提升法院的执行力度。第四，执行行业标准为社会客观评价法院的执行工作提供了衡量尺度。

（四）推动立法，探索建立个人破产制度

赖账躲债等非诚信现象的广泛存在，与中国破产法制不够健全、存在盲区有一定的关系。目前，中国破产制度实行的是商法人破产主义，破产法的适用范围较窄，仅适用于具有企业性质的法人组织，不适用于不具有法人资格的合伙企业和个人。在执行案件中，被执行人是自然人的占很大的比例，从深圳法院的执行数据看，被执行人是自然人、法人、非法人组织的比例为12:10:1。个人破产制度的缺失导致大量的执行案件既执行不了，也无退出机制。深圳市律师协会向深圳市人大常委会提出了在深圳率先制定个人破产制度的立法建议函，指出构建个人破产制度的时机已然成熟。随着不动产登记制度的推出，以及个人征信系统的不断完善，个人破产登记制度不再成为个人破产立法的障碍。

（五）互联网+，完善执行联动机制

破解执行难是一项系统工程，执行工作的顺利进行，除了法院执行机构积极采取执行措施之外，还离不开负有协助义务的单位、部门的积极配合。执行人难找、财产难查是执行难的主要表现形式，造成执行难的一个重要的社会原因是社会联动机制不健全。虽然，从中央到地方，不同级别的法院都在积极与公安、国土、房管、工商、银行等相关社会职能部门、机构组织合作，谋求建立执行联动机制，但是仍停留于文件、会议纪要等形式，缺乏常态化、刚性的制度约束。联动机制的启动、运行缺乏硬性程序规定，随意性较大，协助单位为了部门利益、地方利益时有拖延，甚至存在提供虚假信息、通风报信等现象。未来执行联动机制的完善必须依靠全国人大及其常委会、最高人民法院在全国层面进行顶层制度设计，将诉讼法关于联动单位的法定义务具体落实到制度中，不断拓展联动的范围和深度，使执行联动机制覆盖更多的职能部门和更新型的财产性收入。

执行联动机制的完善必须借助于信息化手段。执行联动机制信息化的实质是建立执行查控信息化平台。2014年4月，最高人民法院下发了《最高人民法院关于执行指挥系统建设的指导意见》，完成了全国法院建设执行查控信息化平台的顶层设计，即以最高人民法院执行查控信息化平台为主体，以各高级法院等地方法院的执行查控信息化平台为补充，使各级法院在全国范围内，通过网络技术手段连接执行协助联动单位，查控被执行人及其财产。最高人民法院对执行查控系统提出查控全面化、一体化、集约化、自动化的要求。深圳中院通过"鹰眼查控网"和极光集约系统实现了执行查控的全面化、一体化、集约化和自动化。"鹰眼查控网"的建立和不断完善为"互联网+"时代的执行提供了一个范本。2015年，最高人民法院提出建设人民法院信息化3.0版。执行信息化是法院信息化的重要组成部分，全国执行信息化建设应该在借鉴深圳"鹰眼查控网"和极光集约系统经验的基础上，推动数据信息的互联互通和共性的查控工作集约化，建立全国法院执行案件信息管理系统和执行大数据，实现信息化与执行工作的深度融合。

（六）畅通渠道，发挥律师的专业作用

律师作为司法权的平衡力量，在基本解决执行难中有着不可替代的独特地位和作用。《实施标准》及相关制度较注重法院的权力配置，对律师在执行中的作用不够重视，相关机制缺失。事实上，要基本解决执行难仅仅靠法院的力量是不够的，律师应当发挥更大的作用。

应从以下四个方面强化律师及律师协会在基本解决执行难中的作用。一是在基本解决执行难的设计中赋予律师一些程序性的权利，例如向律师签发调查令，由律师代行财产线索的调查权，委托律师送达执行文件等，并对妨碍律师代行使执行权的行为进行严肃处理。二是在执行过程中要确认和保障执行案件代理律师的知情权，运用信息技术确保执行案件代理律师与执行案件承办人能够保持正常的工作联系，从根本上解决执行法官"人难见""话难通"的问题。三是在执行局与律师协会层面建立常态的执行工作联系，及时解决律师及法院在执行工作中遇到的普遍性问题，及时总结经验，从而促进人民法院执行工作的改进。四是在巩固和完善律师协会参与执行工作评估的成果基础上，积极探索律师协会作为第三方评估法院专项工作的有效途径，共同推进法律职业共同体的发展和建设。

结　语

通过前述对深圳中院相关执行制度的分析、对法官和律师等群体的问卷调查、对相关案卷的评查、对相关人员的座谈访谈等，结合深圳中院提供的深圳两级法院的执行数据，课题组对深圳中院在解决执行难问题上所做的努力已经有了一个较为清晰的认知。

《实施标准》由程序指标和实体指标组成，程序指标为深圳执行工作确立了流程性标准，实体指标则侧重于对执行结果的衡量。实体指标包括公正、效率和效果三个方面，符合执行工作的本质特征、核心价值和终极目标。虽然在指标设置、目标值设定等个别地方存在尚待完善和修订的地方，但《实施标准》将繁杂的执行工作流程进行了详细梳理，抓住执行工作的关键性节点，并按照工作性质进行了分类分层，初步建立了执行案

件办理的标准化流程架构。

《实施标准》在理论上具有创新性和科学性。《实施标准》首次提出了"法律意义上的执行难"和"社会意义上的执行难"的概念，并根据执行工作特点，对社会上普遍认为的执行难案件进行了标准化区分：法院通过信息查控系统、协助执行体系和信用惩戒体系，穷尽执行措施，对被执行人及其财产进行查询、控制、处置，使有财产可供处置的执行案件得到全部处置，无财产可供执行或虽有财产但无法处置的执行案件则予以终结本次执行程序。从《实施标准》行文的本身来看，对于是否实现基本解决执行难目标，《实施标准》不仅从程序规范的角度确立了评判标准，还将执行行为撤改率、国家赔偿率、平均执行周期、执行措施采取率、执行完毕率、信访投诉率等客观数据确立为实体性指标，用于评判执行工作是否公正及其效率和效果，在这一过程中，《实施标准》实际上是结合工作情况，为执行工作提供了一个"范本"，一个可资遵循的"标准"，具有其内在的科学性和进步意义。

《实施标准》的效果也令人瞩目。深圳中院自2011年以来围绕"基本解决执行难"目标开展的执行工作包括：大幅提升执行强制措施的适用力度，有效保障申请人知情权；突出执行强制性，树立司法权威；通过"鹰眼查控网"和极光集约系统，加大信息化建设，大幅提升执行质效；通过流程再造和执行公开网，推进规范化建设，促进执行公正；通过严格规定终本案件结案程序，保证终本案件的恢复执行程序畅通。

在深圳市委的领导和市政府的支持下，深圳中院围绕《实施标准》的各项要求，内部科学分权，确保了执行权良性运作；外部多方联动，建立了集约化、一体化的查控财产、人员的网络平台；通过完善执行程序，实现了执行流程管理的制度化、标准化。

在多方合力的基础上，深圳中院的执行工作进入了有序的良性发展态势：对于被执行人名下经查证无财产的案件，在对被执行人采取列入失信被执行人名单库、限制出境、限制高消费、纳入征信系统等信用惩戒措施后，裁定终结本次执行程序，同时保证为终本案件留足"回路"，一旦发现可供执行财产可立即恢复执行；对于被执行人名下有财产的案件，深圳中院依法进行处置，处置完毕后将执行款项及时划付申请执行人。数据显示，新收民商事执行案件中，6个月内结案的案件从2012年的72.5%上升至2014年的87.3%，上升了14.8个百分点；人均办案数从2012年的110宗上升至2014年的230宗，人均结案数提高超过100%；执行到位率从2012年的53.19%上升到2014年的54.98%，上升了1.79个百分点；信访投诉率（案访比）从2012年的0.33%下降到2014年的0.15%，下降了0.18个百分点。而根据《实施标准》所设定的单项指标来评价，深圳中院的各项执行工作的平均得分也均在参考目标值范围内。

正是基于此，可以说，深圳中院《实施标准》在区分执行难与执行不能的基础上，以标准化作为解决执行难的路径，是科学可行的，已实现了"基本解决执行难"的既定目标。《实施标准》经过完善之后，对其他地区破解执行难有重要的参考和推广价值，有待在顶层设计时上升为执行行业标准，在全国层面适用。

破解执行难是一项系统工程，一方面要提升认识，将拒不执行司法裁判上升到对抗法律的高度，在社会上形成尊重司法、尊重法律的氛围；另一方面还要对执行权的本质属性进行深入分析和定位，充分权衡利弊得失，构建科学合理的执行体制，并依托信息化建立有效的执行联动机制和完善的社会征信体系。总之，执行难问题从基本解决到彻底解决，从法律范畴的解决到社会范畴的解决，从深圳一隅的解决到全国范围内的解决还有很长的路要走，而深圳法院则一直在路上，通过不断实践与探索，为最终解决执行难积累宝贵经验，从而提升司法权威和司法公信力，建设一个尊重权利、崇尚法律、信仰法治的社会。